越後水原郷方言集

編著　大久保　誠

刊行に当たって

一 　本書は新潟県中北部、主に阿賀野市と呼ばれる地区の言葉(方言訛語)及び慣用句類を五十音順に列べ、解説したものである。語句収集・確認は水原を中心として行った。

一 　語・句にアクセントが確認出来た所に、<u>アンダーライン</u>を引いた。目安にして発音すると実際の音声に近づく。

一 　†は今日理解され難い語、‡は更に理解され難い語である。

一 　語句が漢字で哀記可能と思われる場合は[　]で示した。 語源等は[←]で示した。 また ＝ は同意語、≒は殆ど等しい語等である。

一 　(→)(←) は関連語・類義語等、関係する語句である。　反意語・対義語等は ⇔ で示した。

一 　ある地区で多用する語句は地区名を[　]内に示す。また、他地区の言葉で関係があると思われる語についても[　]内に示す。
　　<主な地区名> 阿賀野市水原:[水] [水原]　 京ヶ瀬:[京][京ヶ瀬]　 笹神:[笹][笹神]　 笹神村笹岡:[笹岡]
　　安田:[安][安田]　　新潟市中央部(旧新潟, 通称新潟島):[新潟]　 同沼垂地区:[新潟沼垂]　 同山の下
　　町:[新潟山の下]等　 新潟県下越地方:[下越] 中越地方:[中越]　 上越地方:[上越]　 佐渡地方:[佐渡]
　　新潟県魚沼地方全般:[魚沼]　 北魚沼地区:[北魚]　 南魚沼地区:[南魚]　 中魚沼地区:[中魚]
　　南蒲原地方:[南蒲]等　 *その他県内外の(細かな)地(区)名等もあり。

一 　*.[　],(　),〈　〉等を付け, 適宜解説を補った。

一 　スペースの関係上、上下に / や ＼を付けての改行、及び縮小記入がある。

一 　差別語・卑語等もあるが, 資料的意味合いから記述した。ご容赦願いたい。

　　　　平成 28 年 11 月

新潟県内市町村の変遷

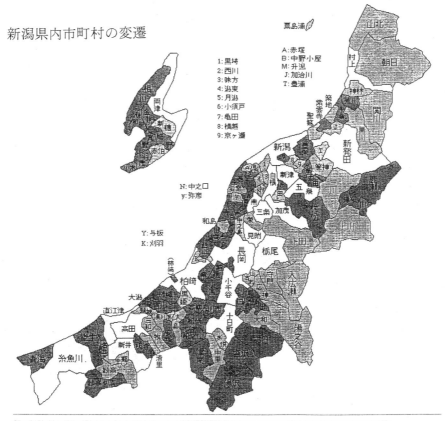

1961/04/01（市＝20, 町＝49, 村＝50, 計＝119）

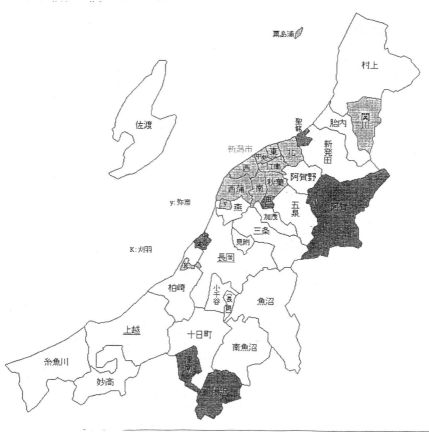

2010/03/31（市＝20（区＝8）, 町＝6, 村＝4, 計＝30）

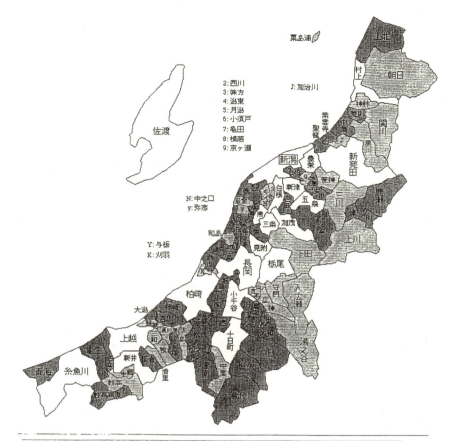

2004/03/01（市＝20, 町＝48, 村＝33, 計＝101）

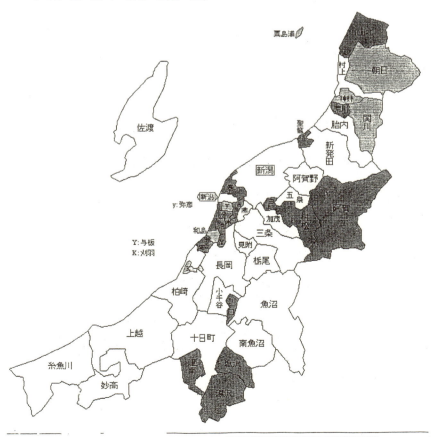

2005/09/01（市＝21, 町＝16, 村＝7, 計＝44）

目次

刊行にあたって	3
新潟県内市町村変遷図	4〜5
はじめに	7
新潟県北蒲原地方 越後水原郷方言 語彙	9
俚言	196
水原郷言葉の全般的特徴	206
あとがき	210
参考文献	211

この本を阿賀野市の人々と水原高校社会研究部の卒業生に捧げる。彼らの成果でこの本は出来た。<大久保記す>

はじめに － 　新潟県北蒲原『水原郷』とは

　『水原郷』とは, 新潟県の新潟市から南東に約2・30kmにある五頭山の山並みと阿賀野川に区切られた地域で, 隣接する新潟・新発田・新津の影響を受けながらも独自の文化がある地域で, 言語的にも社会的にも一つの文化圏を成していると考えられる。そこは阿賀野市と呼ばれている地区であり, その方言語句を整理し記録するのが本書の目的である。が, その前に阿賀野市, 水原郷についての解説をすることとする。

　2004年, 平成16年, 平成の市町村大合併が新潟県郡部にも来て, 幾つかの北蒲原郡の町村の合併で阿賀野市は誕生した。2014年に阿賀野市誕生10周年を市では祝い, 水原高校も阿賀野高校に改称して10周年記念式典を行った。だが今も「一体どこが阿賀野市か。」と多くの新潟(県・市)人は考える。「阿賀野市は阿賀野川のどこにあるのか。福島県の近くか。阿賀野町ってのもある。一体どこだ。」と。どうも新潟県民の多くは自分の地元以外のことは余り関心が薄いようで, 阿賀野市以外の人々やこの市に関係の無い人達は阿賀野市を余り知らない。自分の地区以外を我関せずととらえるのが県内では普通であるし, 県民性からも当然と言えば当然である。

　阿賀野市の「阿賀野」という名称は福島県から新潟県に流れる一級河川 阿賀野川に因むが新潟県内には旧東蒲原郡が合併して出来た阿賀町があり, その違いの分からぬ人も多い。また『阿賀野川』は阿賀野市だけにある訳でないのも原因であろう。福島・新潟両県を流れる阿賀野川の名称の『阿賀(野)』を一つの市町村が名乗るのは, 誤解を生み易いし些か問題があるかも, と屁理屈に私は思う。新潟市内には阿賀野川も信濃川も流れている。だからと言って新潟市は阿賀野市や信濃川には改名しない。 多くの新潟市(県?)の人は, 水原, 京ヶ瀬, 安田, 加えて出湯温泉, 村杉温泉とか五頭山のこっち側, つまり五頭山の新潟よりの地区と言えば何となく判る。ただ'阿賀野市'という言葉で, その場所がぴんと来ない者が殆どであろう。それどころか, 「そんな町有るの?」とも言いかねない。実際, 水原町, 京ヶ瀬村, 笹神村, 安田町が合併した阿賀野市には, 何か財政上の特典があったろうが, 多くの新潟市民にとって他所の合併はどうでもいいことだろう。社会文化上では, 合併した阿賀野市の各旧町村に画期的な変化は見られないし, 合併前の各地区は各地区でそれぞれの地域社会・地域文化を大切にしていて, それぞれはそれぞれでまとまりを持って独自の社会文化を持ち続けているし, 旧地区での祭りや催し物等も顕著である。多くの人々にとって, 水原, 安田, 京ヶ瀬, 笹神は水原, 安田, 京ヶ瀬, 笹神であり続けている。水原は瓢湖の白鳥と三角ダルマで有名だし, 安田はヨーグルト, サントピア遊園地・安田瓦と豪農で有名だし, 笹神の出湯と村杉は湯治場・温泉で有名で, 豊かな田園地帯と考えられているが阿賀野市では想像し難い。また阿賀野川はあるが『阿賀野』という地区は無い。阿賀野市辺りは強いて言えば水原周辺の『水原郷』であって, 北蒲原郡南部である。そこで本書ではこの地区を『水原郷』と称する。(翻って, 新潟市も大合併で膨張し, どこが新潟で新潟でないかが分かりづらくなってきている。新潟市と長岡市が大河水分水辺りで陸続きになっていて驚きである。新潟とは, 所謂通称『新潟島』の事であり新潟の白山神社周辺や今の市役所(元は県庁前)周辺から信濃川沿いに河口までの地区で, 万代橋からは渡った礎町から本町, 古町, そして寄居浜, 日和山浜辺りまでだ, と昔々らの山の下者や沼垂者は思っている。駅周辺から蒲原神社周辺までが沼垂であり, 山ノ下橋より向こうの海までが山ノ下である。「新潟市内でも郊外から新潟中心地区へ向かう時には『新潟へ行く。』と言う。」と濁川の旧友が山の下へ来る時言っていたのを思い出す。この様な狭い旧来の地域の認識は県内他地区にも強く存在する。)

　新潟(市)周辺で多少阿賀野市を知っている人達の『阿賀野市』という場所の認識はある程度共通するものがあると思

われるので再び述べる。先ず阿賀野市とは、新潟でも新発田でも新津でも豊栄でもなく、ましてや津川や五泉でもない、という物である。新潟の人(にいがたんしょ)には、亀田の向こうの横越村の向こうの阿賀野川の反対側、横雲橋の渡った先辺り(実はそこは京ヶ瀬)から五頭山辺りまでで出湯・村杉なんかの温泉がある辺り、くらいの感覚である。従って、阿賀野市はその近隣の新潟・五泉・新発田とは関係や類似点があるだろうが違う区域ではあろう、と考えている事だ。実際、明治期以前は、支流も含め阿賀野川は現在からは想像も出来ぬほど水量も豊富で川幅も広大であって、渡ることは渡れるが容易に舟で行き来は出来ぬほどで、川を渡る大きな橋も無く、分断された異なる独自の文化圏が阿賀野川の両岸では存在していたと考えられる。江戸期には陸路より水路を舟で行き来していた様だ。また水原町の隣の笹神村の五頭山の山並みが阿賀野市からははっきりと眺められるが、その連なる山並みの向こう側は東蒲原郡の旧三川村と津川町であり新潟県の平野地区の蒲原地方とはさらに異なる文化圏でもある。東蒲原地方とは行き来には人の歩く山道はあるとは伝えられているもののそれを知る人は限られ、今でも全くと言っていい程山並みを通り抜けた人の行き来は無い。直通で山を越えていく清水街道のような街道が、水原・三川間には元々無く、人の行き来は通常、全く無かった、と考えられる。それで言葉の行き来もなかったと考えられ、五頭山の山並みを挟んでほんの数十キロしか離れていないにも拘わらず水原と三川の言葉の同一性は殆ど見受けられない。もし水原から東蒲原地区へ行くとしたら新発田経由で赤谷の奥の山道を越えて行くか五泉方面から阿賀野川を遡上していくかなく相当大回で困難な移動となり、清水街道の様にそれなりに気楽な行き来は出来ない。加えて、実は新潟県の東蒲原郡は明治以前、今の福島県の会津藩領の東端であり全く文化風土が異なる‘他国’であった事もあり、言語文化も全く異なる筈だ。つまり三川弁・津川弁等の東蒲原弁は会津弁の一種と考えられる。現在の新潟県内の福島県に接する地域は江戸期には会津藩藩領であった地区が多く、会津藩の代官所も多くあったし、今でも言葉や文化にその影響が見られる。水原郷の地域は、会津藩領ではなく会津の代官所もなく、会津弁の影響は殆どないと感じる。つまりこの地区では会津への頻繁な人の行き来やつながりが無かったからだ、と考えられる。文化・言語面において会津藩の一部だった旧東蒲原郡(現在の阿賀野町)は特に会津弁の影響が強いと述べたが、魚沼の上越線以東の地区の多くも旧会津藩領であって僅かに会津弁の名残が見られるが、水原郷は県内の旧会津藩領とは言葉において会津の影響は少ない、と思う。『水原郷』とは、五頭山の山並みと阿賀野川とその支流に切られた地域で新潟、新発田、新津の影響を受けながらもその外にある地域で、一つの文化圏を成していると考えられる地区である。

　齋藤氏[後述]によれば「豊栄市(現在新潟市北区)と京ヶ瀬村は縁が深く、京ヶ瀬村城集落より遠藤家が名主として移住して行き豊栄市の発展に貢献し氏神として祀られている…」そうで、「豊栄郷は、新開地を求め他県などより移住してきた人々が、限りない労力を投資され、此の阿賀北郷(信濃川方面から見た阿賀野川を渡った方面)が次々と開村し、現在の大豊栄市を築いた…」とのことであり、阿賀野市の住民の先祖が豊栄周辺の新潟市郊外との地区との関係性があって、言葉の関連性・類似性も考えられる。それとは逆に、五頭山の向こう、東蒲原津川方面とは直線距離では非常に近いが、山並みで隔てられ直通路も無く人の行き来も殆ど(全く?)無く山並みで人の流れは確実に隔てられており、群馬藤原と新潟魚沼・南魚沼に見られるような僅かなつながりさえも無い様に考えられ、言語文化の関係も殆ど無いのは面白い。また新潟(旧新潟・沼垂)の住民の多くが江戸時代より出湯・村杉の温泉に湯治治療で訪れていた、と私は明治39年新潟本町生まれの祖母に、子供の頃、祖母の祖母と湯治に行った事を聞いている。また新潟の古町や本町に、明治時代に野菜を売るため、それぞれの野菜を大量に積載した農家の小舟が着いたそうだが水原近隣からも水路を使って新潟まで運んだそうで、かつては大きな福島潟・それに続く用水路や小川や湿地、阿賀野川・通船川、そして信濃川へと人舟の行き来も盛んだった。新潟近郊から新潟の老舗も嫁を迎え、また嫁がせる家も多くあったとの事だ。

― 8 ―

新潟県北蒲原地方 越後水原郷方言 語彙

[あ]

ああせ　　　浅い 「ああせかわ (浅い川)」 *あーせ, とも言う [長音・重母音も存在すれば記す]

あい。　　　はい,　*h音の脱落 「あい」の方を頻用

†あいくさ　　腋臭 (わきが) 体臭 [佐渡:えーくさ] *南魚沼清水ではカメムシを「わくさ」と言う。

あいっや！　うわー！ [驚嘆]

あいさ　1[場所]間 間隔 「あいさに挟まる」2[時間]合間 時たま 「あいさが, あいだ。」

アイス　1[標] アイスクリーム (菓子)、アイスキャンディー　　　　＼[県内広域:古い標?]

　　　2†湿布薬 (←ねこやまアイス)　*旧来の湿布薬,『猫山アイス』から

あいそもくそもね (ない)　あきれ果てた あきれ果てて物も言えない [佐渡:ええそもくそもねえ]

あいだが,　　あのう あのねえ　*余り意味のない間を取る語

あいだでが。　開いたとさ。 「目, パカーンとあいだでが。」

†あいで　　(一緒に) 来てくれ 「おめさんもまず あいでみなせや。(あなたも先ず (歩いて) ついて
　　　きなさいよ, ついてきて下さい)/そこまであいでくんなせ。(そこまで一緒に来て/歩いて下さい)」

あいどり　　餅搗きの反す人 餅搗きの助手 [標?][佐渡:ええどり]

†あいのり あう　　お互いに譲らない 誇り会う　(京ヶ瀬:あいのりおう)

†あいは　　相手 「あいはに してくれない (相手してくれない)/あいはにしてらんねー。/あ
　　　いはにしてくれらんねー (相手にして貰えない)」

あいぶ　　　歩く (=あえぶ) 「あいぶようになった (歩くようになった)」[京]

あいべ　　　歩け (=あんべ) 「さっさとあいべや, (さっさと歩けよ)」

あいまに来てくれ (や)。　時折 (暇なら) 来てくれ。

あいものや　　(魚介類の) 乾物屋 本来塩蔵魚介類販売店 *古い標準語か。総菜屋, 和え物屋に非ず。

あいもん[料理名] 和え物　「胡麻のあいもん」

あいや (あ)　　あー あれえ あれまあ 「あいやあ, まあ あそこからたいまつの火くるんが
　　　(あれまあ, あそこから松明の火が来るけれども)/あいやそうだげ。(あれまあそうなのかい)」

あいんでくれ。　一緒に来てくれ「あいんでくれや。」(→あいで)　　　　　＼*沖縄口と同!?

あいんでやる。　一緒に行ってやる「みずがわからんねーだろうから, そのあたりまであいん

あえ。　　はい。　　　　　＼でやったわね。(道が分からないだろうから, その辺りまで付いて行ったよ)」

あえで[笹神]　一緒に行って・歩いて 「せえばらのえぎまで, あえでくれ。(水原駅まで一緒に行
　　　ってくれ)/おれも あえでやる。(俺も一緒に行ってやる)」

†あえぶ　　　歩く 「あえぶようになった (歩くようになった)」

あえまづ　　あやまち 間違い 困り事

‡あお　　　黄疸 「あおになった (黄疸になった)」

†あおず[鳥名] あおじ (青鵐・蒿鵐・蒿雀)*スズメ目ホオジロ科ホオジロ属渡鳥 ちょっと変った雀の様

あおのげ　仰向け 「あおのげに, ふっくりかいる (仰向けにひっくり返る)」(=あおのげにひっくりかえる

—9—

†あおひずやろう　　若僧　若い奴　　　　　　　　　　　　　　　　　　　　　＼[京])

あおもん[標?]　青物 (野菜)　「健康にはあおもんがいづばんいい。」

あがこー　　　新潟県立阿賀野高校　*軽っぽい表現　軽侮的呼称。『やすこー (安田高校)』と『すいこー (水原高校)』が合併 (実際は安田高校を閉校)・改称し、平成17年に水原高校校地に設置。多面的教育難関校。

†あがとり　敷布団に掛けるシーツ　「あがとりが汚れだので、ひんだくしてもろだ。」[魚沼:あかとり]

あがみどご　1 (擦り剝いて怪我をした) 赤肌　赤身　「怪我してあがみどご出た。」2[京]大損する　「十万も馬券張って すってしょもで、ほんにあかみどこ出てしょもだでば。」

†あかめ　しただした　[←あかんべーで舌出した]　何事も気に入らない　 (=あがめしただした:気に入らねことばっか言うもんだすけに、あがめしただすて、帰って来た[京ヶ瀬])

あがり　　　　明かり　電灯　「あがりがついた (電灯がついた)」　[新潟:でんき「でんきがついた」で、電灯がついた、の意味]

あがりだん　　階段「そこのあがりだん あがってくんなせ。(そこの階段上がって下さい)」

あがりなせ (や)。　　お上がり下さい。　　　　　＼*「さがりだん」とは言わず。下の階、とでも言うか?

あかりなる　　 (朝になって) 明るくなる　「あかりなった/あかりなってきた」

あがる　　　1†明るい　「あがるそら (明るい空)」 *あかるいそら、が普通　2　食べる (召し) 上がる　「かゆでもあがらねげ。(粥でも食べませんか)」 [新潟:あがらんけ。]　3 仕事から帰る「山からあがってきたでん。(山仕事から帰って来た)」

あかるう[音便]　明るく　「あかるうなったら」

あがーれ　　　　明るい　「こんげあがーれひなかに、(こんなに明るい昼間に)」

あぎ[京]　畦　畔　「あぎのみずもれ (畔の水漏れ)/たのぼのあぎ (田圃の畔)」

あきのかりあげ [秋の刈り上げ]　稲の収穫終了　稲刈り仕舞　及びその後の (簡素な) 宴

あぎらめ　　　諦め　「あぎらめつがので、(諦めがつかないので)」

あきれらって　　呆れられて　*終止形は、あきれられる

あぐ　　あく　灰　*「あく」とも言う (→おぎ)「あくこど (灰を) 袋の中に入れて、/あぐなってそごにある。(灰になってそこにある)/あぐまごど おもで (灰を撒こうと思って)」

†あぐがつよーて　気が強くて「あの人はあぐがつよーで、言い始めだら押すとおす。」[京]

あぐし　　あぐら　胡座「ひとり あぐしかいで、(一人で胡座をかいて)」(笹=あぐす)

†あくせ　　下水口　どぶ　　　　[佐渡:えみぞ/中越:え/新潟:えんぞ]　　　　　＼[佐渡:あーぐち]

†あくたもくた　　芥や塵　あらゆる塵埃　塵 (ごみ) や埃 (ほこり)

あくたれ　　悪い事　憎まれ口　ひどいいたずら　「あくたれつく。(憎まれ口をつく)」

あくと・あぐど　　　踵 (かかと)　　 [県内広域:あくと]　*古い標準語か?

‡あぐどがばげる　　とても怯える・怖くなる　「おっかねめにおうと、あくどがばげでしょもで (おっかない目に遭うと、とても怖くなって)」

あぐび　　欠伸 (あくび)　〔濁音化について〕度會好古先生によると、「当地域では、語頭以外のカ行、タ行の各音は、一般的に濁音化して発音されるものが多い。〈地域の言葉 笹岡 (阿賀野市)〉」とのこと。それは、必ず或

— 10 —

る語が濁音化する訳では無いが、濁音化することもある、ということである。つまり、濁音化することが出来る語があり、人によってしたりしなかったりする。 度會先生は「音便に連なる語句「げんき(元気)」「たんき(短気)」」や、連母音のU音に連なる語句「ほっかいどう(北海道)」「こうかいどう(公会堂)」等は濁音化せず、濁音化しない語句も多い。」と述べる。この地区外の者には難解。

あぐらし(い)　(所構わず騒いで)うるさい　「あぐらしで　しょうがねえ。」
あげたま　上の方　上向き　[笹神]
†あげつば・あげづば　ごみ捨て場　[笹神]
あげる　1あげる〔標〕　2開ける　「と　あげでおぐんなせ。(戸を開けて下さい)/戸をあげでくったど。/まっくれいぬ、おっきなくち　あげで　くってが。(真っ黒な犬が大きな口を開けて来るんだ)/戸開げでみだば、/目開げで見だば、/はよ開げでくんなせ。」
あげもす　あげなさる　お供えする　「なんだかんだ持ってきて、そんま、あげもすてがね。(何だかんだと持ってきて、(次々)さっさと、お供えするんだとさ)」
あげんの　あの様な　あんな　「ただあげんの　一本の綱　垂らして　つんだったら(ただあんな綱を一本垂らして釣るんだったら)」
あご　1顎(あご)　2弁舌　「あごがたつ(弁舌がたつ、話がうまい)/あごがいいから人気がある(話が上手いから人気がある)/あごばっかよーで　ろくな仕事せぇねぇがんだ。
†あごや　面白く話をする人　[京ヶ瀬]　(口ばかりで　碌な仕事をしない奴だ)」
あさぁさ　しまった、あらまあ　[失敗時に発する語]　「あさぁさ、まだ忘れだ。(あらまあしまった、また忘れた)」　(＝さぁさ、さぁーさ)
あさげ[←朝明け]　朝　朝方　「あさげ　おてんとう様が出ると同時に　やろうでば。(朝、日が昇るとすぐやりましょう)/あさげ、はよーおきた(朝早く起きた)/あさげになったば(朝になったら)」　(⇔ばんげ、ばんがた)
あさって[標]　明後日　＊〈きょう:今日〉を挟んで、「さきおととい〈おととい〈きのう〈きょう〉あす・あした〉あさって〉しあさって・やのあさって」の順。　＊＊しあさって≒やのあさって
あさっぱら　1[標]朝っぱら　2朝早くから
あさのはもようのきもの [麻の葉模様の着物]　＊笹神村広域で、うまれっこ(新生児)に着せた
あさはん　[標?]　朝飯　朝食
あさめすまえ　朝飯前　容易な事
あじ　塩引き鮭(→はらせ)　「おびやっこは　あじは煮出して食べると良い。[笹神上高田]」
あじこと　心配事「あじことばっかしていると体に毒だすけ、呑気にしていなせ。」[京]
あしのひらをかく [足の平を掴く?]　信頼を裏切る　＊足の平を掴んでひっくり返す?
あしをふぎふぎ　足を引き引き　「ガサガサと足をふぎふぎ登って来たば、(ガサガサと足を引き引き登って来たら)」
あす　足　脚　＊あし、とも言う　「ゆぎにあすを取られる(雪に足を取られる・雪で転ぶ)」
〔訛音化〕新潟県村上地方や東蒲原地方とその先の会津地方と同様の「シ」と「ス」の混同があるが、減少傾向にある。
あず　味　「あまごいあずがする(甘い味がする)」

— 11 —

あず あず!　　ああ痛い痛い　「「あず、あず。」と言いながら、」

†あずこどぼんさま[京]　非常に慎重　石橋を叩いて渡る様　（→まてのひと）

あすた　　あした(明日)　「あすた、ざこさぎに いこで。(明日、雑魚捕りにいこうよ)」

あすだ　　(下駄の)足駄　あしだ

あすぶ　　遊ぶ　「あんままじめで あすぶしぶ しらねひともいる。(余りにも真面目で遊

†あすろ　　　　足場　　　　　　　＼び方を知らない人がいる)」（→しぶ）

あせ・あーせ　　浅い　「あーせかわ(浅い川)」

あせもの　　あせも(汗疹)　[笹神]

あーせや、こーすてくれや、　あーしなさい、こうしてください　あーしろこーしろ

あそご(の)　　　あそこの　＊「あそこ(の)」とも言う。「あそごに きつね いだ。(あそこに狐が
　　　居るぞ)/あそごに とめてもらお(あそこに泊めて貰おう)/あそごのうち」

あ、そそそそそそそ。　　ああそうだね。　＊そ、は７回(だった)　一気に言う

あそびあそびなもんで　　遊び好きなので 遊んでばかりなので

†あだげる・あだける・あたける　　1(特に子供が) 喜んで騒ぐ「うづのなかで あだげる
　　な。(家の中で騒ぐな)/あだけでばっかりで もりこも おおなんぎだでばねぇ。(元気が
　　良すぎてお守りの人も大変だねえ)」　2暴れる 暴れ騒ぐ「さけぐせ わありで よくあ
　　だけている(酒癖が悪くてよく暴れている)」　[県内他地区:あだける]

あだま　　あたま(頭)「うすろあだま(うしろあたま 後頭部)/あめあだま(禿頭)」(→ひ

†あたまがんがづだ。　でか頭だ。体の割に頭が大きい。頭でっかちだ　　　/こうじょう2)

あだり　　1 辺り 周辺 その周り「チリンパリン五葉の松、あだりにいだもんごめんなさ
　　い。」　2〜のような　「だあが 猿のあだりな いごば (誰が猿の様な所に (嫁に)行こう
　　か(、行く訳ない))」

‡あたりしちけんばらこくたい[辺り七軒・間+ばらこくたい]　散らかっている　「あんま、
　　あたりしちけんばらこくたいにしてっと、人様が来られっと わろわってしょもすけ
　　に、きれいにしねねでね。(余り散らかしていると、人様が来られたら笑われるから、
　　綺麗にして(片付けて)おかなければならないよ)」（＝おおばら、ばらこくたい)

あたりついだ　　(偶然)見つけた「ほんね いいかが あたりついだわ。(本当に良い嫁さん
　　を見つけたわ)」

あたりとなり[辺り隣]　近所(の人)　向こう三軒両隣の5〜6軒　(＝あたりきんじょ)
　　「あたりとなりとの行ったり来たり/あたりとなりと声を掛合う」

†あたりじんぎ[辺り仁義]　あたりとなりとの親しい付き合い　[笹神 上飯塚]

あちゃかん　　1†新しい「あちゃかんのふくきて どごへ?(新品の服を着てどこ行くの)」
　　　2[京ヶ瀬](酒の)熱燗

†あちゃ けーだようだ。　火が消えた様だ 〜た様に寂しくなった

〜あっが、[標?]　〜があるが「こごにつづら(葛籠)あっが、おっきなんどちいさけなん、お
　　前さんのすーきな方持っていぎなせ。」

― 12 ―

あっかあっか　あれあれ (=おっかおっか) ＊意外なこと「あっかあっか,お前なーしてんだ。」
あっかね　あるかね　あるかい　「田植えする気 あっかね。」
あっかん　あるのだ「いっぺあっかん?(沢山あるんだろうか)/〜あっかんだが (〜があるのだが)/あっかんだがね。[疑問] (いるんだろうか あるんだろうか)/あっかんながな,/娘っ子三人あっかんながな (あるんだけれど)」
あっけな　あんな　あの様な「あっけなやつ (あんな奴)」
†あっけづが たまる　ごみの山になる
‡あづことぼんさま　慎重し過ぎる人「○○さんは,何をするにも あづことぼんさまで,ほんに決断のない人だ。」(=いすばすかなづつ) [京]
あつこつ　あちこち　あちらこちら「よい場所が あつこつにあり/あつこつと うごぎまわる (あちらこちらと動き回る)」
†あっさん〔子供用言葉〕他の人　他所様 (よそ様)　あちさん
あったげ　あたたかい「あったげ まんま (温かいご飯)/春のあったげ日/ばがあったげどぎ (とても暖かい時)/あったげ言葉 (暖かい心地のする言葉)」
あったご　暖かく「あったごしてでかけねと (暖かくして出かけないと) 風邪ひくぞ。/もっとくべねど,つっともあったごならね。/あったごなった。」
(〜が) あったでが。あったてがね。あったでがね。　1〜(が) あったとさ (→でが) 2 いたとさ (≒〜がいだったでがね)「遊んであったてが。(遊んでいたとさ)/そこに男の子があったてがね。」
あったらことした。　勿体無い事をした。損をした。「ほんね,あったらことしたてば。」
あったらもん　(人にあげるには惜しい,もったいない) 大事な物「そのぜん あったらもんでさ。」[あたらし [古語]:惜しい 勿体無い]
あったらもんがる　大事だと思う なくすと惜しいと思う「あったらもんがってばっかいので,つこでしまえ。(大切にしまってばかりいないで使ってしまえ)/あったらものがってしょもで (なくす・いなくなると惜しいと思って)」
あっちぇ(え)〈あっちゃい,に同〉「あんまりあっちぇかったら (余り熱かったら)/あっちぇもん かせらえっと・かせられっと (熱い食べ物を食べさせられると)/ばがあっちぇでん。(とても熱かったのさ)/あっちぇひ (暑い日)/あっちぇであっちぇでせーづねがった/あっちぇね!(暑いね!)/あっちぇね(え)!(暑くないぞ)」[上中下越広域:同]
あっちこっち　あちらこちらと 左右定まらなく「むっついい あっちこっち におい かいでってが。(熱心にあちこちと臭いを嗅いでるとさ)」
あっちゃい・あっちゃぇ　暑い 熱い「お湯があっちょで ひょうので,(お湯が熱くて仕方なくて)/あっちゃい お湯/あっちゃい ひだ こと。(暑い日だなあ)/ばーがあっちゃぇね。」＊あっちぇ(え) とも言う 京ヶ瀬では「あっちゃぇー」は天気,「あっち」が火傷等用,とのこと。
‡あっちゃえーあっち　新しい物 (なのでそれを嘲る言葉) [京]
あっちゃがった　暑かった「ひんで,あっちゃがったろ。(ひどく暑かっただろう)」
あっちょ　暑く,熱く「あっちょする (熱くする)/この酒,あっちょしてくれや。(この酒,熱くしてくれ

よ)/あさからあっちょで (朝から暑くて) しょきっとすねな。(しゃきっとしないな)/あんまあっちょで だるい。(あまりにも暑くて体がだるい)/あっちょなる (あつくなる)/茶釜のけづ あっちょなってきた (熱くなってきた/あっちょね (熱くない, 暑くない) ＊促音・拗音化 ＊＊厚い, は「あつごい」か「あつい」

あっつ　　　あっち　「あっつのみーずはにいがいぞ。こっつのみーずはあぁまいぞ。」

†あっつげだ　　(不要で) 詰まらぬ物「あっつげだのぼっこれ自転車, べちゃってこいや。(詰まらないくそ自転車, 捨ててこい)」〈罵倒語的〉[京]

†あっつげな　　あんな　「あっつげなこどばっかいうひとなんか (あんな事ばかり言う
　　　人なんか) 相手にすんな。」　　　　　　　　　　　　　　　　　　　/＝あっこつ)

あっつこっつ　　　あっちこっち あちらこちら　「あっつこっつ ほっつきあるいでいだ。」

あっつばか　　あんなに小さな ちっぽけな 取るに足らない　「あっつばかな野郎っ子」

あっつべた　　あちら側 向こう側「あっつべたとこっつべた (あっち側とこっち側)」

あっつら [笹] ＝ あんつら　　　　　　　　　　　　　　　　　　　　＼(＝あっつばた)

あって?〔標?〕　在ったかい?　「あれ, こんげなとごに, 重箱あって?」

あってが (ね) (ぇ)。　1 あるとさ。「今もそこにあってがね。」 2 あるのに「朝前仕事いっぱい
　　　あってがねぇ。(朝飯の前にする作業がいっぱいあるのに (起きなくて困る))」

あっと [標?]　あると「つうとばが かぎでもあっと いいんどもね。(少し 柿でもあると

あっとき　　ある時に　　　　　　　　　　　　　　　　　　　　＼いいんだけどね)」

あっとこ, あっとご　　1 ある所に「昔々あっとこに 大きな川があったてんが。」 2 在る所
　　　　　　所在する場所　「火あっとご (火のある所)/あっとごに (ある所に)」

あっとごしょーぶ　あるだけ全部「あっとごしょーぶ 金を賭けた。(全財産 金を賭けた)」

あっねげ。　　あるじゃないか。　「金だの小判だの, ざぐざぐでほど あっねげ。(金や小
　　　判等がザクザクあるじゃないか)」

あっぱずら　　口を開けて呆けている顔　「あっぱづらをしている」 [魚沼:あっぼんずら]
　　　　　　＊ちなみに魚沼では「あっぱ」は、糞 (くそ) の意味

あっぱたれ　　糞垂れ 糞を漏らす「この子まだあっぱたれでいたこど, 困ったなぁ。」

あづぼくたい・あづぼったい　　厚ぼったい 厚くて膨らみがある　「うなのもづ, ひんで
　　　あつぼくてぇんな。(お前の所の餅はとても厚いんだな)」

あっぱぐづ　　口をあんぐり開ける状態

あづまぎ　　厚撒き (あつまき) ＊種を多く撒く

あづらいてきた　預けてきた (＝あつらく 3)　「荷物, 親戚のうづにあづらいできたでばね。
　　　(荷物を親戚の家に預かって貰ったんだよ) [京]

†あつらく・あづらく　　1 誂 (あつら) える　2 注文する　3 他の人に頼んで置いて貰う

あっろう　　あるだろう　あろう　「ためてあっろう。」　＊促音+「だ」脱落

あっわ　　あるわ　「もっとおっかねもん あっわの。(もっと恐ろしい物があるよね)」

あつんしょ　　あちさん よその人「あつんしょに わろわってしょもっと。(よその人に
あで　　あて　「あでにならない。」　　　　　　　　　　　＼笑われてしまうぞ)」[京]

— 14 —

†あてがいづき・あでがいづぎ・あてがえづき[京] 1 一定量の食事のみを与えること 「いっぱい喰いたくても喰えない。兵隊はあてがいづきだった。」 2 食事付き 「あてがいづきだっけ 心配ないわ。」

†あてこ・あでこ・あてご 1 (江戸職人風) 前当て エプロンの類 (=えどあて) 2 赤ちゃん用 よだれかけ

あでこすり あてこすり 皮肉な言い方 [訛語]

あでずっぽ 当てずっぽう 「あでずっぽに書く」

あでどっこ 当てっこ遊び お互いに当てようとする事 「あでどっこして遊ぶ」

あでる あてる (当てる・宛てる・充てる)

あど あと 「あどから食うより (後から食うより) /あどの ぜんとり ならので」

あど おおばら = あと さんじょうぱらい

あとからむかしぶらんとさがった、さるこだいてさがった。 *昔話の終わりの言葉

‡あとくざり 田植で後に下がる植え方 (=‡あとふっちゃり) *前へ植えるのは「田植え」 (→さつき)

あと さんじょうぱらい・あど さんじょぱらい・あとさんじょーぱらい [←後三条払い?] 後始末しない そのままでやりっ放し (=あどおおばら、おおばら) [同:県内広域、但し三条周辺地区を除く] *三条商人を悪し様に言った語源説と、後は 30 日払いの語源説あり

あとじゃり 1 あとずさり 後ろ向きに歩くこと (≒[笹]あとふっちゃり:田植えはあとふっちゃりに植えた) 2 尻込み 「おっかながって あとじゃりしている。」 3 尻つぼみ 減少 (傾向) 貧乏 「あそごのうづ、しんしょ あとじゃりになっている。(あそこの家は貧乏になってきている)」[京]

あとっぱらやんだ。 後で困った。[京]

あなれ 1 (空から降る) 霰 (あられ)「ひさめ (氷雨) やあなれ」 2 お菓子のあられ *言い間違い?

あね (自分の家に来た) 嫁 「あねがうぢ行ったば (嫁の実家に行ったら)」(→おば)

†あねさ 1 長女 姉さん【同:新潟・下越 (=あねさま)】【中越・佐渡:あね】 (→おば) 2 嫁 嫁さん 「あねさばっか だったでが。(家に嫁しかいなかったとさ) /あねさ、ねらせ。〈姑が嫁こ〉寝ていいよ。)」 *今は嫁の本名を呼ぶようだが、以前は姑等が嫁を呼ぶ時に使用。

†あねさま 家の嫁 「おめのあねさま (お前の家の嫁さん)」 (=あね、あねさま、あねま)

‡あねま = あね *家の階級により、あねま・あねさま>あねさ>あね との事

あねや =あねさ、あねさま *水原、京ヶ瀬独特か?

あのがん あのやつ・物・者 「あのがん、持って来てくれや。」 *「がん」は人を指さないとの説あり

あのしょ・あのしょう・あのしょー あの人 「あのしょーたち (あの人たち)」

あのしょたづ あの人達 *「しょー」と伸ばすのは続いて言葉が来る時では? との説あり

あのちくしょー・あんちくしょー あんちくしょー あの野郎 *京ヶ瀬では動物を指す、とのこと

あのねす。 あのねえ 〈呼び掛け〉 (=ねす)

あばける 甘える (=ぁ(ん)ばげる[笹]) 「親にあばけて 大人にならない。/あばげでばっかりいる。(甘えてばかりいる)[京]」 (→あまされる)

†あひ 汗 (あせ) *サ行の「せ」がハ行の「ひ・しぇ」に変わる。今は少ない。

†あひも あぜも

あふぁあふぁ (と) 大口を開けてだらしなく食べる「大口開けてあふぁあふぁと食べて

る」　2[水・京]あ　ふぁあ　ふぁ(に)　着物の前を合わせずに　シャツの裾を出しっぱなしで「アファアファにしている/〜にすんな。」[新潟・標?：あっぱっぱに/あっぱっぱにしている]

あぶかし[京]　危なっかしい　下手で危ない「免許取ったばっかだすけ, あぶかし運転するな。」

アフッと　　パクッと「アフッとふっかいだでがね。(パクッとかぶりついたとさ)」

†あぶずをかづえだ。　　他人の悪事が自分まで及ぶ。　　　　　/がある。厚めの物が多いか。

あぶらげ　　あぶらあげ(油揚げ)　薄めの豆腐を油で揚げた物[県内広域：同]　*水原には三角形のあぶらげ

あぶらんぱえ[魚名]　あぶらはや(油鮠)うぐい(鯎)　*瓢湖周辺用水路に多い[魚沼：あぶらっぱや]

あぶり　　浴び　「ひとあぶりすると(一浴びすると)/水あぶりで　終日過ごした。」

あぶる　1浴び(る)　特に川遊び(をする)「みずあぶりに　いごでば。(川に水浴びに行こうよ)/水あぶる(水を浴び(る)」　2[標]あぶる(炙る・焙る)　[五段活用：あぶらナイ/あぶって(あぶろデバ〈度會〉)/あぶりマス/あぶる/あぶるトキ/あぶれバ/あぶれ・あぶろデバ]　*「浴びる」は下一段活用

あべこべならね　収拾が付かない　どうしようもない「大騒ぎであべこべならねがった。」

†あぼうてもらう　　かばって貰う　「あぼうでもろだ。(かばって貰った)」

あまごえもん　　甘い物 (=あまげーもん)　[京]

あまげ・あまげー　　甘味の　甘気　甘い「あまげーもん(甘い物, 菓子)」

あーまげ　　甘そう　「こっちの水はあーまげど。」

あまさけ　　あまざけ(甘酒)　*何故か濁音化しない!

あまされる　　1他人からふざけてからかわれる　　2[水]甘やかされる「親に　あまされて
あまのぎゃく　　雨蛙　　　　　　＼ばっかいる。(親に甘やかされてばかりいる)」

あまのしゃく　　あまのじゃく　[昔話：うりこめご]　(→うりこめご)

†あみわたし　　餅等を焼く為に囲炉裏の上に置く網状の渡し

‡あめてろ　　禿頭　[笹]　(→てろさ)

あめはだく　　雨が当たる　「あめはだかんどころ(雨が当たらない所)」

あめる　　禿げる　[県内広域, 古い標?]　「あめあたま(禿頭)」

あめんだま　　飴玉　*鼻母音→〜ン　　　　　/(あらあら, これから出かけるのに, 困ったな)」

あやあや,　　あれあれ　あらまあ　おやおや「あやあや, でかげってがんに, はや。

あやまち　1過ち〔標〕　2困り事「黙っていれば, あやまちもしねだっていいのだし, (黙っていれ
ば困った事にならないんだって言うんだし)」　3怪我

†あやまづ　=　あやまち3　「あやまづを　すた(怪我をした)」

あやまった(, あやまった)。　御免なさい, 勘弁してくれ。「いや, 降参した。あやまった, あや
あやや　　あらら,「あやや　おもしぇね。(あらあら面白いねえ)」　　＼まった。」*繰返し多

あややややーどうしょばな　　　あらあらまーどうしようかなー。

‡あらぐり[笹神の館]　代掻き　(→まんが, えぶり)

あらかだ・あらがだ・あらかた　　粗方　あらかた　大半　大部分　殆ど全部　「あらかだ　すご
どが　おわった。(粗方, 仕事が終わった)」　[県内広域・標?：あらかた]

†あられうり[笹神今板・上飯塚] (お盆の13日, 蓮の葉でくるみ墓に供える)茄子・胡瓜を細かく刻んだ物

— 16 —

ありがで　　有難い「ばかありがでおきょう(とても有難いお経)」　　＼(=あらびき[笹神沖ノ館])
ありがとうございます　＊「う」の脱落　有難うございます
ありご　　　　蟻「ありごがたがる。(蟻が集る)」　／藁を使って草鞋を作ってしまった)」
ありったげ　　　　ありったけ「ありったげ、みんなわらじを作ってしもだ(ありったけの
ありましね[ありまし(あります)+ね(ない)]　ありますまい　ありません「とてもはや、冥
ありゃありゃ　　　あれあれ　あらまあ　　　　　　　　　＼土ほどいいとこはありましね。」
†ある　　　　〜している「ばげであった(化けていた)／あっかんだがね。(いるんだろうか)／
　　　　　あるろうって話だね。(いるだろうという話だ)」
あるぐ　　　　歩く「ゆぎはじょげてしまい、あるぐとドハラドハラとぬかった。／はだすであ
あるとぎ，　　　ある時，　　　　　　　　　　　　＼るぎ,手を洗うことのなかったやろめら」
あれだろが(なあ)。　あのねえ・あれだよ　＊意味のない間投詞的語
あれだわや(。)　　　あれだよ。＊意味のない間投詞的語　標?
あろう　　　　洗う　＊あらう,とも言う「あろでばっかいだでが。(洗ってばかりいたとさ)／あろうでおく・
　　　あろでおく(洗っておく)／よう あろできた。(良く洗ってきた)／ようあろてる(良く洗ってある)」
あろけ　　　歩け「あろけあろけうんどう(歩け歩け運動)[京ヶ瀬村で以前行った運動]」
(〜で)あろば(。)　〜であろうか、あるわけではなく「ようみたてば、うまであろば、ぬいだったった
　　　が。(よく見たなら、馬であろう筈も無い。鴞だったとさ)／そんげなこど あろばやれ。(その様な事あ
　　　ろうかい、ある筈が無い)」
(〜で)あろばさ。　〜であるわけない。「できるもんであろばさ。(出来るものであろうか、いや出来
アワワワと　バクバクと　ムシャムシャと「アワワワと 魚 食い始めだど」　　　＼ない)」
あわぶくをふく　　　(病気になって)口から泡をふく
あん　1〜であること　〜のだ「火種のうしておぐと、うぢだされるあんだが、大変だ。(火種を無くして
　　　しまうと、家を追い出されてしまうと言うことだし、大変だ)／はあいぇで あんに(早いというのに)／そうい
　　　うあんだがな。(そういう事なんだな)／誰がいるあんだろう(誰がいるのだろう)とおもで／なーんでもね
　　　えあんだども(何もないんだけども)／動くあんでねえぞ。(動くんじゃないぞ)」　2〜の物・者・やつ
　　　「きったねあん(汚い物)／いいあん(良い物)／わありあん(悪い奴)／どっこいしょであんだ。(どっ
　　　こいしょ と言うやつだ) どっこいしょもわがらねあんだが。(<お前は>どっこいしょも分からないのか)」
あんがと・あんがとね(一)　　有難う[同：新潟]　　　　　　　＼3 あの「あんどぎ(あの時)」
‡あんぎょーさま　=あんじょさま[水原のみ]
あんげ　　あんな　(=あんげな)
あんげな(†あんけな)　あんな　あんな様な「どうして あんげな ほいど坊主に やったかだ。(ど
　　　うしてあんな乞食坊主に施しをしたんだよ。)／あんけな夢見だんろう(あんな夢を見たんだろう)／あ
　　　んげがん・あんげながん・あんげもん・あんげなもん(あの様な物・人)」(→そんげな)　＊「あんげな」頻用
†あんごあまして　持て余して[京ヶ瀬]
あんころもづ　　あんころ餅　牡丹餅(ぼたもち)　おはぎ
†あんじ　　　　庵寺　お寺

†あんじょ（さま）　　1 庵主様　お坊さん　　2 尼さん「庵主様来らしたど。」

あんずぎ　　あずき　小豆　*鼻母音→〜ん

あんださ、　あのさ　あのねえ　[意味の余りない挿入語]　「そしたでば藁「おれ、あんださ　先なって
　　　橋かがってくれっさ。（そうしたら藁が「俺が、あのさあ　先になって橋になってやるよ」）」

〜あんだ（。）　　〜（な）んだ　「いや、なんでもしねあんだ。（いや、何にもしないですよ）/印を　つけ
　　　ておくあんだわね。（印を付けておくんだよ）/ばげもんいるあんだが、（化け物がいるのだが）/いつ
　　　竜宮案内するあんだ。俺やけどしてせーづねあんだが。/雀いるあんだ。（雀が居るんだ）」

〜あんだが、　　〜なんだが　「町へ用事あって行がんばねえあんだが、」

〜あんだで。　〈上同〉　「きいつげで、いぐあんだで。（気をつけていくんだよ。）」

〜あんだな。　〜なんだな。　「隣んしょ、いいで臼返しに来ねあんだな」

〜あんだわ。　〜なんだよ。　「そんげなこったさが　馬鹿だで言われるあんだわ。（そんなことだから
　　　〈お前は〉馬鹿だと言われるんだよ）」

あんつら　　あんな（→あっつら）　「あんつらがんは、駄目だ。（あんなものは、役に立たない

あんどぎ　　あのとき　　　　　　　　　　　　　　　　　　　　　＼・駄目だ）」

〜あんでねえ　　〜するんじゃない　「錠開げたりすあんでねえぞ。（錠を開けたりするんじ

〜あんど。　　〜なんだぞ。「おまえ　わありあんど。（お前が悪いんだぞ）」　　　＼ゃないぞ）」
　　　　　　　[あんだくあんだわくあんど　の順に強意]

あんな（一）[標?]　あのねー　「あんな、はよこい。（あのなー、早く来い）」

あんに　　あるのに　「何か変わったこど　あんに違いね。（何か変わった事があったに違
　　　いない/（あるに違いない）*過去の意味強い）」

あんにゃ　　（本来）長男・長子，兄さん　あんちゃん　若者（→おず）[同:中・下越][佐渡:あに]
　　　「あんにゃこど　追い出してしょもだでが。（若者を追い出してしまったとさ）」
　　　　*「あんにゃ」の類：あにゃさ（兄さん）*軽い敬意あり/あにゃま・あんさま（兄さん）/あんちゃま　*本来
　　　　名家・旦那様の長兄　**「あんにゃ」は「かが」「とど」より区別が緩い　***あんにゃいもち（長男と姉が年が開き
　　　　すぎ姉が婿を取り家を継いでいるとき長男に田畑を分けて分家させること）

あんにゃさ　兄さん　「一番先のあんにゃさ（長男）」

〜あんね。　　〜だね。〜だよね。「お前様、いいもん持ってるあんね。」

あんばい　　塩梅　案配　（特に体の）具合　健康状態　物事の具合・様子　「あんばい　わ（一）
　　　りなって（具合が悪くなって）/はれで　いやんばいだねす。（晴れて良い日和ですね）」

あんばげる[笹]　甘えてふざける（＝あばける）　　　　　　　　　　＼（＝あんばえ[京]）

あんべ　　1 歩け　「はーようあんべや、ひがくれてしょもっど。（速く歩けよ、日が暮れ
　　　てしまうぞ）」　　2 具合「あんべわありすか、（具合がわるかったので）

‡〜あんべ。　　〜だい。「どっち先　だまがすあんべ。（どちらが先に騙すんだい）」

あんぽんたん　　　　頭が悪い　知識がない　馬鹿　アホ　[標?]

あんま　　1 余り「あんま色気のようね六尺褌/あんま　やぐにただね。（余り役に立たな
　　　い）」　　2 余りにも「あんまかなしょで（余りにも悲しくて）ないでいだ（泣いていた）」

— 18 —

あんまし　　あまり（余り）　＊「あんまし」が頻用か？ 標準語的？

あんまり　　1 会り［否定］［標?］　　2 余りにも［肯定の強調］「あんまりきれいだったので
　　（余りにも綺麗だったので）みんなたまげでしょもで，」

あんまりに　　余りにも 余りの程度に すごく とても 「あんまりに感心した」

［い］

い　　1=え「えー（いい，いー，よい）」　2=～へ「田圃い行く。（田圃に行く）」

い　　　いい　良い　「そこまでは いども，（そこまでは いいけども）」

～ぃ　　～が，を　「日ぃくれでしょもで，（日が暮れてしまって）/きぃむいたら（気が向
　　いたら）/きぃつかう（気を使う）/ひぃけす（火を消す）/ひぃつける/ひぃつく」（→～ぇ）
　　＊「気・目」等の一音節の語が格助詞の「が」，「を」に接続するとき助詞が省略され母音が長音化する。新潟県内で広く
　　聞かれる。　cf. めぇあらう（目を洗う），とぉしめる（戸を閉める）

†いい［結い］　無報酬の労力交換の助け合い　＊田植え，稲刈り時（=ゆい，えい，えー）［県内：同］

いいあんばい・いいあんべ　　良い具合 良い塩梅 「いいあんばいにくらしましたと。/い
　　いあんべに/いいあんべだ。」

†いい いいこと　いいこと「神様 信仰してっすけ いいいいことばっかある。」

いいが，　　いいか，いいかい，　「いいが，俺の言うこどよう聞いで，おなごなんて 腹あぶり
　　すっもんでねえど。/小僧，いんこいいが。（小僧，うんこは終わったかい）」

いいがね　　1 いいかね。良いかい。＊独立語　2 いいじゃないか（≒いいねがね，いいこで）「ぞうり
　　なて はがんばっていいがね。/どうすっか はよ決めればいいがね。（どうするか早く決めればい
いいこった　　いいことだ〔標?〕　　　　　　　　　　　　　　　　　　　/いじゃないか）」

いいこで。　　いいじゃないか。いいよ。　「うなもこしょえば いいこで。（お前も作れば

いいすけ　　いいから　「まあ いいすけ，（まあ いいから）/いや，いいすけ，」（→すけ）

いいで/いいでか　　いつまでも 結構 一向に 「いいで 隣んしょ ちんころ ついで こねし。（い
　　つまでも隣の人が仔犬を連れて来ないよ）/～とようで，いいでいがねでんが。（～と言って，一向に行かないん
　　だとさ）/いいでかまってもこねすか，でがけっか？（いつまでも待っても来ないから出かけようか？）」

†いいどっこ　　言い合い　「いいどっこしてだ。」

いいなぎ［京］快晴　「今日は いいなぎで 田植えが ひっと はがいった。」

いいね。　　そうじゃない。いいえ。違うよ。（=いやね。はいね。）（→うんだばって，なぁにね）

いいねがね。　　いいじゃないか いいじゃないの いいでしょう
　　「はだしでもいいねがね。/ここで食えばいいねがね。/貰えばいいねがね。」

（～て）いいのだし　　～て/と言うのだし 「あやまちもしねだっていいのだし，怪我もしないんだども」

いいもん　良い物「おまえさま，いいもんもってるあんね。（お前さんは良い物を持っているじゃないか）」

いいやの，　　いやいや，＊いやいや，とも言う「行がのでくれや。」「いいやの，行ってくるわの。」

いいんどもね。　　いいんだけれどね。「かぎでもあっと いいんどもね。（柿でもあると
いう　　1 言う〔標〕「いうこどなし（言う事無し）」　　　　　　　　＼いいんだけどね）」

— 19 —

2 (髪を) 結う 「まげいうで, つれでってくらっせ。(髷を結って連れて行って下さい)」

いうだ 言った 「〜と言うだば (〜と言ったなら) /〜といっでんが。(〜と言ったとさ) /〜っていうだでんが。(〜って言ったとさ) /いうだでが。/そういうだで。(そう言うんだとさ) /いうだでば (〜と言ったので) /〜というだら (〜と言ったら) /〜と言うだばっかりに (言ったばかりに) /いうださが (言うんだから) /いうだどさ。/おめ 今 なんて言うだい。(お前は何て言ったんだい) /いうだでんが。/〜と言うだど。(〜と言うんだとさ) /〜というだども (〜と言ったけれども) /なんというだんだ (何て言ったんだ)」 (→いう)

いうで、 言って 「そういうで, においかいでってが。(そう言って, 臭いを嗅いでいたとさ) /いうで いだでが。(言っていたとさ) /いうでしょもだでが。(言ってしまったとさ) /〜というで, (〜と言うので, 言うんで) /そんげなこど言うで。(そんなこと言って) /ひとりごというで (一人言を言って)」

いうできた 言ってきた 言い始めた 「〜というできたすけ, (〜と言い始めたので)」

いうでくって 言ってくれて 「神様が代わりにいうでくっで,」

いうでしょもっとさ。 言ってしまうのだとさ

いうでだ。 → いうでねえよ

いうでだった 言っていた 「いうでだったでんが。(言っていたとさ)」

いうでだでば, 言ってたなら,

いうでねえよ。 言ってないよ 「おら なにも言うでねえよ。/いや, なんかいうでだ。(俺は何も言ってないよ。/いや, 何か言ってた)」

(〜と) いうんだんが 〜と言うのだが *中越・魚沼弁的?

いえ いい 良い 好い 「いえよめ もらって (いい嫁を貰って) /ばかいえおなご (とても良い女性) /つつすんだほうが いえでね。(慎んだ方が良いよ)」

いえなも 家の中にも 「銭は入らねし, 家なも入らんねし (お金は入らないは家には帰れないは)」

いお さかな うお 魚 (=よう) 「いおのこ (魚卵) =ようのご」[同:県内]

いか 凧 (たこ) 「いかいと (凧糸)」 *昔, 笹神では六角・長方形の物を「いか」, 丸くてたこの様な丸頭に脚を付けた物を「たこ」と呼んだ 「いか揚げ/たこ揚げ」

いが 烏賊 (イカ) 「いがのしょっから (イカの塩辛)」

†いがいがでめにおう = いっかいっかでめにおう [京ヶ瀬]

†いがいごと 意外なほど (沢山) 「となりのしょに たけのご いがいごともろだ。(隣の人に筍を驚くほど沢山貰った)」[京ヶ瀬]

いがえこど[京ヶ瀬] = いがいこど (≒こったま・がっぱり)

‡いがされ 行きなされ *いがされ団子:お彼岸の終に仏様に供える団子 (→ちゃったか) [笹神村岡]

いがすた 行かれた いらっしゃった (=いがっしゃった) ＼彼岸中日はおはぎを供える

いがせる いかせる 「水持っていがせで (水を持って行かせて)」

いがっしぇ。= いがっせ 「かづいでいがっしぇ。(担いで行きなさい)」

いがっしぇえ。〔上同〕 「持っていがっしぇえ。(持って行きなさい, 行かれなさい)」

いがっしゃった 〜 (し) なされた なされました 行かれた 「帰っていがっしゃったでが。(帰って行かれたとさ。お帰りになられたとさ。)」

— 20 —

いがっしゃる　　　行かれる　いらっしゃる　「いがっしゃった」

いがっしゃんね。　　行きなさるのですか。　「どごへ　いがっしゃんね。」

いがっせ。　　〜しなさい　いきなさい　「かづいていがっせ。(担いで行きなさい)」

い<u>が</u>った　　　〜していかれた　〜された　「殿様の前,つれていがったでんが。」

い<u>が</u>った　　よかった　「昔,財産いがったんども,しんしょ　あとじゃりなっている。(昔,
　　お金持ちだったが,今は貧乏になっている)[京ヶ瀬]

いがね　　　いかない(行かない)　[県内他地区:いかね]

(〜で)い<u>が</u>ね。　　〜でいいじゃないか。〜でいいからさ。　「ちーとでい<u>が</u>ね。」

いがねがね。[勧誘]行かないかね　行きませんか(ね)　「おじゃでものんでいがねがね。
　　(お茶でも飲んで行きませんか)」　(≒いぎなせ)

いがねし、　〜(する訳にも)いかないし「〜とも言うわけにもいがねし」[他地区:いかねし]

いがの。　　いいよ。(=いいがの)　「〜していればいがの。(〜していればいいんだよ)」

いがのでくれや。　　行かないでくれよ。

いがらっぽい　　(舌には苦く)喉がいらいらする　喉がえぐい　「筍がいがらっぽい」

いがんねん　　行かれない　「一人で行がんねんてがね。(一人で行けないんだとさ)」

いがんの　　〜していかれない　「つれでいがんのなって(連れて行かれなくなって)」

いがんばね。　〜していかねばならない。「いちげん行がんばねでが。」

いがんばねん　いがんまね　〜していかなくてはならない　「つめでいがんばねんがのう。(詰
　　めていかなくてはならないんだがなあ)/お宮様まで　担いでいがんまねでが。」

いき　　１いき[標]　２湯気　「いきたって(湯気たって)

いぎ　　雪「いぎがちーとさ,ふらねー。(雪がちょっとしか降らない)」(→青山に〜)

いきがえ　　いきがい(生き甲斐)　＊「い」を確かに「え」と発音している

いきしょ　　親戚(=いっけしょ)　「おめーさんのうづと　むがし　いきしょだったでね。(あなた
　　の家とうちは親戚だったんだとさ)」

いーきなって[標?]　いい気になって「いーきなっている。」

(〜して)いぎなせ(や)。　　〜していきなさい。いきませんか。していって下さい。「おじゃで
　　も飲んでいぎなせや。(お茶でも飲んでいきませんか)/もっとゆっくりしていぎなせ
　　や。/寄っていぎなせ。」　(≒いがねがね)

いきむ[笹]　りきむ　息を詰めて腹に力を入れる　息む　「いぎんでも　いんこがでねでば。(りきん
　　でも大便が出ないよ)」

いぎれてる　はしゃいでいる[水]「あの子,楽しくて　いぎれてる。」

いぎれる　　蒸し暑い　「ちょうはいぎれるが,あすたは雨でもふっかも知れねなー。」

いぐ　行く「町に遊びに　いぐとき/上方参りに　いごでば。(行きましょうよ)/こざいでもいがんねし
　　(川の中を渡ろうとしても渡れないし)/相談にいぐ/お寺参りいごどおもで/とっていぎて。(取って
　　行きたい)/隣に借りに行げば/食うでいぐわ。(食って行くよ)/あね(嫁よ),うぢいごで。(家に戻ろ
　　うよ)」　(→いがのでくれや)[活用:いがね/いぎます/いぐ/いぐとぎ/いげば/いげ,いごう]＊語頭以外のカ行・

— 21 —

いぐずなす　意気地無し [京]　　　　　　　　　　　　　　　　　　　＼・夕行は濁音化現象大

いぐづ　　いくつ　何歳　「いぐづになっても (いくつになっても)」

いぐら　　いくら　「いぐらえろうなっても (いくら偉くなっても)/値段いぐら?」　/の顔)」

✝いぐらがぁだいまえ　いい位な　普通の「まあまあ いぐらがぁだいまえの顔 (まあ普通

いげ　　行け　「いげいげ! (さっさと行け)/お前みでな ばばなんか、くるとごでねぇわ。はよ

　　行げ,行げ!/でていげ!/もうつっと ゆっくりすていげや。(もうちょっとゆっくりして行

✝いけしょ　　親戚　[笹]　　　　　　　　　　　　　　　　　　　　　　　　＼けよ)」

いげる　　埋ける (いける)　「こだづ (炬燵) に炭火をいげる。」　＊入れる,の訛との説あり

いご　　行こう　「たすけにいごでば。(助けに行こうよ)/ざっこさぎに いごで。(雑魚捕りに行

いごいも　　里芋 [水]　「いごいもで のっぺいを作る」　　　　　　＼こうよ)/もろでいご (貰って行こう)」

～ (して) いごが　　　～していこうか「たべていごがどおもで (食べていこうかと思って) /

　　入っていごがな。(入っていこうかな)/せや、お鉢に入れて行ごが。」

いごがせ。　　動かせ　「そろっと いごかせ。(そおっと動かせ)」

いごがね。　　動かない　「ずでんしゃのハンドルがぎごわになって,よういごがねでば。」

いごがんね。　　動けない　「はらくっちょで,もういごかんね。」

いごいで　　動いて「いごいでばっかりいので、つーと やすみなせや。(動き回ってばか

　　りいないで、ちょっと休みなさいよ〈ちょっと落ち着いて休め〉)」

いごく・いごぐ　　動く「いごかので、そこでじっとしていろ。(動かないでそこでじっと

　　していろ。)/いごがので、こごにずっとすてれ。(動かずにここでじっとしていろ)」

いこさ。　　いいじゃないか「～してくれれば いこさ。(～してくれればいいじゃないか)

　　　　＊「い」に強アクセント」　[新潟:いいこてさ。]

いごづ　　居心地 (いごこち)　「いごづがわーりどこ (居心地が悪い所)」[京]

いごてば。　行きましょう。「みんなでいっしょにいごてば。(みんなで一緒に行きましょ

　　う)」[新潟:同]　(=いごでば。[水])

いごば。　　行こうか。「嫁にいごばやの。(嫁に行こうかなんて思うか、思わない、行くわけ

いごや [居小屋] 炭焼き等の作業場で泊まり込む為の小屋 (≒まえごや) [笹]　　＼無い)」

イサイサと　　ユサユサと　「イサイサといさぶる。」[京]

いさかい・いさがい　　いさかい (諍い)　喧嘩　〔古い標?〕　「いさかいして (喧嘩して)」

いさけ・いさげ　　いさかい (諍い)　[県内広域:いさけ,いさけえ]　「いさけしので、なかようして

　　いれば楽しい (喧嘩しないで仲良くしていれば楽しい)/いさげばっか すてんでね。

いさぶる　　ゆさぶる (揺さぶる)　揺する　　　　　　　　＼(喧嘩ばかりしているな)」

✝いさもこと　　勇んで 楽しんで喜びながら「ながまと 山菜採りに いさもこと でが

　　けていったてば。(仲間と山菜採りに勇んで出かけていったのさ)」

いさんかげで、いさんかけて　　一生懸命に (なって) 必死になって「いさんかげでとん

　　でいったでが。(必死に走って逃げていったとさ)　(→せっぺ)

いじがいこぎ　　意地っ張り　「あの人はいじがいこぎだ。」[水]

— 22 —

†いしきんか　(本当に)耳が聞こえない人　(=きんか)　(→ととらきんか)
いじくされ　　意地悪〈卑称語〉根性曲がり(の人・行い)「いじくされなんかしので(意地悪なんかしないで)仲良うしようよ。」
いじたがり　　　意固地(になる事・人)　「いじたがりは 自分が小さく見える。」　［水］
†いしゃげつ［医者蛙］風邪引きの時皮を剥き焼いて食べた赤蛙 *でんでん虫も焼いて食べた。
　　　　かつらずみ(おおみみず:大蚯蚓)も腹を割いて洗い,煎じて飲んだ　［笹神大室］
いしょ　　衣装 衣服　「おめぇーさん, いしょもづだ」
いす　　　　いし(石)　「いすけり(石蹴り) *女子の遊び」
いずがえこき・いずげーこき　　頑固者 石頭 分からず屋　［京］
†いずくされ　意地悪 意地の悪い事　［京］
いーすけ　　いいから　(=†えーすけ)
‡いずけん　結婚一年目の夫婦が嫁の実家に訪問すること　「いずけんする。」［京］
いすぐ　　ゆすぐ(濯ぐ) 水(やお湯)でさっと洗う 揺り動かして洗う　「よう いすいで
いずくされ［笹］〈卑称語〉＝ いじくされ　　　　　　　＼くれ。(よくゆすいでくれ)」
いすばす　　石橋
‡いすばすかなづつ［←石橋金槌］慎重し過ぎる喩え　(=あづことぼんさま)　「○○さんは何をす
　　るにも あづことぼんさまで,そういう人こど いすばすかなづつ とも言う。」
いそがす　忙しい　「おむさんも いそがすのにね。(あなたも忙しいのにね)」
いそがすろ,　　忙しいでしょう,　「いそがすろ,かもわんでくんなせ。(貴方は忙しいで
　　しょうから, 私に構わないでください。〈勧誘の断りの言葉〉)」
いそげ　居そうな　「さがなのいそげなところ(魚の居そうな所)」
いだ *「いた」とも言う 1 居た　「いだってが。(いたとさ)/つかまっていだでが。(つかまっていたとさ)/たいて いだでがね。(火を焚いていたとさ)/あそごにいだがの。(あそこにいたんだね)/いいくらしていだでんが。/～が,いだでがの。(～がいたとさ)/あかりが ついていだでが。/あるいで いだら(歩いていたら)/育っていだんだども(育っていたんだけど)/山に いだんだがなあ。(いたのだがなぁ)/いだんだ/～がいだならば/待っていだわの。」　2 いる いることだ「松一本さしてきたんども,はや おっきなっていだこで。(松を一本植えてきたんだけど, もう大きくなっているだろうさ)/そごにいだもん,なにものだ。(そこにいる者は何者だ)/咲いていだ」　3 行った「お宮のへりのどご登っていだでが。(お宮の隅の所を登って行ったとさ)」
～ いだがね。　(～さんは)いますか。いたかい。「～,いだがね。-あいあい,いましたよ。」
　　　　*過去時制だが現在の事を示す。魚沼も過去形で現在形を言う事あり
いだげ。　いたかい。(ここの家の人は)居ますか。［他家訪問時の挨拶・呼び掛け］
(～して)いだげだ　～していた様だ　「ちゃんとしていだげだわの。(ちゃんとしていた様だね)」
(～して)いだすけ,　～していたから「分かっていだすけ,」　　　　　　　/(→げ2)
いたそげ　痛そうに　「いたそげにして あし おせえだど。(痛そうにして足をおさえたとさ)」
いたたった。　(その前から,前もって)いた　「途中,そば屋がいたたってが。(帰る途中の道にそ

ば屋が出ていたとさ)」

〜いたてが。　　(〜して、に)いたとさ。「12時ごろまでいたてが。」

いたった　〈下に同〉「昔,あるところに,…がいたったてが。/焚き火していたったてが。」

いだった　　いた　いたんだ「木に登っていだったでや。(木に登っていたんだとさ)/二人していだっ
　　　たでが。(二人でいたとさ)/せつながっていだった/ずずとばばが　すんでいだったど。(お爺さんとお
　　　婆さんが住んでいたとさ)/泣いてばっか　いだっど。/いだったでんがねぇ。/いじめてばっかいだ
　　　ったとさ (いじめてばかりしていたんだとさ)/ようきいていだったと。(言う事をよく聞いていたと
　　　さ)/寝でばっかいだっど。/いだっどさ。(いたとさ)/待っていだった/見でいだっど。/いだっ
　　　たでがね。/いだったけが。/いだったでん。(いたとさ)/探していだったんだすけ。(探していたんだか
　　　ら)」　　＊「いだった」は『いた・いだ』の完了?　　　　　　　　　　　　　　　　/見せていたとさ)」

〜いたてが。いだでが。　　　(〜して、に)いたとさ。「12時ごろまでいたてが。/見せでいだでが。

〜(して)いだど。　　〜していた (とさ)。「ひ　たいでいだど。(火を焚いていたとさ)」

いだもんだすけ,　　〜していたものだから,　「あんまり腹へっていだもんだすけ,
　　　(余りにもお腹がすいていたものだから)」

(〜して)いだれば,いたれば,　　〜していたら「囲炉裏のはだに　話していだれば,(囲炉裏端
　　　で話していたら)/石球投げをやっていたれば/〜をしていたれば」

いだわしがる〈下同〉「屁　いだわしがって (屁を惜しんで) 俺の体　べじゃってはいらんね。」

いだわる　　いたわる　大事にする　大事にして惜しむ　「いだわってくれればいいんだど
　　　も (いたわってくれればいいんだけれど　大事にしてくれればいいんだけども)」

いだんだ　　いたんだ　(→いだ)

いちがいに [一概に] [標 頻用] いつも　いつもきまって「いちがいに「へただ。」とばっかり言う」

†いちげん　結婚して夫嫁二人で嫁の実家へ行く日・事「いちげんの頃になって/正月になったすけに,
　　　いちげんに行ったでん。/いちげん行がんばねでが。(いちげんに行かなくてはならないんだとさ)」

いちご　ぶら (あ) んと　さがった/いちごふらあんとさがりました。/いちご昔ぶらんとさが
　　　りました。　《昔話の最後の言葉》

いちづく [植物名] いちじく (無花果)「いちづくがよむ頃だ。」[訛語?]

いちばんあんにゃさ　　一番上の兄　長男　＊「あんにゃ」は必ずしも長男ではない

いちび [市日]　市の立つ日　(=すいばらいちび)　　　　　　　　　　　　　　　　　　　/で開催

いちろくさい [市六斎] (水原町の) 六斎市 (ろくさいいち) ＊今も毎月8・18日,旧水原県越後府跡「天朝閣」

いづ　1 (露天の立つ) 市「いづび (市日,市の立つ日)」 2 ♭何時 (いつ)「いづまでたっても/いづ　だった
　　　け。(いつだったかい)/つづぎは　いづだばね。(続きはいつですか)」　3 †一 (いち)「いづばん (一番)」

いっか　幾日　何日も「いつのいっかに (いついつの日に　いつの幾日に)/なんげつのいっ
　　　か (何月何日)/いっかもかがって,やっと村ついで (幾日もかかってやっと村に着いて)」

いづかいこぎ〈卑称語〉　意固地な頑固者　[笹神]

†いっかいっかでめにおう　酷い目・大変な目に遭う　とても困る「いっかいっかでめに
　　　おうでいるみでだ。(とても困った目に遭っているみたいだ)」[京ヶ瀬]

— 24 —

†いつかぶらぁんとさぁがった, さるこだいてさぁがった。[水原地区分田 長谷川マサエさんの昔話 の締めの句]/いつかむか (一) し さ (ぁ) がった。/いつかむかしさがあった。=いちごぶらん とさがった。/いつかむかし ぶらあんとさがった。/いつかむかし ぶらーんと さがっ た。/いつかむかし ふらーんとさがった　　＊昔話の終わりの句

いっか　1 (〜して) いるか「なじょにしていっか。(どうしているか)」　2 言うか「なんといっ かどおもだでば, (何と言うかと思ったなら)」

いっかいっかに　何月何日に 某月某日「いっかいっかに もろいにくっすか (貰いに来るから)」

‡いつがいに [京] いつもいつも 再三「いつがいに 世話になる。」

いつかぶら (一) んとさがった, さるこだいてさがった　　＊昔話の終わりの言葉

いつかむか (一) しさがった, さるこだいてさがった　＊昔話の終わりの言葉

いつかむかしぶらーんとさがった, さるこだいてさがった　　＊昔話の終わりの言葉

いっかも　1 いつも「あんまり いっかもきて (あまりいつも来て)」　2 いるかも「血も 流していっかもしれねんだが。」

(〜して) いっかんでんが。　〜していたとさ。「白狐がすんでいっかんでんが。(白狐が住んでいたとさ)」

いっくら [標?] いくら いつまでも「いっくら待っても/いっくらもいでも (いくら待って も) /いっくら拾ってもたまらねすけ」

いっくらでも　いくらでも 何でもなく「ガサムサと いっくらでも登るてが。」

いっくらもいでも　いくら待っても　　　　　　　　　　/(=いけしょ, いきしょ, えきしょ)

いっけしょ [一家衆] 親類「いっけしょのとおちゃん (親戚の父ちゃん) が きなすった」

いっこ　大層 非常に 全く まるで「いっこいっぺ とってきたね。(大層沢山採って来たね。)」

いっこう (に) 1 [標] 一向 (に)　2 どんどん 益々「いっこうおおきょなてんがね。(益々大きくなるんだとさ)」

†いっさいそく　急いで纏めて「いっさいそくにせいちゅうちょ持って来る (急ぎ纏めて請 求書を持って来る)」[京ヶ瀬]

いっさんかげで [水]・いっさんかけて　一所懸命で 一生懸命に 必死に 一目散に「い っさんかげで とんでいったでが。(一生懸命に走っていったとさ) /いっさんかけて逃げ たとさ (一目散に逃げたとさ)」

‡いっしょうじんぎ　米を一升持参し渡す慣習。＊手伝いに頼まれた近隣の人が米を持参する　(→じんぎ)

いっしょくたん　いっしょくた (一緒くた)「いっしょくたんにする。」(→いづろぐ)

いっそ [強調語] ほんとに, とっても, 全く「いっそしらねがった。(本当に知らなかった)」

†いった　いた「ばばさが一人で住んでいったてがの。(婆さんが一人で住んで居たとさ)」

いったげ　痛そうな「いったげな顔 (痛そうな顔)」　　　　　　　＼＊いた, とも言う

いっちごむかしさがった。　＝いちごぶらんとさがった。〈昔話の終わりの語〉

いっちゃ　一番「いっちゃうえのむすめ (一番上の娘) /いっちゃいい (一番いい) /いっちゃいいろ。 (一番いいだろ) /いっちゃあねむすめ (長女, 一番上の娘) /いっちゃさぎ (一番先〈に〉) /いっちゃはーえー (一番はやい) /いっちゃはーよーでね (一番はやくてね), 毎年たまげんがね。(毎年驚くんだよ)」

いっちゃおぐ　一番奥「いっちゃおぐのほう (一番奥の方)」　　　＼(=[京]いっつ) [新潟:いっち]

— 25 —

いっちゃさぎ(に)　　一番(先)(に)　「いっちゃさぎ てあげてほめられた (一番に手を上げて褒められた) /いっちゃさぎ 手を出すなと 親教え〈宮田〉」

いっちゃすめに　[←一番しまいに]　一番最後に

✝いっついねがね　　もうとうに ずいぶん前に 「いっついねがね解決済みなんすけ (もうとうに解決しているんだから)」[京]

いっつぐぶらーんとさがった。=いちごぶらんとさがった　✽語句形骸化傾向大

いっつぐむかし(が)ぶらあんとさがった。=いちご(昔が)ぶら(一)んとさがった。

いっつも　　いつも　「いっつもよか はよかえってきた (いつもよりも早く帰ってきた) /いっつも 村んしょの嫌われもんだった/いっつもだど (いつもだと)」　✽「いつも」とも言う

いっつもいっつも　　　いつもいつも　✽強調?「いっつもいっつも おひわになっていますでば。 (いつもお世話になっています〈有難う〉。)」　　　　　　　　　　　　／よりも美味しい)」

いっつもよか　　いつもより(も)　「今日のまんま いっつもよかうんめ。(今日の御飯はいつも

いって・いってが　　1 いつまでも 一向に 「いって まんま ださので (いつまでもご飯を出さないので、ご飯にしないで) /いって尻尾ぬげてこね (いつまでも尻尾が氷から抜けてこない) /いってが おきてこねでが。/いってが止める様子もない/いってが打差ねでんが。/いってがこねね。(なかなか来ないね) /いってが帰ってこので,おら心配したわの。」　2 痛い「何だか今日は て いって。

いってが　→いって　　　　　　　　　　　　　　　　　　　＼(手が痛い)」(→いっとなる)

いってくってね。　　行って来るよ。

(～して)いっと(.)　　1 (～して)いると「朝に晩に 顔をなででいっと (朝晩顔を撫でていると)　2 居ると 「なくこがいっと, (泣く子がいると) /こごにいっと鬼婆にかってしょもっすか, たすけでおぐんなせ。(ここにいると鬼婆に喰われてしまうので助けてくれ)」

いっと　　一等 一位 一番 [笹神]✝だれ いっとだ, いっちゃ げっぽ ぱん! (集合しろ, 誰が一番だ, 一番ビリはひっぱたくぞ。子供の集める時の寛容句)

いっとき・いっとぎ　　1 [標]一時 ちょっとの間 「いっとぎ みねうづに おおきなったね。(ちょっと見ないうちに大きくなったね) /いっとぎでも (一時的でも)」　2 一斉に「たんまげて, いっとき なっかん やめましたど。(驚いて一斉に鳴くのを止めましたとさ)」

いっとこ　　居る所 「大蛇の住んでいっとこ (大蛇の住んで居る所)」

いっとご　　言う所 「いっとごなしのいい仏壇 (言う所無しのよい仏壇)」　✽良い所, ではない

いっとで　　痛くて 「腹ん中で ツクツクして いっとで しょうがねわね。(腹の中でツンツンして痛くてしょうがないんだよ) /腹いっとで (腹が痛くて)」　(=いどで)

いっとなる　　痛くなる 痛む 「だんだんいっとなってきた。(だんだん痛くなってきた)」

いっとも　　いるとも ～していても 「様子伺っていっとも, いってが ばげもん出てこ

いつのいっか　　何月何日 そのうちに 「いつのいっか嫁貰いに行ぐすけ。」　＼ねでん。」

いづのまにか　　いつの間にか 「いづのまにか ゆぎが降ってくる。」([京]いつのこまに)

いっぱいこど　　いっぱい 沢山「米が豊作でいっぱいこど穫れた。」[蒲原・魚沼:いっぺこと]

いづばん　　一番 「いづばんいい。」

いっぺ(え)　　いっぱい　たくさん「そうすっと，ざっこいっぺくっすけ。(そうすると雑魚がいっぱ
　　い来るから)/いっぺこど　かね　おいでってくった(沢山お金を置いていってくれた)/きつね　いっぺい
　　たったど。(狐が沢山いたとさ)/いっこいっぺ(大層沢山)/なべいっぺ(鍋いっぱい)/こんげいっぺふろ
　　だ(こんなにいっぱい拾った)/いっぺ差し出して/ひんどいっぺでだでが。(とても沢山出たとさ)」
〜，いっぺいっぺ。〈からかう言葉〉〜だ，いい気味だ，ざまあみろ。「あっ転んだ，いっぺいっぺ。」
いっぺこと　いっぺこど　いっぺごど　≒　いっぺ　　「いっぺこと待ったども，こねでんが。
　　(いっぱい待ったけど来ないとさ)/いっぺこどためてあっろう。(沢山ためてあるだろう)/
　　いっぺごどある。/ほうさぐで　米がいっぺこど　とれだ。(豊作で米がいっぱい穫れた)/い
　　っぺこどもろで　ありがとね。」　＊新潟(及び県内他地区)では「いっぺ・いっぺこと」
いづまで　　　いつまで「いづまでも(いつまでも)起きてんなや。」　(=いーづまで)
いづも　　　いつも「うづのおんずは，いづもうるせ。(家の弟はいつもうるさい)」
†いづろぐ　　　ごちゃ混ぜ　混ぜ交ぜ(まぜこぜ)「豆と小豆をいづろぐにすんな。/味噌も
　　糞もいづろぐ＝一緒くたんにする(一緒くたにする)」[笹岡・京ヶ瀬]
いっわ　　1〔否定〕いらない　いいわ　けっこうだ　2 いるわ「まって　いっわや。(待ってるよ)」
いで　　1 いて　痛い「はらのいでがん　なおった(腹の痛いのは治った)/ばがいでてが。(とて
　　も痛いとさ)/いで！/いでがったこさ。(痛かったことだろうね)/おけつが　いでど。(お尻
　　が痛いぞ)」　(→いどで)　　2 居て　「みでいで(見て居て)」
(〜と・ど)いで，　　1〜と言って「今行きます。」といで，(「今行きます。」と言って)/「トラ来た
　　で。」と言うと，ニャーンといで(言って：鳴いて)来たでんがね。/〜ど言で，」2〜していて
　　「いぶってばっかいで，ようもえねね。(燻ってばかりで良く燃えないね)」
いーで　　いつまでも　一向に「いーで待っても，来ねでが。(いつまでも待っても来ないとさ)」
いーでが　　〈上同〉「和尚様いーでが出て来らっしゃんねでが。(和尚様は一向に出て来られないとさ)」
いでだ　　いた「猿のやろめらが，いっぺ遊んでいでだでが。(猿の奴らが，大勢遊んでいたとさ)」
(〜が)いてた(ど)　　〜がいたんだとさ　いたとさ「おくにという　なんともいいおなごが　いて
　　だ。(おくにと言うとても美人の女がいたんだとさ)/「トラや，トラや」といでたでば(言っていたなら)」
いでど　→　いで
いど　　1〔標〕いど(緯度，井戸等)　2 糸
いどしげ　　愛しげ　かわいらしい　かわいい
いーとしこいで　　年甲斐もなく　いいとしこいて[標?][新潟:いーとしこいて]
いとしげ/いとすげ/いどすげ[笹]/うぃとしげ[京]　　可愛らしい「いとすげなって。(可愛らし
　　くなって)/まるまっけかおすて　いどすげだこど。(まん丸い顔をして可愛らしいね)」
いどで・いとて　　痛くて　「いどであるがんね。(痛くて歩けない)・腹いとていとて困る
　　(腹が痛くて困る)」　(=いっとで)　(→やめる)
いどなった　痛くなった　「そんげなはなしきいで，みみ　いどなったでが　ねいやこまっ
　　たな　どおもで，(そんな話を聞いて耳が痛くなったとさ，あ〜困ったな，と思って)」
いどなる　　痛くなる　「かがっぽで，目がいどなる。」

いどね。いどねし（。） 痛くない 「いやいや, 腹もいどねし, へってもいね。」

‡いな [笹] ＝ うな

いなさった ～しておられた いなさった 「一服していなさったとこ (一服しておられた所)」

いなした・いなすた いなさった 「和尚様戸口に立っていなしたど。/はあ起きていなすたど。」

いなすった《上同・丁寧》 「ぼんさまがいなすったど。(お坊様がいなさったとさ)」

いなだく 頂く 「いなだいて (頂いて), ご馳走になりましょう。」

いなった。《少し丁寧》居なさった。「…, ちゃんといなったてが。(…は, ちゃんと居られたとさ)」

†いなみどり [鳥名] 椋鳥

†いなれだがね? [居+慣れたかね] 慣れましたか [京ヶ瀬]

いね（。） いない 「いねすけ, (いないから) /橋かがっていねでが。(橋が架かっていなかった とさ) /いねがったすけ, (いなかったから/いねがったでが。いねがったどさ。(いなかったと さ) /まだ いねがね。(まだいませんか) /ああ, まだいねなあ。/いねでが。(いないとさ) /いね でんが。/なんぼかのぼってもいねし, (いくら登っても居ないし) /いねがなあ。(いないか な) /切れでいね袋/うな, 金持っていねが。(お前は金をもっていないかい)」 〔県内：同〕

いねがった いなかった 「二人には子供がいねがったすけ (いなかったから)」

†いねご [病名] リンパ腺が腫れる病気

いねなっても いなくなっても

いねば いなくては 「いい子になっていねばねえあんだぞ。(いい子になっていなくてはならない)」

‡いねばっても (＝いねなっても) 「俺はいねばってもいい人間なんだと, うぢを出ることにしたってん が。(私は〈跡取りでないので〉いなくなってもいい人間なので家を出ることにしたとさ)」

‡いのし [←家の主] 家長 家の主 [京ヶ瀬] (→がんがく)

‡いのしかあちゃん・いのしかかさ 家の大切な主婦 [京ヶ瀬]

†いのすけ・いのすけたがり 変わり者 変人 捻くれ者 〈卑称語〉 「いのすけたがりなも んだから, 友達が出来ない。」

いのなって いなくなる 「ほんね, へび いのなってよがっただも (ほんとに蛇がいなくな ってよかったけれど)」 [新潟：いねなって]

いぶる 燻 (くすぶ) る 煙が出る 「この生木はいぶってばっかいで よう燃えねね。(この 生木は燻ってばかりで良く燃えないね)」 [標?]

いぼむし [疣虫] 蟷螂 (かまきり) ＊「いぼむしが高い所に卵を産む」

いまのうぢ 今の内 「いまのうぢだとおもで, (今の内だと思って)」

いますがだ いましがた (今し方) たった今

いますた いました 「まだ頑張っていますたがね。(まだ頑張っていましたかね)」

いますたがね。 いましたか。いますか。いらしたかね。 「～さん, いますたがね。」 ＊他家 訪問時の挨拶 (→いらすたがね/こごんしょ)

いもち 1 [標] 〈稲の〉いもち (病) 2 分家 [←家持ち] (＝いーもず [京]) (→やまがらいもち) 「いもちに出 る (分家に出る) /いーもずに出す (〈家屋敷を作ってやり〉分家として出す)」 (→あんにゃいもち) ＊分

— 28 —

家の財産の分けて貰う多い順 しんたく (新宅) ＞やしき (屋敷) ＞しんや (新屋) ＞いもち・いいもち・いいもちや (家持
〈屋〉), いんきょ (隠居:年配者で分家) [笹岡]

いや　　1[標 否定] いや (そうでない)　2[順接 語調を整える間投詞] いや (そうですね) ええっと,
　　(=いやはやー) 「いや, これはおんもしぇのう。/いやおんもしぇかった (面白かった) (=おんもしぇかっ
†いやしき [居屋敷] 普段住んでいる家 「いやしきの畑」[笹]　　　　　　　　　　　　　　　　　＼た)
いやね。　　いやいや。　違うよ。　(=いいね。はいね) (→うんだばって, なぁにね)
いやの　　いやねえ, いやいや〈逆接の間投詞〉「いやの, おら だまがさってなんかいねわの。/
いやのや。　　いやいや。だめだよ。　　　　　　　　　　＼いやの, なーんでもいらね。」
いやや。　　いやいや。「いやや, 坊主の金なんか取るもんでねえ。」〈落胆・困った時に発する間投詞〉
いややれ,　いやいや ＊余り意味ない間投詞 多少否定的「いややれ, そんげがんでねんだわや。」
いやんばい　　良い塩梅　「いやんばいだ。(いい塩梅だ) /天気よで いやんばいだねす。」
いらしぇ。　　いてね。いなさい。(≒いらせ)　「そってよがったら, いらしぇ。(それで良かった
　　ら居なさい) /おめ, こごにいらしぇ。(あんたはここにいて下さい)」
いらした　　(～して) いらっしゃった しておられた ～であられる 「たっていらした/立派なお
　　坊様でいらしたこと。(立派なお坊様であられたんだなあ) /こごんしょ いらしたげ。(ここの家の人
　　〈こんにちは〉いらっしゃいますか。) /つかまったいらしたど。(掴んでいらっしゃったとさ)」
いらすた　いらっしゃった いなさった (=いらした・こらすた)「おはよございます。こごんしょ
　　いらすたがね。/いらすたがね。(いらっしゃいましたか。[本来敬語]) /いらすたがね。お茶飲みに来
　　ました。/こごんしょ, いらすたがね。＊他家訪問時の挨拶。「こごんしょ。」のみでも可 (→いますたがね)
(～で) いらせ。[丁寧]　～でいてね。～でいて下さい。～でいらっしゃって下さい。「丈夫でい
　　らせ。(丈夫でいてね) /みていらせ。(見て行きなさいよ)」
(～して) いらっしゃさが [丁寧・敬語] ～していらっしゃるが (=いなしたが) 「気にしていらっしゃさが」
いらねが, いらねんが　　いらないが 「なんにもいらね (ん) が (何も要らないが)」
(～して) いらんねんど (一)。　　～していられないんだぞ。「ひとこどころしたもんは
　　いきていらんねんどー。(人を殺した者は生きていられないんだぞ)」
いらんので　　していられないので 「こらえでいらんので (堪えていられなくて, 我慢出来
いらんね　　していられない「寝ていらんねがった/体べじゃってはいらんね。」＼なくて)」
いりつけまい　　(農地解放までの) 小作料　[笹神]
いれっとも　　入れても 「ちからいれっとも (力を入れても・込めても, りきんでも)」
いろけ　　1[標] 色気　2色 色合い 綺麗さ「あんま色気のようね ふんどし (余り綺麗で無い褌)」
いろば。いろばぁ。　　いようか。できようか。〔仮定で可能の意味を持つことあり〕(=いろばさ。)
　　「帰っても, どうして隠れていろば。(帰っても, どうやって隠れていられようか) /何 餅が
　　入っていろばぁ。(何 餅が入っていようか, 入っている訳がない)」
いろばさ。　　(いようか, いや) いない。「家の中にいろばさ。留守だがね。/な (一) にいろばさ。」〔強調〕
いろばやの。　　いようか, いるわけない 「そんげながん いろばやの。(そんな様な奴が
　　いるわけ無い)」　　　＊「ろ」が英語の可能性の can の意味か。

いわしゃった　　お言いになった　「(地蔵様が)「…」といわしゃった」　*目上への敬語

いわした　　言ってらした　おっしゃてた　「おんもっしぇこどいわした (面白いことを
　　おっしゃってた) /いわしたが (おっしゃったが)」　*目上への敬語

いわして　　　言われて　おっしゃって　「(殿様が)「…」といわして (殿様が「…」とおっしゃっ
　　て) , じじさいっぺこど褒美もろだでね。」　*目上への敬語

いわす　　鰯 (いわし)　「はまのしょが ずでんしゃで いわすを売りにきた。」

いわっしゃる　　お言いになる　おっしゃる　おっしゃられる　「～といわっしゃるので
　　ことわりきれので, (～と言われて断りきれなくて)」　*目上への敬語

いわって [受身]　言われて　「だまかすの上手なんは, 俺とお前ていわってだんが (騙すのが
　　上手いのは俺とお前と言われているのだが) /文句言わって」cf. いわった (言われた)

いわねがったど。　言わなかったとさ　　　　　　　　　　＼いわったこと (言われた事)

いわの (で,)　　言わないで　言わなく　「そんげのこどいわので (そんなこと言わないで) /
　　そんげなこどいわので/いわのなった (言わなくなった)」

いわや。　　いいよ。　「どんげがんでも いわや。(どんなやつでもいいよ)」

いんか?　　行くかい? 行きましょう「ひば, そろそろいんか。(じゃあそろそろ出かけよう) /
　　あすた ずぶんも 一緒に いんか。(明日, お前も一緒に行くかい)」

†いんがのこど [←因果] 悪い事「あのうづに, いんがのこどばっか続く (あの家は悪い事ば

いんかんど。　行くんだぞ。「雨降りでも, いんかんど。」　　　　　　　＼かり続く)」

いんこ　　うんこ　大便　「いんこだすけ へんつ やらせでくらせ。(糞が出るから便所
　　へ行かせて下さい) /俺 いんこ出る。/おら, いんこ出っわね。」　*犬でも鳥でもない

いんこじゃ　　便所　(=へんち)　(→しょんべんじゃ)

いんな。　　いるな　「ばがこいで いんな (や)。(馬鹿な事を言っているんじゃない)」

[う]

～う (で)　　～って　* 促音→「う」「そう言うで (そう言って)」

～うぇ。　　～ (した) よう。「失敗したうぇ。/干して来たうぇ。」

†うきよついで　　浮かれて　「うきよつで, うがれてしょもで,」

うぐ　　浮く　「なんだやら うぎながら流れてくってが。」

うごがす　　動かす「どれ, おれ動がすわね。/うごがしてくれっわね。(動かして上げるよ) /な
　　ーが うごがせるはず ねえわや。(お前が動かせる筈はないよ)」

うごがね　　動かない　*濁音化現象 語頭以外のカ行・タ行は濁音化傾向大 ex. 行ぐ/落づる/打づ (ぶづ) 等

†うさん [遊山 (ゆさん)]　遊び　お出かけ

†うしぶたい　[植物名] みぞそば [京]

ウジャウジャでなる　ぶわぶわになる「虫刺されが化膿して, うじゃうじゃでなって, ち
　　ょし ぼっこしでしょもだ。(膨らんでぶわぶわになったので, 突いて破って (いじって) 壊してしまった)」

うす　　牛　「うすのつづ (牛の乳, 牛乳)」　*臼は, うす → うすふき

— 30 —

うすうすになる　　薄着になる「洒落こいでうすうすになって、風引いたてば。」

うすふき　　臼挽き「うすふきうた (臼挽き唄) [笹神折居]」　*うすひき、とも言う

うすら　1 ちょっと「今日は　うすらさめ日だね。(今日はちょっと寒いね)」2 (うすら)
　　　　馬鹿 (=うすらばが、うっすらばか)

うすろ　　うしろ (後ろ)「うすろあだま (後頭部 うしろあたま) /うすろからの呼びとめ
　　　　る声を振り切って飛びだすて行った。」　　　　　/せ苗 (ふせなえ) に仮植しておき、それを使う。

†うせうえ [失せ植え] 田植えで植え損なった所への植え直し作業　さつき (田植え) で残った苗を田の端に伏

うそこぎ　　嘘つき (=てんぽこぎ) [新潟:うそこき]

うだ　　歌　唄　詩 [俳句、和歌、都々逸の類]「たいしたうだだ。(たいした詩だ)」

うだう　　歌う「うだうだいながら　でがげだ (歌を歌いながら出かけた)」

うぢ　1 (自分、又は雇われたり厄介になっている) 家　自宅　住処　*うち、とも言う「うぢで、ろうせしてい
　　　だでが。(家で留守番をしていたとさ) /うぢのおなごたち (家の女性達) /うぢ出される。(家から追い出される) /
　　　うぢに食うがん (自宅で食う物) /うぢいごで。(家に行こう・帰ろう・戻ろうよ) /うぢを出ることにしたってん
　　　が。/うぢんなか (家の中)」　2 内「こまったなとおもでいるうぢに (困ったなと思っているうちに) /くう
　　　れ　うぢから (暗いうちから) /いまのうぢだ (今の内だ) /きらねうぢに (切らない内に)」

うぢわ　　団扇 (うちわ)

うづ　= うち・うぢ「うづんなが (家の中) /うづへ帰って、/いっとぎ　みねうづに (見ないう
　　　ちに) おおきなったね。/うづに寄っていぎなせ。/うづへ帰ろでば。」

うっすらばか　　馬鹿　馬鹿者「このうっすらばかやろー」[標?強調語?]

うったどこはれるように　1 打った所が腫れる様に　2 [京] 言わなくてもすぐ的確に「仕事
　　　頼むと　うったどこはれるように、ようやってくれる」

うづのかがさ　　家の母さん　(=かが 2)　*夫が自分の家内を示す時、子が母を指す時

うづんしょ　　自分の家の人　家人「うづんしょ　まだ帰っていねでば。」

†うど　　声　音「おっかなげなうど (おっかない声) /ボーボーとうどすっが、あれなん
　　　だ。(ボーボーと音がするが、あれは何だ) /おっきうど (大きな声)」

うどうて・うどうで　〈下に同〉歌って「うた　うどうで　帰って来たど。」

うどで (いる)　　歌って (いる)「だっかが　うた　うどでいる声　すってが/歌うどで回って
　　　も (歌を歌って回っても)」

うどわんね　　歌えない「なんでも　うどわんねがったど。(何も歌えなかったとさ)」

うな　　君　お前　てめえ「うな　みてぇな　もんではねぇ。(お前みたいな人間ではない、優れている) /
　　　うなだか、火つけだがん! (お前だか、火をつけた奴は!) /うななん、(お前はなあ) /うなも　いぐろ。(お
　　　前も行くだろうな)」　(=んな、うんな、†いな、てまえ) *喧嘩言葉? [県内広域:な]
　　　[うなくなくんなくおまえくうめさんくおもさんくうめさま・おもさま、の順に丁寧?]

うなどご　　あなたの所　[うなどごくうめさんどこくおもさまどご、の順に丁寧]

うなどごんしょ　　あなたの所の人 あなたの家人 [うなどごんしょくうめさんどごんしょくおもさまど
　　　ごんしょ、の順に丁寧]

― 31 ―

うなんしょ　あなたの所・家の人　[うなんしょくおめさんしょくおもさんしょ, の順に丁寧]

うにゃうにゃ[京]　グニャグニャ「雨で田圃がうにゃうにゃして, コンバインが入るか心配だ。」

うねくそわーり [京] 胸くそ悪い　気分が悪くなる　「あの野郎の仕事は乱雑で, うねくそわー
　　　　りなってばね。」(=うねくすわーり[京])

うのぐ　　間引く「苗が混んでいるので うのぐ。/二匹残し, 犬子をうのぐ」(→うんぬぐ)

うまぐ　　　　　うまく (美味く・上手く)「うまぐいがねがった。(上手くいかなかった)」

うませる　　　熟ませる 熟させる　「柿をうませる (渋抜きをする)」[京]

うまそげ　　　美味そうな〔標?〕「うまそげな (美味そうな)/うまそげな子 *鬼婆の台詞」

†うまのくそ[茸名]　いぐち (類) ぬめりいぐち *可食

†うまれっこ　新生児「うまれっこぎもん [生まれっ子着物] (産着:うぶぎ) (=ややこぎもん)
　　　　[笹神：以前は麻の葉模様の着物]

うみばた[海端]　海辺　　「うみばた いってでが。(海端に行ったとさ)」

うめ　　　　　美味い

うめがった　　美味かった　美味しかった　「ああ, うめがった。」

うめる　　1[標]埋める　2[標?]お湯に水を足してぬるくする「風呂が熱くて 水をうめて
　　　　ぬるくした。/風呂をうめる。(風呂のお湯をぬるくする)」

うやもう　　敬う うやまう　「親をうやもうで, 親の上にあがらね」

うらおぼえ　うろ覚え　*言い間違い?

†うらさぎ [笹] = うらさぎっちょ　「あの木のうらさぎに 鳥が止まっている。」

うらさぎっちょ・うらさぎっぽ　　先端 梢の先 [水]　「うらさぎっちょの実」

†うらしんぼ・うらしんぽ　　先端 幹の先 [水]「うらしんぼ 柿の実一つ 秋はゆく〈宮田〉」

うらってる　売られている　「店にうらってる がん (店で売られている物)」

うらっぽ　　木の枝先　「うらっぽいったば 枝がおれて…」

うらんだ　　売るのだ 売るのか「その柴 売らんだか。(その柴は売らないのか, 売るのだろうか)/売ら
　　　　んども (売るのだけど) 誰も要るなんて者いね。/いくらに売らんだ。(いくらで売るんだい)」　[←売る+あ
　　　　んだ (〜なのだ, なんだ)]

うりこめご [瓜+こ (小?)+女子 (めご)]・うりしめご　　うりこひめ　　[昔話]　(→あまのしゃく)

うるかす　　水に浸 (ひた) す　水に浸して水分を吸わせる　「米をうるかす。/汚れた茶碗を
　　　　うるかすておく。(水に浸しておく)」　(→うろがす, ひやがす)

うるける　　ふやける「乾し椎茸はぬるま湯にうろがすとすぐ柔らかくうるける。/うるけてしょも
　　　　で。(ふやけてしまう・しまって・しまうぞ)」

うるす　　　　うるし　†うるすばたけ (漆畑:漆を採るために漆の木を生やす場所)

うるめ・†うるめんこ　　メダカ *日本固有種の黒い「うるめ」は笹神の田圃や用水路にまだ見かける [H27]
　　　「♯♯♪ハーゆうべ 潟端でめでたいことござる 鮒が嫁とって せぐろ (せぐろのこと) の仲人 潟のあるじ ウルメ
　　　　の樽かつぎ コイコイコイコイ [笹神 折居の臼ふき唄 (臼挽き唄)] / (=うるめっちょ[京])/川にうるめっちょなっ
　　　　て, まあ いのうなって, めっけるに よーいでの一なった。(川にはメダカなんて, いなくなって見つけるの

が大変になった)」

†うろがす　　ふやかす　水につける　[水原]「うろがして汚れを落とす。」

うわっつら　　表面　上の部分「うわっつらだけこすっていので、中の方もしっかりと。」

うんだ　　　　そうだ　　（＝うんだね、うんだねす、そうやんだ）

うんだがもね。[相槌]　そうかもしれないね。　（←がもね）

†うんだども　1(̇)本当にそうだ [強い肯定]　　2( )そうだけれど　そうは言っても
　　　「うんだども、むりでねが。（そうは言っても〈それは〉無理じゃないか）」

うんだね。うんだねす。　　そうですね　そうだね　「うんだね、おめさんの言うとおりだわ。」
　　　（＝そうやんだ、うんだ）

†うんだのう。うんだのー。　　1ううんとねえ。ええっと（ねえ）。　2そうだねー。

うんだばって　うんだばってさ　うんだばってやれ(̣.)　そう言った所で、そうは言っても
　　　そう言ったって（さ）　いいや「うんだばって〈うんだばってさ／うんだばってやれ〉いぎとね。（そう
　　　は言っても〈そう言ったってさ／そう言ったとしても〉行きたくない）」（≒なあにね）（→いいね、いやね、はいね）

うんだらかる　　糸が絡まる　むだかる　「毛糸が うんだらがって（絡まって）ほどけない。」

†うんだろ。　　その通りだろう。そうだろう。　　　　　　　＼[新潟：むだかる、もだかる、うんだらかる]

†うんともすんとも　[標?]　　何も　「うんともすんとも、声を出さなかった。」

うんな　＝うな

うんぬぐ　　間引く　（＝うのぐ）「大根をわざとあづまぎにして、うんぬいて とふずるのぐにす
　　　る。（大根の種をわざと厚撒きにして間引いて豆腐汁の具にする）[京]」

うんま[京]　＝　そんま

うんまい　　美味い　「一つ食えばうんまいもん。二つ食えばにーがいもん。〈桃太郎〉」

うんまそげ　　うまそうな「うんまそげな ごっつぉうだこど。（美味そうなご馳走だねえ）」
　　　[新潟：同／魚沼：うまそげ]

うんめ・うんめえ　　美味い「こんげうんめんだでば（こんなに美味いんならば）／なんまらうんめろ。〈相手
　　　に向けて〉これ うんめすけ たべでみだ。（これ美味いから食べてみなさいよ）／うんめもん（美味しい物）／夏
　　　ははっけ水が一番うんめがね。（夏は冷たい水が一番うまいよね）／ひんどうんめがったんだ。（とても美味
　　　かったんだ）／うんめえわの。（美味いよ）／ひっとうんめがん（とても美味い物）／うんめえ団子」（⇔うんも
　　　ね）／「うんめえもん」てがんわね、能登の言葉で、浜伝えで来た言葉だと。[京] [撥音、鼻音化]　[新潟：同]

うんも・うんも　　うまく（上手く 美味く）「うんもなる（うまくなる）／うんもね（うまくない・
　　　不味い）／うんもねども、てつげでくんなせ。（上等な物じゃないですがお口汚しにお手
　　　を着けて下さい）　*本当に「うんもね」訳では無い!?　（→そっぱいつげる）」

[え]

「い」→「え」　*この地区で非常に顕著な訛。県内でもその傾向多　ex. いきがえ（生き甲斐）

〜え。　1〜んだって？　〜か？〔疑問〕「あら、どうしょばな。ちんころ殺したえ?」　2〜（な）よ。
　　　「いえんなかによせんなえ。（家の中に上げるなよ）」　3 よい　いい　「もう すねばって

えでば。(もうしなくてもいいよ)」　　　　　　　　　　　/お前が行け〈時々命令的〉」(→～ぃ)
～ぇ　　～を　「めぇあらう(目を洗う)/えぇかく(絵を描く)/おめぇいく。(お前が行く・
えいとしこえで[京]　いい年こいて　年不相応に　年甲斐もなく　「えいとしこえで艶噺」
ええ、　1[応答]　はい、ああ、へえ　「ええ、そげそげ。(はい、そうですか)/ええそうがね。(あ
　　あ、そうですか)」　＊ええっ、[驚き 標](ええっ)
ええ・ええ　1言え　「こんだ　おめぇ　ええや。(今度はお前が言えよ)」　2家　「ええの周り 草
えぇが・えが　　映画　　　　　　　　　　　　　　　　　　＼をめぐらし冬支度〈宮田〉」
えーがね，　　いいかね，「えーがね、そんげ きまいばっか ようすっと 後で悔やむでね。
　　(いいかい、そんなに気前よくすると後で悔やむからね)」
えがらっぽい　　　えぐい　喉がいらいらする　「ずぎを　たべっと　ひんで　えがらっぽいんで
　　な。(芋茎(ずいき)を食べるとすごくえぐいんだ)」　　[県内他地区:いがらっぽい]
えき・えぎ　[無アクセント]　雪(ゆき)　☆「え」にアクセントは「駅」　(=ゆぎ)
えき　　　　　　いき(息)
えぎあたりばったり　行き当たりばったり　成り行き次第　[京]
†えきぐっちぇー　　息苦しい　「えきぐっちょで(息苦しくて)」[京]
えさがえ　　　いさかい(諍い)　喧嘩　戦い　「しゃものえさがえ(軍鶏の闘鶏)」
えざらい　　　田の用水路の掃除
えーすけ　　　いいから　(=いいすけ)　「えーすけ乗らっしぇ。(いいから乗りなさいよ)」
　　　[新潟:いいすけ　県内広域:いいっけ,いっけ]
えっちょまえ　　　一丁前　[京]
†えどあて　　　(江戸職人風)前当て　エプロンの類　(=あてこ)
‡えな[襲]　後産(にでる物,胎盤や血等)　胞衣　えなはぼうたくに包んで墓場等に埋めた[笹]。早朝、
　　焼き場で燃した[笹神山倉村]。または便所の(西向きの)所に夫が埋めた[笹神(湯沢)・折居]
えの　　　いぬ(犬)　「えののさんぽ(犬の散歩)」
†えのすけ　　捻くれ者　「あの人,えのすけで,何でも反対する人だ。」[京]
†えのすけたがり　　意地っ張り
‡えぶり　　　(代掻きで田の泥土を平らに均す道具)えんぶり　(→まんが/まんがえぶり)
†えーりのほう　　奥の方　「あんまりしまづがよすぎて、えーりのほうにかたづけてしょも
　　で、だーじなもんめっけるのに、よーいでねがったてば。」[京]
えんぎくそ　　くそ縁起　「えんぎくそ わありい(くくそ)縁起が悪い)
えんこ　　大便　うんち　糞　(→しょんべん)「えんこでそげだが、(糞がでそうなんだが)」
えんぞ　　　側溝　どぶ　[同:新潟]
えんぴづ　　　鉛筆　「えんぴづ かひ。(鉛筆を貸せ)」

[お]
おいおい　1[標]おぃおぃ　2†はいはい〔肯定の意〕「ちゃんとしてらせ。-おいおい。」

— 34 —

（〜して）おいだ　　〜しておいた「くわせのでおいだんだど。(食わせないでおいたのだぞ)」

おいたくる　　　追いやる　追っ払う　「田圃で雀をおいたくる。」[京]

†おいもん　　　潟が雪で覆われ、ざい(氷)が一面に張る時、氷上に穴を穿ち網を入れ、氷上で皆で足踏みをして、
　　　魚を追い立てて捕まえる共同作業漁法　[笹]

おいる　　生える「かだっぽに　角おいで　かたっぽに　角おいで　ねがったど。」(=おえる)

おう　　1会う・遭う　「おうでみねばわがらねし、(会ってみなければ分からないし)/おお、
　　　おうできたど。(ああ、逢って・会ってきたよ)/おっかねめにおうと」(→おだ)

　　　2合う　「さんにんして　だきおうで　ないだでが(三人で抱き合って泣いたとさ)」

おうせ　　遅い　「A:いまきたよー。/B:おうせ！」「どうせ　おら　おうせんし　おいつけね。(ど
　　　うせ俺は遅いし追いつけない)/すごどをやるのが、ちょっとおうせんで　ねあんか。(仕事
　　　をするのがちょっと遅いんじゃないかい)」

おうだ　　会った　「大門で婆様におうだでが。(大きな門の所で婆様にあったとさ)」

†おうーっぱ　　大きく厚く　「餅はおうーっぱに切ると美味しい。」[京ヶ瀬]

おうと　　桜桃(おうとう、さくらんぼ)

おうどめのたぎ[魚止めの滝]うおどめのたき　＊出湯集落付近から五頭山山頂に向けて登ると大荒川
おうーのめだ[京]　おこられた　叱られた　(→おおめのされる)　　　　＼にある滝。新潟県少年自然の家の先

おうやけ[京]　　旦那様(の家)　大家　金持ち　(=おおやけ)「おうやけの旦那様」

おえる　　(草木が)生える「はだげに　くさが　いっぱいおえだ。(畑に草がいっぱい生えた)/おえね
おお〜　　とても〜　　「大心配してででん。」　　　　　＼(生えない)/おえた(生えた)」

おおかわ　　大きな川　阿賀野川　＊北魚小出、南魚塩沢・六日町では「おおかわ」は魚野川を指す

おおきい　　大きく「木がどんどん大きいなって、いっかもただねうちに、めっぽうおおきい
　　　なってたでね。」　(→おっき)

†おおぎに　　有難う「ええ　そうがね。おおぎに、おおぎに。(ああそうですか。有難うございます)」

†おおぎにはや。　(大層難儀をおかけしまして)有難うございます。「おおぎにはや、挨拶これで　ぜんぶ
　　　こめ。(「おおぎにはや。」という挨拶が総べてで使える。「お早う/こんにちは/今晩は/ありがとう/お世話になり
　　　ました/これからも宜しく」等の気持ちが込められている。)〈宮田〉」＊実際は余り聞かれず。　関西弁の「おおき
　　　に。」の類　北魚の「だんだんはや。」の類　　（→じっきはや/ごめんしておぐんなせはや）

おおきもんで[←大+気をもむ+で ？]　大急ぎで　「おおきもんできたども(大急ぎで来たけど)間に合わ
　　　ねがった。」

おおきょなる　　大きくなる　「だんだん、おおきょなるにしたごで(段々大きくなるにした
　　　がって)/おおきょな　てんがね(大きくなるんだとさ)」

おおごと　　1(大)失敗　しくじり「おおごとしたわい。(大失敗してしまったな)」　2大事
†おおすけべやろう　　女性に目がない助平野郎　[京]　　　　＼大変な事　(=おおごど[笹])

おおせ　　遅い　「おおせな。集まって待ってるがんに。」

おおっきする　　大きくする　「おおっきしてね。(大きくしたんだよ)」

†おおばっさ　　大きな婆さん　「しらがあたまの大ばっさ」＊山姥・鬼婆の姿

― 35 ―

おおばら　　　　大散らかり　「おおばらだども、あがってくんなせ。(私の家は散らかっている
おおばらこき　　片付けが出来ない人　　　　　　　＼けど、上がって下さい。〈謙遜の意味合い強〉」
おおばらこくたいだ。〈下に同〉「しょうたれ者は、おおばらこくたいでも気にしない。」[京]
おおばらこくた だ。　　乱雑である　散らかっている　　(＝おおばらだ。)
おおばらにして　散らかして「した、おおばらにしてだわ。(下を散らかしているんだよ)」
おおびっこひぐ　　大げさに〈わざと〉足を引きずる　「ふぐどんの 見えっとごばっか大
　　びっこ引いで(蟇蛙どんの見える所ばかり、大袈裟に足を引きずって)」
おお (ー) ぼらこく　　大嘘をつく　「おおぼらこいた。」
†おおめのされる　叱られる「おおめのされてしょもだ。(叱られてしまった)」(→おうーめのだ[京])
おおや、　　　　おや　おやおや　　〔間投詞〕
おおやっかい　　大変厄介　「おおやっかいになりました (大変厄介になりました)」
おおやげ・おおやけ　　(大) 地主 (の旧家) ＊馬耕用の馬を持っていた「おおやげのそだち (いい所の生
†おおやけどおり　　自作農や自作兼小作農　「～どん」と呼ばれる農家 [笹]　　　＼まれ)」
　　(→こやけ・こやけどおり) ＊「〇〇さま」(大地主)／「～どん」(おおやけ・おおやけどおり)／「～つぁ」(～さん)
おおやま[大山] 五頭山 ＊だしの風は大山の麓辺りに底なしの風穴があって、そこから吹いてくる。〈言伝え〉
おがい　　　　お粥　粥
おかしげな　　変な　「おかしげながんが、出てきたでん。(変な奴が出て来たとさ)」
おがしげになる　　(体調等)変になる　「顔色もわありし、おがしげになってきたで。(顔色も悪いし、
　　おかしな様子になってきたよ)」
おがしゃっかんだ。　置いていらっしゃったんだ。置きなさっていたんだ。「旦那様で わげしょ
おがす　　お菓子 ＊「菓子」は「かし/かす」　かす、は使用例少ない　　＼大勢奉公人に、おがしゃっかんだ。」
†おかどこ　外にある大便用便所 [京]
おかもん　　畑での収穫物 [京]
おがら[麻柄・麻幹] 麻柄　軽くて丈夫な乾かした麻の茎　〔古い標?〕
(～して)おがろば　　～にしておかれようか、おかれない。「こんげながん、かがにしておがろ
　　ば。(こんな奴を嫁にしておかれようか、おかれない)／逃がしておがろば。」
(～して)おがねど。　～しておかないと (困る、駄目だ)
(～して)おかんば。　1†～しておくのか「どうして枝を折って、ぶらさげておかんば。(どう
　　して枝を折ってぶらさげておくのか)」　2～して置かなくては〔標?〕
おぎ　　おき (熾き・燠) おきび (熾火) 炭火の燃え残しで火を付いたままにしておく物
　　また消し炭状になった物 「おぎは消さぬように、ようあぐ かぶせでおけ。/まぎが燃え切って、
おぎすな　　起きた時　起きたその時　　　　　　　　　＼おぎが出る/囲炉裏のおぎ」
†おぎなさる [笹] 起きなさる　お起きになる　(＝†おぎになる)
†おぎに　〈挨拶語〉おおきに　いつも有難う
おぎる　　起きる　「今朝、ひって はよ おぎたんさ。」
おぐ　　置く ～してしまう　「おいでおぐ。/おいでおがんね (家に置いて置かれない)/火種 のう

しておぐ（火種を無くしてしまう）」

おぐなせ。　（＝おぐんなせ）（≒くんなせ）「持って行っておぐなせ/はよ来ておぐなせ。/いれでおぐ
　　なせ（入れておくんなさい）/晩げ一晩泊めでおぐなせ。」

おぐれる　　遅れる「飛び立つのが　おぐれるすけ　殺さった（飛び立つのが遅れるから殺された）」

（～して）おぐわや。　～しておくよ。「しっかりと結びつけておぐわや。」

おぐんなせ（え）。おくんなせい。　おくんなさい（～して）下さい「あげでおぐんなせ（開け
　　て下さい）/勘弁しておぐんなせや。（勘弁して下さいよ）/ちっと　くって　おぐんなせや。（ちょっと私
　　にくれませんか。ちょっと下さいな。）/通っておくんなせい。/おぐんなせ。」［くんなせ、の丁寧表現］

おげ　　　桶（おけ）

（～して・すて）おげ。　　～しておけ。「ほったらがすておげ。（ほったらかしておけ）」

おごす　　1おこす（起こす　興す　熾す）起こして撒く「ふいごに火おごしていただげ、（鞴
　　で火を熾していた所へ）/畑おごして大根まがねばね。（畑を耕して大根の種を撒かなくてはならない）」
　　2返す「おごしてくらせや。（返して下さいよ）」

おこっこ　おごっこ　　　　沢庵漬け　こうこう　　（＝こっこ）

おごって　　　怒って「なにおごってんだろ。（何を怒っているんだろう）」

おごらった　　おこられた　叱られた「また　ひんど　おごらったでが。（またひどく怒られた
　　とさ）/おごらってしょもだど。（怒られてしまったんだとさ）」

おごられる　　怒られる　叱られる「おかあさんに　おごられっわ。（おこられるぞ）」

おこり　［標?］高熱の出る風邪［京ヶ瀬］

おごる　　　怒る「ばさま、嫁をさんざんにおごって（婆様は嫁をさんざんに叱りつけて）/殿
　　様おごったでん。（殿様は怒ったとさ）/がっとに　おごったほうがいいわや。」

おごわ　　おこわ（お強わ）赤飯　＊新潟県の赤飯は普通の赤い物　と醤油味の茶色っぽい物　の二種あり

おさえる　　　1おさえる〔標〕　2おさえて捕まえる「狸　おさえできたでんがの。/わずかな
　　あいだに　このくらい　おさえできた（短時間でこれくらい捕ってきた）」

おさもうございます。［笹神］お寒う御座います。（⇔お暑う御座います［標］）

おじ　　　長男以外の男子　弟　（→おじごんぼ、おじなおり）

おしいで　教えて「人におしいでだ（他の人に教えていた）」

†おしこもっこ　　押し合い　混合う「♪おしこもっこしのこ、はさんでなくな。（おしくらまんじ
　　ゅう、おされて泣くな。）＊『押しくら饅頭』の唄〈冬の遊び〉/おしこもっこの人出」

おじごんぼ　　末の弟　（≒つるったぐり）　［類：おじごんぼう（県内）］

‡おじなおり　家を継ぐ長男が死亡したとき次男が長男の嫁と結婚し家を継ぐこと

おじゃ　1　お茶（＝おぢゃ）「おじゃでも　のんでいぎなせ（や）。（お茶でも飲んでいきなさい）」
　　2［京ヶ瀬］おじや　雑炊　（＝おぞせ）

†おしゃめおなご　（何でもこなす）出しゃばり女　（＝おしゃめのおなご、‡じゃりわらやかん）［京］

おしる（おひる）めがけてきたようで、（悪いですね。）　＊昼時の訪問の照れ隠し的挨拶

おしょうーし［京ヶ瀬］遠慮深い「おしょうーしの心で良い嫁」　＊誤用?

— 37 —

おしょさま　　　和尚様　お坊さん　[標?]

おしょし　　　恥ずかしい「そんげにほめられると おしょしだな。(そんなに誉められると 恥ずかしいな。)」[中・下越:しょし、しょうしい]

おしょす [笹神] 恥ずかしい (=しょうし、しょうす、おしょし)「おしょすなもんだども たべで くんなせ。(出すのがお恥ずかしい物なんですが、どうぞお食べ下さい)〈強い謙遜〉」

おしる　　　おひる　昼ご飯「おしる、めがけてきた。(お昼の時間を狙って来た〈半分冗談〉)」

†おず　　　弟　長男以外の男子　(=おじ、おんず)(→ごっぽおず・ごんぼおず、つるたぐり)

　　○「おず」の類:おじ=おず ＊「おず」の方が使用多?/おんず=おず [鼻母音化]/おんちゃ (弟ちゃん、の意味合い)/おんちゃま (弟ちゃん、で多少丁寧)/おんさま (弟さん) ＊良家の弟

†おずず　　　　おじいさん　じいさん　おじじ　(⇔おばば)(→ずず)

†おずずでな　　　おじいさんの様な　「おずずでな がん(おじいさんの様な人)」

おづぼ　　　落ち穂「おづぼひろい(落ち穂拾い)」

おすもまいり [お下参り・下方参り] 山形の出羽三山 (湯殿山・羽黒山・月山)参り　[笹]

‡おすもわせ [お下早生] [米の品種名] ＊山形方面の米　[笹]

おすろい　　　おしろい (白粉)

おせぇる、おせぇ-る　　　教える「おせぇでやる。(教えてやる 教える 話す 伝える ＊「〜やる」は (してあげる) の意味は弱い。) (=おせる)

おせぇだ　　　おさえた「いたそげにして、足おせぇだど。」

おせぇで　　　教えて「おせぇでくれ。(教えてくれ)」

おせだ　　　教えた　伝えた　話した　「「〜」とおせだども、はあ茶釜はいねがっど。(〜と話したけど、もう茶釜は居なかったとさ)」

おせで　　　教えて「おせでくれるひと (教えてくれる人)/おせでくっだど。(教えてくれたとさ))」

おせできて　捕まえてきて「がえっつ どっさりおせできて (蛙をどっさり捕まえてきて)」

おせる ＝ おせぇ(-)る　「いいことおせるすか、はよきてみだ。(いいことを教えるから早く来てみろ・来なさい)」

おそうなる　　　遅くなる「ある日、お勤めがおそうなって、」

おそぐちにきく。　　遅れて聞く「家ばかりにいて、おそぐちに世間話を聞く。」[京ヶ瀬]

おぜせ　雑炊 (ぞうすい) おじや「お粥でもおぜせでも煮ろげ。(粥か雑炊でも煮ようか)」

おそろす　　　恐ろしい「おそろすでぎごど (恐ろしい出来事)」

おだ　　会った「きんな、ひさすぶりに あいつに おだ。(昨日久しぶりにあいつに会った)」(→おう)

†おだあげる [標?笹神]　饒舌になって (無駄話に) 気炎を上げる「あいつは さげを飲むと いっつも おだあげる。」

おだいしこさま　大師講 (おだいしこう:12月23日 [笹])

おたからさま　(葬儀時に祭壇に架けるお寺から借りてくる) 本尊の掛け軸

†おだじる　誉められる事、誉め言葉　＊「じる (ずる)」を「汁」と異分析し混同される。「おだずる」参照

†おだずる [笹]〈上同〉「あのおどごに おだずる のまひっと、なんでもひぎうげでくれっわ

— 38 —

や。(あの男を煽て上げると何でも引き受けてくれるよ)」

おだち・おだぢ　　1余分　2お代わり「いっぺくだども，うんめすけおだぢしましょう（いっぱい
　　食べたけど美味しいのでお代わりしましょう）」（→おだづする 2）　＊魚沼の「おたち（食事後にもっと食物を勧
　　める）」の類？　3[京]最後にもう一杯と進める事　＊「おだぢ」は上杉公の出陣言葉でもある。

おだぢる　＝　おだじる

おだづする　1おだてる（＝おだづる，おだじる）　2[笹神]食べ込む　満腹にも拘わらず更に食べ

おぢっとぎ　　落ちる時　「下へ落ぢっとぎ」　　　　　　　　　＼る，食べさせる

おぢゃ　　　お茶　「まあ上がって おぢゃでも飲んでいぎなせや。」　[新発田:同]

おちょぐる　　おちょくる　からかう　ひやかす　馬鹿にする

おっかかる　　寄っかかる　「おっかかって ひっくりかえらねように。」

おっかげる　　追いかける　「おっかげて行った/おっかげだど。」

おっかしくっせ　　おかしい　あやしい　「その儲け話は おっかしくっせしか のるな。（そ
　　の儲け話はおかしいから乗るな，やめておけ）」

おっかなおっかな　　おっかなびっくり　おどおどして　「おっかなおっかな見に行った」

おっかながって　　1おっかながって〔標〕　2びくびくして　「おっかながって言ったでば，
　　（びくびくして言ったならば）」

おっかなげな　　おっかない　恐ろしい　「おっかなげなうど 出す（恐ろしい声を出す）」

おっかね〔標?〕　おっかない　恐ろしい　怖い「おれよかまだ おっかねもんが あってんが/おっか
　　ねもんだすけ（おっかない物だから）/おっかねで ねでいらんねがったど。（おっかなくて寝ていられな
　　かったとさ）/おっかね顔/おっかねんだ。/おっかねや，おっかねや。/おっかねめにおうと（おっかない
　　目に遭うと）/おっかねがる（おっかながる　恐ろしがる　怖がる）/おっかねがった（怖かった）/おっかね
　　げな（おっかなそうな　恐ろしそうな）/ほんねおっかねげな格好/おっかので（おっかなくて　恐ろしく
　　て）/おっかので どうしょばなと おもでいだでが。（おっかなくてどうしようかなと思っていたとさ）/
　　おっかので すぐだまって」

おっき　〔標?〕　大きい　「おっきだし，塗りもいいし。（大きくて塗りがいいし。）/おっきな松
　　の木/おっきうど（大きな声を）出して歩いたど。」

おっきする　　大きくする・育てる　「くわせで おっきしてたど。（食べさせて大きくしたとさ）」

おっきな　　　大きな　　「おっきな池（大きな池）」

おっきなる　　大きくなる　「おっきなった。（大きくなった）」

おっきょなって　　大きくなって

おっこ・おっこ おっこ　　あらまあ　「おっこおっこ，がいな子だこと。（おやまあ，気の強
　　い子だこと）」[魚沼:おここ]

おっこぐる　　おっつける　押しつける　「おっこぐって あとはしらねふりするのは ずー
　　れぞ。（押しつけて後は知らんぷりするのはずるいぞ）」

おっつかれる　追いつかれる　「おっつかれそげになった（追いつかれそうになった）」

おっつぐ　　追いつく「んなに おっつぐに 手間 かがっさがに（お前に追いつくのに手間がかかるか

— 39 —

ら)」[県内広域：おっつく]

おっつご　　　追いつこう　「本気なってぼったぐって，おっつごどしたば，(本気になって追いかけて，追いつこうとしたら)」

おってしょもだ　　1[標]折ってしまった　　2[標?]落ちてしまった「枝が折れておってしょもだ。」

おっとりしている　　　1[標]おっとりしている　　2†風格ある[京ヶ瀬]

おっぽす　　押す　「おっぽした。(押した)」　＊折る，の意味は無い

おづゆ　　　お汁　しる

おづよ　　　お汁　しる　[特に水原]　[＝おつよ[京ヶ瀬]]　[南蒲：おつよ]

おづる　　　落ちる　＊音転訛現象「ち」→「ブ」　語頭以外のカ行・タ行は濁音化傾向大　(→いぐ，ぶづ 等)

おど　　　　音

おどげる　　おどける(戯ける)　ふざける　馬鹿な事をする　「いづまでも　おどげでばっか　いんな。(いつまでもふざけてばかりいるな)」

おどご　　　男　「おどごのこ(男の子)」　(→やろ，やろっこ)　(⇔おなご，†ばず)

おどごしょ　　男の人達　(特に)若い衆　(≒わげぇしょ，わげぇもん)　(⇔おなごしょ)

おどごばず　男勝り　男のような女の子　「あの娘，おどごばずで　おっかねんだ。」

おどす　　　落とす「餅落どして来たわい。(餅を落として来たなあ)」(→ほげずりおどす)

おとっつぁま・おどっつぁま　　お父さん　お父様　[本来，名家・旦那様用]　(→とど)

††おどで　　一昨日　おととい

†おとでな・おどでな　　一昨日　おととい　「きんな，おどでなとほんきにいそがしかった。(昨日一昨日と本当に忙しかった)」　【魚沼：おっといな，おとといな】

おどど〔笹神〕お父さん　父ちゃん　「おどどの塩梅なずだね。」　(→とど)

おどどす　　おととし(一昨年)　二年前　[ことし・こどす(今年)／きょねん(去年)／おどどす(二年前，一昨年：おととし)／さきおどどす(三年前，先一昨年：さきおととし)　の順]

おとなげない　　1大人げのない[標]　2[京ヶ瀬]小さい事にくよくよする「おとなげのない人」

おとなしなる　　大人しくなる　静かになる　＊く，脱落

おどみご[←弟見子]年子(の下の子)「あそごのあねさ，おどみご生んだ。」(＝おとみっこ[京])

おどもだざずに　　声を出さずに　黙って　「おどもだざずに，一生懸命働く」

おない　　　同じ　「おないとしのもん(同じ年の者)」

‡おないぶつさま[御内仏様]個人の家にある仏像　[京ヶ瀬]

おなご[標]　おなご　女「おなごのこ(女の子)」　(＝†ばず・†ばずっこ)　(⇔やろ・おどご)

†おなごかぶと　　兜虫の雌　(⇔かぶと・かぶとむす(雄の兜虫)／はさみかぶと)

おなご　ごしらえ　　お化粧

おなごしょ　　女の人達　(→あねさ，おどごしょ，わげぇしょ)　「あねさ被りのおなごしょ」

おなごたち　　1[標]おなごら　女性達　女の人達　　2女中(の仕事)　働いてくれた女達

おなごのこ[おなごの子・娘]女の子　「めごげなおなごのこ(可愛い女の子)」

おなごぶり　　　　美人さ　美人な事

— 40 —

おなごぶりがよがった　　女ぶりが良かった　とても美人だった

†おなごめっつ　1 女達　2[水原] 女など　おなご達　女だてらに「おなごめっつ 腹あぶり なん すんな。(女なんかは腹あぶりなんかするな)」

おなごめら　　女の子達「おなごめらの遊びはゴム跳びや縄跳び, いすけり (石蹴り), じゃ ぐ ざぎ (お手玉, なんこなんこいくつ…)」

おなじなる　　同じになる　同様になる「したでば やっぱり同じなって,」

おなんどう　〈地名〉女堂　＊音転換　県内他地区でも見られる

‡おに　火葬に従事する人　＊おにを あたりとなり (近所) の人に頼む。〈笹神では おに を断れない!?〉

†おになんこ　　鬼ごっこ

‡おのと　　祭り [笹神上小中山]

おば　　妹　長女以外の女の子【県内：同】(＝おんば, おばさ, おばちゃ)(→あね)

†おばさ　　(＝おば)

おはぢ [お鉢]　(釜からご飯を移して入れる) お櫃 (おひつ)

おはづ [お櫃]　〈上同〉[特に笹神]

†おばちゃ　　(＝おば)

おははおり　　花詰み　お花折り

おはなす　　お話「おはなすの時間」

おばば　　お婆さん (＝ばば・ばばさ)(⇔ずず)

おはよございます。　　お早う御座います　＊「おはよう」の「う」がない事が多い

おばんなりました。　　こんばんは《夕方・夜の挨拶》

おばんになります。　お晩になりました。今晩は。[特に笹神]　　　　　　　　/(＝おびあき [笹])

†おびや [帯屋・産室]　出産所・出産小屋, 出産　/おびやっこ (おびやあき迄の21日間の産婦) [笹]
　　＊外出時はお天道様にあたらぬよう笠を被り, 神様の前は通れず鳥居も潜れなかった。(⇔うまれっこ)

†おびやあけ [京]おびやあき [笹] [帯屋・産屋明け]　＊出産 21 日後　帯屋開け迄, 出産後の女性は外出でき なかった[京]/部屋に隔離した[笹] お産が出血を伴う穢れと考えた迷信。(→おびやっこ〜の俚諺)　[三重志摩：同]

おひわ　お世話　いっつもいっつも おひわになっていますでば。/とろっぺず おひわになってね。/ よろっと おひわに なったでば。(そろそろ お世話になりまして〈有難うございました。そして〉帰りま す) /おひわになりました。」

おぶな　　大きな鮒 (⇔こぶな：小鮒)

おぼや　＝　おんぼや

おほめ [お褒め]　褒美 (として与えられた物)

おまい[特に京ヶ瀬]　お前　あなた

おまえだづ [笹]　お前達 (＝おめだづ)

‡おみこく [御御穀?] (神社への) お供え物 (のお下がり)「おみこくだい (お供え物代)」＊香 煎・団子等のお下がりを頂いて心の中で南無妙法蓮華経と三回唱えて食べると, 丈夫で風邪を引かない。賽の神 の火 (や熱灰) で焼いた餅 (するめ) をおみこくとして食べると無病息災・丈夫になる。

— 41 —

おむさん〔笹〕 お前さん あなた「おむさんも 忙がすのにね。(あなたも忙しいのにね)」

おめ, おめぇ 1お前 家の入り口近くの場所「おめのちゃのま(お前の茶の間)」 2お前 あな
　　た あんた「おめぇは 親切な人だね。/おめに これくれる。/おめの どっから見でもろえで でんが。
　　(〈目の前にいる人たちに向けて〉あんた〈ら〉のどちらからでも見て貰え, と言う事でした)/おめ 気の毒
　　だども, (お前には気の毒だけれど)/おめ, いがしゃれ。/おめさん・おめぇさん〔丁寧〕/おめどうやんで。
　　(あんたどうしたんだい)/おめだず」

おめがた あなた方《多少丁寧》「おめがた ここに 待っていれや。/おめがたの仲間」

おめさん あなた お前 (=おめ)

†おめでん 1お前って 奴お前「おめでんが 下田の白狐だがな。」 2お前達「おめで
　　ん 人数いっぺだもの(お前達は人数がいっぱいなので)」

おめのしょ ここの家の人

おもうだ 思った (=おもだ)「〜とじじさおもうだども, (〜と爺さんは思ったけれど)」

おもさま・おもっさま 思いっきり 思う存分「おもっさま ぶん殴る。(思いっきりぶん殴る)」
　　　　〔←思う様〕

†おもさも=おもさま「おもさもがっとに ふっぱったど。(思い切り強く引っ張ったとさ)」

†おもさん あなた あなたさん「おもさんも くっかね。(あなたも(一緒に)来ますか・来ませんか)/
　　おもさんも一緒にいごでね。/おもさんしょ(1お前さんの家の人 2お前さん あなた)」 (=おめさん)

おもで 思って「いま しょうど おもでいだんだ。(今しようと思っていたんだ)/どうしょばなとおもで
　　泣いでだわね。/ちょうはんに しょうがどおもで(昼飯にしようかと思って)/〜とおもで じっとして
　　いだど。」

おもっしぇ(え)・おもっしぇー(。) 〈下に同〉「おもっしえ映画」〔県内:同〕＊促音・拗音化

おもしぇ(な) 面白い「これはおもしぇな, と思って(これは面白いな, と思って)/お
　　もしぇゆめみ(面白い夢見・夢のお告)」 (=おもっしぇ, おもしぇ, おんもしぇ)

おもしぇね。 面白いねえ。「あやや おもしぇね。」

おもしょね。 面白くない (=おもっしょね, おもっしょない, おもしょない)

おもだ 思った「〜とおもだども(〜と思ったが, 思ったけれど)/そうおもだ」 ＊促音の脱落

(〜ど)おもだでば, 〜と思ったけれども [逆接]「飲もうど思だでば, あっちぇしけ, こっこいれてさ
　　まして, そのお湯飲んだんでが。(飲もうと思ったけど熱くて, 沢庵入れて冷ましてそのお湯を飲んだとさ)」

‡おもだち 重立 村の有力者 ＊村の事は総て重立相談(おもだちそうだん)で決めた

(〜と)おもだら, 〜と思ったら「ばが気分ようなったと おもだら/食べたとおもだら/のも
　　どおもだらあっちぇしけ(飲もうと思ったら熱いから)」

おもっしぇ 面白い「おもっしぇ話/おもっしぇかった(面白かった)/火事てで, おも
　　っしぇもんだなあ。」(=おんもしぇ/おもしぇ)

おもっしょない 面白くない (=おもっしょね, おもしょない, お(ん)もしょね)

おもどで〔京〕 重たくて

(〜と)おもで(。) 〜と思って「おっかねおっかね, とおもで(おっかないと思って)/なにすると おも

—42—

で みでいたら (何をすると思って見ていたら)／どうしょばな ど おもでいだったら (どうしようか な、と思っていたなら)／仕方がねえとおもで／～とおもでいだでば、(～と思っていたら)／～とおもで と、(～と思っていて)／大変だどおもで／厄介なりとおもでますが、どうでありましょ。」

(～だと) おもんが 　～だと思うが 「あれも おなごだとおもんが。」

†おやかた 　一家の主人 「おやかた自ら、苗代の管理をした／おやかたの仕事」[笹]

おやす 　終わらす 「ひのとりに外の事をおやしておくといい。(日中に外の事を終わらせておくと良い)」

およ 　おゆ (お湯)

おら 　私 俺 　*おれ、と言うことも多い 「おらしっぽの毛、いっぺあっしけ (俺は尻尾の毛 がいっぱいあるから)／ばかじさ、おら行がね。(馬鹿じじい、私は行かない)」(→おめ)

おらいの 　家にいる、自分の家の、うちの 「おらいのあんにゃ (家にいる息子、うちの息 子)／おらいのおまつが大蛇になって、どうしょば。／おらいのごんぼーおず (家の末弟)／ おらいのしょう (さあみんな)、ちょうはん (朝飯) だよ。[京] *家人にむけて」

おらいんしょ [←おらいの (自分の)+しょ (衆)] (自分の) 家の人 家族 「おらいんしょ みんな達者だ。」 (=[京]おらいのしょう)

†おらだい 　俺たち (の) 　私たち (の) 俺達の 「おらだいのお宮様／おらだいの村の地蔵 様／おらだいまんまもねえし、たぎもんもねえし、」

†おらだいのしょ・おらでのしょ・おらでんしょ 　(自分の) 家の人 家族 (家のある) 自

おらどご 　俺の家 　我が家 　俺の所 　　　　　　　　＼分の地区の人

おらどごんしょ ＝ おらいんしょ

おらは [笹神] おや困った 「おらは、どうしょば。(おやまあどうしようか)」 (→おっこ)

おれ 　俺 (⇔おめ) 《男女とも使う》 「おれこんだ、おめにお礼しわの。(私が今度、お前さんに お礼をしますよ)／おれんち (俺の家)」 (→おんに)

おれでんしょ [←俺っての衆] 俺の所の人 私の家

おれどご 　俺の所 うちの 「おれどごのちんころ借りてどうすんだべ。(うちの仔犬を借り

おれんしょ 　自分の家の者 うちの人 　　　　　　　　　　＼てどうするんだい)」

おんおぐる 　恩に応える 恩返しする 「おんおぐったこどもねば、ほんねこまったなー。 (恩に応えたこともなければ、ほんとに困ったな。)」

†おんかんはれて[京ヶ瀬] 堂々と 公然と 「不起訴で、おんかんはれて選挙に出られた議員」

おんごと[京ヶ瀬] 悪い事 「人の悪口の口車に乗りおんごとすた。」 　　　　＼[南蒲:おんこはれて]

おんじ 　弟 [水原]

おんず 　1 小父さん 　父さん 　男の者 「後家かかさ と おんず (後家さんとおやじ)」 　　　2 弟 「うづのおんず (家の弟)」 (→†しゃで)

おんだした 　追い出した 「そとにおんだしたとさ (外に追い出したとさ)」

おんなず・おんなじ 　同じ [撥音]

‡おんば (=おば)

†おんぼう 　御坊、隠亡、穏坊 死体の取り扱い、墓所の番人、火葬の役目をする者

― 43 ―

†おんぼや　　　御坊の家(の人)

おんに　　　　俺に　「おんに娘くらっせや。(俺に娘を下さいよ)」

おんまくる　　1 押しつける　押しやる　「そっちへおんまくっておけ。(そちらへ押しやって
　　おけ)」＊新潟では「おんまける」は(投げ)捨てる　2[京]投げ捨てる　打ち捨てて　放って「分からず
　　屋なので, おんまくって帰って来た。」

おんもしぇ・おんもっしぇ　　面白い(=おもっしぇ)(=[京]おんもしゃい)「ぼうだぐ被って来たで。おん
　　もしぇ馬だなあ。/おんもしぇのう。/おんもしぇこどして(面白いことをして)/おんもしぇ人/おんもっ
　　しぇどっからこらしたんね。(面白い所からいらっしゃったんですね)/おんもしぇかった(≒いやおんも
　　しぇかった, おもっしぇかった)」

おんもで [水原]　重くて　重たくて　(=おんもどで)「箱, おんもでな。(箱が重いな)」

†おんもどで　　重くて　「(箱)おんもどでおこさんねでんね。(箱が重くて持ち上げられないとさ・起こせな
　　いとさ)/おんもどでおんもどで, やっとかづいで帰って来た(重くて, やっと担いで帰って来た)」

[か]

か　　1 か[標]　　2 くわ(鍬)「か わすれできたでん。(鍬を置き忘れてきたとさ。＊でん=での)/
　　かに 足切ったわの。(鍬で足を切ったわ)/か つけでくらっしぇ。(鍬を着けて下さい)」

が　　1 の「おめが名前(お前の名前)/おれがねがい(俺の願い)」　2～か「風呂 はいろがど おもで(風呂に入
　　ろうかと思って)/団子にしょうが, こーせんにしょうが。」　3～かい。[同:中越, 魚沼]「おぉ, かえったが。
　　(おお, 帰ったかい)/魚こうで来たが。(魚を買って来たかい?)/すくだい やったが。(宿題したかい)/うな, 金
　　持っていねが。」　4～なので。「こごんしょ, 火くんなせや, 火だね, のなったが。/どごもいかんねが, (ど
　　こにも行けないので)」

～が。　　～だぞ。～だ。「めっけらったら たいへんだが。(見つけられたら大変だぞ)」[同:中越]

「が」の脱落　「かぁいる。(蚊が(部屋の中に)いる)/風 でで来だ。/おれ やる。/山 綺麗だ。」　(→「を/へ」の脱落)

～があ。　　〈念押し〉～かい。　「あした, 行ってくるんぞ。いいがあ。(明日, 行って来るんぞ。いいかい。)/
　　ちゃんとわがったがあ。(ちゃんと分かったかい)」

かぁえ・かぁゅぇ　　痒い

かぁで・かあで　　固い　(=かで)「かぁでば いらね。(固ければ要らない)」

かぁれ　　　辛い

かあろで・かぁろで　　辛くて　(=かあれで)「かあろでかんね。(辛くて喰えない)」

～がい。　　　～かい。～か。　「ああ, そうだがい。(ああ, そうだかい。そうですか。そうかい。)

‡かいこ　[隠語]　女性性器　女陰　(=まんじょこ)　[笹神]

‡かいどうどおり(が)[街道通り]　道を通っていた人(の総称)(が)

かいっこ　　かえっこ(替えっこ)　取り替える事　(=とりかいっこ)(→ばくろうする)

†かいつり[貝釣り]　田の畔の水際にいる大きな二枚貝の開いた口に細い枝先をそっと入れて貝を釣る遊び

がいな[笹]　気の強い　気丈な　「おっこおっこ, がいなこだこと。(おやおや, 気の強い子だこと)」

†ガイモリ　ガイモリ　　　　ガリガリ(鬼婆の魚丸囓りの音)　ガツガツ(食う音)

— 44 —

がいもん　　　　買い物　「正月がいもん/ふだんのいちがいもん(普段の市での買い物)」
かいらくに　　　全面に　「秋,落ち葉が屋敷一面かいらくに ばらこくたいになる。」[京]
かいりしなに　　　かえりしなに(帰りしなに)　帰る途中に・で
†がいろっぱ　　オオバコ(車前草)　[笹神]　(=がいるっぱ[水原])
~かえ　　~(する)から　「生きがえ あっかえさぁ。(生き甲斐があるからね)」
†かえかいだ。　簡単だ「何仕事しても上手でかえかえだ。」(=‡びっこかえかいだ。)[京ヶ瀬]
がえっつ　　　　蛙(=げっつ)　「田なぼ行って,がえっつどっさりおせできて(田圃へ行って蛙を
　　　　　　　　どっさりおさえて(捕まえて)きて)」 *疳の虫(幼子の病気)に焼いて食べさせた?![民間療法]
かえっつま　　　　裏返し　[佐渡:けーしま]
かえば　　　(馬の)飼葉(かいば),飼料
†かえりひん　　　釣り銭　[京ヶ瀬]
†がえるっぱ　　オオバコ(車前草) *薬草・食用可 [魚沼:げーるっぱ 長岡:げろっぱ]
†がえるまっちょ　おたまじゃくし *めだか,を指す事あり。佐渡の「おんぐるべえ(お玉杓子・目高)」と似
かおだし[顔出し][笹神]死者が出た家への訪問　　(=じんぎ)
‡がおる　閉口する 困る「♪ほんとか爺さん,呆れた婆さん,小桶で茶ぁ呑め,姑が がおる。〈ゴゼ唄〉伝,京ヶ瀬」

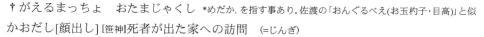

◎かおん(訛音:なまり)　サ行,ア行,タ行,ナ行,ハ行,マ行,ヤ行,ラ行,その他がある。〔主に度會先生の分析に依る〕
　1 ア行　「い」と「え」の混同　ピーテーエー(PTA:ピーティエィ)　ええが(映画)　え(胃)　びょうえん(病院)　いんぴつ(鉛
　　筆)[中越,下越：同]　　　*「にがや(二階屋)」「しばや(芝居屋)」は訛語にしない
　2 サ行　ⅰ「し」→「す」 あす(足・脚)　ⅱ「じ」→「ず」 ずず(爺)　ⅲ「す」→「し」 なし(茄子)　ⅳ「せ」→「ひ・し
　　ぇ」 わひ(早稲)　ひんひ・しぇんしぇ(先生)　ⅴその他　ひじゃかぶ(膝かぶ,膝小僧)　じょうさもね(ぞうさもない)
　　そうじゅう(焼酎)　しょんべんすにいぐ・しょんべんひにいぐ(小便をしに行く)
　3 タ行　ⅰ「た」→「と」 へと・へど(果実のへた〈蔕〉)　ⅱ「ど」→「だ」 こんだ(今度)
　4 ナ行　ⅰ「ぬ」→「の」 のぐ(脱ぐ),のがない,のいで,のげ。このが(小糠)　てのげ(手拭い)　~もので(~も無くて)　ⅱ「の」
　　→「ん」 *標準語だが多用　つけもん　おらどごんしょ(俺の所の衆,自分の近所の人たち)　となりんしょ(お隣の人)
　　あんな(あのなあ〈呼掛〉)
　5 ハ行　ⅰ「ひ」→「ふ」 はなふげ(鼻ひげ)　ⅱ「ひ」→「へ」 へる(ひる:蛭)　ⅲ「ぶ」→「び」 かさびた(かさぶた:瘡蓋)
　6 マ行　ⅰ「もっ」→「まっ」 まっと(もっと)　ⅱ「も」→「む」 むぐる(潜る)
　7 ヤ行？「や・ゆ」→「よ(ど)」 はよ・はあよ(早く,速く)　ぶよ・ぶど(ブユ 蚋)
　8 ラ行　ⅰ「ら」→「な」 あなれ(霰,あられ)　ⅱ「り」→「ら」 ひとらっこ(ひとりっこ)　ⅲ「り」→「い」 くさむすい(草むし
　　り) *rの消失　むい(無理)　ⅳ「る」→「っ」 たべっか(食べるか)　みっか(見るか) *促音化 標準語?　ⅴ「る」→「ん」 く
　　んな(来るな) *撥音化 標準語？ⅵその他　うらおぼえ(うろ覚え)　わあり(悪い)　ぬうれ(ぬるい)　†すうれ(白い)
　9 その他　ⅰよう・いお(うお 魚)ⅱしらげ(しらが 白髪)　*白毛(しろげ)か　ⅲつつぎ(ツツジ〈花〉)　ⅳ[標?]しょんべ
　　ん(小便)　ⅴやわっけ(柔らかい)　　　[→濁音化 音便(撥音,単音化,促音) 鼻濁音 音転換]
かが・がが　　1 母 母さん 母ちゃん　2(特に自分の〈家の〉)嫁 (=うづのかがさ) *夫が第三者に自分の家内
　　を示す時　「ほんねいいがが あたりついだわ」【蒲原広域、魚沼：かか、かっか】(→とど)
　　○「かが・がが」の類語：おがが(お母ちゃん)*敬意あり /おっかさま(奥様)*本来,名士・旦那様の奥様 /かあちゃん・かあ

さん[標] /かがさ(母さん)*軽い敬意あり /かがちゃ(母ちゃん)*幼児語 /くそかが(糞婆 くそばばあ) 罵倒語「くそ
　　かが」と「くそばば」があり, 混用される。

‡かがい　　　筧(かけひ)　(室外に)樋で水鉢に水を引く筧　「茶の間のかがい」

かかさ, かがさ　　　1 嫁　2 お母さん　母ちゃん　3 その家の(大)奥様 *多少丁寧　「うちの
　　かがさ/かがさにしかられった/かがさこど呼ばったでんが。」(→とどさ　とっつぁ)

かがっぽい　　　眩しい「かがっぽい 日差しをよけて 傘広げ〈宮田〉/かがっぽで, 目がいどなる。(眩しく
　　て目が痛くなる)/かがっぽくて(眩しくて)/日の光が強くてかがっぽくて外に出られない。」

†かがなく　へりくだる 卑下する「あまり自分をかがなく人は, 反対に自慢こぎでは, と言われる」[京]

かがみこむ[標?]　かがむ　かがみ込む　しゃがむ

†かがりっこ　　　やっと生まれた跡取り息子 実子がいなく養子を貰い, その後生まれた実子 (=†かかり
　　ご[笹岡])　*それまでに縁組みした養子には財産分けし分家に出したり, 養女は嫁に出したりした。

かがる　1 かかる「ひなか かがっても(半日かかっても)/わなにかがって(罠にかかって)/おっきなが
　　ん かがったか(大きなやつがかかったか)/昼夜かがって/日暮れかがった(日が暮れかかった)/手間かが
　　っさが(手間がかかるから)/橋かがっていねでが。(橋が架かっていないとさ)」　2 取りかかる　努める
　　「(〜になろうと思って)かがってがんし, (取りかかって/努めているのだし)/一服して, それからかがろう
　　わい。(一服してそれからかかろうかな/始めようかな)」

かぎ　1(果物・木の)柿 (=かーぎ[水原])　2[笹岡]†風邪 (=かじぇ)「かぎひいで ザワザワする。(風邪をひ
　　いて悪寒が走る)」　3 自在鉤　*囲炉裏の上に吊し鍋などを架ける「かぎば おっぽしたば(自在鉤を押し
　　　　　　　　　　　　　　　　　　　　　　　　　　　　　　　　＼たら)」　4[標] 鍵
がぎ　　　ガキ　子供 (→がぎめら)

かぎあつめる　　　かき集める　「あぐ かぎあつめて(灰をかき集めて)」

†かぎつけ　　　囲炉裏の自在鉤(じざいかぎ)　「囲炉裏のかぎつけ」

かぎね　　　垣根

かぎまわす　　　かき回す　「かぎわました(かき回した)」

がぎめら　　　〈男の〉子供達　がきども (→がぎ, ばずめら, ねら)

かくし　　　ポケット [古い標]

かぐす　　　1 隠す「親をば かぐしたでが。(親を隠したとさ)/俺に食わせとねで, かぐしたな。/か
　　ぐしてねでしょもだ(隠して寝てしまった)」　2[笹神] ポケット　かくし

‡かぐまき　　　かくまき　女性用外出用大型肩掛毛布 (=かぐまぎ[京ヶ瀬]) *s30 年頃迄使用

かぐら[神楽]　(お神楽の)獅子頭　「かぐら持ってあるいでで, (獅子頭を持ち歩いていて)/
　　ぼっこれかぐら(壊れた獅子頭)」

かぐらなんばん　　　*本来魚沼の野菜であったが, 近年水原・村杉で栽培する人も出てきて農産物直売所で販売さ
　　れている。獅子頭の様に凸凹で形状はピーマン状の唐辛子の辛さの野菜。道の駅 国上(くがみ:燕市内北部)でも売っ
　　ていて栽培地の北上傾向有り。「なんばん」「ピーマン」と呼ぶ人もいる。外見は似るも臭いで分かる。

かくらん　　　日射病 [京ヶ瀬]

かぐれる　　　隠れる　「村はずれに かぐれていだてが。」

かげる　　　かける　「くら かげでくらせ。(鞍を掛けて下さい)/天秤にかげで 売りに行ったども、一匹も売

— 46 —

れねでんが。(天秤で担いで売りに行ったが、一匹も売れなかったとさ)/はしご かげでくだせ。/はしごかけでのぼっていったでがの。/みずかげだ。(水をかけた)/馬にもなんぎ かげっさがに、(馬にも苦労をかけるから)/じゅうさんぶつ様かげっと節穴も見えのなっし(十三仏＜じゅうさんぼとけ・ぶつ＞様の掛軸を掛けると見えなくなるし)/腰かげで一服して(腰掛けて一服して)/トラバサミかげだば、」　＊「かける」とも言う

かげらっせ。　　掛けなさい。　「手や耳に　かげらっせ。」
かご　　桑の実 (＝くわんこ) [京ヶ瀬]
†かごだまる　　うずくまる
†かごべ　　背負い篭[京ヶ瀬]
かごむ　　1 囲む　　2[笹神] かがむ (屈む) 腰をかがめる (屈める)
†かさかき　　性病や淋病[京ヶ瀬]
ガサムサ　　ガサガサ　「そしたば、ガサムサと猿が出て来たでん。」
かじぇ　　風邪　(＝かぎ)
かしがる [標?] 傾く 「いえの身上 (しんしょう) が かしがり始めると、」
かしげる [標?] 傾ける 「首を傾げる」

かじばな [火事花] 女郎花 彼岸花 曼珠沙華　(→かずばな)　[同 佐渡]　＊迷信:家に持って来ると火事になる]
かしゃれ　　食いなさい　「下がってる餅のほうから、かしゃれやれ。」 [新潟:くわっしゃい (や)、くいなせや]
かしら　　1[標] かしら　2 一番上　「かしらのむすめ (長女)」
かず　　火事，家事　＊昔 (大正生まれ迄か?) は、「火事」は、くゎず [kwazu]
〜がす　　〜かす　＊たらがす、だまかす、ほったらがす、等　他動的意味の強調
がず・がす　　かす (糟、滓) くず (屑) 塵芥 不要な物 木の葉等のゴミ (＝がすもぐ)　「がすを掻き集めて、燃やそでば。/がすかつぎ (「がす」を担いで運ぶ作業)/肥えがすさらい/がすにおの とばかき・とばかけ (田畑の作物ゴミの莚掛け)」
かすがる　　かしがる　傾く「取り付け つうと かすがっている。(取り付けがちょっとかしがっている・傾いている)」
かすげる　　傾ける　傾 (かし) げる　「かすげて つけた。(傾けて付けた)」
かずける　　人に責任や罪を転嫁する，人のせいにする　「盗んでもいねのに かずけられた。(盗んでもいないのに罪をなすりつけられた)」
ガススタ　　ガソリンスタンド　＊若者言葉か?
かずばな　　蓮華躑躅 (れんげつつじ)　[笹]　(≒かじばな)
かすべ [魚名] えい (鱏)　[県内広域:同] ＊切り身を甘塩っぱく煮付けて食べる。数回煮ると骨ごと食べられる
がすもぐ[笹神]・がすもく[京ヶ瀬]　＝　がす
かせ　　1 喰わせ (くわせ)　「かせねようにするし、(喰わせない様にするし)/むじなかせだり、すももかせだりして (狢 (の肉) を食わせたり李を食わせたりして)/まんま、かせねど。(御飯を食べさせないぞ)/かせだ (食わせた)」(=†かひ)　2[命令] 食べなさい 「さめねうぢに はよかせ。(冷めないうちに早く食べなさい)」
†がせがない[京]、がせがね・がせね[水・笹] 体力がない ひ弱だ 弱くて頼りない 「うちの子はがせがない。/がモねすけ、風邪をひく。」(＝がひね[笹])

かせぐ　　　1 労働する、作業をする、働く、何か (色々) する 「のらかせぎ (野良仕事 野外の
　　　仕事・農作業)」 ＊現金等、稼がなくてもよい [同:魚沼]　2 [標] (お金を) 稼ぐ

かせらせ。　喰わせてくれ　食べさせろ　　　「はらへったわの。はよ まんま かせらせ。(腹がへ
　　　ったなあ。早くご飯にしてくれ・飯を食べさせてくれ)」

かせる　　　喰わせる (=かひる)　＊「くわせる」も頻用　その短縮形か。(→かせ、かせらせ)

かだ　　　　かた (潟・方・型・肩・片) 「かだが すかすかする。(肩が寒くてすうすうする)」

～がた　[標?]　～さん達 「おめがた (お前さんたち)」

かだい　→　かで

かだかだしーしている　おどおどしてる　恥ずかしい 「気が小さいから人前でかだかだしーし
　　　ている。」(=かだかだしい)

かだぎ　　　仇 (かたき)　仇討ち　仕返し 「こんだ きつねのかだぎ、とってくれる。(今度は
　　　狐に仕返しをしてやる)」(=かたぎ[水])

†かたぎがわるい　　面目ない「悪い事してかたぎがわるく 人前に出られない。」[京]

†がたくらし　　大きい (=ばかおおきい) 「がたくらし大根 (でっかい大根)」

かたげ　　　(日常の食事の) 一食　(=ひとかたげ)　[県内:かたけ、ひとかたけ]

かだっぽ　　片方　一方　片一方 ＊かたっぽに、とも言う。　「かだっぽ角おいで かたっぽに 角
　　　おいで ねがったど。(片方に角が生えて、もう片方に角が生えてなかったとさ)」

†かたねぼう　　　天秤棒

かたねる・かだねる　　担ぐ 「しっかりかたねねど (しっかり担がないと) おとしてしまうぞ。
　　　/三本鍬かだねで田なぼへ下りたど。」(=かづぐ・かづく)

かたびっこ・かだらびっこ　[笹]　片ちんば　対になる物が片方無いこと 「つうさい子が、
　　　げだを かだびっこに 履いて遊んでだ。(小さい子が下駄を片方だけ履いて遊んでいた)」

かだもづ [固餅]　かきもち　固餅 (=かだもち)　＊薄く切って乾燥させた餅 空焼きして煎ったり油で揚げて食べ
かたらない　入らない　(→かたる)　　　　　　　　　　　　　＼る [魚沼:かたもち/佐渡:かけもち]

†かたらびっこ　　左右別々　左右逆　対になる物が揃っていない 「靴をかたらびっこに履く。」

†かたりこえで　　人を騙す様な 「かたりこえで押売りする者」[京]　＼(→ぞろびこ) (=かたらびこ[笹・水])

†かたる　　　仲間に入る 「おらことも かたらせて くんね。(俺も仲間に入れてくれ) /
　　　仲間にかたらない (入らない)、かてるように 皆でむかいにいってやる。」

†かちまったこと　　　纏まった事　しっかりした事 「かちまったことが せえない (ちゃん
　　　としたことが出来ない)」[京]

かづいて　　担いで　(→かづく) 「かづいていがんねど わーりすけ、(担いで行けないと悪いから)」

かづかる　　担がれる 「お宮様かづかって行ったでん。(お宮様が担がれて行ったとさ) /
　　　かづがっていだど。(担がれていたとさ)」　　　＊「かづいていった」は (担いで行った)

かづきあう　　噛み合う 「犬と大蛇がかづきあいしたまんま、しんでいだでん。」

かづく　　担ぐ (かつぐ)　(≒かたねる) 「鍬だの鋤だのかづいて (鍬や鋤やら担いで) /鍬かづいて/か
　　　づいて行ってくらせや。(担いで行って下さいよ) /かづいてでらんばね (担いで出なくてはならない) /かづ

— 48 —

こう (担ごう) とするども/かづいできて/かづかので (担がないで) /かづげ。/お前にかづげ いわね
　　もの いいろげ。(お前に担げと言わないんだもの〈だから〉、いいだろう)/かづいだまんま (担いだままで) /

かづける　　　人のせいにする　人に罪をなすりつける　[京]　　　　　　　　＼かづけね (担げない)」

かっこ　1[鳥名] 郭公「かっこがなくと、くわ〉このみ たべられるよ。」　2 格好「めぐせかっこ (見苦し

しがっこ　　学校 [標?] 長音の脱落・連母音の単音化現象 (→ぶど、じょろ、ふぐろ)　　　＼いかっこう・服装)」

かっこいえ一…　　　格好いい…　「かっこいえ一美男美女」[京]

†かっこう[藿香][植物名] かわみどり (川緑) *以前は水辺に散在。煎じて風邪の解熱、頭痛、消化不良、食あたり
　　の薬とする 排草香 (はいそうこう) (=‡よぼよぼぐさ)

～がった　　　1～があった「昔、竜宮って所がったてんが。(昔、竜宮という所があったとさ)」
　　　　　　2～かった。「良がった/わありがった/うれしがった/寝らんねがったでん。」

(な)がった　　　なかった *『な』の脱落「ついに当たらがったど。(つ〉に当たらなかったとさ)」

†かっちゃばいだ　　ひっかいた

かっつぁばぐ　　　(爪を立てて)掻きむしる　ひっかき剥がす

かって　1 食われて「○○ かってだっこさ。(○○は食われてしまっただろうさ)/かってしょもっすか
　　(喰われてしまうから)/かってしょもあんすけ。(喰われてしまうから)」　2 かた (固・硬・堅) く「～が
　　かって。(～が固い)/かってがん (固い物)//あんげに かっとねがった」　*連母音の促音化　類:ふっけ、でっけ、
　　こまっけ、やわっけ、あったけ 等

かってえ　　　固い　[新潟県内広域で同]　(=かで・かだい)　「かってえがん (固い物)」　*katai の連母音が
　　音の転化現象を起こし、特色ある様々な変化 (活用)をすると思われる。[度會先生の説] /*かっとなるは怒る

かっとなる　　　固くなる「団子 かっとなって蒸して食った。」*連母音の促音化 (→かって)

がっとな　　　しっかりとした「がっとながん (壊れにくい丈夫なもの/[京ヶ瀬]大きなもの)

がっとに　　　しっかりと「がっとにつかんでれ。(強く掴んでいろ)/おもさもがっとに (思い
　　　っきり強く)」　[上中下越:同]　　　　　　　　　　　　　　　　　/(→かって2)

かっとねがった　　固くなかった「あんげに かっとねがった (あんなに堅く無かった)」

†がっぱ　　凄く 大層 とても 非常に「がっぱ おもっしぇ えぇがだった。(とても面白い映画だ
がっぱり　　　がっぽり「がっぱり盗まれた」[京]　　　　　　　　　　　　　　＼った)」

†がづぼ・がずぼ　　　真菰 (マコモ)「がつぼわら (水面に茂る真菰の広がり)(→はすねわら)
　　水辺に生える稲科の多年草、葉は細長く肉が厚い、お盆の飾りをのせる菰 (こも)の材料になる。「がつぼの根回りは
　　さがな (魚)が潜んでいる」と言う。[笹]

†かっぽして　　　(手を水の中に入れて)掻いて招いて　「手をかっぽして言うだど。」

かっぽじる　　　〈標?卑語〉穿る (ほじる)　「耳の穴をかっぽじって良く話を聞け」

‡かつらずみ　　　大蚯蚓 (大きなみみず)　(→いしゃげつ)　[笹神大室]

カツンカツンに　　カチンカチンに「ぞうぎんがすみて、かつんかつんになった。(雑巾が
　　凍ってカチカチになった)」[笹]　　　　　　　　/*かだい[客観的?]/かで/かってえ[主観的]

かで　　かたい (固・硬い)　(=かぁで)　「ひんで かでがった (酷く固かった)/かでがろども (固かろ
　　うとも)」　　かだい=かで・かぁで・かあで=かってえ (→かど・かぁど)

— 49 —

†かててください　　(仲間に)入れて下さい　「仲間にかてて下さい。」

かでめす　　　かてめし　混ぜ御飯・炊き込み御飯の一種 (=かでめし, かでまんま [京])
　　　*米以外の物(雑穀や大根等)を入れて食べる分の量を増やした飯。昔は食えれば上等で、味は美味く無かった

かでる　　1 混ぜ合わせる 「かでめし(雑穀・野菜等を混ぜた御飯)→なっぱめす」　2 仲間に入
　　　れる 「かででもろだ(加えて貰った)」(=かてる [京])　3 子守をする

かでれ　　加えよ　加えなさい　(仲間に)入れろ　「おれこども かでれや。(俺も仲間に入れ
　　　てくれよ・入れてくれないか)」　　*「かでる(終止形)は稀用か? 連用・連体・命令形が多

かど　　　固く　「もづが かどなった。(餅が固くなった)」　(←かで)

～がど　　～かと　「見せでもろいもそ がど おもで、(見せて貰いましょう, かと思って)/

かどで　　固くて　「このするめ, かどで よう噛まんねわ。」　　　　＼始めようがど思で 」

かどなる　　　硬く・固くなる　　　[県内他地区：かとなる, かとーなる]

†かな　　糸　「丈夫な かなで 縫う/針穴にかなが通せない」

～がな　　1 ～のを 「ばばが ようついてくったがな(婆さんが良く搗いてくれたのを)」　2 ～かな 「持っ
　　　ていごかどおもで(持って行こうかと思って)/この花 いいがな。/つっとばが よらひでもろおがな。
　　　(ちょっとだけ寄らせて貰おうかな)/そろそろねろがな。(そろそろ寝ようかな)」　3 ～(だ)よ。～とさ。「いぶ
　　　すといいんだがな。(燻すといいんだよ)/殺してしょもだがな。/いねがな。(いないよ。いないさぁ。)」

～がなあ　　　～かなあ　「こんげなどごに, やま あったけが なあ。(こんな所に山があったっけなあ)」

かなかな　　　かなかな蝉　ヒグラシ　[新潟県内：同]

†かながめ　　(お金を入れて貯めたりもした焼き物の中位の)瓶(かめ) 壷

†かなぐる　　ぶっ叩く 「悪い犬なので かなぐってきた。」[京ヶ瀬]

‡かなごき[京] (稲穂をこそぐ歯が金属製の脱穀用)せんばこき

†かなこり　　つらら　(=かなんこり)(=かなこーり [京]) [魚沼:かなっこうり　他地区:†かなこうり]

かなしょで　　悲しくて　「毎日, かなしょで 泣いでばっかいだっだ。/あんまかなしょで

かなばち　　すり鉢　*金属製でない焼き物のすり鉢をさす 【同:中越・魚沼】　　　＼(余りにも悲しくて)」

かなんこり[笹]　　つらら　(=かなこり)

がに　　かに(蟹) [魚沼：同]

～がに,　　～なのに 「～と思ってがに, (～と思っているのに)/こんげなとごに川なんかなが
　　　ったがに とおもで(こんな所に川なんかなかったのに, と思って)/いわねがったがに

†がにくそ　　(赤ん坊の)胎便 *新生児が初めにする黒い便　　　＼(言わなかったのに)」(=がんに)

‡がにふんどし　　おしめの包み (=またかき) [笹神次郎丸・上坂町]

ガニャガニャガニャ　　ガシャガシャ 「甲羅が, ガニャガニャガニャとひび割れで(ガシャガ
　　　シャッとひび割れて)」

かね。　　食わない(か)　食べないですか 「なんか かねげ。(何か食べませんか)/まんま かね。
　　　(御飯を食べない)」(→かんね, かせる, けぇとね, けぇ)

(～で)がね(ん) 1 [非難] (で)あるのに 「しにそげだで がね(死にそうだというのに), …した。」　2 [主
　　　張] ～だよ。「銭 1 文も ありませんでしたがね。(ビタ一文, 無かったんです)/～て言うで, なわひ

— 50 —

っぱっがね。(～と言って, 縄をひっぱるんだよ)/くわねがね。(食わないんだよ)/建物の跡があるがね。/ひんでおなごだがね。/くうろなってきたがね, そろそろ あがらねがね。(日が暮れて暗くなってきたよ, そろそろ仕事を切り上げませんか)」 3[同意・促し・要求・疑問] ～かね。～か。「何とかお願いできますまいがね。/ええ そうがね。(へえ, そうですか)/こういうかけ しねがね。(こういう賭をしないかね)/こしょうでこがね。(作ってこようかね)/こねがったがね。(来なかったかい)/いいがね。(i いいかね。良いかい。ii いいじゃないか)/はよ, まんま かねがね。(早く御飯を食べませんか)/となりんしょ, いらすたがね。(お隣さん, いらっしゃいますか)/どれがね。(どれかね どれですか)」 *水原では「がね」は, 語尾に付ける優しい言い方, との事

(～して)かねが。　(～して)くれよ。(～して)くれないか。「だすけ いってかねが。(だから言ってくれないか/言ってくれ)」(=がね 3)

†かねただぎ[笹][鳥名] くいな (=かねたたき[京]) *水原では「～ただき/たたき」両方言う

～がの。　　～だろ 「お前『いだ, いだ』と よわんだがの。(言ったんだろ)」 *目下に言う

かばおう　　いたわっていること 「娘が ばばさを かばおうと いうのが, (娘がお婆さん

ガバッと　　急激に 「ゆぎが がばっと減る。」[標?]　　　　　＼をいたわっているのが)」

～かひ。　　～を貸せ。「えんぴづ かひ。(鉛筆を貸せ)」 *乱暴な言い方

かひだ　　食わせた 食べさせた 「うんまいだんごこしょで, かひだでね。」

…かひで。　　…を食わせて。「ごっつぉかひで。(ご馳走を喰わせて)」

(～を)かひね。　　喰わせない 「夕飯をかひね。(夕飯を喰わせない)」

がひね[笹]〈卑称語?〉　頼りない (=がせね[水])

がひる　　食わせる (=かせる) *「くわせる」を頻用 その短縮形か?

かぶと　1[標]かぶと(兜)　2(特に〈雄の〉)兜虫(=かぶとむす)(→おなごかぶと, はさみかぶと)

かぼう　　庇う(かばう) 「だっても おれのこと かぼうでくんねな。(誰も俺の事を庇って

かまいたづ　　かまいたち[京]　　　　　　　　　　＼くれないなあ)」

†かみふさぎ[神塞ぎ][笹]一家に死人が出る時, 神棚に白い半紙を貼り(35 日か 45 日間)塞ぐ事 神に見せない?

†がめくり　　頭肌(づはだ)が見えるようになった禿げ 薄禿げ [京]

がめる　　盗む 人の物を盗む 横取りする かっぱらう 「あいつ がめるのが上手だ, ゆだんならね。/がめてきた(盗んできた)」 [新潟:同 / 魚沼:ぎる]

～がも　　　～かも 「なんぎがもしれねども(大変かもしれないけど)」(→がもね)

†かもいぼこりがして　　しっぺ返し 仕返し 「烏に石をぶつけたら, かもいぼこりがして尚更悪さをされた。」[京]

かもう　1 かまう からかう ちょっかいを出す 「かもでやろがど おもで(かまってやろうか, からかってやろうかと思って)/かもうな(構うな)」 2 気にする 気にかける 「かもで もしょうがね てで(気にかけてもしょうがないという訳で), /いそがすろ, かもわんでくんなせ。(貴方は忙しいでしょうから, 私に構わないで下さい・お構い無く(誘いを断る語)」[県内 : 同]

～かもしれね。　　～かもしれない 「あした くるかもしれね。(明日, 来るかもしれない)」

～かもしんね。[上同]「助かるかもしんねなぁ。」

かもす[標?]　かき回す（=かんもす）「あぐをかもして　おおばらにしてしもだ。(灰をかき回して
　　　散らかしてしまった)/風呂をよくかもしてから入る/あんまり会の中をかもすと潰れるぞ。」

～かもすんね。　　　～かもしれない　*=かもしんね　多少卑語?

～かもすんねすけ、　　～かもしれないから　　「ばげもん、出っかもすんねすけ」

～がもね。　　～かもしれないね。「うんだがもね。(そうかもしれないね)/行ったがもね。

かや　　萱[標]、すすき　（→がづぼ）[笹]　　　　　　　　　＼(行ったかもしれないよ)」

かーよなる　　　痒くなる　「猛烈にかーよなって閉口した。」

かれ　　辛い（=かあれ)[標?]「かれでかんね。かあろでかんね。かあれでかんね。(辛くて喰えない)」

～がら、　　　～だから「いうこどきがねがら、ほげかもうな。(言う事を聞かないから放っておけ)」

†からくづ[笹] 副食だけを先に食べる事「からくづで たべんな。(米を食わずに、おかずばかり食べるな)」

‡からこ　　　　洗い米を砕いて作った団子　12月12日、山の神様(女神)に供える [笹神]

†からご　　　弁当（持って行く)昼食　（→じょう）「からご こしょでくれんね(弁当をこし
　　　らえてあげるから)、やま いがせや。(山に行って来なさいよ)

からすがえり　　　こむら返り　脚の腿の痙攣　（=からすがえ[京]）

からそげ　　　からそう　1 しょっぱそうだ　2(辛子の)辛そうだ「からそげだ。」

からてんぶりで[京] 何も(土産も)持たずに　「何もたがかので からてんぶりで 仲間の家に
　　　ご馳走になって ほんね しょうしだった。(土産もなくご馳走になり恥ずかしかった)」

カランツカランツと　　　ひょいひょいと　「カランツカランツと走ってうぢんなか入った
　　　(ひょいひょいと走って家の中に入った)/カランツカランツと走って行った」

がらんぼーあたま　　　空っぽの頭　中身のない頭　馬鹿　[京]

かりあげ, かりあげのひ　[刈り上げ(の日)] 秋の稲刈り仕事(米の収穫)の仕舞で(軽い)お祝をする日　収
　　　穫後のお祝い・祭り

かれかれする　　　食べられてばかりいる　いつも食べられる「かれかれしては せつねすけ、
　　　(食べられてばかりいては困るから)」

かれて　かれで　　食われて　食べられて　「かれてしょもで、(食われてしまって)」

かれん　1 食えない[←くわれん]　2 くわれる「はよ開げでくんなせ。おら、鬼婆にかれんでば。(俺
　　　は鬼婆に喰われちゃうんだよ)」

がわ　　周り　周囲　「がわがうるさい。/がわばっかり気にする。」

かわいげ [標?] 可愛らしく　可愛らしい　「めっぽうかわいげで(めっぽう可愛らしく)」

かわいそげな　　　かわいそうな　「かわいそげな鶴 まあ 罠にふっかかってだが(かわい
　　　そうな鶴よ、ああ、罠にかかっていたんだな)/かわいそげなこど。(可哀想な事だ)」

かわがす　　　　乾かす　「まず、なり かわがさせ。(先ず着物を乾かしなさい)」

(～の)がん。　　～の奴・物・者・事(は・が) ～するのが「そんながん、しらね。/そういうがんだったら(そ
　　　ういう事(物・者)だったら)こんげながん/いいがん/まっくれがん/わぁーりがん/いいがん/そんつらがん/
　　　そんげがん(その様な事)/どのがん(どのやつ・物)/つちぶねは たぬきがん。(土舟は狸用)/どういうがんだ
　　　べ。(どういうことなんだい *「だべ/べ」は新潟市方面では殆ど使わず)/～というだがん思い出して(～と

— 52 —

言った事を思い出して)/和尚様みでながん、出てござした。/坊主だでがんに(坊主だというのに)[理由]/ますます痩せていぐがんだど。(益々痩せて行くのだとさ)/みんなもぐがん難儀そげだった(みんな収穫するのが大変そうだった)【同:新潟】　　*水原では「がん」は専ら物を指す、の意見あり。福島県でも物のみ。

~かん　　1~するかの　するかね。(=かの。)「それどうするかん。/山へ捨てでくかん なんて(山に捨ててくるかね、なんて)まことに悪いこんだ。/あのじじ くっと こまっかんさ。(あの爺さん来ると困るからね〔~かん+さ〕)」　2~のは「こづはあっとも、あんげなかご つくっかん わげねぇあんだ。(こつはあるけど、そんな籠を造るのは訳無いよ)」

†がんがくする　　　家の責任を持つ「家をがんがくする かあちゃん」[京]

~かんがね。　　~かい。~なのかい。「娘一人くれっかんがね。(娘を一人くれるのかい)」

†がんがら　　　汚い屑鉄・金属類「がんがらの金属類」[京]

かんかん(に)　　　カチカチに「甲羅がカンカンになってしもだでん。」

ガンガン　1[標]ガンガンと　2 どんどん「ガンガンと帰ってしもだ」3†[笹](上着の)綿入れ

†かんぎょする　　　勘定する「かんぎょしてみたら(勘定してみたら)」[京]

かんげる　　考える「自分のとしかんげねーばね。(自分の年を考えなくてはならない)」

†~かんさ。　　~していたんだよ。「感心してかんさ。(感心していたんだよ)」

†かんざっこ　　冬期に捕った小魚「福島潟の農家が売りに来たかんざっこは美味かった。」

かんさま　　　神様「俵薬師の目のかんさま」

~がんし、　　　~であるのだし「大勢になろうと思って、かがってがんし、(仲間を増やして大勢になろうと思って取りかかって(努めて)いるのだし)」

かんじょうかえす　　　借金を返す　勘定を払う

かんじょうする〔頻用、標?〕数える　計算する　「さかなかんじょうしての、かんじょうのしかたしていれば いがの。(魚の数を数えてね、数える仕方をしていればいいんだよ)」

かんず　　火事　*鼻母音→~ン　　　　　　　　　　　　　　　＼*「かず かぞえる」より良く使う

†かんずる　寒さがこたえる「冬で朝晩かんずるようになり、春を待っている。」[京]

かんずん　　勧進(の寄付)「♪さいのがみのかんずん、わらでもぜんでもくんなせや。[笹]

かんぜ　　風　風邪　*鼻母音→~ン

~かんだ。/がんだ。　　1~しているんだ。「毎日、念仏申してかんだ。(毎日、念仏を上げているんだ)/むっつら釣りに行ってがんだ。(しょっちゅう釣りに行っているんだ)/朝はあよからがんばらしゃっがんだ。/毎日えの(犬)と散歩していますがんだ。」　2~の物・事だ。「ひってがんだ。(ひどい事だ)これ、おれがんだ。(これは俺の物だ)」

かんだ　　飼った「したども、いままでかんで、べじゃるわけにもいがねし、(でも今迄飼って

†がんづけている　　　体力薄弱でいる[京]　　　　　　　＼(いて)、捨てるわけにもいかないし)」

かんで　　　　　担いで「喜んでかんでいったでが。(喜んで担いで行ったとさ)」

~かんに、　　　~と言うのに

~がんに・がんね　　~なのに「旅行に行くがんに(旅行に行くのに)まってるがんに(待っているのに)/なんか食わねば だめだがんに。(何か食わなきゃ駄目なのに)/なんでもしねがんね か

— 53 —

ずけるなや。(何も俺はしないのに俺のせいにするな)」　*「がんね」は少ない?

かんね　　　食えない「まんまかんねくれ 貧乏だったでが。(ご飯が食べられない程, 貧乏だったとさ)」

～かんね。～がんね。　　～出来ない「いごがんね。(動けない)」　　　　　　　　＼(→かね, けぇ)

～かんの　　　　～できなく「はたらかんのなってきました(働けなくなって来ました)」

がんばらしゃる　　頑張られる「朝 はあよから がんばらしゃっがんだ。(朝早くから仕事

かんぶくろ　　　紙袋　　　　　　　　　　　　　　　　　　　＼を頑張られるんですね)」

がんぶた [棺蓋] 棺覆 棺桶の蓋

～がんべ。　　～(して)居るんだい。　「なにして がんべ。(何をしているんだい)」

かんべ　勘弁 ごめん「かんべしてくんなせ。(勘弁して下さい)/かんべな。(勘弁してね。ごめんね)」[標?]

†がんまく　　体格　「がんまくばかり良いども, いつも負けてばかりいる相撲」[京]

～かんも, [京]　　　～(する)のも「あとつけかんも ばかくさえしの一。(後を付けるのも馬鹿臭い

†かんらん　　　キャベツ (=たまかぶ) [笹]　　　　　　　＼しなぁ」[→がん, かんに, がんし]

[き]

きい・きぃ → 気が　　きいくるう(気が狂う)/きいつげる(気をつける「きいつげで, いぐあんだで。」)/
　　　きいもむ(気をもむ 気が焦る)/きいもめる(気がもめる 心配になる「きいもめて切なくなる」

きかした　　聞きなさった「殿様が 聞かしたところが(殿様が聞きなさったのだが)」

きがね　　きかない「～というで きがねでが。(～と言ってきかないとさ)/きがねでんが。」

きがんね　　聞かれない 「聞いてみらせ。」・「いやいや聞かんね。」

きぎきぎ　　　聞きながら 聞き聞き 訊き訊き 尋ねながら

きぐ [←菊(の穴)]尻の穴 肛門 (=きぐとち[京)「痔がほこって(痔が悪化して)きぐがいたい。」(→けづ)

‡ぎぐ [笹]　野菜等の茎

きげ! きげでば!　　聞きなさいよ。「きげ!(聞け! 聞きなさい!)」

きこえつける　　聞きつける「それきこえつけた猿が, (それを耳にした猿が)」

きこりにいく　(山に燃料の)木を切りにいく「山へきこりに行ったてが。」

†ぎごわ[義強] 円滑でない事 ゴツゴツしている事 「ずでんしゃのハンドルがぎごわにな
　　　って よういごがねでば。(自転車のハンドルが錆び付いてギシギシして良く動かないよ)[笹]/
　ぎごわで(いびつで)「この戸 ぎごわで動かない。」*本来の意味は 固くて動きづらい, か

†きこん　　1[水・笹] 根気「きこんのいるしごと」 2[京] 沢山「蕨がきこんとあった。」

†きずくそ　　小さな傷に大騒ぎする馬鹿(な子)

†きそまそ・きそもそ　　落ち着かない様子 「きそまそして/きそまそする。」[京]

きだちがよい[京] 気立てがよい　*きだてがよい, とも言う

きだり　　来たり「いったりきだり(行ったり来たり)」

きたりもん　　嫁や婿になって村に入った者 (→たびもん, はいりもん)

(～して)きたん。　～してきたの(だよ)。「神様二体こうできたん。」

‡きぢり　　硬い消し炭 [京]

— 54 —

きっかね　　　1 聞かない　　2 言う事を聞かない子供　気の強い子　きかん坊

きっかので　　　聞かないで

きっかんぼう　　きかん坊　〔標?〕

きっきゃがらねえ　　聞きやがらねえ　聞かない「きっきゃがらない子供(言う事を聞かぬ子)」

きつける　　　気をつける「きつければ ねえぞ。(気をつけなくてはならないぞ)」[新潟:きいつける]

ギッシラコー, ギッシラコー　　　籠の揺れて軋む音 ギシギシ

きったね[標?]　汚い「なんだこれ! 見ればきったねばばだねが。(見れば汚い婆じゃないか!)/きったね
　　　かっこうして! もっときれいげにしておけや。/いっつものきったね着もん姿/きったねがんば
　　　っか(汚い物ばかり)」

きったの　　　きたなく 汚れて「そんでねば, 足 きったのなっごどやれ。(そうしなければ, 足が汚く

ぎっちょ　　　左利き　(=ひだりぎっちょ, ひだりこぎ)　　　＼なることだろう)」

きっつい　　(とても・ちょっと)きつい, つらい, 強い, 強そうな「学校で一番きっついガキ大将」

きっつぇ [上同]「きっつぇ人だったげで(きつい人だった様で)」*性格を指す事が多いか? *きつい, とも言う

きっつぇな　　　きつい 強そうな「きっつぇなおずず(きつい・強そうな親父・男性)」

きっつな [上同]「きっつなおずず みでながん(きつそうな親父みたいな奴)」

きつねのよめどり　　　狐火? 京ヶ瀬に出る原因不明の火の玉　*天然ガスの自然発火か?

きて。　　来て(くれ)。来い。 [アクセント異]

きなくせ [標?] きな臭い 燻る臭いがする「きなくせにおいするぞ。」

きなご　　黄粉(きなこ)「きなごもづ(きなこ餅)」

きなさった　　来なさった　〔新潟:同　標?〕「きなさったてが。(いらっしゃったとさ)」

きなした　　　いらっしゃった 来られた　(丁寧)「偉い和尚様 きなしたてが(いらっしゃっ
　　　たんだ)」　*きなさった, の方が丁寧　[きた<きなした<きなすった<きなさった, の順に丁寧?]

きなすった　　来なさった いらっしゃった 来た *余り丁寧という訳ではなく, 日常頻用

きのご・ぎのご　　　きのこ(茸)「きのご いっこいっぺ 採ってきだね。/ざつぎのご/きのごが
　　　いっぺこど あった。(茸が沢山有った)」　◎水原郷で採れる食用茸 : あまんだれ・ならたけ(楢茸)/しもた
　　　け(?)/くりたけ(栗茸)/なめこ/えのきたけ(榎茸)/ののめ(芝茸)/うまのくそ(ぬめりいぐち), 等

きのどく　　　かわいそう　*標準語だが「きのどく(気の毒)」の方を多用「気の毒がっていだっど」

きのめぼこり[京] 春先の陽気　*佐渡の「きのめどき」は同じ状況で健康に注意する時期

きびしょ　(茶の)急須(きゅうす) [古い標?] (=きびしょう[笹]) [←急焼(きゅうしゃ)] [新潟県内広域:同]

†きひる　　　煙管 (キセル)

きびわり　　　気味が悪い「あの道 きびわりすけ べつの道にしよう。」

きべしょ[京] = きびしょ　(→したむ)

きまい　　気前「きまいようばっかすると (気前よく(ばかり)すると)」

きまたかり　　気の荒れる人 気の余裕がない(小さい)人「きまたかりの気性」[京]

†ぎむ　1[京]良い物を選ぶ「ぎむ人だから 良い物ばかり持っている。」2 通の[水]

きめっちょ　　すぐ臍を曲げる人 すぐ気を悪くする人「あの娘, きめっちょだっけ, 仲ようならねあんだ。」

— 55 —

きめできた　　　　決めて来た

きめる　　1[標]きめる（決める）　2臍を曲げる　怒る　機嫌悪くなる　腹をたてる　落ち込んで
　　　　泣く[新潟:同]　「きめので　仲間にはいれ。/きめでしょもで（臍を曲げてしまって）」

きもだめす　　　肝試し

きもん　　　　着物[同:新潟]　「きもん　焼げろが，毛焼げろが，おらなんでもねわや。/このきもん
　　　　つうそで　もうきらんねろ。（この着物は小さくてもう着られないだろう）」

きーもんで　　気をもんで　心配して　「きーもんでばっかいると忘れ物する。」

きやがれ[標]　　（早く）来い・来やがれ

キャッツ　　1†捕手　キャッチャー「キャッツミット（キャッチャーミット）」　2球を捕
　　　　る事「ナイスキャッツ（ナイスキャッチ）」

†きゃれ　　　来い　　*来てくれ，の転か。（＝きやれ[水]）　「こっちへ　きゃれ。」

†きゃれござれ　　　何でも出来る　何でも御座れ「あの人　はづめで　何でもきゃれござれ
　　　　なんだ。（あの人は器用で何でも出来る・何でも来いだ）」

†きゃーれや。[京]　来なさいよ　「おめさんもきゃーれや，まっているでね。」

きょうすつ　　教室

†きょこきょこ[京]　ちょこちょこ　「最近きょこきょこ来る。」

†ぎょさいこぎ[京]　心にもないお世辞を言う（事・人）　「心もないぎょさいこぎ」

きょねんな　　　去年　　（→きんな）

†きょろさら（きょろさら）　キョロキョロ　「きょろさらきょろさらしてる人」

きらず[古い標?]　（大豆の絞り滓の）おから　卯の花

きらわって　　　嫌われて　　*終止形は，「きらわれる」

†きりだめ　　　木製の底浅の容器　*団子作りで粉を捏ねる時使用

きれいげ　　　綺麗な　ちゃんとした　美しい　しっかりとした　良い「きれいげにしておけ。」

†きわきわで　　　露骨で　現金すぎて　「〇〇さんは　きわきわで　ついていけない。」[京]

ぎん　　　　1†お金（＝ぜん）[佐渡:ぎんか（硬貨）]　2‡吟味「今日のごっつぉ　ばかぎんだね。（今日のご
　　　馳走はくとても吟味した〉いいやつだね）/ぎんで（吟味して）揃える」　3[笹]†奮発して，気張って

きんか　　　聾　耳が聞こえぬ（人）（＝いしきんか）（→ととらきんか）【同:新潟　古い標?】「きんかのまね，
　　　ばあさん　押し売り撃退す〈宮田〉/きんかさま：笹神大室の宮下の道路脇にあった耳の神様。今は旦飯野神社境内に
　　　あり，お椀に坑を開け紐を通した物を供える。」

†きんかぼーし　　耳まで被る帽子（＝どろぼしゃぼ）　「きんかぼーしを被る」[京]

ぎんぎらぎん　　1[標]ピカピカ　2[京]上等の　「ぎんぎらぎんの服」

きんな　　　昨日「きんなの化け物の正体/きんなの事」（→きょねんな）[魚沼小出:きんの][魚沼:
　　　同][やのあさって（1三日後　2四日後）/（しあさって:三日後）*言わない人もいる〉あさって（明後日，二日後）/
　　　あす・あした（明日）/きょう（今日）/きんな・きのう（昨日）/おとつい・おどどい・おどで・おどでな（一昨日，おとと
　　　い，二日前）/さきおととい・さぎおどどい・さぎおどで・さぎおどでな（三日前，先一昨日）　の順]

きんもづ　　　気持ち　「きんもづ　わぁり（気持ち悪い）」

[く]

く	くう 食べる 「まま くでから (ご飯を食べてから)/くでやれ (食ってやれ)」
ぐ	〔活用語尾〕く *はたらぐ(働く)/いぐ(行く)等 〔活用:かネ/けぇ/くう・く/くう・くだトキ/けバ/けぇ〕
クイクイと	クルクルと 「したば 犬のやづ, クイクイと舞いもうで (そうしたら犬の奴, クルクル
グイグイと	グルグルと 「グイグイと回りをまわってみで」 と回って)」
くうだ	食った (＝くた)
くうで	食って 「みんなくうでしょもだでが。(みんな食ってしまったとさ)/あさめしくうで (朝
くうれ	暗い 「くうれうぢから (暗いうちから)」 飯を食って)/くうでしもだでん。」(≒くで)
うろなる	暗くなる 「くうろなってきたすけ (暗くなってきたから)/くうろなってきたん
	で よろっとすてらんね。(暗くなってきたから、ゆっくりおじゃましてられない)」
†くえる	閉める 「窓をしっかりとくえる。/戸,しっかりとくえて!(しっかり戸をしめてくれ)」
†くぎな	[笹] 大根の葉の塩漬け
くご	[植物名] 湿地に生えるスゲに似た植物 蓑や藁細工に使う 畦菅(あぜすげ)？
‡くさ	むくみ 腫れ 「足に くさがきて むくむ。/くさがひいた (腫れがひいた)ので,やめ
	なくなった (痛みがなくなった)」
†くさかげ	〈神棚の〉榊(さかき) 「神様に くさかげ あげましょう。」
†くさきる	(打撲で)腫れ上がる むくむ(浮腫む) 「怪我したとこ,くさきって こんげに
くさしあい	言い合いの口喧嘩 「くさしあい 嫁と姑のくされ縁〈宮田〉 腫れてしょもだ。」
くさす	けなす (貶す) 非難する
くさむすい	草むしり
‡くしくしわらう	クスクス笑う
ぐず	[川魚名] ごり (鮴) *鯊科 (はぜか)の川魚 (＝ぐんず)
†すすがぎ	茅葺きの家の梁 (にかかっていた)?
クスクス(クスクス)	クスンクスン〈べそをかく声〉
†くすくりぶしん	一時的気休め仕事 [京]
くずや	茅葺き(屋根)の家 [新潟県内:同、古い標?]
†～ぐずら	～ごと 「白ぐずら 持ってげば いいんだわね。(白ごと持って行けばいいんだよ)」
†くすりぶしん	応急処置 「急いだので くすりぶしんで 間に合わせた。」
くせもん	下手に出るが何か企んだりする注意すべき奴 *くせもの、は多少良い意味あり
～くそ・くそ～	*示悪辞 駄目な物事に付ける 卑語 「えんぎくそわるい (くそ縁起が悪い)/くそ
	なんぎ(困り事)/くそおもっしょね。(糞面白くない)/くそあんにゃ(馬鹿兄貴)/くそ
	まずめ」 [新潟:(類)くっされ～ *具象名詞だけに付く:くっされあんにゃ、くっされ靴 等]
†くそうず	[草生水・臭水?] 原油成分入りの黒い水 地下に多く埋まっていて掘る。防腐用に板塀等に塗る。
くそがえる	土蛙 蟇蛙 [京ヶ瀬]
くそかが	糞婆(くそばばあ) *標準語では本来、婆(ばば)ではない若い母にも言うので水原郷の用

— 57 —

語の方が的確。年配者には「くそばば」。　(→がが)

†くそかぎぼう　[←糞+掻き+棒?]　汚い物〈の喩え〉(=こきたね)　「くそかぎぼうみでな手 (糞掻き棒みたいな、きたない、汚れた手)」

くそかわ　　皮 皮膚　「くそかわが剥けた位で泣くな。」

†くそたかり　くそ度胸 (のある馬鹿) [罵倒語] [京ヶ瀬]

くそとっつぁ　糞親父 [罵倒語] (⇔くそかが) (→とど)

くそまずめ　　くそ真面目

くだ　　くった　「〈化け物に〉くだがんは (喰った奴は) これにそういないは。(こいつに相違ないぞ, こいつに違いない) /まんま くだ。(御飯食べた) /くだとき (喰った時)」

くたくたでめ　　くたくたになるめ 難儀　「やいや, ほんね くたくたでめに あわせらったわい。」

くだしぇ。　　～して下さい。＊多少丁寧　「勘弁してくだしぇ。」

(～しで) くだせ。　～して下さい。＊「くらせ。」の下手な頼み　「へんつやらせでくだせ。」

くたまにしない　　苦労を感じない 気にかけない　「くたまにしないのんびり屋」[笹・京]

くだりかぜ [京] 西からの大風 (=しもかぜ)　「春一番の大風はくだりかぜが多く吹く。」

くぢきらずに　　おしゃべり しゃべりっぱなし　「くぢきらずにしゃべる」[水]

くちゃくちゃに　　クシャクシャに しわくちゃに　「すわで くちゃくちゃになる (皺でクシャクシャになる)」

くづ・ぐづ　　口　「くづを出す (口を出す) /なかまずのさんぼぐづ (仲町のさんぼん口) /がづぼの葉っぱで はげごの くづを ふさぐ。」

くっか　　来るか　「おめさんもくっかね。」(→こね)

くっが　　来るけれども 来るので　「草取り行ってくっが, 弁当作ってくれや。」

くっかん [←来るかを] 来るのを「村のしょが くっかん まっていっわや。(村の人が来るのを待っているよ)」

くっすか。　　来るからな。「まだ二・三日たったらくっすか。(また 2・3 日立ったら来るからな)」

くっすけ (。)　　来るから　「ざっこ そうすっといっぺくっすけ (雑魚がそうすると沢山来るからく獲れるから・かかるから〉)」

くっせ 〔頻用 標?〕 くさい (自分の嫌いな) 臭いがする「重箱くっせ (重箱臭くなる) /くっせ。/鉢くっせ/くっせな。(臭いなあ)」[県内:同]

～くっそで　　～臭くて「のすと粉くっそでわありでんが。(伸すと粉臭くて嫌がるんだ)」

(～しで・して) くった　～してくれた 上げた やった「あげでくったでんが。(上げてくれたとさ) /鬼にくってこねばねな。(鬼にくれてこなくてはならないな) /お茶出してくれたでが。(お茶を出してくれたとさ) /ようきてくった (よく来てくれた) /戸をあげてくったでがの。(戸を上げて (開けて?) くれたとさ) /だっか助けでくったら (誰か助けてくれたら) /き いっぽん うえでくったば (木を一本, 植えて上げたら) /おしえてくったでん。(教えてくれたとさ) /心配してくったど。/墓建ててくったでんが。/撫でてくったでんども, (撫でてくれたんだけれど) /背中撫でてくったでば, (背中を撫でてやったならば) /勘弁してくったど。/作ってくった/くったら/動がしてくったもんに」

— 58 —

くったつ [笹] くったたる 突き刺さる
くったでん。くったでんが。 [←くれたでの。]
くったでば [←くれた・してやった・してあげたのであらば・ならば]
(〜して) くったど。 〜してくれたとさ。「教えてくったど。」
†くったまねすけ 大丈夫だから 全然困らないから 意に介さないから「こんげなが
　　　ん、くったまねすけ 気にしなさんな。」
くったら 1[標]喰ったら *く にアクセント 2 くれたら 上げたなら「生き肝くったら、俺、死ん
　　　でしもっこでぇ。(生き肝をくれたら俺はしんでしまうよ)/取ってくったら (取ってくれたら)」
〜くっちゃい → はらくっちょで
くっついで 1[標]くっついて 2ついて「あんにゃにくっついで 山に入ったどさ。」
†くっつまいで 咥えて「猫 魚くっつまいで 逃げた。」
†くっつまぐ[笹神] 食らい付く
†くっつめる きつく閉める「めぇ、くっつめてしょもう。(目をきつく閉じてしまう)」
ぐっつら・ぐっつり たらふく 腹いっぱい 非常に多く「さげ ぐっつりのんだら、よっぱ
　　　ろですもだ。(酒を鱈腹飲んだら酔っ払ってしまった)」
くって くれて「くってくれ。(くれて下さい、くれて欲しい、くれ)/くってくんねが (くれないか)/蛙
　　　が虫 食べてくって、気分ようなった (蛙が虫を食べてくれて気分が良くなった)/おれにくって行っ
　　　たがね。(俺にくれて行ったんだよ)/三枚の札 くってやっさがに (くれてやるから)/ちっと くって
　　　おぐんなせや。/自分の苗字くって (自分の苗字を付けて)/かし (お菓子) くってやる (上げる、やる)」
(〜して) くって。 〜してくるよ。「ばば、山へ柴刈りに行ってくって。」(→くってね)
(〜して) くってが。 〜してくるとさ。「まだ、腹がだんだん、はってくってが。(また、腹が段々張っ
　　　てくるとさ)/また ぼったぐってくってが。(また追いかけて来るとさ)/そば来ってが。(傍に来るん
　　　だとさ)/登って来ってが。」
(〜して) くってね。 〜してくるよ。「行ってくってね。(行ってくるよ)」
くってんが。 〈上同〉「葬式がくってんが。(葬式が来るんだとさ)」
くっせ 臭い *越後(人)的な語句。越後人は時に大声で叫ぶ。
くづばし (鳥の) 嘴 (くちばし)
(して) くっろう。 〜してくるだろう。「見つけてくっろう。(見つけてくるだろう)」
(して) くっわ。 〜してくるよ「探しに行ってくっわ。/くで くっわ。(食って来るよ)」
くっわや。[上に類] してくるよ。してくるよね。「おっきな方 もろで くっわや。」
くで 食べて 食って「魚 みんな くでしょもだ (魚をみんな食べてしまった)/くでしょもってんが (食
　　　ってしまうって言うのだが)/くでだ (喰っていた)/からご くで (弁当食って)/くでねで (喰ってないで)/くで
　　　しょもで (食ってしまって)/くでしょもだ 餅くでいだげ。(餅を食っていたかい)/くでくっわ。(食ってくる
くてだ 〜(して) くれた 貰った「背中、撫でてくてだでば (背中を撫でて貰ったなら)」　＼よ)」
くでね 喰ってない「おがずばっか くでねで、まんまもけ。(おかずばかり喰ってないで、御飯も
くなくな くねくね「くなくな曲がる。/くなくなと曲がっていた。」[京]　＼食べなさい)」

— 59 —

(〜して) くなさいや。　〜して下さい。「こーで くなさいや。(買って下さいよ)」

(〜して) くなせ。　　〜して下さい。　〜してくんなさい。　「ちっとばが 待ってくなせ。」

(〜して) くなせや。　〜して下さい。　＊上記３つともほぼ同じ意味 丁寧な発声で丁寧な意味

くべる [標?] (薪等を燃料として) 燃す　「くべでしょもだ。(火にくべて燃やしてしまった)／どんどんくべ
　　ねど, つっともあったごならね。(どんどん燃さないとちっとも暖かくならない)」　＊「くべる」は四十代

†ぼ　　くも (雲, 蜘蛛)　　　　　　　＼でも知らぬ人もいる。おそらく「くべた」事が無い人だろう。

†くぼのやじ　　蜘蛛の巣　「くぼのやじがかかっている。」

くまんくせんにち [九万九千日] 一月十日のこと。笹神の羽黒の優婆様 (うばさま:優婆尊) をこの日 (安
　　産祈願で) 参ると九万九千回参った功徳有りとされた

†くまんでいる　年寄り老けて見える　「若い時からくまんでいる。」[京]

くやしで　　悔しくて 「あんにゃ くやしでくやしで しょうがので (若者は悔しくて悔しくてしょうがな
くらう　　喰らう　＊京ヶ瀬では動物用の語との事　(→がん)　　　　　　　　　　＼いので)」

くらしぇ。　〜して下さい。　「貸してくらしぇ。(貸して下さい)」

くらした　　下さった 「神様返事してくらしたでが。(神様が返事をして下さったとさ)」

くらしつける　＝　くらすつける

くらしょ。　＝　くらっしゃい 「俺に見せでくらしょ。(俺に見せて下さい)」

くらすつける　　殴る ひっぱたく やっつける 成敗する「わありこは, くらしつけで い
　　うこときかせる。(悪い子は殴りつけてでも言う事を効かせる)」(≒ごんぐりつける)

くらすま　暗い所 「くらすま あるいてたば, ぶつかってしょもだ。(暗い所を歩いていたらぶ
　　つかってしまった)／くらすまで はりすごとすっと めぇ わるぐすっと。」[魚沼:くらっつま]

くらせ　1 (物を) 下さい ちょうだい 「娘一人 嫁にくらせや。(娘を一人, 嫁に下さいよ) 2 (して・し
　　で) ください。「きてくらせ。(来てください)／おろしてくらせ／くってくらせ。(くれてよ。めぐんで下
　　さい)／ちっと休ませてくらせ。／見てくらせ。／待ってでくらせや。／まんま かせでくらせや。(ご飯を
　　食べさせて下さいよ)／貸してくらせや。(貸して下さい)／待ってで くらせや。(待ってて下さいよ)／
　　はよ ようなってくらせ。(早く良くなって下さい)」　(→くだしぇ, くだせ, くらっせ, くらっしぇ)

くらっしぇ《下に同》「魚くらっしぇや。(魚を下さいな)／教えでくらっしぇ。(教えて下さい)／
　　来て見でくらっしぇ。(来て見て下さい)／貸してくらっしぇや。」

くらっしゃい。　下さい。[新潟:同] (=くらしょ。／くらっしぇ)　＊くだせ, くだしぇ は下手の依頼?

(〜しで) くらっせ。《上に同》「持って行ってくらっせ。／おらにくらっせ。(俺に下さい)／どうか たすけで
　　くらっせ。(どうか助けて下さい)」(=くらせ, くらせや, くらっせ, くらっしゃい)

くらって　　喰らって　(→くらう)

‡くらの とまや [倉の苫屋] 倉の庇 (ひさし) の下の畳二畳程の莚敷きの部屋 期間奉公人の若い衆の寝泊場所
(〜して) くらんばね。　くれなくてはならない 「どうにかしてくらんばね (どうにかしてくれなくては
クリクリと　くるくるっと 「褌脱いで, クリクリとまるめて」　　　　　　　　＼ならない)」

†グリグリと　グルグルと ぐるりと 「火あっとご, グリグリと回ったでば (火のある所を
くるしょで、　苦しくて 「それがくるしょで」　　　　　　　　　　＼グルグルと回ったなら)」

— 60 —

†くるすかった　苦しかった　*苦しかった, が今は普通

くるめる　　土寄せする「畝の大根をすぐり, くるめる。」

ぐるわ　　　周り　回り　周囲　「茶碗のぐるわ/家のぐるわ」(京:ぐるりぐるわ)　[県内:同]

くれぇ, くれ　　暗い　黒い　黒っぽい「あのくれぇがん (あの黒い奴)」(→まっくれ)

(～して) くれかんだ　(して) やるんだ「ながいのち とって くれかんだ。(お前の命を取ってやるんだ。)」

くれすけ・くれっすけ　くれるから　上げるから「ほうびいっぺくれすけ (褒美をいっぱい上げる
　　から)/この火くれっすけに, この箱もろでくれ。/その粟ついでくれっすけ (その粟を搗いてあげる
　　から), 紐解いてくれ。」

くれっさ。　　　(俺に) くれよ。(お前に) やるよ。〔くれっさ, は強調〕「ああ, くれっさ。(俺にく
　　れよ/お前にやるよ)/半分くれっさ。」　*くれる対象は前後関係で判断

くれって　1くれって【標】　2くれるって あげるって 与えるって「望み次第のもんをく
　　れってよだでんが。(望み次第の物を与えるって言ったとさ。)」　3してやる してあげ
　　る　「あおいでくれって いいんだろうなあ。(煽いであげるといいんだろうなあ)」

くれっと　1～してくれると　2くれるのだが 上げるのだが「この畑ぶってくれっと,
　　(この畑を耕して暮れると) 娘くれっともなあ。(娘を嫁に上げるんだがなあ)」

くれっわ (。/ね。/の。/や。)・くれわ (ね/の/や)　　くれるよ「なわ ひっぱりつけでくれっわ
　　と おもで/動がしてくれっわね (動かしてあげるよ)/かたぎ とってくれっわの。(仇を取ってやる
　　よ)/ふなこうできてくれっわや。(鮒を買ってきてあげるよ)/折ってくれっわや (枝を折ってやる
　　よ)/これでもくれっわや。<非難・悪口>/米ついでくれわの。(米を搗いてあげましょう)」　*「くれる」
　　は余り高飛車ではなく「してあげる」の意味に近い。「やる」も同

くれね　　1～してくれない 〔標?〕「はなしてくれね (放してくれない)」
　　　　2～してくれ, してくださいよ。「してくれねね。(してくれないかい)」

くれる　1して上げる　やる　遣わす「長い話をしてくれた人には, 褒美をくれる/あおいで
　　くれるもんだわ。(煽いでやるものだよ)/畑ぶってくれっと,」　2(物・人等を) やる
　　「三人の娘あっかんだが, だっか一人くれっともなあ。/くれっさ。(くれるよ)」

(～して) くれれ　　　　～してくれてやれ　～してやろう「へ もうふとづふってくれれと
　　おもで, (屁をもう一つ屁ってやろうと思って)」

(～して) くれやなあ。　～して下さいよ。下さいね。「取ってきてくれやなあ。」

くれんが,　　(～して) くれる・上げる〈のだが〉「俺 うってくれんが (俺が田畑を耕して上
くれんがな。　　くれるのだがな。上げるのだがな。「嫁にくれんがな。」　　＼げよう)」

(～して) くれんな (や)　～くれるな, しないでくれ「いってくれんなや (行かないでくれ)」

くろ　　(田圃の) 畦・畔 (あぜ) [県内:同]　*あぜ, とも言う
　　くろづけ (畔の塗り直し。雪消え時に行う)/くろぎり (くろ付け後にくろ (畔) が乾いてから残した稲株を掘り
　　起こす作業。)　*農家の春の田仕事手順　苗代作り・すずまき (種籾撒き)・くろ付け (・くろ切り)・一番田打ち～

(～しで) くろ。　～してくれよう。～してやろう。「おれ, あげでくろ。(俺が上げてやろう)/おれも
　　なんかこしょでくろ。(私も何か作ってやろう)/刺し殺してくろとおもで (刺し殺してくれようと思

— 61 —

って)/ほんね 良い子だすけ,うんめもんでもくろがなぁ。(ほんと良い子だから美味い物でも上げよ
　　うねえ)」　（→くった）

くろう　　1暗く「あたりが(周りが)くろうなってきた(暗くなってきた)」2くるう(狂う)

くろえば　　　間違えれば　狂えば　「一がくろえば 二も三もくろうから,まず第一に間
　　違わないよう,くるわねようにするもんだ」

(〜しで)くろげ。　〜してくれようさ。〜してやるさ。《多少強意》「おれがくんでくろげ。
†くろむ　　　　くるむ　包む　　　　　　　　　　　　　　　＼（俺が汲んでやるさ）」

くわしぇだ　　喰わせた　食べさせた　「くわしぇだども,くわねがったど。(喰わせた・喰
　　わせようとしたけれど喰わなかったとさ)」

†ぐわだ　　はらわた(腸)　(特に魚の)腹の中身「鰯のぐわだ」[古い標?]

くわった　　1食われた 食べられた〔受身〕「お侍様,食わったに違いない。(お侍様は〈化け
　　物に〉食われたに違いない)」　2食った 食べてしまった〔尊敬〕

くわって　　　喰われて「くわってしょもだら,大変だ。(喰われてしまったら大変だ)」

†ぐわんえん・ぐわえん　乱暴者 暴れ者「度を超えて酒を飲み ぐわんえんになる。」[京ヶ瀬]

くわんこ　　　桑の実　(=くわんこのみ)(=かご[京])　/「くわんぞくさま」でなかった。」

‡くわんぞくさま[官族様]　朝敵以外の旧士族(官軍,村松藩,新発田藩)＊「長岡藩は賊軍とされ

〜くんが　　〜が来るのだが 〜が来るので[理由]「正月くんが,お茶と栗と柿 売り行って来いや」

くんがね。　　来るんだよ。「鬼婆くんがね。(鬼婆が来るんだよ)」

†グングン　どんどん ビュンビュン〔速い様〕「グングン逃げ始めだでね。(どんどん逃げ始
ぐんず[川魚名]　鮴(ごり)　(=ぐず)　　　　　　　＼めたんだよ)/グングン(と)走って」

†ぐんずやろう・ぐんづやろう　馬鹿 気のきかぬ愚か者[罵倒語][京]

(〜しで)くんだ。　1〜してくれた「〜と言うでくんだでが。(〜と言ってくれたとさ)」2〜し
　　てくれるんだ「おっきな葛籠 持ってくんだすけ(大きな葛籠を持って来るんだから)」

くんな　　　来るな　[標?]

(〜しで)くんなせ。くんなせ。　(〜して・物を)下さい。(=†くなせ)(≒おぐなせ)「たすけで くんな
　　せ。(助けて下さい)/俺にくんなせ。/上がってくんなせ。/かもわんでくんなせ。」(≒おぐんな
　　せ。)＊「くんなせや」を最も頻用。「おぐなせ/おぐんなせ」は敬語的 対等な人は「くれ」を使う。　◎「さいの
　　かみのかんずん,ぜんでもわらでもくんなせや。(賽の神の勧進,銭でも藁でもくんなせや(下さいよ)
　　＊賽の神のお祭りの寄付を貰って回る時の唄[笹]」

くんなせでば。　　(〜して)くださいよ。「はよ戸開げでくんなせでば。」＊水原方言的?

くんなせや。　(〜して)下さいよ[上同]「一枝折ってくんなせや。(一枝,折って下さいな)/
　　上の枝にしてくんなせや。/泊めてくんなせや。/いわのでくんなせや。」＊上中下越で頻用

(〜して)くんまで　　〜してくるまで「かえってくんまで(帰って来るまで)」

(〜して)くんね　1 くるね「おれ もってくんね。(俺が持って来るよ,来るね)」2 くれない
　　「だれもこうでくんねでが。(誰も買ってくれないとさ)/小遣いもくんね」3〜してくれ,
　　下さい「登ってくんねがね。(登ってくれないかい)/俺にくんねかね。(俺に下さいよ)」

（〜して）くんねが（。）　　〜して下さい「嫁に行ってくんねが（のう）。（嫁に行ってくれない
　　か（なあ））/折ってくんねがね。（折ってくれないかい）/この畑ぶってくんねがなあ。」
くんねがった　　くれなかった「泊めてくんねがっとど。（泊めてくれなかったとさ）」
（〜して）くんねろか。　〜してくれないか。「おれこど嫁にもろでくんねろか（私を嫁に貰っ
　　てくれませんか）/おいでくんねろがね。（おいてくれないかね）」
くんねろがね。〔上同〕「どうか，置いてくんねろがね。（どうか置いてくれないでしょうか）」

[け]
け。　　喰え。「ほら　まんまけ。（ほら，ご飯をお食べ）/かきけば（柿食えば）/はよけ。（早く食
　　え）/はらいっぺけ。（腹一杯食べなさい）/け（ー）ばいい。（食べればいい）」
〜げ（け）。1〜か。かい。「どうしてげ。（どうしてか。どうしてだい。）/そっちいごげ。（そちらへ行こう
　　か）/せば　どれげ。（じゃあ，どれだい）/わありげ?（悪いかい）/三佐衛むどんだったんげ。/腹でもへっ
　　たんだげ。（腹でもへったんだかい）/嫁に行ってくれっけ。/何か具合でも　わありあんだげ。/本当だ
　　け。/うんめがったげ。/稲刈っけ。（稲刈りするかい）/雀いだったげ。」＊「け」は優しい、軽い、気弱、控え目?
　　「げ」は多少強調、熱心、強意、主体的か。　2…みたい　…の様「来やがったげだ。（来やがった様だ）
　　/こらしたげでのう。（いらっしゃった様ですねえ）/においかぎつけたげで，（臭いを嗅ぎ付けた様
　　で）/鶴が巣くんでだけで（巣を作っている様で），鶴のくそだげで（鶴の糞の様で）/まけそげなった（負
　　けそうになった）/情けのある熊だったげで/貧乏げな家/このこったげだわい。/あのこったげだ/その
　　こったげだ/あーまげど。/〜げで（〜みたいで）/しょったれげ/かわいげ/きれいげ/かったげ（固そう
　　な）/何か美味いもんでもあっけで（あるようで），虫がわさわさど寄ってきた。」＊新潟県内は「…げ」の語
　　は以前からあった。若者言葉ではない。　ex. よさげ、きやがったげ、だめげ　＊＊「〜け」は少
げ　　行け「どうして持ってげば　いいんだ。（どうやって持って行けばいいんだろう）」
　　けぇ　　粥　　　　　　　　　　　　　　　　　　　　/やろげぇ。（私が揉んであげようか）」
〜げぇ。　〜かい＊「〜げ」の強調?「腹でもやめんげぇ。（腹でも病めるのかい）/おれ　もんで
けぇとね（ぇ）。　　喰いたくない「まんま，けぇとね。（御飯食べたくない）」
けぇる・けぇだ。　消える・消えた「ひが　けぇだ。」＊「けぇる」は帰る
†けくずれ。/けくぞやがれ。　消えてしまえ　行ってしまえ「どこにでも　けくずれ!（ど
　　こでも行ってしまえ!どっか行きやがれ!)」[罵倒語]　[京]
†げくんげくん　　（支え支えの?）ごつんごつん　スムーズでない「げくんげくんと難儀そ
　　う/車の初心者の発進が　げくんげくんだった。」
けず・けす・けづ　　けつ　尻「けずあげる（尻を上げる）/けずあげっとも（尻を上げようとして
も)/けづ　テカンとかけて（尻をペタンとつけて座って）/けすかけて　一服休みの　空の下〈宮田〉
けすごむ　　消しゴム
けすずみ　　消し炭「火付きがいい　けすずみは　炬燵用の堅炭の火起こしにつかう。」
けすつぼ　　消し壺「おぎがでると，ひばすで　つまみ上げて　けすつぼに入れる。」
†けぞうー　　希望「子供を産む　けぞうーがない（子供を産みたいと思わない）」[京]

げそっとする [標?] げっそり痩(こ)ける「ほほが げそっとする(頬がげっそり痩ける)」(=げそ−とする[京])

〜けが。　　＝〜けだ?「〜が 暮らしていだったけが。(暮らしていたようだ?)」

げだ　下駄「つうさいこが げだをはいで あそんでだ。(小さい子が下駄を履いて遊んでいた)」

〜げだ。[伝聞・推量] 〜の様だ。「相談したげだ。(相談したようだ)/めっけらってしょもだげだ。/
　神様さずけでくったげだ。(神様が下さった様だ)/おわったげだ(わ)。(終わった様です)/帰って来たげ
　だ。(1 帰って来た様だ 2 帰って来たそうだ)」　＊新潟では「〜げだ。・〜げら。」両方あり。「〜げだ」は標準語?

‡けだし　　腰巻き

げたげたして [京] 滑らかでなくて「ぞわえがない餅は げたげたして美味く無い。」

けづ　　1けつ・しり(尻)「けづ べろっとめぐって(尻をべろっと巻くって)」(→きぐ,すっぺだ)　2下
　　の所　下に接する所「茶釜のけづ」(=けず)　＊発音が[dzu]の人もいる　3びり　最後「けづになる(び
げつ　　蛙 (=げっつ)　　　　　　　　　　　　　　　　　　　＼りになる)」(=げっぽ)

(〜して)けつがる。　〜し(て)やがる!〜している馬鹿者が!「火起こして,けつがる。/
　だめにしてけつかる。/また,何悪い事してけつかる!(また何悪い事をしてるんだ!)」
　　＊喧嘩言葉・卑語・罵倒語?「けつかる」とも言う [新潟広域 標:けつかる] (=けつかやんがる)「ここらまで
　　来て言うでけつかやんがる!(ここらまで来て言うとは何事だ!こんな所まで来て言っていやがる!)」

†けっくらけっくらする　　食物を呑み込めない「餅を年寄りは呑み込む力が薄くなり けっ
　　くらけっくらする。」[京]

けーつげで いけねー　　気を付けて行ってね。お気をつけて。

†けっこど,けっこと　相当 かなり「けっこど うんめのができた。」

げっつ　　蛙　＊水原郷は「げつ・げっつ」、その北の新発田文化圏は「げぐ」、その北、中条以北は「げつ」、五頭山東
　　側 三川・津川方面(東蒲原郡旧会津藩領)は「げぐ」になる、とのこと。〈新発田市 小島幸雄先生より〉

けっつまずく　　1蹴躓く(けつまずく)　2よろめく　[←けとばす=けっとばす,の類か?]

†げっつらばったら　　つっかえつっかえ「すらすらとよめので,げっつらばったらと
　　やっとよんだ。(すらすら読めなくて支え支えやっと読んだ)」

けって　　帰って「いえけって(家に帰って)幸せに暮らしたでが。」

げつばた　　辿々しい状態や物が間える擬音語(擬態語?)標準語?「げつばたてで,よう話が出来ない。(言
　　葉がたどたどしくて意味が伝わらない)/動きがげつばたしてる(動きが滑らかでない)」

けっぺずる　　削る 削り取る「けっぺずって,平らにする。」

†けっぺらく・けっぺらぐがない。　気配がない「子供を産むけっぺらくがない。」[京]

げっぽ　　　ビリ 最後「競争で げっぽになる。」[新潟:同/魚沼:どべ]

けっぽいつける,けっぽりつける[県内?],けっぽる　蹴る 蹴りつける「けっぽいつけで,逃げ
　　ていった。/けっぽり(蹴り)/けっぽりつけで(蹴り飛ばして)でていった。/けっぽりつけられる(蹴られ
　　る・蹴り飛ばされる)/けっぽりつけらって(蹴られて)/けっぽった。(蹴った)/けっぽって行ってしもだ」

けつや [毛艶] 毛の色艶「けつや,わろしてだが(毛の色艶が悪くなってたので)」

けつんぼう　けちん坊 けち ＊けちんぼう,とも言う「何事も だしのは嫌い けつんぼう 舌も出
　　すのも 嫌と云う。(何事も出すのは嫌いなけちん坊,舌も出すのも嫌と云う)」[京]

～げで　　　～の様で　「いっぺ荷物積んだげで(いっぱい荷物を積んだ様で)/狐の臭い嗅ぎ付けたげで,/いってきたげで(行って来た様で)」

†けなり(な)・けなりい [笹]　　羨ましい(な。)　そうありたい　「ひとのこどを けなりがるな。(他人を羨ましがるな)/けなりい。/けなりがる(羨ましがる 羨ましそうにする)/けなりがったらうなも こしょえば いいこで。(羨ましかったらお前も作ればいいじゃないか)」 [佐渡・魚沼:けなりい/けなりがるな]

け一ね　　　消えない　「かいたずが きれいにけーねがった。」

†げのいない　　つまらない　「げのいない人(つまらない人)」 [京]

け(一)ばいい。　食べればいい。食べなよ。「うんめすか はよけーばいい。(美味しいから早く食べなよ)」

†けばさがようで　　見てくれが良くて 外見が良くて　「まだまだ けばさがようで,若い時の姿だ。」 [京]

けぶて・けむってえ [標?促音の挿入]　　煙たい　「そんなにもやすな,けぶてねっか。(そんなに燃すな,煙いじゃないか)」 [魚沼・佐渡:同]

†けも一げなほど　　とても沢山　「採り物が上手で けもーげなほど採ってくる。」 [京]

けやす　消す　「そのひ,けやしてくれ。(その火を消してくれ)/けやすので(消したので)/火をけやすて出る。」 [魚沼:同]

ける　1 [標] ける　2 [京] (戸を)閉める(=たてる)「戸をけれ。(戸を閉めろ)」

†げ一るまんちょ　　おたまじゃくし [水]　「たなぼに げーるまんちょ 泳いでる。」

†げんとに　　現実に 本当に　「げんとに 大人しくなった。」 [京]

[こ]

†こ　　喰おう 喰え　「こで。(喰いましょう,喰おうぜ)」 (←け)

～こ〈示小辞〉「ちーせ鍋に煮れば,なべっこなりに やっぱいっぺの栗になっすけな。(小さな鍋に煮れば小鍋なりに やはり鍋一杯の栗になるからな)/ややこ/ふなっこ/どじょっこ/ぼでこ/やわっこ」

こ～〈示小辞・強意語〉こぎたね,こにくらす,こみっともね,等　＊強意,の方が多いか?

こい　　買い　「あめこいに(飴を買いに)行きました/さかなこいにでがげだど。」

†こい　肥(こえ)/‡こいかご [←肥籠(こえかご)] (農耕用) 背負い籠　(元は) 肥籠/こいちらかし(堆肥の散布)/こいづか 肥塚(こえづか)/こいづかば(堆肥の山の置き場)

こいっこ　　小さな鯉 鯉の幼魚　(→たなんこ,ふなっこ)

こいて・こえで　　して　「根元にねっそり糞がこえであった。(根元にどっさり糞がしてあった)」 (→こく)

†こう　＊[過去]こうだ かった,とも言う　1a) 飼う　「よう こうでおげや。〈動物を〉良く面倒を見て飼っておけよ)/犬をこうでる/うしこうだ(牛を飼った)」　b) 人を養う・雇って食わせる　「こっつぁな者ば,こうでおがんね。」　2 買う　「いと こうでくらっせ。(糸を買ってください)/こうでもろで,(買って貰って)/こめ こうできたり(米を買ってきたり)/こうで くっど(買って来ると)/こうで くれねがのう。(買ってくれないかねえ,なあ)/こうでやる(買ってやる,買ってあげる)/こうことが出来ました。/こうで帰って来た/こうでかえろがな。(買って帰ろうかな)」(→こーでくる)　＊新潟方言が江戸初期まで関西方言であった名残か。　＊＊買う,は「こう」と「かう」の両方あり。「馬買(か)わしたてんが。/馬買(こ)う

だ。」［活用：こわネ(†)、かわネ/こいマス、かいマス/こう、かう/こうトギ・こうデクル、かうトギ・かっデクル/こえバ、かえバ/こえ、かえ］　3 食おう　食べよう　「はよこうでば。(早く食おうぜ)」　4 こよう　「おぞせでもこしょでこうげ。(雑炊でも作って来ようか)」

‡こうかげ　甲掛け (こうがけ、こうかけ)　＊手足の甲に着けて日光や埃をさける布。特に旅装具として用いた。「ワラジはいで　こうかげはいで　でかけだでがね。(草鞋履いて甲掛け着けて出かけたとさ)」

‡ごうぎょうぱり［京］強情っぱり　強情な人

こうこうな　こういう　これこれの「こうこうなわけで (こういう訳で)」

ごうたがり　欲張り　(≒ごうたれ)

†ごうたぐ・ごうたく　　ごたく (御託を並べる)「ごうたぐならべて、自分の非を認めない」

ごうたれ　　欲深　業つくばり「ごうたればっさ (欲張り婆さん)」

こうで　1 買って (こーで)　「こうでこうでとだだこぐと　みばわありぃ。/こうでしょもだ (買ってしまった)/さかな　こうできたが。(魚を買ってきたかい?)/やあそ　しとぐすけこうで　くんなせや。(安くしておくから買って下さいな)/こわねばねえ。(買わなくてはならない)」　2 飼って　「めごうげな　ちんころ一匹こうで　暮らしていだったど。(可愛らしい仔犬を一匹飼って暮らしていたとさ)/こうでこう (がな)。(買ってこよう (かな))

こうーびり［京］(農繁期の) おやつ　間食　(＝こびり)

†こうら、　こら　これは「こうら、田中のばっさどご、泥棒が入ったにちがいねぇ。」

こうり［行李］［古い標?］こうり　柳行李 (やなぎごうり)　＊以前は入れ物としてどこでもありふれていた

こえかご　1［標］肥篭　2［京］背負い篭

(〜って) こえ　すってが。　　〜って声がするとさ。

こえば　　来れば　「こえばいい。(来ればいい)」

†こが　　大桶　「昔は大きなこがに味噌を造った。」［京ヶ瀬］

こからこからで　　うつらうつらで　目が醒めてなくぼーっとして［京ヶ瀬］

〜こき・こぎ・ごぎ　〜する人・状態 (仕草)　＊良くないこと・人に付ける「しゃれこぎ (おしゃれな人)/てんぽこぎ (嘘つき)だてこぎ (おしゃれ)/のめしこぎ (早く適当でいい加減に物事をする人)/しやみこぎ、ひやみこぎ (怠け者)/しゃべっちょこき/ねぼこき/ほいどこぎ/まいすこき/まぐらいこき/まねこき・まねっちょこき/もぞこき/やぶこき・やぼこき/りんきごぎ/ぬすっとこき」

‡ごぎ　　荷担ぎ用の藁を編んで作った背当て　「背中や肩の保護用のごぎ」［佐渡：せなこうじ］

†ごきさん・ござさん　　　ごぜ (瞽女)　＊二三人で町村を歩いて巡る、三味線伴奏で物語を弾き語る盲目女性の門付け芸人。視覚障害者女性の仕事だった。平成の現在、弾き語り伝承者はいるが瞽女は絶えた。

こぎたね　　こきたない　きたない　汚れてる　＊汚れの強調か

†こぎる［京］値切る　「市日に行ってこぎってみたども、まけてもらいなかった。」

…こく・こぐ　　1 …を言う［標?］「てんぽこぐと (嘘をこくと) 閻魔様にべろ抜かれるぞ。」　2 (嫌な事、悪い事を他人に) する　(→こえで)

こぐ　1 抜く　引っこ抜く　「大根みーんなこいでしょもだでね。」　2 脱穀する (→せんばこぎ/いねこぎ)　3 言う・する　の卑語　〜をつく「ばがこぐ/ばがこぎゃぁがって (馬鹿を言いやがって)/ば

— 66 —

がこいでんな (馬鹿な事を言ってるな) /てんぽこぎ (嘘つき) /ちょうすこぐな (お調子づくな・いい気

こぐぞさま　虚空蔵 (菩薩) 様　*祭礼は笹神村山崎で 4 月 13 日 みせや (露店) が出る　　　＼になるな)」

(†) こぐりだま　　氷の芯を作り硬い氷面・雪面に擦り付け徐々に大きくし、丸く硬く固めた雪玉を
　　ぶつけ合い、相手の玉を割る遊び。主に男子小学生がやった。[こぐる:こする・こくる]　[新潟山の下:

こくる　　擦る (こする)　「垢をこくる。」　　　　　　　　　　　＼かっち　*小五・小六迄の冬遊び]

こげ　　1 [標] 焦げ お焦げ　2 苔 (こけ)　「こげ (こけ:苔) のおえている (生えている) 所に
　　は, きのご (きのこ:茸) が群っておえでいた。」　3 ここへ　「こげ団子 転がってこね
　　がったろがね。(ここに団子が転がって来なかったかい)」

～こげ。　　～してこようか。しましょうか。「なんか もってこげ。(何か持ってこようか)」

ごけかがさ　　1 後家 後家のお母さん　2 (先妻を亡くし新たに貰った) 後妻

こげら　　こけら・魚の鱗 (うろこ)

こげる　　こそぐ 削る 削り取る　「茶釜のけづこげだど。(茶釜の下をこそいだとさ)」

こご　　ここ　*「ここ」とも言う「こごは何倉, こごは何倉 ゆで みんなみせでいだでが。(ここは
　　何倉、ここは何倉と言って全部を見せていたとさ) /こご つかめでれ。(ここを掴んでい
　　ろ) /こごんしょ (ここの人, ここの家の人) /こごのしょ・こごんしょ/こご あがらしぇ (こ
　　こに上がりなさい) /こごにいらしぇ。(ここにいなさい) /こごんどご (この所〈に〉) /こごに
　　いだどー。(ここに居るぞー) *過去形で現在を表す/ほら こごだこごだ。(ほらここだここだ) /

こごのしょ　＝　こごんしょ　　　　　　　　　＼こごにずっとすてれ。(ここでじっとしていろ)」

こごら　　ここら ここら辺り「こごらの子供/こごらに ねぇがね。(ここらにありませんか) /むがす
　　こごらにあった。(昔ここらにあった) /なーんしてこごら来たんだば。(どうしてここらに来たのか)」

こころもづ　　心持ち 気持ち 性格「○○さんは こころもづもえーし, えーおなごだ。」

こごんしょ (う)　1 ここのうちの人　「こごんしょ, 火くんなせや, 火だね, のなったが。」

　　2 [呼び掛け:挨拶言葉] ごめん下さい, ここの人いますか, (この家の人) 誰かいますか。
　　　　「こごんしょ (-)。/こごんしょ いらすたがね。」(→いますたがね)　[同:魚沼]

(～だ) こさ。[←…のことさ]　　～のことだねえ。～のことだよ。ことだなあ。「鬼飲まね
　　ばだめだこさ。(鬼を飲み込まなけねばならないかなあ。) /いでがったこさ。(痛かった
　　だろうね) /いいことづくめの話だこさね。/いわったことわがったんこさね (言われた
　　事を分かったんだろうね)」　[下越広域:～こてさ。～こて。　中越:～いや。]　[≒こっさ]

ございで・こざいて　[←ございきて]「橋ねがんに, ございでもいがんねしどうしょ。(橋は
　　無いし, こざいて渡っても行けないし, どうしましょう) /水の中, こざいて逃げてきた」

こざく [標?] (草, 雪, 川の水等を) かき分け前に進む　「こご, どうやってこざこうがの。
　　〈川で〉ここ, どうやって渡ろうかな) /こざいでも いがんね/いばら (茨) の中をこざ
　　いで追っかげで行ったでが。/垣根こざいで (無理矢理乗り越えて) 逃げて行った」

ござした　　来なさった いらっしゃった「お寺の和尚様みでながん, 出てござしたでが。/
　　和尚様が出てござして (和尚様が出て来られて)」　*この語は和尚様によく使われる　敬語

† (して) ござっしぇ。　～しなさい。　「行ってござっしぇ。(行きなさい)」

— 67 —

～(だ) こさね。 〔→こさ〕「言わった事わがったんこさね」

✝ござまね　（だらしなく）勇気がない　腰抜け　弱虫　駄目だ 「おっかながってばっかいね
　　で!（おっかながってばっかりいるな!）、ござまねこど!（臆病な事!臆病だなあ!）/ あ
　　のおどごは, ござまので 何やらせでも 駄目なんがね。（あの男はだらしない奴で何を
　　やらせても駄目なんだよ）〔多少丁寧〕　　〔←ご(小)+ざまねえ/ご+様+無い, 無くて〕

ござらっしゃる　　いらっしゃる　（≒こらっしゃる）〔過去: ござらっしゃった〕

ござれ 〔丁寧語〕 いらっしゃい　来なさい 「はよ, こっちへござれ。」

こしかげ　　　腰掛け　椅子　（→かげる）

こしょ(う)　　こしらえる　拵える　作る 「ふね こしょだがんど。（舟を作ったとさ）/～をこしょ
　　でいた/おがらに はしごを こしょでだが,（麻柄で梯子を作っていたが）/米をこしょだ（米こしらえ
　　をした 米を脱穀した）/お粥でもこしょでやろげ。（粥でも作ってやろうかね）/こしょでもろで（作っ
　　て貰って）/こしょでもろうがど思で/こしょでやる（作ってやる）/握りまんま こしょでくれや。/この
　　木で臼 こしょわ。（この木で臼を作るよ）/こしょだ。/こしょえば（作れば）/けなりがったら うなも
　　こしょえば いいこで。（羨ましかったらお前も作ればいいじゃないか・作ってみたらいいよ）」

こしょえね　　作られない 「おら こんげな めんどぅくっさいもの こしょえねわね。」

✝こじょく　　1 冗談 「こじょくで（冗談で）人を笑わせる。」2〔京〕面白い人

こしょだ　　　作った　拵えた 「団子こしょだでね。（団子を拵えたとさ）」

こす　　　　腰 「ゆぎみづで でんぐらがえって こすをうった。/こすに苗籠下げて,」

✝こすおげ　　漉し桶（こしおけ）　＊井戸水等を 砂利・砂・炭を入れた漉し桶で漉して飲み水にした

こすき　　雪下ろし・雪かき用の木製の幅広の羽子板の様な平板な木製スコップ

こすぐる　　　こする　　　　　　　　　　　　　＼（=こーすき[京ヶ瀬]）〔魚沼:こしき　中越:こすき〕

こすっからい　悪賢い 〔笹神〕

ごずっちょ　阿賀野市の五頭山の地元キャラクター。旦飯野（あさいいの）神社に「ごずっちょ守」（お守り）あり。

こすまぎ　　腰巻き ＊昔の和服の下着の腰巻　　　＼阿賀野市ではとても有名。新潟市では知る人稀。

✝ごずらごずら　　ごりごり（して）固い 「大根 半煮えで ごずらごずらだ。」

(して) ごぜ。〔←ござれ?〕 ～してきなさい。「おめ, みでごぜ。（お前さん, 見て来なさいよ）/
　　～とほめでごぜや。（～と褒めてきなさいよ）」

✝ごせやげる　　腹が立つ　しゃくに障る 「お前には ほんね ごせやげる。」（=ごっしゃやげる・
こーせん　香煎（こうせん）「団子にしょうが, こーせんにしょうが。」＼ごひやげる）〔佐渡: ぐうもえる〕

こーせんこ〔京〕〔植物名〕鳳仙花（ほうせんか）

ごそさま　　ごちそうさま ＊食事後, 物を貰った時使う 「ごそさまねえ。」

こそーっと　　そーっと 「こそーっとよばって（そーっと呼んで）」

✝ごだごだになって　　どろどろになって 「またこの子 ごだごだになって来た。」〔京〕

こだづ　　炬燵（こたつ）

✝こちょこちょのき　　百日紅:サルスベリ（の木）

こちょばし　〈こちょばす参照〉「こちょばし殺そう（くすぐり殺そう）/こちょばし始めた」

― 68 ―

こちょばす　　くすぐる コチョコチョする 「こちょばしあい (くすぐりっこ)」 [県内:同]

こちょば(っ)たい　　くすぐったい

こづ　　　こつ 「それでも こづは あっとものー。(それでもこつはあるけどね)」

こっこ　　沢庵漬け たくあん (≒おこっこ) 「こっこのひときれ (沢庵一切れ)」
　　　　　＊昔話『ばがむご』の別題：馬鹿な婿が嫁の実家で長い沢庵で風呂を搔き回す噺

〜こっさ。　〜よ。 「もろでいぐこっさ。(貰って行くよ)」 (≒こさ)

†ごっしゃやげる　＝ごせやげる

こった　　事だ 「なんのこったがなあ。(何の事だろうか)/そんげなこったさが 馬鹿だで言われるあん
　　　　だわ (そんなことだから馬鹿だと言われるんだよ)/このこったげだわい (この事の様だなあ)/あの
　　　　こった/そのこった/…てば,おらの隣のかがさのこったわ,こりゃ大変なこったど。(…とは,俺の隣
　　　　の家の母さんの事だぞ,これは大変な事だぞ)」

こったま　　沢山 「こったま かね やっすけ。(沢山,お金をやるから)/袋にこったま入れて来た/こ
　　　　ったま ごっつぉなって おおぎにはや。(こんなに多く,ご馳走になって,有難う御座います)」 (≒がっ
　　　　ぱり[標？] いがえこど)

†こったも　大勢 沢山 「お宮様で,やろっこどもが こったも あそんでだ。(お宮様・神
　　　　社で子供達が大勢遊んでいた)」 [笹岡]

こっち [標？] こちらに 「まっくれ犬,こっちくってが。(真っ黒な犬がこっちに来るとさ)」

ごっちおになった　　ご馳走になった [京ヶ瀬]

こっつ　　こっち 「♪ほ,ほ,ほーだるこい。あっつのみーずはにがいぞ。こっつのみー
　　　　ずは あぁまいぞ。(ほ,ほ,蛍来い。あっちの水は苦いぞ。こっちの水は甘いぞ。)/こっつ
　　　　へ (こちらに こっちへ)/ちょこっと こっつへ来い。(ちょっとこっちへ来い)」

こっつぁな　　こんな様な　こんな 「こっつぁな嫁,さっさと出して (こんな嫁はさっさと
　　　　離縁して)/こっつぁな者ば (こんな奴を)」

ごっつぉ・ごっつぉう　１ご馳走 「ほんにいい法事して,ごっつぉして,ほんじょう様 何
　　　　人も らして (本当に良い法事をしてご馳走して坊様を何人もいらっしゃって)/酒やごっつぉ/ごっつ
　　　　ぉかひで。(ご馳走を喰わせて)/ごっつぉなった」 ２(日々の) おかず 「ばんげのごっつぉ,なんに

†こっつげだ [水原] こんな 「こっつげだ火事」 　　＼しょうば。(夕食のおかずは何にしようか)」

こっつばか　　こんな これっぽちの (≒こっつらばか) 「こっつばかのぜに (これっぽっちの少
　　　　額のお金)/こっつばかの ちいさけ鼠穴」

こっつらばが　(たった) こればかり これだけ これっぽっち 「こっつらばがなら いらね。」

こっつらもん　　こんなつまらない物 「こっつらもん いらね。」

†(ごってり) ごっぺら　ごってり (多く・沢山) 「ごってりごっぺら盛って貰った。」 [京]

こっぱかす。　こっぱずかしい　恥ずかしい　何とも恥ずかしい

†こっぱずける [笹神]　やっつける　殴る

†こっぱりね　　張り合いがない 「こっぱりね 働いても暮らし楽ならず〈宮田〉」

ごっぽ　　牛蒡 (ごぼう) (＝ごんぼ) (→ごっぽおず)

ごっぽおず　　　末の弟　(=ごんぼおず、つるたぐり)　(→おず)

こづまらね　　　詰まらない　面白くない　価値がない

こづらにくい[小面憎い]　見るからに憎らしい　顔を見るのも憎らしい　小生意気だ

～こて。～こで。　　～だ。～だよ。「そうだこて。(そうだよ)/そうせば　俺もいんこで。(そんなら、俺もいくよ。)/ためすに　やってみだこで。(試しにしてみたんだよ)/けなりがったら　うなも　こしょえばいいこで。」[新潟:こて]

こーで　　　買って　　「こーでくなせや。こうでくなせや。こーでくなさいや。(買って下さいよ)/みせやでこーでくる。(店で買って来る)/こーだ(買った)」

～こてや。　　　～だ。～だよ。～だぞ。～になってしまうさ、なって当たり前だ。
　　　「へごへっつぶれるこてや。(潰れるぞ、潰れてしまうぞ。)」　[新潟:同?・類?](≒こて)

(～)こど　　　(の)こと(を)　「ずず、ばばこど　いろりにあたらせだまんま、(爺さんは婆さんを囲炉裏にあたらせたまま)/だれこど使いにやろば。(誰を使いにやろうか)/おれこどめっけねばいいがな。(俺のことを見つけなければいいが)/それこど　俵につめで、(それを俵に詰めて)/わがったこどだすけ(分かった事だから)/そんげなこど　いわので(そんな事言わないで)/顔こど見たら/あうこどができたど。(会う事が出来たとさ)/おめこど迎えに来る(お前の事を迎えに来る)/なに、こやかましい　カラスだこど。/みたこどねさが(見た事ないから)/いうこどなしの(言う事無しの、文句の付け様も無い)/なにそんげに本気出して、走っこどあろばの。/その熊こど　祭って/いいこど聞いた。」
　　　*こと、になることもあり　「その箱ことも　かづいで　でらんばね(その箱の事も担いで出なくてはならない)」

こどし・こどす　　　1 今年　　2[笹神]小正月(1月15日)

(～する)こどなったど。　　　～することになったとさ。「今度、いぐこどなったど。」
　　　*「に」の脱落　ex. ひ くれで[日暮れで]日が暮れて

(～する)ことにしたんど。　　～する事にしたんだとさ。「手紙を書き送ることにしたんど。」

(～する)こどにしょうで。　　～する事にしましょうよ。「餅こど取った者が餅食うこどにしょうで。」

ごどばな　　　青っ洟　[県内:ごとばな]　*近頃は殆ど見られない

こどわる　　　ことわる(断る)　「泊まっていげ、とよわったども、こどわって帰って来た」

こないだ [標?]　この前　最近　このあいだ

†ごなごなと[京ヶ瀬]ごろっと　「ごなごなと　ながまる。(ごろっと横になる)」

こにくらす・こにくらすい　　　小憎らしい　憎らしい

こぬが　　　小糠(こぬか)　(=このが)　　　　/活用:コネ/きマス/くる、くんナ/くっトキ/こえば、けば/こい]

こね [標?]　こない「帰ってこねすけ(帰って来ないから)」
[活用:コネ/きマス/くる、くんナ/くっトキ/こえば、けば/こい]

こねがった　　来なかった「こごに逃げてこねがったげ。(ここに逃げて来なかったかい)」

こねがな　　　こないかな　「帰ってこねがなと待っていだったど。」

(～って)こねば　　　～してこなくては「くってこねばね。(あげて/くれてこなくてはならないな)/お花折りに行ってこねばねぇで。(仏様用の花採りに行かなくてはならないぞ)」

(～って)こねばね(ぇ)(で)。　　　～しなくてはならない。《頻用》

ごねんにいりましたもの[御念に入りました物] 有難い物 「ごねんにいりましたものを
　　　いただいて。(有難い物を頂き〈有難うございます〉。)」

このが　　　小糠(こぬか)(=こぬが) いただいて。(有難い物を頂き〈有難うございます〉。)」

このこった　　　このことだ 「このこったげだわい(このことの様だな)」

このまんまん　　このままで 「このまんまんあの世ねな, 行かねでな(このままであの世
‡‡こばしり[小走] 村の文書配布や雑用係[笹神]　　＼に行かないでくれ)」(→まんまん)

こばりついて[京ヶ瀬] こびりついて ひっついて

†ごひやげる[笹神] 癪に障る 腹が立つ (=ごせやげる)(=ごひやける[京ヶ瀬])　　／魚沼:こびる]

†こびり　　　おやつ 間食 朝飯と昼飯・昼飯と夕飯の間の軽食 (→そさぐい)[佐渡:こびり(ぃ)]

こぶな[標?]　小鮒 「もこぶなもいらねおぶなぞ, すっぽこ とんとん ぬげでこい《狐の尻尾を引き抜く
　　　掛け声》」 *すっぽこ(尻尾)

†こぶら　　こむら 脛(すね)の裏側 脹ら脛(ふくらはぎ) 「こぶらがえり(こむらがえり)」

†こへだま　＝　こぐりだま

こま[小間] 少しの間 ちょっとの合間 「あめふらねこまに やってすもおで。(雨降らない
　　　間にやってしまいましょう)/いちづくがよんで鳥にかんねぇこま もいだ方いいど。
　　　(無花果が熟して鳥に食われない間に採った方がいいぞ)」 [県内:同]

‡こまえどり[小米採り(取り)] 小作人[京ヶ瀬]

ごまがす　　　ごまかす 「ごまがさって, ごまかされて)」

こまけ　　　細かい (=こまっけ) 「こまけぜん ばっかしだ。」

†こまざえて　細かくして 「こまざえて 捨てた。」[京ヶ瀬]

こまっけ　　　細かい (=こまけ) *こまっけ,の方が主観的により細かい

～こまって　　～こまれて 「にげこまっては大変だ(逃げ込まれては大変だ)」

(～ては,では)こまんが,　～では困るので 「立って御座った, ばっかてはこまんが, 今度,
　　　座って御座ったと言わんばねぇ。」

こみっともない・こみっともね　〈下に同〉

こみともね(ぇ) 1 みっともない 見苦しい 「こみともね真似は すんな。」 2 馬鹿だねえ
　　　馬鹿者 「ほんね こみともね。」 3[笹神] 癪に障る

†こめぐさい [こ+めぐさい] (みっともなくて)恥ずかしい[京ヶ瀬] (→めぐさい)

こめつぎ　　　米つき 「にわに こめつぎしていたば, (庭で米搗きをしていたら)」

†ごめせ　　　よけろ 「邪魔だから はよ そこ ごめせ(早くそこをどけろ)」 [水原]

ごめん このしょ。　ごめん下さい(ここの家の人)いますか。 *他家訪問時の挨拶

ごめんしておぐんなせはや。　ごめんね。ごめんなさい。 (→～はや/じっきはや/おおぎにはや)

ごめんなせ。　　ごめん下さい。「ごめんなせ。たのみましょ, たのみましょ。(ごめん下さい。す
　　　みません, 誰か居ませんか。)[他家訪問での呼びかけ。挨拶]」

†こもず 1 藁くず 屑藁[佐渡:こずわら]「こもずの布団(くず藁布団)はあったこで(暖かくて)
　　　気持ちいい」 2 選った藁(すぐったわら) 藁束を選って外葉を取った物 *誤用?

— 71 —

†こもずぶとん　藁布団　*藁屑を中に入れた布団。割と暖かい、とのこと。　[佐渡:こずぶとん]

†ゴモンゴモン(すた)　ごみだらけで汚れた「ごもんごもんすた川の水/ごみがゴモンゴモンと沸き上がってくる。」

‡こやけ・こやけどおり　小作人　(⇔おおやけ・おおやけどおり)

ゴヤゴヤ(ゴヤゴヤ)と　ガヤガヤと〔人が集まり煩い様〕

こやして　この様にして　こうして「こやしてみでいっと、(こうして見ていると)」

‡こやしぶね　深田(やちだ:野地田)で田植・稲刈等で使った今はもう無い舟。人は乗らず泥田の中を手で押して動かす。土や泥、苗や藁を運んだ。　(‡=きっそぶね・きっきょ・きぶね・こいぶね)

こやす　肥やし　肥料「こやすをやり過ぎた。」

†ごようあそび[御用遊び]　(他家への)いつも通りの訪問　毎日の様に訪れる事

こらした・こらして　来なさった(て)「〜どいうで、ずんどさま　こらしたでんが。(と言って地蔵様が来なさったとさ)/とのさまこらして(殿様が来なさって)/どごの国からこらしたばね。(どこの国からいらっしゃったんですか)/おんもっしぇどっからこらしたんね。/出てこらしたで。/殿様　迎えにこらしたでね。(殿様が迎えに来られたとさ)」　　　　　　　　　　　　　　/いらすた)

こらすた　いらっしゃる　来なさった (≒こらっしゃった[丁寧])(≒ござらっしゃった[丁寧])(=こらした・

(〜しで)こらせ　〜して来なさい。「きいでこらせ。(聞いてきなさい)/退治してこらせ。」

こらっしゃる　いらっしゃる

こらっつもね　１埒もない　うその　２たわいもない　詰まらない「こらっつもね話/こらっつもね　こどばっか　いうでんな。(下らぬ事ばかり言うな)」　*こ(示小辞?)+らちもない　(=らっつもね、だっつもね)

‡こらふいでる[京ヶ瀬]　お高く大人ぶっている「中学生だんに、こらふいで大人と同じだ。」

これすか　これしか「これすかね。(これしかない)」

これっぽつ・†これぼっつ　これっぽち　たったこれだけ「おれのとりぶん、これぼっつだが。(俺の取り分、これだけかい)」　　[笹神:これぼっつ]

††(ころさ)ころさまね。　殺さなければな(らないな)。

†ごろた　丸太　[水原]

ころばしおとす　(相手を)転ばして落とす「舟からころばし落としたでね。/谷底へころばし落とし

†ごろばる[笹神]　横になりごろごろする　　　　　　　　　　　　　＼ましたど。」

ころんでいぐ　ころぶ様に行く・走る「やまのうえ　ころんでいくでんが。(山の上を転ぶように走って行ったとさ)」　　　　　　　　　　/類似活用:貰う、会う、笑う—もらわね、あわわね、わらわね]

こわね　買わね　買わない「こわねがった(買わなかった)」　(⇔こう(買う))

こわので　買わないで「土産もこわので来たでばね。(土産も買わないで来たんだよ)」(=こわんで)

こわんね　買えない「まづへ　いがねば　こわんねがね。(町へ行かなければ買えないよ)」

こん〜[標?]　この〜「こんとき(この時)」　＼*かわんね、とも言う。[県内広域]ex.かわんねがね。(買われないよ)

†ごがらだおし[京]　力ずくで倒す「ごんがらだおしの負相撲」

†ごんぐりつける　殴りつける[水・笹]「いうこどきかねど　ごんぐりつけっと。(言う事をきかないと殴るぞ)」(≒くらしつける、しゃんつける、しゃっつける、ぶっただく)[京]≒ごんぐる、ごんぐ

りつける *動物に言う)

こんげ　　この様　こんな風 「こんげがん・こんげながん いらねわや。(こんなやつは要らないよ)/こんげなんだわね。(こんな様なんだよ)/こんげいっぺ(こんなに沢山)/こんげどごにあった。(こんなく思いがけない)所にあった/こんげこどすっとわぁり。(こんな事をすると わるいね・いけないね)」　*あんげ/そんげ/こんげ/どんげ

こんげな　　こんな(に) 「こんげな雨は ねえはずだ(こんな様に降る雨はあり得ない)/こんげなめ、みたことねわい。(こんな目、見た事も(あったことも)無いよ)/こんげなとご(こんな所)/こんげなこど(こんな事)になってしょもだ。/こんげないっぺこど ごっつぉ上げでもろだわや。(こんなに沢山ご馳走を上げて貰ったんだよ)/こんげなこどしていだら」

こんげなる　　こんな風になる　この様になる 「こんげなって しもだ。(こんな風になってしまった)」

こんげに　　こんなにも 「こんげにかわいがって育でだども、」

‡ごんごだす　　五分五分を出す　割勘する 「村の飲み食いは ごんごだす。[京ヶ瀬]

†こんこんさま　　狐 「こんこんさまにだまがさった(お狐様に騙された)」

こんじょ(-)よし　[標?] (馬鹿な)お人好し〈卑称語〉

こんだ　今度　今度は「こんだ 犬をば ぼったぐらせだでば、(今度は犬で追いかけさせたら)/こんだ、なんしたべ。(今度は何をしたんだ、どうしたんだ)/こんだのもんび(今度の祝日)」

～こんだ(。)　～のことだ。「山へ捨てでくかんなんて、まことに悪いこんだ。(山に捨ててこようかね、なんていうのは真に悪いことだ)/あの山のあんにゃのこんだもの/ほんねしあわせなこんだね。(本当に幸せな事だね)」

こんつら　　この様な　こんな 「こんつらがん・こんつらもん(こんな〈つまらない〉もの)」

こんで　　こんどは 「こんで争い始まって、(今度は争いが始まって)」

こんばって　　来なくても 「こんばっていい。(来なくても良い)」　(→～ばって)

ごんぼ　　1 牛蒡(ごぼう) (=ごっぽ)　2 末の弟(=ごんぼー[京ヶ瀬])

こんぼおず　　末の弟 (=ごっぽおず、つるたぐり、ごんぼーおず[京ヶ瀬])

[さ]

～さ　[強調] 1 ～しか 「みっつさね へも あとひとつだ(〈狐が〉三つしかない屁もあと一つだ)」　2 ～さえだけ 「こんばんさ とめてもろえば(今晩さえ泊めて貰えれば)」　3[標?]～さ。～だよ。「せば、おれ、餅搗くさのう。/昨日 そこ いったんさ(ー)。/こーやんさ(ね)(こうやるんだよ)/あの人 しゃべっちょこぎ なんさ。/ひって早く起きたんさ。/寄ってけばいいさ。」(≒さね)　*阿賀野市で、結構耳につく頻用表現。老若男女が使用。同意を求めたがる(地元の)人柄の現れか? 馴れ馴れしい? 近年、この地区のみならず新潟市内でも多くの若者達から「～なんさ、～たんさ。」が聞かれる様になった。4 ～さん 「じじさ ばばさ(お爺さんお婆さん)」(≒～さー)

～さー　　(=さ 3・4)　「うりこめごさー、遊ぼでー。/おら遊ばね、行がねさー。」〈頻用〉

さぁさ・さあさ・さぁーさ [失敗した時に発する感嘆詞]　おやおや、あらあら、おやまあ、しまった(=あさぁさ)「さあさ、まず なりかわがさせ。(おやおや、先ず服を乾かせ)/さぁさ、わすれだ。(あれあれ〈しまった〉、忘れちゃった)」

— 73 —

さぁさ、　　[失敗した時に発する言葉] あらまあ　おやおや　(＝あ　さぁさ)

さあみ。　　　寒い。「きょうは、さあみ。(今日は寒い)」　[標?]

さあむい　　寒い「さあむいばん (寒い晩)」　＊「さむい」も言うが「さあむい・さあめ」も良く言う

さあむでざわざわする。　　寒気がする　悪寒が走る

さあめ　　寒い「あんまりさあめし (余りにも寒いし) 腹もすいだし (すいたし) /さあめ時/うすらさあ
　　　め日 (ちょっと (肌) 寒い日) /さあめでがね (寒いのに) /さあめなあ　あったか春が待ち遠し＜宮田＞」

さあもなって・さぁもなって　　寒くなって　[新潟：さあむなって]「だんだんさあもなってきて、
　　　氷も張ってきて」　＊語頭の長音化

ざい　1水　「湖の　ざいわって　さかなつりしているしょが、いたったてが。(湖の氷を割っ
　　　て魚釣りをしている人がいたとさ) /今朝さぁめで　たなぼにざい張った。」　[魚沼：ぜぇ]
　　　2〜の小字 (の)　〜の地区　[在]「五泉ざいの橋田 (五泉の橋田)」　3 在住の

ざいご　　田舎「ざいごだすけ　なんにも　おもしろいもん　ねえな。(田舎だから何も面白
　　　い物は無いな) /ざいごもん (田舎者)」　[県内：同]

†さいさい　　　しばしば　よく　「さいさい注意されていた。」　[水原]

さいさいねえ　　そうそう無い　そう多くない「こんげな　いいこど　さいさいねえで。(こ
　　　んな良いことはそう無いぞ、そんなに何度も無いぞ)」

さいづづ　　才槌 (さいづち)　木の槌 (つち)　木製のハンマー　「藁をさいづづで叩く」

さいならまづ。　　さようなら。[京ヶ瀬のみか?]　(＝さいならまづはや。[水])

さいのかみ　1[標] a) 賽の神　小正月 (1 月 15 日) の行事　b) 賽の神で燃す積み上げたどんど焼
　　　き　2 [京ヶ瀬] 媒酌人「さいのかみのおかげで家の伜も結婚式をあげた。」

さいふをわたす [財布を渡す]　主婦権を嫁に渡す (＝身上を渡す)　[笹神]

†さいろくやろう [京ヶ瀬]　(物覚えの悪い) 馬鹿野郎　＊職人言葉、とのこと

さえなら。　　　さよなら

〜さが　　〜から。「あおげば、はえ　にげっさが。(煽げば蝿は逃げるから) /ジュウサンブツさまかげっ
　　　と、みえのなっさが。(十三仏様を掛けると見えなくなるから) /見だこどねえさが (見たことがないか
　　　ら) /あんま美人ださが /やっさが (やるから) /そうおもで暮らすさが。(そう思って暮らすから) /登っ
　　　てこねさが (登ってこないから) /あっさが (あるから) /ごっつぉう　くわせっさがに。(ご馳走を喰わせ
　　　るからね) /あぶなげに火花ちらさってださが、(危なそうに火花が飛び散っていたので) /縄付けでおくさ
　　　が /ほんの指一本入る位でいいさが、開げでさ。」　(＝すけ)

さがさせ。　　探しなさい　「おお、どこでもさがさせ。(どこでも探しなさい)」

さがさま　　さかさま (逆様)　上下逆

さかしま [京ヶ瀬]　この世に無い逆の事　＊西から太陽が昇る等　　　　　　　/(＝さがす [京ヶ瀬])

†さかす　　興味を持たせる　興味を起こさせる　(取り) 扱う「あの店は何でもさかす。」

〜さがでに、　〜だからね「水原しょ、生き馬の目　抜ぐんさがでに、(水原の人は生き馬の目を抜くか

さがな　　魚 (さかな)「こすに　はげごをぶらさげ、さがなを追う。」　　　　　＼らというんで)」

〜さがに、　　〜だから (ね)「馬にもなんぎかげっさがに、(馬にも苦労をかけるから) /みえねさがね、

(見えないからね)」

さがねる　　探す「ようさがねだども(よく探したけども)みつけらんねがった。(見つけられなかった)」

(～の)さかり・さがり　[標?]　盛り　(大)盛上がり　最高潮　真っ最口「法事のさかり/いんこのさかり/ビッチャビチャのさがり。」

さがる　　1[標]さがる　2[笹神]卒業する

～さぎ　　～すくい　「ざっこさぎ・ざこさぎ・ざっこすき(⟨川の⟩雑魚掬い・雑魚捕り)/ほだるさぎ」

†さぎおどで　　二日前　先一昨日　さきおととい　一昨昨日

‡さぎおどでな　　三日前　＊「さぎおどで/さぎおどでな」は人によって認識が異なる。

さぎおどどす　　先一昨年(さき おととし)、二年前、三年前

‡さぎだまかぐ　1[笹神]出しゃばる　抜け駆けする　2[京ヶ瀬]気の利いた振りをする　知ったかぶりをする　「ひとのさきだまばっかりかく。」

‡さぐ　　掬(すく)う　捕(と)る　捕まえる　「とんぼさぎに いぐ。(蜻蛉釣り・蜻蛉捕りに行く)/ざっこさぎ(雑魚捕り　小魚捕り)」

ざぐざぐでほど　　ザクザクって程　「金だの小判だの,ざぐざぐでほど あっねげ。」

‡さくまわり　　秋の米の実りの検分　＊元は藩の年貢の下調べ検分

ざくもり[京ヶ瀬]色々(具が)入った「ざくもりの煮しめ/ざくもりかご(⟨色々⟩入れる篭)」

さげ　　酒　「おさげ(お酒)/さげをぐっつり飲む」

さげる　　1避ける「うるしかぶれのめ さげで,ちいそうなっていだった(かぶれる漆の芽を避けて,小さく隠れていた)」　2裂ける　割ける　「ワリワリワリと枝さげて,/耳までも裂げだ口」

ざこさぎ　　小魚捕り　(→はげご,さがな,ふなっこ,たなんご,がづぼ)

ささ，　＝さぁさ，

†ささわらしょんべんをしたようだ。[笹原小便をしたようだ][京ヶ瀬]騒がしいが意味のない事をする。　＊笹原の小便は量は少なくても音は聞こえるようで,騒がしく行っても余り意味がない事の喩え

†ささわらのひと　　気の早い人　気の早くて落ち着きのない人　[魚沼:ささらさんぱち]

～さして　　1[使役]～させて　2[丁寧]～(を)されて　「ほんじょうさま けがさして 大騒ぎなったったね。(お坊様が怪我されて大騒ぎになったのよ)」

‡さしまい[京ヶ瀬]差し米　地主への小作料以外の15～30%の上納米(!!)　(＝‡たすまい)

さず　＝　さじ(匙)

さすがたつ　　1(夏期に)醤油の上の黴が出る　2†[京ヶ瀬]未亡人に さすがたつ。

さずける[標?]　預ける　あげる　与える　「おめに かねいっぺ さずけっすけ,(お前にお金をいっぱい上げるから)/餅こどさずけでくだど。(餅を与えてくれたとさ)」

さすこ　　さしこ(刺し子)　＊厚手の綿布に細かく刺し縫いした物。主に作業衣類用。

～させ。　　～してくれ。「俺にもその臼 かさせ。(貸してくれ)」

～(も)させので　　～もさせないで　「遊びもしので,機織りもさせので,」

†ざっかなし　　開けっぴろげ　考えなく何でも　「何事もざっかなしで喋る。」[京ヶ瀬]

†さつき・さづぎ　　田植え「しろかぎしたり,さつきしたりしたど。(代掻きしたり田植えしたりした

とさ)/さつきあがり(田植えの終了)/さつきうた(田植え唄)」 (=さっつき[京])(→さなぶり) *50代位(昭和30年代位)の農家出身者は判る語 現在死語

　　　〇五頭山の四の峰の沢の雪が 馬の形になると さつきが始まる [笹神 大日] *雪形?

†ざっき　[水]　お手玉　(→じゃくざぎ)

さっきな　さっき　先程　(→そんまさっき)(=さっけな[京ヶ瀬])

ざつぎのご　　雑茸 野山に生える茸　*食用を指す事が多い

さっけな[京ヶ瀬]　先程　「さっけな帰りました。」

ざっこ　　ざこ(雑魚) 小魚　「ざっこすきにいく(雑魚掬いに行く)/ざっこすいできて(小魚を掬ってきて)/ざっこさぎしてくっすけ(小魚採りしてくるから)バケツ取ってくれ。」
　　　　　*ざ(っ)こすき=ざ(っ)こさぎ・ざっこさき　(→かんざっこ)

さっさど　　さっさと　「さっさど ででいげ!(さっさと出て行け)/さっさどやれや!」

さっしゃれ　　(〜に・で)しなさい　なさいなさい　「くふーるい(篩)がない−そうせば,おれのふんどしにさっしゃれ。(そうなら,俺の褌で篩なさい)」

〜さった　　〜された「ころさったかもしれねが。(殺されたかもしれないが)/ださった(出された)」

さっつき　＝　さつき

〜さって　　〜されて「ころさってしょもだ。(殺されてしまった)/出さってしまうんだが(出されてしまうのだが)/あらさって(荒らされて)/飛ばさってしょもだ」

さづまいも　　薩摩芋

†さど　　1里　2砂糖　「こぼすたさどに ありごがたがる。(溢した砂糖に蟻が集る)」

さどいも　　　里芋

さなぶり　　さつき(田植え)後のご馳走・お祝い　「今日はさなぶりだ。」

〜さねばね。　　〜しなくてはならない。「小判だされねばね。(小判を出さなくてはならない)」

†さぬぎまめ[讃岐豆] 空豆　「こう豆の腹 炭ついで さぬぎ豆」　*昔話『わらとすみとまめ』

†さびぃす・さびす　　寂しい　「さびすかった(寂しかった)」

〜さひで　　〜させて「よろっとさひで もろで。(ゆっくりさせて貰って〈有難う〉)　*他家より帰宅の挨

††さぴっと　　ちょぴっと 少し　「さぴっとくんなせ(ちょっと下さい)」[水原]　＼拶

†ざひもこ　　ざらざら　(=†じゃひもこ)　「うづんながに 砂が入って ざひもこすてる。(家の中に砂が入ってざらざらしている)」

さべ・さーべ　　寒い　「今日はさべね。/ああ,さべさべ。(ああ,寒いねえ)/ほんねさーべがった。(ほん

さべくる　　喋る 喋りまくる　「よう さべくる人だ。」(=さべぐる[京ヶ瀬])　＼とに寒かった)」

さべっちょ(こぎ)　　お喋り よく喋る(人)　「さべっちょこぎだすけ、嫌われる。」

さべり　　しゃべり　(無駄な)話

ざまがのうなる/なくなる　　心身が弱る　「ざまがのうなってしょもで,歩くのが難儀だ。」

ざまね(ぇ)　1不器用「ほんね ざまねな。」　2衰え「年取って ざまねなった。(衰えた)」
　　　3醜態 体(てい)たらく　(=ござまね)(→ござまので)

(〜)さまのひと　　〜様の人達　の所の方(達)　[多少丁寧]

— 76 —

†さまれる[笹神]　１お湯の温度が下がる　冷める　２冷ます　＊「さめる(自動詞)/さます(他動詞)」を頻用

さめ　　　　　寒い　(≒さあめ)　「さめふゆのひ(寒い冬の日)」

†さるこだいてさ(ぁ)がった・さるこだいでさ(ぁ)がった　[さるこ:猿子?+だいて:代々で?+下がった:栄えた?]　＊水原　長谷川マサエさんの昔乍の後締めの句の後半部　(→むかしぶらんとさがった~)

さろう　　　さらう　「化けもんが子供一人ずつさろでいぎますんど。(さらって行くんだとさ)」

さわぎごと[騒ぎ事]　寄り合いや冠婚葬祭等の特別な行事　「しにさわぎ(葬式のばたばた)」

さわぎのひと[騒ぎの人]　葬儀での手伝いの人

ざわざわする　[標?]　(風邪で)悪寒が走る　「かぎひいで, ざわざわする。」

さんかくだるま[三角ダルマ]　水原土産で三角錐状の昔乍らの土人形のだるまの民芸品。色は赤・青・白が一般的で, 赤は大きくて女, 青は男, 白は小さくて子を示す。和菓子, 最上屋で「三角ダルマモナカ」(赤と青)あり。「三角ダルマ」は県内各地にあったと伝えられるが, 続いているのは, 水原と見附だけの様だ。(見附では, 平成27年10月, 見附の道の駅にて伝統的な見附近在の三角ダルマ・土人形を展示販売中。色は多種多様, 表情も数種。複数の店舗・制作者で製作。また新潟駅内土産物店で民芸紛いの新潟で作った新型の三角ダルマを見た。)　水原では土人形も作っていたが今は無く, 資料館等で見れる。(尚, 佐渡では昔乍らの土人形を作っている。)　民芸の伝承は先細りである。

さんじゃぐ　　　１三尺　　２†三尺帯(さんじゃくおび)

さんじょっぱらい　　　後片付けなし　「さんじょっぱらいにして帰った」(→おおばら)

†さんずき　　桟敷　＊鼻母音→~ン

‡ざんそ　[讒訴]　無柢の悪口・陰口　「人様のざんそ話」　[京ヶ瀬]　＊古い標準語か?

サンドパン　　　阿賀野市笹岡の木村屋パン店が"サンドパン"の東端, との説あり。この店は, 笹岡では「キムパン」とも呼ばれる。「サンド」の付くパンには, 小柄の長細いコッペパンを横に切ってその間に白く甘い(バター)クリームを(挟んで)塗った「サンドパン」と, 同様なパンにコーヒークリームを挟んだ「コーヒーサンド」, 楕円にひねった丸みあるパンの横を切って揚げ物の"えびかつ"を挟んだ「えびかつサンド」と, 鳥胸肉の唐揚げを挟んだ「チキンサンド」があった。　(他のパンもあり)　[平成27年8月]

さんどめ　　　三度目　＊鼻母音→~ン　(→にんどめ, よんどめ)

†さんぬぎまめ[讃岐豆]　そら豆　＊讃岐から来た, とのこと　[京ヶ瀬]

さんばいし・さんばし　　　桟俵(さんだわら)　＊俵の上下を塞ぐ藁で編んだ物　お盆の16日午前中, 仏送りでお供え物を桟俵に乗せ川に流した　[佐渡:さんぼし/魚沼:さんばいし]]

†さんばさ　　　産婆さん　＊現在は稀

†さんばって　　　しなくても　「そう さんばって いいろ。(そうしなくとも良いだろう)」

†さんばね　　　しなければならない　＊「しんばね」とも言う　「この仕事 夕方まで さんばねすけ 大忙しだ。/しょうがつがいもん さんばね(正月用の買い物をしなくてはならない)」[水原]

さんぼ　　　三本　「なかまずのさんぼぐづ(仲町のさんぼん口)/さんぼぐづの江戸屋さん」
　　　＊さんぼぐづ:笹岡村の仲町・横町・夷町, 三町内の境目の所。三町内の子供らが混じって遊んだ場所

†さんみまい[産見舞い]　出産のお見舞い品　＊元は鰹節で, おびやっこ(産婦)が鰹雑炊にして食べた)[笹]

[し]

<し⇔す>　　　『し』と『す』を足して2で割った様な発音をすることがある。

しいれ　　　白い　(=しーれ, †すーれ)

~しぇや。　~しなさいよ。「風呂わいだしけ, はいらしぇや。(風呂が沸いたから入りなさいよ)」

†しぇんしぇ　　先生　(=ひんひ)　(→あひ)

(~)しか　　~なので, ~(だ)から　「めぐさいしか(見苦しいから)/言われでいだしか(言われていたので)/取らねしか(取らないから)勘弁してくれ。/ひんどふっけしかきいつけれ(ひどく深いから気をつけろ)」

‡~しかぇに, [京]　~するから　(=~すけに)「だぼいれるしかぇに, 母さんちれてきなさいや。(<子供・赤ちゃん>をお風呂に入れるから, 母さんを連れて来なさいよ)」

しかたがね　仕方ない〔標?〕「そいで まだ しかたがねで(それでまた仕方がないので)」

しかたね, しかだね　仕方ないと, 仕方無いので　「しかたね, ねだらったすけ, 見せだど。/しかだねすけ きぎにいったでが(仕方無いので聞きに行ったとさ)」

しかだねぇ,　仕方無い　「~と思だども, しかだねぇ, 泊めてくれるんでんすけ泊まらんばね(~と思ったけれど, 仕方無い, 泊めてくれると言うのだから泊まらなくてはならない)」

~しかね,　~(だった)からね,「家内もいねがったしかね, (嫁さんも居なかったからね)」

しかばな　死人の枕元に供え後で祭壇に供える飾り。半紙を切り葦の棒にぐるぐる巻き付けて大根の輪切を半分にしてに刺す。真っ直ぐなたわし状の形状。村杉では「のりいれ」という白紙で作りひとむかい(一対)供えた。火葬時焼き場に持っていき焼いた。[笹神]

しかも・しかもか　1 だいぶ しこたま ずいぶん沢山 相当 暫く「鮭がしかも捕れた。*「鮭も鹿も捕れた」と聞き違える他県人あり, とのこと。/しかもか くうだっけ, はらいっぺになった(相当食べたので腹いっぱいになった)/しかもかしてから(しばらくしてから)」2[京ヶ瀬]かえって(沢山)「冷夏であったが 思う以上に しかもか作柄が良かった。」[県内全域]

†しかもも　暫く(しばらく)　*下の語の短縮形か

†しかももいでから　暫くしてから

†しからば　しからば そうなら〔標?〕「しからば お参りしてくれ。」

†じくねる[京]泣きべそかく 泣き止まずごねる「毎日 じくねる孫の 子守/じくねて困る」
　　　[北魚(むずかる 駄々をこねる)/南魚・会津(ふざける 拗ねる おどける)/南蒲(駄々をこねる)]

しくもくする[京]蚕的な動き「新品のシャツを着て, 札が付いてて しくもくしてた。」

~しけ,　~(だ)から　「しかたねえしけ, (仕方無いから, どうしようもないので)/風呂わいだしけ, はいらっしぇ。(風呂が沸いたから, はいられてね)/あっちぇしけ(熱いから)」

‡じごどわからね　言葉がはっきりしない「あの人のしゃべり, じごどわからねすけ 大変だ。」

†しこもこして　もじもじして「しこもこして, なかなか出て来ねな。」[水原]

じさ　爺(じじい)じいさん「ばかじさ(馬鹿じじい)」〔悪口〕

じさい[時斎]正式でない簡素な法事とそのご馳走

‡しし [←肉?]「ししつく(太る)/ししかがって(太ってきて, 肉付きよく大きくなって)」(=すす)

じーじ　　じーちゃん　(→ばーば)

— 78 —

じじさ　　　　お爺さん　*水原の昔話には, 良い爺さん・悪い婆さんの型が多い, との説有.

しじゃらほじゃら(に)　　　纏まり無く「しじゃらほじゃらにしてしもで, ちっともまとまら
　　ねがった。」　(=しんじゃらほじゃら[京])

†しじゅうくいん[四十九陰]　四十九日　納骨と神開きをし, ひざかぶもちを鉈で切り食べる

したぐれ　→　しったぐれ

(~しょうと)したてが。　～しようとしたとさ。「しょうねし, おりようとしたてが。(しようが

したでば, したてば　　　そうしたら, そうしたなら　　　＼ないので下りようとしたとさ)」

したども,　　　だけれど　だけど　でも「したどもいいわの。(でもいいよ)」

したば　　そうしたら　そうしたなら(ば)「したば,/下ろそうとしたば(下ろそうとしたら)

じだふむ　　　地団駄を踏む「小僧じだ踏んで,」　　　　　　＼*本来仮定か? でも意味は≒したら

したむ　　　汁気を切る　水気を切る「ようしたんでから, 袋に入れ。/お茶はきべしょ(急
　　須)からよくした≒ないと 次出す時, 苦くなって不味い。」

したら　　　そうしたら　そしたら「したらやってみれ。(そんならやってみろ)」

～したんげ。　　　～したのかい。「おめ, やげっぱだ したんげ。(お前は火傷をしたのかい)」

しっかいばさ[京ヶ瀬]　お手伝いの家政婦仕事の老婆「しっかいばさに来て貰った。」

しっかと　[標?]　しっかりと「縄がしっかと柱に縛らって」

じっき(に)　　直(じき)　すぐ　間もなく (=ぢっき(に))「節句もじっきだもの, (節句もじきだもの・
　　すぐだから)/それからじっき(それからすぐに)/じっきに行きます。」

　　*「はや」は意味無し?　ex.おおぎにはや(ありがとう)/ごめんしておぐんなせはや(ごめんね)

じっきはや　　　すぐに　もうすぐ (≒じっき)「じっきはや彼岸にもなっし。」

しっくらもっくら　　　態度がはっきりしない　煮え切らない「しっくらもっくらでばかり
　　していないで, はっきり言え。(はっきり言わないのを止めてはっきり言え)」[京ヶ瀬]

しっこらしっこら[京ヶ瀬]　歯応えが良い「黄金餅はしっこらしっこらで良く伸びて美味い。」

しったぐれざけ[京ヶ瀬]　送別の際の振舞酒 (=したぐれ)「玄関先でのしったぐれざけ」

しっっぺだ　=しっぺた「スーとしっっぺだ しぼめたでが。」

しっぱね　　　どろっぱね(泥跳ね)　〈ズボン・スカート等に付く〉汚れ水の跳ね　[中越・魚沼:同]

しっぺた・しっぺだ　　　尻っぺた　お尻「日本猿, 顔としっぺたが真っ赤/しっぺだはだいて(お尻を叩

して　　　そして「してまだ「…」とようだでが。(そしてまた「…」と言ったとさ)」　＼いて)」

～して　　～で「さんにんして ないだでが(三人で泣いたとさ)/一人して煮れや。(一人で煮なさい)」

～していっか　　　～しているか「なじょにしていっか(どうしているか)」

～しておがろば　　　～しておかれようか, おかれない。「逃がしておがろば。」

しておぐ　　　しておく「きれいにしておぐもんだで。」

～してだ　　　～していた「大騒ぎしてだでん。(大騒ぎをしていたとさ。*～でん(=での))

～しでだでば,　　～していたならば,　～してたなら「雨宿りしでだでば, ねぶとなって寝
　　でしょもだでん。(雨宿りしていたなら眠くなってねてしまったとさ)」

～してだんに,　　～にしていたのに「楽しみにしてだんに(楽しみにしてたのに)」

してだった。　　していた「坊様と小僧, 二人して暮らしてだったでね。/昼寝してだったど。」

しでだ　　　　していた　「雨やどりしでだでば(雨宿りをしていたなら)」

～してたば,　　～していたら　「畑ぶちしてたば」

～してでね。　～してたんだよ。「ばがまずしい くらしをしてでね。(とても貧しい暮らしをしてたんだよ)」

～してねばねぇあんど。　～してなくてはないんだぞ。「行儀ようしてねばねぇあんど。(行儀良くして
してまだ　そしてまた そして再び「してまだ～とようだでが。」　＼いなくてはならないんだぞ)」

しても　　それでも「んなしても一ヶ月もいだもの(お前はそれでも一月もいたんだもの)」

してもまあ,　　それにしてもまあ

してやった　　1してやった〔標〕2して貰った*誤用?「助けに来てくれって, 約束してやったてが。(約
～してらんので　　～していられないので「とうとう我慢してらんので　＼束して貰ったとさ)」

～してれ(よ)。　～していろ。していてね。「さかなの番 してれや。/地蔵様みでな格好してれ。」

じーと　　　じっと　「じーとしてれや。(じっとしていなさい)」

しとうつ　　1打ち水をする　2水を撒く「赤飯蒸かしに しとうつと美味しく出来る」

しなさんな(や)。〔標?〕しないでね なさらないでね　「心配しなさんなや。」

しなそば[支那そば]　中華そば　ラーメン　[古い標,新潟県内広域]

しなっこい　しなしなして歯切れが悪い　「しなっこい沢庵漬」[京ヶ瀬]

～しなに　　～する途中で「学校行ぎしなに(学校へ行く途中で)/ねしなに(寝る前に)囲炉裏
　　の中の火にあぐ(灰)かけて」　　　　　　　　　　　/菜が)皆枯れてしまった)」

しなびれる/†しなぶれる　　しなびる(萎びる)　「しなぶれて, みんなかれてしょもだ。(萎びて(野
しならしなら　　しなしな「しならしならしている。(しなしなしている。萎びてくにゃくにゃしている)」

　　　(=すならすなら)(→しならっけ,すならっけ,すなすな,しなっこい)」

しならっけ　　しなしなした　しなやかな　(=すならっけ →しならしなら,すなすな,すならすなら)

しにっぱぐれかえだ　死にっぱぐれた　死にぞこなった「車事故でしにっぱぐれかえだ。」

しぬ　　1〔標〕死ぬ　2[笹神] 打撲で青黒くなる　(=すぬ)

しね　　しない「しねば いいが。(しなければいいのだが, しないならいいが)/勉強しねばね。(勉強しな
　　くてはならない)/しねば よがった(しなければよかった)/おれとかけ しねがね。(俺と賭をしませんか,
　　しないかい)/ しねばねえんだでね。(しなくてはならないんだよ)/ちっとも仕事しねでが。(ちっとも仕事
　　をしないとさ)/なんにもしねうぢに, (何もしない内に)/しねすけ(しないから)/なんでもしねあんに, (何
　　もしないのに)」[新潟県内広域]

～しねがね。　　～しないかね。しましょうよ。　「かけ しねがね。(賭けをしないかい)/神様にも信
　　仰しねがね。(神様も拝まないかね。神様を信仰しないかね, しましょうよ)」

～(に)しねど,　　～にしないと　「丁寧にしねど, みず まがしてしまうぞ。(丁寧にしない
　　と水を溢してしまうぞ)」

しねばならね〔頻用〕しなくてはならない　「そろそろ田植え, しねばならねのう。」

しねばねー・しねばねぇ　　しなくてはならない「入院しねばねーがもね。(入院しなくてはならな
　　いかもね。)」

— 80 —

しねらもねら　　ぐずぐず ぐだぐだ 「しねらもねらして はっきりしねすけ ごっしゃやげでしもだ。(ぐずぐずしていてはっきりしないんで怒ってしまった)」

～しので　　しないで 「仕事もしので/恩返しもしので/いさけしので(喧嘩しないで)/正月がいもんもしので/遊びもしので」 (→させので)

しのみ[汁の実] 味噌汁の具 [笹]

しばや　芝居小屋 芝居 (=すばや)　†しばやし[芝居屋師] 現実と違う事を平気で言う人 嘘つき

†しびく　　引きずる 「長すぎて しびいている。」 (=そろびく)

しぶ　1[標]しぶ 2†方法 しきたり 振る舞い方 すべ(術) 「まいるしぶ(参り方 お参りの仕方)/はたらくしぶ(働くすべ) 」

‡しぶかだまり[京ヶ瀬] 便秘　　/*昔の火葬場の臭い? [京ヶ瀬]

†しぶらっこい[京ヶ瀬] 渋のあるような 何かいがらっぽいような「しぶらっこい臭い」

～じぶん　　～の頃　「よなかじぶん(夜中、夜中頃)」

じべだ　　地べた 地面「じべだに べたっと けつ ついている(地面にべたっと尻を付けて座っている)」

しぼめる　　すぼめる 「けづしぼめれば大根たげで戻ってくる(肛門を締めて尻を窄めれば大根を持って戻ってくる)[昔話:屁ふり嫁]」

しまうり　　真桑瓜(まくわうり)

しまづ　　始末 片付け方 「あんまりしまづが よすぎて(余りにも始末が良すぎて)」

(にして)しまわっしぇ。 ～にしてしまいなさい。

じみ　　ミミズ [古い標?] (=ずみ)

‡しみずご[清水+子?] 山椒魚　*囲炉裏で焼いて疳の虫の薬にした[笹神勝屋]

しみたかなこーり[京ヶ瀬]　つらら (=かねっこーり)

しみる　　凍る (凍って)カチンカチンになる(すみる)こと。人によっては「しみわたり」するため、わざと遠回りして登校した者もいたとの事。[魚沼：同] (=すみわたり)

しむ　　1死ぬ　　2†[笹神] 打ち身で青黒くなる (=すむ 2)

しめ　　1姫「うりしめご(瓜姫) <昔話>」 2赤ん坊のおしめ(襁褓) (今の)紙おむつ *一幅半、一幅、またかき(襁褓を結わえる)、しめカバーにとーゆし[灯油紙:油紙]を用いた。普段用は刺し子が多かった。[笹]

しめつけらって　　締め付けられて　縛られて 「なわにしめつけらっては、逃げるに逃げらんね。(なわで縛り付けられては逃げるに逃げられない)」

じめらじめら[京ヶ瀬]＝じんめらじんめら

しもう　　1~してしまう 「たえてしもうすけ(絶えてしまうから)」
　2 終わる 「食うでしもうころ(食い終わるころ)」　　(しもだ→)

～(して)しもうさが、　～してしまうから「泣き死んでしもうさが、」

～(して)しもうだら、　～してしまったら「みんなボンボンもやしてしもうだら、それから化け物でのなったてが。(皆燃してしまったら、それからお化けは出なくなったとさ。)」

～しもうで、　　～してしまって 「まけてしもうで、(負けてしまって、降参して)」

(~して)しもえ。　　～してしまえ。「こみともねえ。お前のべろ切ってしもえ。」

しもえば　　　　しまえば「こうなってしもえば(こうなってしまえば)」

～(して)しもが　　～(して)しまうが「石ぶっつけでようしてしもが,(石をぶつけて弱くしてしまうが)」

しもかぜ　　西からの大風　(=くだりかぜ)　[京ヶ瀬]

～しもがん でんが。　～してしまうそうだった。「みやげ こうでくっと、みんな 白狐どこっ
　　てしもがん でんが。(みやげを買って来るとみな白狐の所へ行ってしまう様だった)」

～(して)しもすけ、　～してしまうから　「くわってしもすけ(喰われてしまうから)」

～(して)しもだ。　～してしまった。(≒しょもだ)「ドサッと 落ちてしもだでが/落ちてしもだどさ。(ド
　　サッと落ちてしまったとさ)/やめてしもうだでがな。(やめてしまったとさ)/割れてしもだでが。/落ってし
　　もだでんが。/みんな食べてしもだころになって(みんな食べてしまった頃になって)/ばかにっくげになっ
　　てしもだねけ。/～してしもだでば。/逃げてしもだんだな。(逃げてしまったんだな)/大変なこど 言うでし
　　もだ。/行ってしもだがのう。(行ってしまったんだがなあ)」　(→しょもで)

～(して)しもだでん。[←しまったでの。]　～してしまったとさ。「一釜の御飯、みんなうつしてし
　　もだでん。」　(=しもだでんが。しょもだでんが。)「…が ぽっくり 死んでしもだでんが。」

しもっこで(え)。　しまうことだよ。しまうさ。「生き肝くったら、俺、死んでしもっこでぇ。
　　(生き肝を上げたら、俺は死んでしまうよ)」　[新潟:しまうこて,しもうこてさ]

～しもで　　～(されて・して)しまって「みんな殺さってしもで(みんな殺されてしまって)/
　　困ってしもで/弱ってしょもで　(=しょもで)

(~して)しもわんばね　　～してしまわなくてはならない　「こんげなこどしていだら死んで
しもわんばねが, どうしたらいいもんだ」

しや　　じゃあ　それでは　そうすれば　「しや これからいいこと おしえっわや。(じゃあ
　　これからいいことを教えるよ)」

しやあ,　　うわあ　おおっ　*驚きか意味のない間投詞

しやがる　〔標?卑語?〕しやがる　する　「ろくなこと しやがらね。(ろくな事をしない)」

しゃがん　　左官(屋)　「大工どん。しゃがんどん。(大工さん。左官屋さん)」

†じゃぐ ざぎ　　お手玉　(=ざっき)

†しゃごだまる　　　うずくまる　[←しゃがむ+玉になる?]
　　「地震の時は 立っていので すぐしゃごだまれ。(立っていないですぐしゃがめ)」

しゃじ　　スプーン　匙(さじ)　(=さじ、さず、しゃず)　*「さじ」「しゃじ」、両方聞かれる

しゃず[笹神]　=　さじ、しゃじ、さず

しゃっくりかく[京ヶ瀬]1 しゃっくりが出る　2 不意に何かに行き詰まる

しゃっつける　　1 殴る 殴りつける 叩く (≒はったく)　2(比喩的に)やっつける　「いうこど
　　きかねど しゃっつけるすけ。(言う事聞かないと,聞き分けないと,ぶっ叩くよ)」

～しゃった　　(~さ)れた　「出ていが(っ)しゃっДど。(出て行かれたとさ)」

††しゃで [舎弟]　弟 「しゃでいねが。/しゃで ては、何のことだ?」　[仙台:同/茨木:しゃでー]

じゃらける　　じゃれる「じゃらけあえをしてる。(じゃれ合っている)」

— 82 —

しゃべっちょ・しゃべっちょこき・しゃべっちょこぎ　おしゃべり(な者)話し好きな者 口
　　の軽い人 「あの人 しゃべっちょこぎ なんさ。」
†しゃぼろ　　　シャベル スコップ 「しゃぼろ や こすき」
†しやみこぎ　　怠け者 冷や飯喰らい [←冷や飯+こき] (=ひやみこぎ)(→こぎ)
‡じゃりがちうた　砂利搗ち唄(じゃりかちうた) *砂利を敷いて上を搗いて固める時の唄 [笹神熊堂]
ジャリドーン　　1〈葬礼・葬式の野辺送りの鐘と太鼓の音〉ジャーンドーン　2 山蜘蛛の化け物の近づく音
‡じゃりわらやかん　出しゃばり女 (=おしゃめおなご) [京ヶ瀬]
ジャリンドーン　=ジャリドーン　*多少音大きめか?
~しゃる　　　~される ~しなさる 「よばっしゃる(お呼びになる)/こらっしゃる(来られる)/
　　いがっしゃる(行かれる,お行きになる)　(→~すた(=~しゃった[多少丁寧])、~しゃんな)
しゃれこき・しゃれこぎ [標?] お洒落な人・奴　(→こぎ)
しゃれこぐ[笹神]　お洒落する
しゃれやれ。　~にしなさい。「団子にしゃれやれ。」
シャンシャン、シャンシャンと　びゅんびゅんと　*速く走る様
　　「シャンシャン、シャンシャンとぼったぐったでがね。(びゅんびゅんと追いかけたとさ)」
しゃんつける　1 殴る ぶちのめす (=しゃっつける ぶったたく ごんぐりつける)(=しゃんづける [京ヶ瀬])
　　2[笹神] 成敗する　　　　　　　　　　　　　　　　　　　　　　　/(←しゃる)(→すた)
~しゃんな。[軽い敬意・親愛の否定語尾] ~なさるな なさらないで「いがしゃんな(お行きになるな)」
ジャーンボと　　ジャーン ボンと(葬礼の音;ジャーンが鐘、ボが太鼓) 「たいまつ(松明)点(つ)けたそう
　　らい(葬礼)が、ジャーンボと鐘鳴らしながら来たでんがねえ。」(=じゃんぼんかん[京ヶ瀬]　じゃんぼんか
　　んに なる(葬式になる)〈幼児語〉)　　　　　　　　　　　　　　　　　　　　　/音)の音から
ジャン ボン ジャン　　葬式 *のおくり(野辺送り)での、繰り返す 送り念仏(男は南無地蔵大菩薩、女は大悲観世
じゅうさんぶつさま[古い標] 十三仏様(じゅうさんぼとけ/ぶつさま) その掛軸〔本来,山の神様〕
しょ　　しお(塩)
(~の)しょ　~(の)人・者(達)、衆「村の若いしょ/村んしょ/隣のしょ・となりんしょ(隣の人)/うらんしょ(裏
　　の人)/家んしょ/消防のしょ/葬式のしょ(葬式の参加者・参列者達)/おめのしょ(あなたの家の人)/わがい
　　しょ(若者)/そのしょ」　*水原では「どん」は身分上位、「しょ」は下位<宮田>
~しょ(−)　~しよう 「むらのしょ(村の衆)に あいずしょど おもで(合図しようと思って)/そうせば、そ
　　うしょで。(そうならばそうしましょう)/どうしょば。(どうしようか)/おらもしょどおもで(俺もしようか
　　と思って)/いわねーことにしょーてば。(言わないことにしましょうよ)」 *じゃんけんで『あいこ』になった
　　時、その後の掛け声も「しょ」。これは「あいこでしょ。」の省略形か?
ジョイジョイ、ジョイジョイ　　ジョリジョリと　〈カミソリや刃物で髪を剃る音〉
しょ(−)いわし・しょっからいわし　糠鰯(ぬかいわし) *塩と小糠で漬けた鰯
(~どんの)しょう[←衆]　(~さんの)家、家の人(々)　　　　　　　　　　　　　　　/って行った)」
じょう　1[標] じょう(錠…) 2 重箱 お重「じょうに、ふっとつ たがいていった(重箱に沢山つめて持
~しょうが(.。)　~にしようか(な)「団子にしょうが、こーせんにしょうが。/しょうがど:ち

— 83 —

ょうはんに しょうがど おもで(昼飯にしようかと思って *ちょうはん=ちゅうはん(昼飯)」

しょうがね　　しょうがない[標?]「腹やめてしようがないので/腹やめてしょうがねが/くやしでくやしで
　　　しょうがねでが。/畑荒して しょうがねがったど。(しょうがなかったとさ)」(=しょうがね,しょうね)

しょうがので,　　しょうがなくて　「かわいそうでしょうがので,」

†じょうきぱん[蒸気パン] =ポッポ焼き　*ウィキペディアには,新発田市発祥で阿賀北(水原郷も含む)以北
　　　では「蒸気パン」と呼ばれる,とある。だが現代の多くの当地の若者は「ポッポ焼き」と称する。[阿賀北以北]

‡じょうきやき　　ポッポ焼き,の別名　[笹神]　*「じょうきぱん・じょうきやき」は死語化傾向

†しょうくむ[笹神]　錐揉み状態の様に異常な動きをする　「凧が上がっても しょうくんで,錐揉み状態
　　　で落下する。」

じょうさね(ぇ,え),じょさねえ　　　簡単だ 造作ない 易しい　「そおんげながん じょうさ
　　　ねさ。」(=わげね)[魚沼:ぞうさねえ[標?](類)あぢこたねえ あちこたねえ　南蒲:じょっさねえ じょうさねええ]

じょうさもない。じょうさもね。じょうさもねわや。[上同]　簡単だ　(=じょっさね,ぞうさもね)「こん
　　　なもんだい,じょうさも ねねが。(こんな問題,簡単じゃないか(何で出来ないんだ!))」

しょうし(ぃ)[←笑止]　恥ずかしい　(=しょうす・おしょし・おしょす)(→しょうしがる・しょうすがる)「人
　　　前だとしょうしで 思うことが言われない。」

しょうしがる　　　恥ずかしがる　「しょうしがり(恥ずかしがり(の人))/しょうしがり 畳の上に のの字書

しょうす[笹神]　恥ずかしい　(=おしょす)　「大勢の前に出んのは しょうすだわ。」　＼きく宮田＞

しょうすがる[笹神]　恥ずかしがる

‡じょうだな[重棚]　重棚 棚　[笹神]

～しょうで。～しょうでね。～しょうでば。　　～にしましょうよ。「餅食うこどにしょうで。/
　　　桃太郎と しょうでね。(桃太郎にしましょうね)/よびなんこ しょうでば というで,(驕り
　　　合いをしましょうと言うので)/おらだいの村の地蔵様にしょうでば。」

～しょうど　　～しようと　「今,しょうどおもでいだんだ。(今しようと思っていたんだ)」

じょうとう[上等]　結構(良い)　良い　　*沖縄口と同?

しょうびぎ　　　塩引き鮭　*歳夜(としや:12月31日 大晦日)のご馳走　[新潟:しおびき]

†しょうぶする　　成敗(せいばい)される やっつけられる「悪いこどすっと いっぺこど
　　　しょうぶされっと。(悪い事をすると,沢山やっつけられるぞ)」

しょうね　　　しょうがない　(=しょうがね)　「わがらねんすけ しょうねがね。(分からない
　　　んだから しょうがないよね)/あぐらしで しょうねすけに,」

しょうねし　　しょうがないし しょがなくて「そこにいでも しょうねし,(そこに居ても
　　　しょうがないし)/家が貧乏でしょうねし(家が貧乏でしょうがなくて)」

しょうねわや。　　しょうがないんだよ。

しょうので　　仕様がなくて 仕方無く

じょうのび　　気楽にのんびり(の状態だ)　　[県内他地区:じょんのび]　　　　　/かね)」

～しょうば。　　～にしようか。「ばんげのごっつぉ,なんにしょうば。(晩御飯のおかずは何にしよう

しょうばいにん 1[標]商売人　2[標?]玄人 専門家 セミプロ「あいつ,松の剪定にかけてはしょう

— 84 —

じょうぶ 1[標]丈夫　2 元気 「家のしょ じょうぶだったが。(家の人は元気でしたか)」 ＼ばいにんだ。」

じょうや　　きっと　確かに　多分　(=じょうやその、ぢょうや[京ヶ瀬])　[魚沼:同]

しょきっと　しゃきっと 「朝からあっちょで、しょきっとすねな。(朝から暑くて、体がだるくてシャキ

†じょける　ふざける 「じょけてばっかいる(ふざけてばかりいる)[水原](=ぞける)　＼ッとしないな)」

†じょげる[笹] 雪が解けてぐずぐずになる 「気温が上がると、ゆぎはじょげでしまう。」

じょさねえ・じょうさもね(え)　　容易だ　たやすい　ぞうさもない　(=わげね)
　「そにげな がんたら、じょうさねえで。(その様な事なら簡単だよ)/そげな じょうさもね。」
　　【新潟:じょうさもねえ/庵蒲:じょっさねえ】[類 魚沼: あちこたねえ あぢこたねえ あじこたねえ]

じょーしき[京ヶ瀬] 必ず 「あの娘、良く遊びに来てくれが、じょーしき 嫁に来てくれるか?」

じょじょ　　ぞうり(草履)　履き物 「今じょじょはいで。(今、草履履くから(待て))」

†しょしょぐり　　栗のいがの中に一個だけで入っている栗　[笹神]

しょっから　　塩辛 「いがのしょっから(イカの塩辛)」

しょっきがない[京ヶ瀬] 生気がない　とても疲れる 「しょっきがない程 くたびれた。」

しょったれ[←しお(塩・潮)+たれ(垂れ)] 1不精(者)　だらしない者　不潔(な者)(=しょったれこぎ、しょっ
　　たれ者) 2 薄汚い　みすぼらしく惨めな 「しょったれな格好」

しょったれこぎ　〈上同 卑称語〉「しょったれこぎはばらこくたいはあんまり気にならない。」

しょったれげ　　不潔でだらしない(様な)

しょっぱな　=　しょっぱつ　[←初+鼻] 最初

しょっぱつ [←しょはつ?(初発)]　最初 「しょっぱつから(初めから)」(=しょてっぱつ)

しょっぺ　　しょっぱい　塩辛い 「この味噌汁 ちと しょっぺな。(ちょっとしょっぱいな)」

～しょで　～(しま)しょう「はよ ねましょで ね。(早く寝ましょうね)/お参りしょで。」(←しょうで)

しょてっぱつ　=　しょっぱつ 「何をやるにも しょてっぱつが大切だ。」

†じょのくち　玄関先 「じょのくちで、迎え火、送り火をした。」[笹神勝屋]

しょーぶする・しょーびする・しょーべする[勝負する?]　制裁する　罰を与える やっつける
　「しょーぶされる(罰せられる)」[京ヶ瀬]

しょむ　　しみる(浸・沁みる) 「ツンキつげだら きずぐづが しょんで いでぇ。(赤チンキ
　　つけたら傷口がしみて痛い)」　[魚沼:同]

しょも(だ)　　(～して;しまった 「みんな帰ってしょもだが。(みんな帰ってしまったとさ)/あげでしょ
　　もだで。(上げてしまったよ)/煮てくでしょもど。(煮て喰ってしまうぞ)/どっかへ にげていってしょもだ
　　ど。(どこかへ逃げて行ってしまったとさ)/～になってしょもで(～になってしまって)/うなが打ち首にな
　　ってしょもがな。(お前が打ち首になってしまうよ)/みんな くでしょもってんが(みんな食ってしまうと
　　言うのだが)/絶えでしょもほが ねが、(絶えてしまうほかないんだが、少なくなってしまうのだが)/～しょ
　　もだでん。(～しまったとさ)/つっこんでしょもだでがね。/ひいくれでしょもで、(日が暮れてしまって)/途
　　中に落ちてしょもだもの、なに餅がはいっていろばぁ。(途中で餅は落ちてしまったんだもの、入っていよ
　　うか、入ってる訳がない)/死んでしょもだどさ。/(~して)しょもだどね。/(~して)しょもだでん。=しょもだ
　　でんが。=しもだでんが。(~してしまったとさ)/燃やしてしょもだんど。(燃してしまったんだとさ)」

— 85 —

(~で)しょもぁんだし　　～してしまうんだし　「火 もろわんば 出されでしょもぁんだし
　　と おもで,(火を貰わなければ家を追い出されてしまうんだと思って)」

しょもぁんばね。　　～してしまわねばならない。「噛みつかれろんだら,死んでしょもぁんばね。」

しょもえば　　～してしまえば　「行ってしょもえば 大変だ。」

~(して)しょもだ。　(~して)しまった。「うりこめごば 殺してしょもだでね。」

しょもだすけ,　　(～して)しまったから　「ばれでしょもだすけ(ばれてしまったから)」

しょもだでんが。　　しまったとさ。「聞いでしょもだでんが。(聞いてしまったとさ)」

しょもだんだ　　～してしまったんだ　「こんげなこどに なってしょもだんだわや。(こんな事に
　　なってしまったんだよ)」

しょもっすか,　～しまうから,　「鬼婆にかってしょもっすか,助けでおぐんなせ。」

しょもっすけ。　～(になって)しまうからね。「真っ暗になってしょもっすけ。」

しょもっぞ。　　～(して)しまうぞ。「みんな逃げでしょもっぞ。(みんな逃げてしまうぞ)」

しょもっとさ　　～してしまうんだとさ「…と いうでしょもっとさ。(言ってしまうんだとさ)」

しょもで　　～してしまって　「はようしんでしょもで(早く死んでしまって)/かくしてしょ
　　もで/おってしょもでんが(落ちてしまったとさ)/~になってしょもでね。(~になってしま
　　ったとさ)/たまげでしょもで(たまげてしまって)/食うでしょもで,」　(=しもで)

~しょも(っ)わ。　　～してしまうわ。「つれでいがんのなってしょもっわ。(連れて行かれなくなっ
　　　　　　　　　　　　　　　　　　　　　　　　　　　　　　＼てしまうわ)」

しょーよ　　醤油〔京ヶ瀬〕

†じょろ　　女郎　「じょろすぎ(女郎杉)」

†しょんがらがさ　　お坊さんの大傘　(僧侶用にさす)赤傘　(=[笹]しょうがらかさ)

じょんさ(さま)　　巡査 警官

しょんで　　しみて　(→しょむ)　*「しみる」の拗音化

しょんべん〔標?〕小便　(⇔えんこ)「しょんべんさせでだった(小便をさせていた)」

しょんべんじゃ　　小便用トイレ 小便所　*(男性用)小便専用のトイレ。多くの農家ではトイレは母屋の
　　外に設置されたが,そのトイレに大便用とは別に,農業用肥やし(肥料)の為に設けられた。寒い冬は大変。

しょんべんすにいぐ・しょんべんひにいぐ　　小便しに行く

しらあい・しらい・しらえ　(料理名の)白和え「人参のしらえ/しらい」*連母音の音の脱落・訛語

しらげ　　しらが(白髪)「しらげが多くなった」

†しりご〔京ヶ瀬〕肛門 (=きぐ)「カッパに しりご抜かれる。」　[古い標?]

しーれ　=　しいれ　「しーれぬの(白い布)」　(=†すーれ)

~しれねさが　　～しれないから　「んなこど ぼったぐっかも しれねさが,(お前を追いかけるかも

~しれねんだ。　～しれないんだが。「血も流していっかもしれねんだが。」　＼しれないから)

~しろう　　～しよう　「じまんしろうとおもで,(自慢しようと思って)」

しろかぎ　　代掻き(しろかき)*田圃仕事 /しろかきまんが=まんが

しーろなる　　白くなる　(=†すーろなる)「道がしーろなる。*多くは雪で」　(→しいれ)

しろなる　　白くなる 色白になる　「ほんね おめぇ,色は白なって いい女になっすけ,」

[しろく→しろう→しろ・しーろ　*ウ音の脱落(→ちこ, やわらこ, はよ)]

しわぎつける　　叩き付ける　「スワッと, しわぎつけたど。(ビュンと, 叩き付けましたとさ)/
　　しわぎつけて虫を叩いた。」(→しゃっつける)　[県内：しゃぎつける]

†しわぐ　　手を打つ, たたく　「杵で ばばさこど がーんとしわいで, (杵で婆さんをがーんと叩いて)
しわくた [笹神] しわくちゃ　(=すわくた, すわくちゃ)　　　　　　　　＼殺してしょもだでね。」

しわたがり [京ヶ瀬]　皺(しわ)

†しわぶる [笹神] しゃぶる　(=すわぶる)

†しわらくさい・しわらく(っ)せ　　しょんべん臭い　(=すわらくっせ)

†しんがい　　内緒の　秘密の　「しんがいぜん(へそくり (特に年寄りの)タンス預金)　(=しんがえぎん
　　[京])[佐渡：しんげぜん/南蒲：しんがいぜん, しんがいもん/魚沼：しっけぜに]/しんがいだ [笹神](税のかから
　　ぬ山の隠し田) [越後中部：しんがいだ]」

†しんき　　　気違い　気狂い　精神障害

†じんぎ[←仁義] 1 礼　義理人情の筋道　挨拶　遠慮　[京]　(=ずんぎ[京])「ちゃんとじんぎは返し
　　ておかねばね。(ちゃんと礼は返しておかなくてはならない)/じんぎしないで(遠慮せずに)い
　　っぱいこど呑んだ/互いに じんぎした(挨拶した)/じんぎこんぎ[仁義婚儀](冠婚葬祭等のしきた
　　り)[京]//ひとひつじんぎ(一櫃仁義)=ごしょうじんぎ(五升仁義)/にしょうじんぎ(二升仁義)/むらじんぎ(村仁
　　義)/いっしょうじんぎ(一升仁義)」3[笹神]死者が出た家への挨拶　(=かおだし)「じんぎに行って来よ
　　ぜ。」(→ごさんざんさまでございました[俚言])

‡じんぎまわり　　ひとなのか(初七日)に喪主が挨拶回りをする事 [笹神]

†しんきが やける[京]　憤る　腹が立つ

†しんきたがり　　神経質　頭がおかしい?　[魚沼：同]　(=すんけたがり)　(=しんけたかり[京])

†しんきやげ　　怒って　腹が立って　頭に来て　(=すんきやげ)「てまえのかがは, しんきやげ
　　で, (自分の所の嫁は怒って)/あのやり方は しんきやげで しょうがねかった。/しんきやげ
　　る。(癪に触る。いらいらする。腹が立つ)」

†じんぎり　　腰巾着　おべっか使いで纏わり付いている奴　「～は …の じんぎりだ。」

しんけ　　　神経　「しんけか(神経科)」

しんけたかり[京ヶ瀬]　=　しんきたかり　　　　　　　　　　　　　　　/された。」

しんじゃらほじゃら　　目茶苦茶　しっちゃかめっちゃか　「荒らされしんじゃらほじゃらにされた。」

しんしょ　　　身上(しんしょう：財産の状態)　「しんしょもあがった(裕福になった)/しんしょ あと
　　じゃりなっている。」

†しんならづえ　　根気強い　頑張る　「あのもん しならづえな。」[魚沼：同]

しんね　　　1(~かも)しれない　「助かるかもしんねなあ。」　2 知らない

しんばね　　しなくてはならない　(=さんばね)「この仕事 夕方までに しんばねすけ(しなくて
じんめら [京ヶ瀬] = じんめらじんめら　　　　　　　　　　＼はならないから)大変だ。」

じんめらじんめら　　じめじめ　「梅雨で家中じんめらじんめらして, 囲炉裏に火を焚く。」[京]

[す]

〜す (。) 1〔意志の終助詞〕〜さ。〜な。「利口なこど言う様になったす。」 2 〜しい「たのす (楽
しい)/うれす (うれしい)/くるす (苦しい)/さびす (寂しい)/かなす (悲しい)」

す し「ににがす, にさんがろぐ, にすがはづ (ににんがし, にさんがろく, にしがはち)」
＊いち, に, さん, す, ご, ろぐ, しち, はづ, く, じゅう

ず じ「かいたず (書いた字) がきれいにけーねがった。(消えなかった)」

〜すあんでねえ。 〜するんじゃないぞ。「開げたりすあんでねえぞ。」

すいこー 水原高校 ＊今は, 阿賀野高校 以前 (依然?)「白・黒・水色 (しろくろみずいろ)」と言われ, 教育困難
校と噂された, との事。〈新潟では「しろくろこうよう (白, 黒, 紅葉 [紅葉=新潟向陽])」と昭和50代に言ったが〉

‡すいこん 水泳用の男性性器を固定するパンツ状の物 〈委細不明〉

†すいじんさまにあげる (犬猫等動物の子を) 川に流す [京ヶ瀬]

すいばらいちび [水原市日] 水原の越後府跡 (天朝閣) の周りに立つ市 (=いちび)

すいちゅー (阿賀野市立) 水原中学校 (→やすちゅー) ＊水原中, 安田中のみ短縮

すいできて, すいてきて 掬ってきて「ざっこすいできて/ざっこをすいてきて (小魚を掬ってき
て)」

†ずうさ 爺さん (=ずず・ずずさ・おずず)

ずうっと [標?] どんどん先に「ずうっと歩いて行った」

すうでしもだ 吸ってしまった「みんなすうでしもだでが。(全部吸ってしまったとさ)」

ずうれ 狡い (ずるい)「ずうれ猿吉 (ずるい猿吉)」

すお しお (塩)「すおづけ (塩漬け)」

〜すか。 〜ですか。「湯 あっちぇすか。(湯は熱いですか)」

〜すか 1〜だけしか しか「黒衣一枚すかねんで (黒衣一枚しか無いので)/これすかね。(こ
れしかない)」 2〜だから (=すけ, しか) 〜するから (→〜ねしか)「あぶねすか, やめろ。(危な
いからやめろ)/お棺がおりねしか, 頼みに来るすか, そん時, 行ってお経 あげてくれ。(お棺
が降りて来ないから,〈お弔いの家の人が来てくれと〉頼みに来るから, その時, 行ってお経
を上げてくれ)/お前の事ばっか思でやすか, あんけな夢見だんろう (お前の事ばかり思って
いたのであんな夢を見たのだろう/せぇばらへ いがんばねすか だめだ。(水原へ行かなく
てはならないので駄目だ)/待っても来ねすか, 出がけっか?/おせるすか (教えるから)/あん
べわぁりすか, 病院いぐ。/みーんな草取っすか,/にげっとわありすか, (逃げると悪いか
ら)」 (=すけ) [新潟他地区:〜すけ ex.あぶねすけ やめれ・やめろ。/とるすけ・とっすけ (取るから)]

すがす 空かす「腹もすがさので育っていぐ (腹もすかないで育っていく)」

すかすかする すうすうする「さぁ〜むで ふとんながでも かだが すかすかする。
(寒くて布団の中でも肩がすうすうして寒い)」

すかた しかた「すかたねーわや。(仕方無いねえ)」

〜すかに, 〜 (する・した) から「そうして来たすかに, (そうして来たから)」

すかもか・すかも 1 かなり「この本, すかもか おもっしぇわ。(この本はかなり面白い
よ) [新潟:しかもか] 2 とても多い〔状態・数量〕

すがれもの[京] 終わりの物 うらなり 「すがれものは うまみがない。」

ずかん 時間 「ずかんどおりにこい。(時間通りに来い)/遅いずかんだす、そろそろ寝ろがな。(時間も遅いし、そろそろ寝ようかな)/こんげずかん (こんな時間)/ずかんをかけて (時間を掛けて)/体操のずかん (体育の時間)」

～すかんでがね ～するんだとさ 「挨拶、すかんでがね (挨拶をするんだとさ)」

～すき ～すくい 「ざっこすき (小魚掬い、小魚穫り)」 (←すいできて)

すぎ 好き 「(あの花) ばがすぎなんだが、(とても好きなんだが)」

ずぎ [植物名] ずいき (芋茎) [笹神]

すーきな 好きな 「お前さんのすーきな方 持って行ぎなせ。」

すくだい 宿題 「ちゃんと すくだい やれ。」

すくだまる・すぐだまる すくむ 黙って竦む 萎縮して黙る 縮まる 体を縮める 「おっかので、すくだまっていだった。(恐ろしくなって、〈黙って〉竦んでいた)/あんま さぁむて すぐだまってしょもだ (余りにも寒くて縮こまってしまった)」[魚沼:すくだまる]

ずくなし 不器用 (者) 能無し 意気地無し 役立たず 「うちの娘 ずくなしで なんでもできない (何も出来ない)」[←†ずく (根性)+無し] (=ぢくなし[京])【県内他地区は『ずくなし』は「根性なし」】

ずくなす[笹] 1=ずくなし 2[植物名]卯木 (うつぎ)

すくむ [巣組む] 巣を作る 「鶴が すくんでだ けで (鶴が巣を作っている様で)」

すぐる 1[標?]選る (すぐる) 選ぶ「すぐりわら:藁の中心部だけを残した藁/藁をすぐった。」 2 間引く (悪い物・良くない物) 取り除く「仔犬が 5 匹も生まれたので 3 匹すぐってくれた。(間引いた)」 *間引いたり選んだりして残す・捨てるの両者があり

～すけ (。) ～ (だ) から [理由]「でっかも すんねすけ (出るかもしれないから)/おれ はたおりすっすけ (私は機織りするから)/しょうがねすけ (しょうがないから)/いねすけ (いないから)/なんでも きぐすけ。(何でもきくから)/わがったすけ/分かっていだすけ/まあ いいすけ (まあ、いいから)/お前こど どうでも迎えにくるすけの。(お前の事をどうしても迎えにきます)/たいがい時間だすけ (そろそろ良い時間だから)/今頃まで遊んでいっすけ、そんだわ。(今頃まで遊んでいるからそんな風になるんだ)/あかりがみえだすけに (家の灯が見えたから)/帰ってこねすけ/大気もんで 来たんすけ」(→だすけ、すか 2) [新潟も同] *今は「～っけ」と言うのが普通 ex.「しょうがねすけ」→「しょうがねっけ」

すけて[京] 助けて、手伝って 「すけてくれや。(助けてくれよ)/すけてやる。」

～すけに ～だから (≒すけ、っけ) 「太郎と大蛇が格闘したすけに、じじさ たまげて、」

ずこ 事故 「ずこ起こすと大変だぞ。」

†すこかぶり 頬被り (ほおかむり)「すこかぶりして 畑へ出かけた。」(→てのげ)

スコスコ スタスタと 「後から、スコスコついで行っだど。(後からスタスタとついていった

すこたま しこたま とても多く 「すこたま、儲ける/儲げる。」(=すこったま[水原]) ＼とさ)」

すこったま[水原] =すこたま 「…を すこったま もろで たすかるわ。」

すごど しごと (仕事)「あらかだ すごどが おわった。/はりすごど/わらすごど (藁仕事:

藁草履・藁縄等を作る仕事)/すごとをやる(仕事をする)/すごど すとね。(仕事したくな
　い)/うづのすごど(家の仕事・家でしている仕事)/たなぼすごど/はだげすごど」

ずこもこ[京] もこもこ(ちょっとずつ)　「虫が地中から ずこもこ 這い出してきた。」

ずさ　　　爺さん

†すじゃらほじゃら　　いい加減に(適当に,ぞんざいに)扱う　「物をすじゃらほじゃら
　にすんな。(物をいい加減に扱わないで大切にしろ)/すじゃらほじゃらにする。」

ずしゅう　　自習　「授業が ずしゅうになった。/ずしゅう監督の先生」

†すす [笹] 肉　「隣のおばも とすごろになったんで すすついできたね。(隣の姉ちゃん
　も年頃になって大人びた体型(いい肉付き)になってきたね)」　(=しし)

すず [笹] 種籾
　すずだわら(種籾用の小さい俵)/すずまい(種籾用の米)/すずまき(種籾撒き)

ずず　　　　爺 じじ じじい　「ずずとばば(爺と婆)/おずず(お爺さん)」
　「ずず」の類:おずず(お爺さん)/†ずうさ(爺さん)/ずずさ(爺さん)/ずちゃ・ずずちゃ(じい
　ちゃん〈幼児語〉)/ずんず・ズンず ＝ ずず

すすかがる [すす(しし:肉)+かかる] 太る 肉付きが良くなる 「すすかがった赤ちゃん」

ずずくさい　　年寄りじみている　爺臭い　〈侮蔑語?〉

すすはぎ・すすはき [笹神] 煤払い

ずずさ　　爺さん　*多少丁寧　(≒ずず)

ずずちゃ　じいちゃん〈幼児語〉　(=ずちゃ)

†すずめのちょんちょん[京] 簡単に早く終わる　「すずめのちょんちょんだ。」

すそ　　　1(植物の)シソ 紫蘇 (=ちそ) 2出産時の産婦の会陰

ずぞう　　　　地蔵 じぞう 「かさずぞう(笠地蔵)」　(→ずんどさま)

すた　1 した 下・舌 「すたにー、すたにー。《大名行列の掛け声》/こすのすた(腰の下)」
　2 した 行った 「あやまづを すた。(怪我をした)/〜すたとぎ、(〜した時)/ごもんごもんすた川の水
　　(ごみで汚れた川の水)/とへんとすた(きょとんとした)顔/わらすごどをすた(藁仕事をした/こぼす
　　たさど(こぼした砂糖)/あすを濡らすた(足を濡らした)/指先でこすってけすた(こすって消した)」
　3[丁寧語] 〜された「こらすた(来なさった)/いらすた(いらっしゃった)/いがすた(出かけられた)」

すたっぱ　　下っ端　「われわれすたっぱ(我々したっぱ)は」　　　　　　　　　＼(→すて2)

†すだて[簀立て] 水面に竹で編んだ簀を張り巡らし,迷い込む魚をたも (䋄) で掬う

†すたば　　そうしたら　[水原]

ずだぶぐろ　　頭陀袋(ずたぶくろ)

‡すだみ　　どんぐり 「†すだみのき(どんぐりのなる木, 楢や木楢)」 *なんこなんこいくつ,で使った

すたら　　したら 「はよ すたら どうだ。(早くしたらどうだ)/がぶのみすたら(がぶ飲み
　したら)/よなべすたら(夜なべしたら)/はだげぶづをすたら 手にまめがでぎだ。」

ずちゃ・　じいちゃん〈幼児語〉　(=ずずちゃ)

〜すっか　〜するか 「なにすっか わからねすけに(何をするか分からないので)/なにす

っかわがらねが、」

ずっかずか　　見る見るうちに　たちまち　「ゆぎが、ずっかずか　とげできた。(雪が見る見る
〜すっかん　〜するのは　「神様　信仰すっかん、じょうさもねわや。」＼うちに融けてきた)」

ずっくり [京] ゆっくり　「ずっくりおちついて (ゆっくり落ち着いて)」

〜すっけ。　1〜するから。「なんか　おとすっけ。(何か音がするから)」　2〜しようか (ね)
　　「いっしょにすっけ。(一緒にしようかね)」　(→すけ、すか2)

†すっけ[笹]　酸っぱい　(=すっぺ)

†すっこかぶり[京]　頬被り (ほほかぶり、ほおかむり)

†すっこもっこ　　もじもじ　「いつまでも　すっこもっこしている。」

〜すった。　〜 (しな) さった。「どうしなすった (どうしなさった)/いなすった」

ずった　(ずる過去形)　→　ずる

†ずったくる[京]〈卑語〉　(しゃにむに・無理に) 動き回る

すったのもんだ・すったのこうだ[京]　すったもんだ　あれやこれや　「すったのもんだ (す
　　ったのこうだ)の意見がまつまつで、なかなか決まらない。」

†すったりばったり[京]　(お金が) 何もなくなって　「すったりばったり　こわのできた (何も
　　お金が無くなって　買わないできた)/高い酒を呑んで　すったりばったりになった」

すっちゃがめっちゃが　　しっちゃかめっちゃか　目茶目茶　目茶苦茶　「〜を、すっちゃ
　　ごめっちゃがにする。(〜を乱雑に扱い駄目にする)」

ずって　(接続形)　→　ずる

…すってが。　　…するとさ。したとさ。　「大いばりすってが。(大いばりするんだとさ) /
　　〜って　声　すってが。(〜って、声がするとさ)/声すってがね (声がするとさ)」

…すってんが。　=すってが。「おっかなげな声すってんが。(恐ろしそうな声がするんだとさ)」

すってんぺん　　一番上　てっぺん　「すってんぺんに登って、降りてこねでんが。/五頭山
　　のすってんぺん/山のすってんぺん」　　[魚沼：(木の) てっちょ/南魚：てんじく]

(〜て) すっと　1[標](〜と) すると　「「おれ百、馬百、おれ百。」てすっと、/はよすっといいどもな。(早く
　　するといいけどなあ)/まぜこぜにすっとわがんのなっと。/すっと　流しの方から　音すってんが。(す
　　ると、流しの方から音がするんだとさ)/くらすまで (暗い所で) はりすごとすっと (針仕事すると) めぇ
　　わるぐすっと。(目を悪くするぞ)」　　　2 (〜。) 〜するぞ。「におい　すっと。(臭いがするぞ) /
　　本ばっか見でっと、めぇ　わぁるすっと。(本ばかり見ていると目を悪くするぞ)」

ずっと　　じっと　「いごがので、こごにずっとすてれ。(動かずにここにじっとしていろ、
　　ここでじっと待っていろ)」

すっとこどっこい　1[標]すっとこどっこい　2[京]どっこいどっこい　ちょうど同じ

‡すっとこやろう[京]　悪い事をするが憎めない野郎

〜すっとも　　〜するけれど　「みんな心配すっとも、どうしょうもね」

すっぱね[笹]　しりっぱね (尻っ跳ね) 歩く時に跳ね上がった泥・泥汚れ [魚沼：しっぱね]

ずっぷり[京]　ずっぽり　とっぷり　「ずっぷり頸まで浸かる/ずっぷり日が暮れる」

すっぺ　　　酸っぱい　(=すっけ)　[標²]

すっぺだ　　　尻っぺた　「すっぺだ はだいで (尻っぺたを叩いて)」　(→きぐ, けづ)

すっぺらぽん　[植物名]　すかんぽ　「すっぺらぽん 口の中から初夏を呼ぶ〈宮田〉*山歩きをしてる最中, 喉
　　　が渇くと, 道端のすかんぽの茎をもいで皮を剝いて中身を嚙み, ペッと吐き出して喉を潤す。　　　　/んで)」

†すっぽ　　　しっぽ　尻尾　*しっぽ, とも言う　「こんだ すっぽつっこんで (今度は尻尾を (川に) つっこ

†すっぽこ　　　しっぽ　「おぶなも こぶなも いらねぞ, すっぽこ とんとん ぬけでこい!
　　　《狐の台詞 *大鮒も小鮒もいらないよ, 尻尾よとんとん抜けてこい, の意味か?》[こ, は示小辞か]

†スッポコンど　　　スポ(-)ンと　「すっぽこんど とれので (スポンと取れなくて)」

すっぽぬげ　　　すっぽ抜け　「せんつの柱すっぽぬげで (トイレの柱がすっぽ抜けて)」

〜すて　　　〜して　「とろとろっとすて いいきもづだった。(うとうとしていい気持ちだった) /のっつ
　　　りすてで (のっそりしていて), 動きが悪い。/もうつっと ゆっくりすていげや。(もうちょっとゆっ
　　　くりしていけよ) /ほったらがすておげ。」　(→すた)

〜すていって　　　〜していって　「よろっとすていって くんなせ。(ゆるりとしていって下さい
　　　ゆっくりしていって下さい)」

〜すている・すてる　　　〜している　「うづんながに 砂が入って ざひもこすてる。/納豆は ズラズ
　　　ラすている。/いづまでも そっくとすている。」　(→すてんな)

〜すてね。　〜されていない。「こらすてね。(来なさっていない。来られてない)」(→すた)

…すてらろば。　　　…していられないよ。「そんげこど すてらろば。(そんな事はしてられれない・
　　　していられるか (していられる訳無い))　[すて (して) + (い) らろば (居られようか)]

〜すてらんね。　　　〜していられない。　「くろなってきたんで, よろっとすてらんね。(暗くなっ
　　　てきたのでゆっくりしていられない〈帰らなくてはならない〉)」

〜すてれ。　　　〜していろ。　「こごに ずっとすてれ。(ここでじっとしていろ)」

ずてんしゃ　　　自転車　「ずてんしゃのハンドル/はまのしょが ずでんしゃで いわすを売りに来た。」

〜すてんでね。　　　〜しているな。〜しているんじゃない。「いさげばっか すてんでね。」

〜すてんな　　　〜しているな　「らっつもねこで 喧嘩すてんなや。」

〜すてんば。　　　〜しているんだ。「そごで なにすてんば。(そこで何をしているんだ)」
　　　　[新潟:なにしてるてぇ。/中越:なにしてるがぁ。]

ずーと　　　ずーっと　「ずーといったば (ずーっと行ったならば)」

(〜) すとね。　　　〜したくない「そんげがん, すとね。(そんな事はしたくない) /すとねがんを
　　　やりもかやらせんな。(したくないことを無理矢理やらせるな) /すごど すとね。」

〜すな　　　〜しな 〜するとすぐ　「おぎすな (起きしな, 起きてすぐ) /がっこの帰りすな」

†すなごぐ　1[笹]手でしごき落とす　2[京] (かなごぎ (せんばこき) で脱穀で) 引っ張り落とす　こそぐ

すなすな　　　しなしな　「だいごんは, すなすなになるまで ほすたところで つけこむ。(大根
　　　はしなしなになるまで干した所で漬け込む)」　　　　　　　　　/なぶれては捨てるしかない。」

すなびれる・すなぶれる [笹・京] しなびれる　「すなびれだ だいごん (萎びれた大根) /野菜はす

すならっけ　　　しなしなする　「このこっこ (沢庵漬け) は, すならっけ。/すならっこで ようかま

んね。(しなしなしていて, 良く噛めない)」

ずなる[京]　大声を出す「スピーカーのずなる声」[南魚上田・南蒲：†ぼなる]

†すぬ　＝　しぬ2

すね　　しない「これすねば だめだがね。(これをしなくては駄目だ。〈下げ調子〉/これをしなくては
　　　駄目でしょうか〈上げ調子〉)/朝から あっちょで, しょきっとすねな。(朝から暑くて体がだるく, し
　　　ゃきっとしない)/ひたっとすね。(ソリが合わない)/うづのすごど つっともすねねが。(家の仕事を
～すねど　　～しないと「勉強すねど, ろぐなもんに ならんねど。」＼ちっともしないじゃないか」
†すねばって　　しなくとも「(それすねばって いいろ。(それをしなくてもいいだろう)/もうすね
　　　ばって えでば。(もうしなくてもいいよ」=しねでも)　＊「すね」は「しない→しね」の連母音 (ai→e) の変化
～すのなった　　～しなくなった「なおか 勉強すのなった」」
すので　　しないで「すごともすので(仕事もしないで)」(=しねで)
†すのみ　　お汁の具 [笹神　汁(しる)の実(み)の訛?]
すのもの・すのもん　　1すのもの(酢の物)　2すのもの(旬の物　出盛り)
すばだ [地名] 新発田「あすた, すばだへ えぇが みにいってみっか。(明日新発田へ映画を見に行っ
すばや　　芝居屋 芝居　(=しばや)　＼てみようか」＊本来は, すんばた・すんばだ (ん, は鼻母音)
すびれ[笹神]　しびれ(痺れ)「すびれる。(しびれる)」
すべくる　　滑る 辷る「しみたひは すべくるから (凍った日は道が辷るから) 気を付けて。/遊んでば
　　　っかりいると高校入試にすべくるぞ。」(=すべぐる[笹神])
†すぶたれやち[京]　(雑草・葦・菅の生える) 湿地
ずぶん[笹]　自分1私　2お前 あなた ＊相手を指す「あすた, ずぶんも一緒にいんか。(明日, お前も一
　　　緒に行かないか・行くかい)」
†すぼだまる　　萎える 縮む「風船が すぼだまってしまった。」
～すました　　～しました「そうもどうも, おじゃますました。」
～すます　　～します「お願いすますわ。お願いすますわね。(お願いしますよ)」
～すますた　　～しました「よろっとお邪魔すますた。(長時間お邪魔しました)」
†ずみ　　ミミズ (=じみ) (→とらずみ)　　[魚沼：じみ]　　　　　　　/＊しみる, とも言う
すみる　　凍る「ぞうぎんがすみて, かつんかつんになった。(雑巾が凍ってカチカチになった)」
すみわだり[笹]　しみわたり〈凍った田畑・野原の雪面を渡って歩くこと〉[魚沼：しみわたり]
すむ　　1[標]すむ　2†[笹神] 打ち身で青黒くなる　(=しむ)
すめ　　済み　最後　終わり　「いっちゃすめに (一番最後に)」
ずめん　　地面
すもう　　しまう「すもうでおく (しまっておく)」
～(して)すもおで。　　～してしまいましょう。「やって すもおで。」
ずもぐりまめ [地潜り豆] 落花生 ピーナッツ ＊花が受粉後地面に潜って実が実るから
～すもだ。　　～してしまった。「ねそけてすもだ。/よっぱろですもだ。(酔っ払ってしまった)」
～すもで　　(～して)しまって「こんげ ずかんに なってすもで (こんな時間になってし

— 93 —

まって)/便秘になってすもで いぎんでも いんこが 出ねでば。」

すよう　　しよう　「どうすようもね。(どうしようもない)」

ズラクラ　　ズラズラ ダラダラ ちんたら 「ズラクラ歩いて<u>ので</u>,さっさと歩け!」

ズラッ,ズラッと　　ズルズルと スルスルと スルッスルッ 「ズラッ,ズラッと降りて<u>くっ</u>すか,(スルスルと降りて来るから)」

ズラズラ(と)　　1 ズルズル《蛇の這う音 綱や鎖を引きずる音》「ズラズラとふぐずって」　2 するする《物が上から降りてくる擬音語》　3† *納豆のかき混ぜた粘った状態 「納豆は ズラズラすている。(ずらずらしている)」

すらっぱぐれる　　しらっぱぐれる しらばくれる しらを切る とぼける 知らぬ振りをする 「すらっぱぐれでる。(しらっぱぐれている)」

ずらーと　　1 並んで 「鉄砲 ずらーとかけらってだ (鉄砲が並んで架けられていた)」

†すらぶる[京] ＝ すわぶる　　　　　　　　　　　　　　　　　　＼2 [標?] ずらっと

(〜)ずる　　汁 「あぶらげずる (油揚汁)」

する　[標?] 剃る 「頭の毛、みんなすってくったてんが。(髪の毛を全部剃ってくれたとさ)」

ずる　　動く 左右に動く 「電車がずらんかった (電車が動かなかった)/ずった (過去形)/〜がずって,別の所へ行った/座ったまんま こっつへ ずってこい。/合わせ目が,ちょごっと ずったねが。(合わせ目がちょっとずれたじゃないか) あわせれ。(合わせなさい)/ずった!ずった!(動いた動いた!)*(動かなかった物が)動き出した時に言う」 [中越,下越：同]　♯ずり (歩行困難な人〈差別語〉) [京ヶ瀬]

〜ずる　　〜汁 「とふずる (豆腐汁)」

ずるこぎ　　ずるこき ずるい人　[新潟：ずるこき]

†すーれ　　白い (＝しーれ)　「すーれぬの (白い布)」

　　*連体形接続 **類：近い (ちーけ) 若い (わーけ) 広い (ひーれ) 高い (たーけ) 苦い (にーげ)

†すーろ　　白く　(＝しろ,しーろ) 「道がすーろなる (道が雪で白くなる)」

　　*類：近く (ちーこ) 若く (わーこ) 広く (ひーろ) 高く (たーこ) 苦く (にーげ)

すわ　　しわ(皺) [笹神]　(→すわくちゃ)

すわぎつける[笹神] ＝すわぐ

すわぐ　　(細い棒等で)打つ・叩く 叩き付ける (＝[水原]しわぐ)　(→しゃぐ,しゃぎつける)

すわくた・すわく(っ)ちゃ [笹神]　　しわくちゃ (＝しわくた) 「すんぶんがみを すわくたにする。/すわくっちゃになる。(しわくちゃになる)」

スワッと　　ぴしゃっと びゅんと 「竹竿見つけて,への中,スワッとしわぎつけました (竹竿を見つけて排水用の溝の中へびゅんとたたき付けました)」

†すわぶる　　しゃぶる 吸う (＝しわぶる) (＝すらぶる [京]) 「しばらくすわぶっていると (暫くしゃぶっていると)/ややこは,つづを すわぶって飲む (赤ん坊は乳をしゃぶって飲む)」

すわらくさい・すわらくっせ [笹神] 小便臭い (＝しわらくさい)　「ちょごっと すわらくっそねが。(ちょっと,小便臭くないか?)/すわらくっせ! [罵倒語]」 *本来「動作が老人の様だ」の意味? [度會説]

ずんぎ[京] ＝ じんぎ 「互いにずんぎした。/ご馳走をずんぎした。」

— 94 —

‡ずんぎり〔←筒切り〕１煙管入れ　２〔京〕（印籠形の）刻み煙草入れ　＊高級品は「‡きんからかわ

　　（黄州印傳〈おうしゅういんでん〉を貼った物）」と言った　cf.「偉い人のずんぎり（偉い人の側近者、いつも供にいる

すんきやげる〔笹神〕　＝　しんきやげる　　　　　　　　　　　　　　　　　　　　　　　　　　　＼人　腰巾着）」

ずんぐりかえる　　ひっくり返る　「ずんぐりかえって、ぼったぐかん　やめだでんがね。」

すんけたがり〔笹神〕　ヒステリックな人　精神不安定な者　（＝しんけたがり）

†ずんさ　　（お）爺さん　（＝ずんず）

すんしょ・すんじょ〔笹・京〕身上（しんしょう）　身分　家の格　「すんじょもづ（身上を上げた人、

　　金持ち）／におの数で、家のすんしょを見分ける。」

ずんず　　（お）爺さん　祖父　じじ　（＝ずずさ・ずんさ、ずうさ、おずず、ずちゃ・ずずちゃ）」

ずんぞさま　　　お地蔵様　＊鼻母音→～ン

～すんだで。　　～するんだぞ。　「半分分けすんだで。（半分分けンなさいよ）」

ずんどさま　　　お地蔵様　「すんどさま　三人　たっていらしたでの。（お地蔵様が３人立

　　っていらっしゃったとさ）」

すんな　　　するな　〔標?〕　（→やんな、くんな）

（～）すんばね。　　しなくてはならない（か）。　（＝‡さんばね、†しんばね、しねばね）

すんぶん　　新聞　／　すんぶんがみ　新聞紙　「すんぶんがみを　すわくたにする。」

†ずんぼご　　１地蜘蛛（じぐも・ぢぐも）＊砂地の地面の物陰から地中に筒状の巣を作る蜘蛛　かなりいる

　　２〔茸名〕シメジ（の一種）　〔笹神〕

～（かも）すんね　　～かもしれない　「ばけもん　出っかけすんねすけ（出るかもしれないから）」

すんめさま　　（神社等の）神明様

～すんわね。　　～しますよ。　「おとも　すんわね。（お供しますよ）」

〔せ〕

せ　１〔命令〕～しろ　～さい　「どうせば　いいろがね。（どうすればいいでしょうか）／おめ　行がせ。（お

　　前が行ってこい、行け）／はよせ。（早くしろ）／そごにせ！（そこでしろ）／もろできなせ。（貰って来なさ

　　い）」　２～して下さい〔勧誘　丁寧〕「風呂　はいらせ。・はいんなせ。（風呂に入って下さい）／ゆっく

　　りやすみなせ。／くんなせ（下さい）」　〔～な〔命令〕＋せ〕　〔類：～っせ・～っしぇ　ex.「着ていがっせ」〕

せー　＝　せ１　「なんでもせーとも言わねうぢに、（どうしろとも言わない内に）」

～せい。　　　～さい。　「通っておくんなせい。」

せいいっぺ　　精一杯

†せいちゅうしょ　請求書〔京ヶ瀬〕　＊きゅう→ちゅう　きょう→ちょう：ふちょう（不況）

せいない　出来ない「何をしても　かちまった事が　せいないので　大人になったらどうし

　　ょうばね。（何をしてもちゃんとした事が出来ないので大人になったらどうするんだ）」

†せいもんぐさ〔響文草　証文⑵草〕１（借金の）証文　質（草）　２金づる　ちょろく金になるも

　　の　「それはいいせいもんぐさだ。」

ぜえい、ぜぇい　　氷　「ぜえい張って取れので（氷が張って取れないので）」（＝〔水原〕ざい）

†せぇばら 〈地名〉水原 「せぇばらに いがんばねすか だめだ。(水原に行かなくてはならな いから駄目だ)/せぇばらへ 行ったげだ。」 ＊阿賀野市中心地？ 瓢湖とd三角ダルマで有名

せぇふろ 　　（家の）風呂 　[←据え+風呂] 　(=せぇぃ-ふろ[京]) 　[佐渡:せえふろ]

†せきさか[京] せいぜい 精一杯(で) たかだか 「あの軽トラは せきさか50万だ。」

†せせくらしい[京] うるさい 「あの人は何でも口出しして せせくらしくて困る人だ。」

†せせくる・せせぐる 　　　冗談でかまう・からかう (=ひひぐる) ちょっかいを出す 弄ぶ 「あんま、せせくると しまいに泣くぞ〈ぁいっを〉からかうと終いには泣くぞ)」

‡せせむしる[京] ＝ せせくらしい

†せたげる[京] 急がせる 「あんまり せたげると 失敗する。」

‡せたせたする 　息が切れる 呼吸が苦しい 息苦しい (=へたへたする[京])

†せっせ 　　せっせと 「せっせ鳴る物 何者だ。」

せづながって・せーづながる 　　　せつながって 苦しんで 困って 「わなにかかって せづ ながっていだったてが。(罠にかかってせつながっていたとさ)/せーづながったど。(切 なくて困っていたとさ)」

せづね せつね せーづね 　　　切ない 大変だ 困る 苦しい つらい 「今度 雉が せづねわや。 (今度は雉が困るなあ)/かれかれしてはせつねすけ (食われてばかりいては困るから)/ほんに精一杯せ づねめしたわい。(本当にひどく切ない目・嫌な目に会ったなあ)/しょんべん出そげでせづね/せづねと ぎのかみだのみ (苦しい時の神頼み)/せつねんだ。(切ないんだ)/せーづねがった(ん)ど。(大変だった・ 困ってたとさ)/おらー せつねーこんなざまになって。/せづねどきばっか 頼んで いいものか〈宮田〉」

せつので・せづので 　切なくて 苦しくて 困って 「あんまりせつので (とても切なくて・困って)」

せーづのなって 　　　切なくなって 困って

せっぺ 　精一杯 すごく 本当によく 「すっぽ ほんま せっぺ ぜえい はってで (尻尾に本当に すごく氷が張っていて)」 (→いさんがげで)

せともん 　　　陶磁器(類の総称) ＊新潟県内殆どの地区では陶器・磁気の区別無い。やきもん・やきもの,とも言う

せなずり[京] 　台所・風呂場から出る排水の汚水溜・下水 (溜池) (=ひなずり) (→へなじ)
　　　[佐渡:せせなげ/南蒲:せせな/魚沼:せせなぎ//京ヶ瀬 前山地区:へなずり]

〜せなせ。 　　　〜させなさい。「引っ張らせなせ。(引っ張らせなさい)」

せば 　　　すれば 「はよ せば いねが。(早くすればいいじゃないか)」

せば, 　　それなら(ば) そうしたら そんなら (=ひば) 「せば どれげ。(それならどれですか)/せば, 俺もやりましょう。/せば, はよいごで。(早く行こうよ)/こうせばいいろか?(こうすればいいかな)/ 今度,どうせばいいあん。(今度はどうすればいいんだろう)」 (≒そうせば)

せーふろ 　　風呂 [←据えた風呂]

〜せべ。 　　　〜するのか。「なにせべ。(何をするのか)」

せぼんこ 　　猫背 「せぼんこにしてので しゃんと背中を伸ばせ」 [新潟:同]

せや, 　　そうならば,そういうのなら 「せや,俺さぎ入るすけ,俺が後から入れ。(それなら俺が先 に入るから,俺の後から〈続いて〉入れ」 (≒せば)

— 96 —

〜せれ。　　〜しろ。「ちゃんと あわせれ。(ちゃんと 合わせろ)」

ぜん　[←銭(ぜに)]　お金　(=ぎん)　*紙幣も硬貨も含み、新潟も同。京ヶ瀬では紙幣は含めない、との説あり。
　　「ぜんためる(お金を貯める)ぜんためねば。(金を貯めなければならない)/ぜんからさき(拝
　　金的)/ぜんなん なんにもででこねがったど。(銭なんか何も出て来なかったとさ)」

せんだいぎく　[仙台菊]　蝦夷菊(えぞぎく)　*お盆用　一年菊, 翠菊(スイギク?)とも言う[京]

せんだく　　洗濯　「川へせんだくに行ったど。」　　　　　　　　　＼(=ひんだいぎく)

†せんつ　便所　トイレ　[←雪隠(せっちん)?]「せんつの神様(便所の神様)」[=[京]せんちん, ひんちん]

ぜんとり　[銭取り]　お金を取る事　かね稼ぎ　「ぜんとり出来るが、ひっぱらせなせ。〈見
　　物で〉金稼ぎ出来るので引っ張らせなさい)」

†せんば　十能「せんばに燠(おき)を入れて(埋けて)炬燵を掛ける。」*起こした炭火を持ち運ぶ
　　物　**新潟の「せんば」はシャベル・スコップを指した。石炭ストーブや風呂釜に石炭・炭をくべるのに使って
　　いたからか[s40年代]。　水原では十能(せんば)で石炭や炭をくべたり燃えてる炭火を運んだから?

†せんぼたん・せんぼんたん[千本炭]　(俵に詰めた商品用の)炭　[笹神村折居]

[そ]

そういうあんだ(が)な。　　そういうことなんだな。そう言うことなんだな。

そうい(う)で　　　そう言って　「ぞうい(う)でいだでば(そう言っていたなら)」

†(〜に)そういね。　　　相違ない　違いない　(≒ちがいね。)

そうが。そうがね。　　　そうかい。そうなんですか。「あーりゃ、そうがねそうがね。」

ぞうぎん　　　雑巾「ぞうぎんがすみて(雑巾が凍って)」

そうげ。　　　そうかい。そうですか。そうなの。「そうげ、そうげ。」

ぞうさもね　[標?]　造作ない　容易い　簡単だ　(=じょうさもね)

†そうさんばって　そうしなくとも「そうさんばって いいろ。(そうしなくとも良いだろ
　　う)」　*度會説:「さんば」は「しないならば」の連母音脱落撥音便化 shinainaraba→shinaiba→shineba→samba

そうしたてば、　　そうしたなら、

そうしたども　　そうしたけれど

そうしたば、　　そうしたら, そうしたならば, そうしているうち, そうしていたら「そう
　　したば今度(そうしたなら今度は)/そうしたば、夕飯どきになったでん。」

そうしたれば　　そうしたら(ならば)　*本来過去形だが「そうせば」に近い意味の事あり

‡そうじゅう　　焼酎　*個人的語?

そうしょが。そうしょで。　　そうしましょう。「じゃ、そうしょが。/そうせば、そうしょ
　　で。(そうなら、そうしましょう)」

そうすっと、　　そうすると【標?】

そうすんだ。　　そうするんだ。　その様にするのか。　(→そうやんだ)

ぞうせ　　雑炊(ぞうすい)　「ぞうせに餅入れる」　*「ぞうすい」とも言う　[魚沼:同]

そうせば　　そうすれば そうならば　「そうせば 俺そっち いごげ。(そうすれば、俺がそ

っちに行こうかい) /そうせば と言う事になって」　（=そせば）（→そうしょで）

そうーと　　　そーっと　「そうーとおぎだでば（そーっと起きたなら）」

そうだがでで・そうだがてで　　そうであったので［そうだが（そうであった）＋で（で）＋で
　　（あったので）］　「そうだがてで, 山越え野越え行ったでば,」

そうだこどね　　　そうだよね　そうでしょうねえ　そうだろうね　そうしたなら「○○さん
　　の子供みんな頭良いねー。そうだこどね（そうだよね）, 親も孫親もみんな頭よいもの。/そうだでば,
　　…かがやいだでんが。（そうしたら…が輝いたとさ）」

そうだ ねあんか。　　　そうじゃないのか。

そうだねす。　　　そうですね。（←ねす）　＊水原は少ない。新発田方面の用例では, との説あり

そうって、そうってで、そうて、　　　そうして そう言って　「そうって跡をたずねて行った
　　でば（そうして跡を探して行ったら）」

そうであります。/そうでありますね。/そうでありますてば。　　そうですね　そのとおり
　　です。「はい, そうでありますてば。（はい, その通りです・仰る通りです。）」

そうでねば　　　1そうしなければ　2そうでなければ　（→ね）

そうなん?　　　そうなの?　そうなんですか?　〔標?〕＊近頃の新潟の子供も言う

そうひば［京］そうすれば　それなら

そうやんだ。　　　そうなのか。その通りだ。　（→そうすんだ）

そうらい［葬礼］葬礼（そうれい）　葬儀の野辺の送り「たいまつつけたそうらい（松明点けた葬
　　礼）/農繁期に死ぬと, ちりやきして, そうらいは, 後からする。［京］」　（=[笹]そーらい, そうらいだし）

そう<u>や</u>んだ。　　　そうなんだ。　（→うんだ, うんだねす）

そうゆうがんだ（ね）。　　　そうですね。（=[京]そようがんだ（ね））（≒そんげなもんだ）

そうゆで　　　そう言って　（=[水原]そうよで）

そおうっと　　　そおっと　「そおうっと, 蓋に手をやって」

そがだでで　　　そうだったので

‡そくたいもの［←束帯物?］大事な物　「そくたいものみでにして（貴重品みたいにして,

†ぞくっと　　　全部　「ぞくっと刈った（全部刈った）」　＼大事にして）赤ん坊抱いて来た」

～そげ　　～そう（に）「しにそげだすけ（死にそうだから）/おっつかれそげになっでが。（追いつかれそう
　　になったとさ）/鬼ばっさにくわれそげなんだが/負けそげなったでが。/かわいそげになってしょも
　　で/難儀そげだったど。」

そげ　1そのようにして「そげ つれでって、（その様にして連れて行って）　2そんな
　　「そげこど いわので、（そんなことを言わないで）」　3～そうに　「おっつかれそげになったら
　　（追いつかれそうになったら）」　4そこへ　そこに「そげ 雀が飛んできて」

そげこど　　　そんなこと　（→そげ）（=そげんこど）

そげそげ。　　　そうだ。そうですか。　「ええ, そげそげ。（はい, そうですか・わかりました）」

そげな　　そんなのは　そんな事は（=そんげな）「そげな じょうさもね。（そんなのは簡単さ）」

†ぞける　　　（雪が）融ける「雪がぞけて歩きにくい。」（=じょける）

— 98 —

そげんこど　　そんな事　「いっつもそげんこど言うている。」[京ヶ瀬]

そご　　そこ「そごにうめる (そこに埋める)/そごにしょ。(そこにしなさい)/ほんまそご (すぐそこ)/
　　　そごにせ。(そこでしろ)」

ぞごうになる[京]　ぎくしゃくする「体がぞごうになる (体がぎくしゃくするようになる)」

そごだば　　そこなら　「そごだば とまってもいいすけ, いってみらしぇ。(そこなら泊まっ
　　　ても良いから, 行ってみなさい)」

そごねる　　損ねる　「あてそごねだでの。(当て損ねたとさ 当てられなかったとさ)」

そごら　そこら そこいら 近所「そごらの むらんしょ (近所の村人)/そごらにいねが。(そこに
そごらあたり・そごらあだり　　　そこらあたり その辺 (を)　　　　　＼居ないかい)」

そごらまで　　1そこらまで 2そんな遠くまで「そごらまで歩いて行って, しかもおっきな家
　　　めっけてたのんで (遠くのそこらまで歩いて行って, かなり大きな家を見つけて頼んで)」

ぞごわ[京]　　ぎくしゃくする 堅苦しい「ぞごわでようこど聞かない (堅苦しくて聞く耳持た
そごんしょ　　　そこ・そちらの人 そこの・そちらの家の人　　　　　＼ない) (≒ぞごうになる)

そごんどごに　　その所に　「そごんどごに 倉四十八あっかんで。(その所に倉が48 有ったとさ)」

†そさぐい[京]　　間食 (≒こびり) つまみぐい (→つまみぐえ)

そしぁ　　　そうすれば そうすりゃぁ では　(≒そしゃ)

そしたてば, そしたでば, そしたば　　　　そうしたなら そうしたら「そしたでば, おっつ
　　　かれそげになった (そうしたら追いつかれそうになったので)/そしたば, 夜中じぶんになっ
　　　たでば, 村のしょが大勢来て,/そしたば, ガサムサと猿が一匹出て来たでん。」

そしたども　　そうしたけれど「そしたども…おちてしもだどさ。(落ちてしまったとさ。)

そしたば　→　そしたてば

そしたれば　　そうしたなら (ば)

†そしゃ,　そうすれば

そーすねばね　　そうしなくてはならない「そーすねばねこさ。(そうしなくてはならない
　　　でしょ・ならないんだよ)」

そせば　　そうすれば そうならば〈頻用〉「そせば, 金やっすけ。(そうすれば金をやるから)」

†そそげる[京]　土を天地返しにしてほぐして耕す　　　　　＼(≒そうせば) (≒せば)

そだげだ。　　そのようだ。そうみたいだ。 [←そだ (そうだ, そうである)+げ (様)+だ]

†そだでる　　育てる　「かわいがってそだでだど。(可愛がって育てたとさ)」

そっから[標?] そこから「そっから荷物 そろっともぐして (そこから荷物をそろそろと入れて)」

†そっくと　　そのままに すっくと　「いづまでも そっくと すている。(いつまでもそ
　　　のままでいる, その状態だ)」

†ぞっくと　　全部纏めて「ぞっくと そろえで もってきた。(全部揃えて持参した)」[水原]

そっくり　　　そっくりそのまま 全部 みんな　「まだ, そっくりかづいて いえ かえって
　　　きたど。(またそっくりそのまま担いで家に帰ってきたとさ)」 (≒ぞっくり[京])

†そっちげだ[京]そんなつまらない「そっちげだぼっこれだがん (そんな壊れた駄目な物)」

— 99 —

†そっけばち [京] ＝ そっちばか・そっちばち

†そっちばか　　ほんの少し　それっぽっち「そっちばか仕事して, いつ終わるやら。(それっぽっちの仕事ではいつ終わるやら, いつまでも終わらない)」(=そっちばち [京])

そっつな　　そんな「そっつなとげ 嫁にいごばやの。(そんな所に嫁に行こうか, 行くわけ無い)」

そっつら　　そんな (下らない)「そっつらがん いらねわや。(そんな詰まらぬ物はいらないよ) /そっつらばが いらね。(それっぽっちでは要らない)」

そって　　それで　そして「そって こんだ とどさをだした (それで今度は父親を出した) /そってよがったら (それで良かったら) /そって知らーねふり していだったど。」

そってからは,　　それからは

そってなあ。　　そうだねえ。それじゃあねえ。

そってね,　　それでね, そしてね,

そっても　　それでも「そっても, 鞍かげで というすけ (それでも鞍を掛けてと言うから)」

‡そっぱい　　1 しょっぱい　塩気　2 味わい　面白味「こどもたづが, みんなとおぐへ行ったら, そっぱいのうなった。(子供らが遠くで働き・進学・住む様になり, 家の中が寂しくなった)」(→そっぱいない, そっぱいね, そっぺね, そっぱいのう)

†そっぱいつげる・そっぱいつける　　口汚しで食べる　何気なくちょっと食べる「こっこ, 甘口なのでそっぺつけてみなさい。」(=そっぺぇつげる [笹] /そっぺつける [京])

†そっぱいない・そっぱいね・そっぱいのう　　寂しい　お粗末な　薄味な「このおづゆ, つっともそっぺね。(この汁は塩味が足りない) /みんなとおぐへいったら, そっぱいのうなった。(子供らみんなが家を出たら, 家の中が寂しくなった)」(=そっぺぇね [京])

†そっぺぇつげる [笹神] ＝ そっぱいつげる「なんにもねども そっぺぇつげでくんなせ。(何にも無いけど〈大した物が無いけど〉, 口汚しにでも茶菓子に手を付けて下さい)」

そっぺね・そっぺぇね・そっぺいね・そっぺぃね (ー)　　1 味気なくなる　2 しょっぱくない・味が薄い「そっぺえね味」3 退屈になる　(=そっぱいね)「この納豆, そっぺぇねで, 塩たした。/るぅせいばん, そっぺねなって酒を飲み (留守番で退屈になって酒を飲み) /お前がいなくなるとそっぺねぇな。(寂しいな) /そっぺな 子供巣立って 家広く〈宮田〉」 ＊「そっぺぃね・そっぺぇね (ー)」使用は主に京ヶ瀬か

そでなす　　1 袖無し　2 †袖無し羽織

そど　　そと (外)　屋外　＊ど, にアクセント　　　　　　　　　　　　　　/単だよ。)」

そにげな　　そんな　そのような「そにげながんたら, じょうさねえで。(そんな様な事なら簡

そのあん　　その事　そのやつ・もの・時・間「そのあんにおぐれっと, んな くわれてしょもわん だど。(そのやつに遅れるとお前は喰われてしまうんだぞ)」

そのうぢ　　そのうち「そのうぢに, (そのうちに)」

そのがん　　そのもの　(→がん)「そのがん くんなさいや。」

そのこまに　　その間に　＊時間の間 (あいだ) が「こま」, 空間の間は「ながせ/なかせ」か？

††そばなぐりくう　　巻き込まれる　巻き添えを喰う「何もしていねがんに そばなぐり

— 100 —

くうでしょもだ。(何もしてないのに・無関係なのに, 巻き添えを喰ってしまった)」[水原]

そひば [笹] それなら 「そひば, ちょごっと よひで もろおがな。(それじゃあ, ちょっと寄らせて貰お

‡そらうで [空腕?] 手首を糸・紐・包帯で異性 (の末っ子・従兄弟・従姉妹) に巻いて貰う治療[笹] ＼うかな)」

それがら それから

それこど それで 「それこどこんだ (それで今度は) ばばは, 何してだが ど おもで, (お婆
さんは, 何をしているのかと思って)」

それさ それさえ それだけ 「それさ のみこんでいれば (それさえ飲み込んで・理解していれば)」

そのしょ その人

†それぐちら 全部 全部纏めて 「それぐちら もろでおこか。(纏めて全部貰っておく)」

それこど それのことを それを 「それこど のしてもっていごかどおもで,(それ〈搗いた
餅〉を伸して持って行こうかと思って)」

それのこってね (わ)。 それではない (わ)。それのことではない。

そればつ [京] それだけ (しか) それっぽっち (≒だんだそればつ, たんだそればか)

それぽつ それっぽち

それよか・それよっか, それよりも それじゃなくて 「それよっかべつの火やれ。(それよ
り, 別の火のことだ)」

そろう そろうと そろそろと 「そろう そろうと 桜の木に登ったどさ。」 ／入れて」

そろうと そおっと そろーっと 静かにそろりと ゆっくりと (≒そろっと) 「葦をそろうと

そろそろと [標?]・そろっと ゆっくりと 「病み上がりなので, そろそろと仕事をしてみた。／
そろっとのぞいてみだば, (そーっと覗いてみたら)」

†そろびく [笹神] 長い物が垂れて引きずる (≒しびく)

ぞろびこ・ぞろびっこ 左右不対称・不均等 「前髪 ぞろびっこになってる」
(→かだらびっこ・かたらびこ) [佐渡:同/新潟:かたちんば]

†ぞわえがない [京] 弾力・弾みがない 「ぞわえがない餅は げたげたして美味く無い。」

そん [標?] その 「そんとき (その時) まで」

そんげ (に・な) そんな (に) 「そんげに がっとに ちょすな。(そんなに強くいじるな) /そんげな
の (そんなの) /そんげこど・そんげなこど (そんなこと) いわのでくんなせや。/そんげのこと/そんげ
なこどねがなどおもで (そんなことはないよな, と思って) /そんげがん=そんげながん=そんげもん
(そんな〈下らない〉もの) /そんげながん わがらね (そんなやつは分からない・知らない) 食うだこど
もねえ/そんげな時 (そんな時) /そんげな金もねえ/そんげいっぺこど (そんなに沢山) /そんげどご
(そんな所) /そんげでもないわね。(そうでもないよ) /そんげなこどでもない (そんな事ではない) /
そんげなもんだね≒そうゆうがんだね (そんなもんだ, その様な物だ, それ位な物だ, それ位で大し
た物でない」 [＊あんげ そんげ こんげ どんげ]

そんげなつき そんな様子 「そんげなつきしてだでんが。(そんな様子をしていたとさ)」

そんじゃ [標?] それじゃあ それでは 「そんじゃ駄目だこどの。(それでは駄目なことだ。そ
れでは駄目だ。)」

— 101 —

そんだ　　　　そうだ　(→そんだわ)

そんだが　1 そうなんで　それで「そんだがこーせんにしょうが　ということになったども,
　　(それで香煎にしようか, と言うことになったが)」　2 (。) そうなのかい　(=そんだげぇ。)

そんだげ。・そんだげぇ。　　そうみたいだね。　その様だね。　そうだね。そうなのかい。

そんだなあ。　　そうだなあ。「へー, そんだなあ。」

そんだども　　そうなんだけれど「そんだども, とうとう我慢してらんので」

そんだわ。1 そうだよ　そうなるんだよ「今頃まで遊んでいっすけ, そんだわ。」　2 それだよ

そんだったら　　そうだったら　そうなら　　　　　　　　　＼*女性的か柔らかな表現

そんつらがん　　そんな (つまらない・駄目な) 物・者・やつ「そんつらがん　いらね。(そんなつ

そんでねえが,　　それでなかったら　そうじゃなかったら　　　　＼まらぬものは要らない」)

そんどぎ　　　　その時

そんま　1 すぐ (に) (=うんま)「そんまそれをたがいて (すぐにそれを抱えて)/そんまほんなげた (すぐ
　　放り投げた)/そんまそごにある。(すぐ近く・すぐそこにある)/なきべそかぎでそんま泣く (泣き虫
　　ですぐ泣く)」[魚沼:同][南蒲:ほんま]　2 そのまま「吊し上げらって, そんま, 真っ黒な雲に巻き上
　　げらったみたいになって, 下がってこねんでがね。」

そんまさっき　　つい先程　ついさっき

そんまはや [←そんま+はや]　　すぐに

そんまよう　そんな様に「そんまよう　ぜえい張って取れので (そんな様に氷が張って取れないので)」

[た]

～た　[仮定]　～いるが　「娘三人持ってたが, どれでもいいが, 一人くれっともなあ。」

だ(。)　1[完了・過去]～した「しばって　ぶらさげだど。(縛ってぶら下げたとさ)/作っておいで。/
　　～と　いうだでんが。(～と言ったとさ)/一日中売って歩いだども/はなれだどごに行った (離れ
　　た所に行った)/ワヤワヤはじめだでん。(ワイワイ始めたとさ)/ふるえでいだ/見だば (見たな
　　ら)/山梨の実　くわせだでば (山梨の実を食べさせたら)/ぜん ためておいだんだが (銭を貯めて
　　置いたのだが)/そうおもだ (そう思った)*促音の脱落(→で)/馬鹿みだ。/これやってみだ。/入院して
　　だでね, (入院していたとね)」　2[勧誘・命令]～しなさい。しませんか　「これ, やってみだ。(これ
　　をやってみなさいよ)」

だあが　　　　誰が「だあが　そっつなとげ　嫁にいごばやの。(誰がそんな所の嫁に行こうか, 行
　　くわけないよ)」(=だんが)

たあげ・たぁげ・たぁけ　　高い「五銭だば, たあげわや (五銭なら高いぞ)/たぁげどこ (高い所)/
　　たあげ木の上」　(=たーけ)

だあちん・だあぢん[京]　駄賃　(お手伝いの) お小遣い・ほうび　「だあちんを貰う」

‡だあぢんとり[京]　荷車引き人夫　日傭人夫

だあも　誰も「だあも　こねがったで。(誰も来なかったよ)/そんげことだあもしらね。」

だあれも　[標?]　誰も「だあれも動かせるもん　いねがったでね。」

― 102 ―

†〜だい　　〜達　「おらだいのお宮様(自分たちのお宮様)」

だいおろし[京]　新品の初使用

たいがい　　そろそろ　だいたい　「たいがい時間だから(そろそろよい時間だから)」

だいかぐら　　　1 大神楽　*水原周辺では獅子が踊り短剣を持つ踊り手が舞う　2(大神楽の)獅子(頭)
　　　「町行って,大神楽ふとつこうできて(町へ行って獅子頭を一つ買ってきて)」

‡たいこまげ　太鼓髷　*既婚女性の丸髷

だいごん　　大根　「すなびれだ だいごん/だいごんまぎ(大根の種まき)」

だいじがる　大事にする　「嫁をだいじがって,そうしていれば, (嫁を大事にしていれば)」

たいした　　たいそうな　すごく良い　「たいした褒美をつかわした」

†たいじょにち[京]　一歳の誕生日　「たいじょにちにならないうちに歩き始めた」

だいず　　大事　「だいずな はなすを ちょちょらにきぐな。(大事な話をいい加減に聞くな・ち
　　　ゃんと聞け)/だいずとり(慎重な人)」(→だいずもっこに)

だいずとり　　慎重な人　大事を取る人

だいずもっこに・だいづもっこに　大事に　「だいずもっこにしている。」[京]

たいそうで　〔標?〕大変で　「今迄はなかなかたいそうで, (今迄はなかなか大変で)」

たいそうになる　　大変になる　つらくなる　「托鉢に廻るのがたいそうになった。」

たいで　　だいたい　「たいで にえだろが と おもで, (大体煮えただろうかと思って)」

だいでねる　　抱いて寝る　「どら、おれ だいでねるわい。(どれどれ、私が抱いてねよう)」

だいどこ　　台所　*だいどころ, とも言う[新潟:同]

だいもん[大門]　(寺や(大))家の入り口(の道)　「家のだいもん先(家の玄関先)」

たいらにする　　楽に座る　胡座をかく　「たいらにして下さい。/おたいらに。」

†だいろだいろ　　でんでんむし　かたつむり　(=だえろ)(=[京]だいろむし)

だえなしにする　　だいなしにする　駄目にする　*だいなしにする, とも言う

〜だが。　　1〜だった。「おじの鉄砲だが。(弟の鉄砲だった)」　2〜の様だが「餅もつけだが(餅
　　　もつけた様だが)」　3〜したか。[疑問]「売れだが—。(売れたのかい)/まだだが。(まだかい)」

†たかあしたまた[京]　竹馬　　　　　　　　　　　　4〜だな。「瓢箪だったんだが。」

たがいて(いる)・†だがいで・たがえる　　持って(いる)　(←たがく)　「大蛇てば、こんげな目、た
　　　がいているもんなんだのう。/袋だがいで(袋を持って), 出かけて行ったでんが。/旅費も大分
　　　たがえんだども(旅費も大分持っていったんだが)/=〜たがえだども」

たがく・だがぐ　　持つ, 抱える, 抱え持つ　「たがいていく(抱えて行く 持って行く/たが
　　　かんね(持てない)/たがかんばね(持たなくてはならない)/たがえでくれや。」　[県内:同]　*必ず

†たかじょう[笹神]　地下足袋　　　　　　　　　しも抱えなくてもよい。「携えて(たずさえて)」からか?

†たかたかゆび[京]　　手の中指

だがって　抱かれて「だがって ねねばだめだろ と おもで(抱かれて寝なければ駄目かと
　　　思って)/だがってねたでば, (抱かれて寝たなら)」

〜だがど　　〜だか と　「おや、どごんしょだがど おもだら おもさんだね。つと寄っておぢ

ゃでも飲んでいぎなせ。」

〜だがなあ。　〜だよ。「ばばだがなあ。あねで ねわや。(婆だよ。嫁ではないよ。)」

〜だがに。　〜だったのに。「お前らもかれたんだがに。(お前らも食えたのに)」

〜だがね。　〜だよね。〜だよ。〜なんだよ。「上手にならんねもんだがね。(上手になれな
　　　いものだよ)/こごはカチカチ山だがね。(ここはカチカチ山だよ・だからね)/あれ ひん
　　　でおなごだがね。(あれはひどい女性なんだよ)」　(→〜がね)

たがる　　たかる(集る) 集まる 群がる集まる「ありごが たがる。(蟻がたかる)」*よったがる, は強意

†たきしゃ, †たきしょ, †ぎしょ　　1 焚き物入れの箱　2 焚き物小屋 [水原]

たきづり・たぎづり [京] 消し炭　(=おき)

たきものやま　　焚き物用の山　*今は漆畑同様, 荒山になっている

たぎもん　　焚き物 薪や炭等 たきぎ

たぎもんがり　　焚き物刈り 薪取り 柴刈り

たぐ　　　炊く 焚く 燃す「そんげながんで ひ たがれっか(そんな物で火が焚かれようか, 焚かれな
　　　い)/器に火をたぐかたわら, あおいで(器に火を焚くついでに煽いで)/ひ ボボボボたがれっし, (火をボ
だぐ　　　　抱く　(→だがって)　　　　　　　　　　　　　　　　　　　＼ーボー焚かれるし)」

‡たぐら[罵倒語] 馬鹿野郎 間抜け 愚か者「まあだ, わりこどしたな, たぐら!(また悪さしたな, 馬鹿者
　　　が!)/たぐら!(馬鹿者!)/このたぐら野郎/たぐらだ。(間抜けだ)/たぐらかがさ, ぜんも もだの
　　　で 買い物に行った。(馬鹿な母ちゃん, 金も持たずに買い物に行った)」 *「たぐら」は, 麝香鹿狩
　　　猟の時, 訳もなく飛び出てきて殺されるという麝香鹿に似た馬鹿な動物, との言い伝え[度會]

†だぐら(かく)　　とぐろ(蜷局)(を巻く)「おっきな大蛇が, だぐらかいでねでだでが。(大きな大蛇が
　　　蜷局まいて寝てたとさ)」

たくりあげる　　たくし上げる　「蚊帳の裾をたくりあげて, 素早く入る」

たげ　　　竹　　　*語頭以外のカ行, タ行の各音は, 一般的に濁音化→あぐび

たーけ　　高い　*長音化類:ちーけ, わーけ, ひーれ, にーげ　等

〜だけ　　　〜だなら　「小箱小箱, からだけあっち, みだけこっちこい。(小箱小箱, 空であ
　　　るならあっちへ, 中身が入っているならこっちに来い)《花咲かじじ》」

〜だげ　　1 〜だか(い)。〜だねぇ。「ええ, あんにゃだげ。(ああ, 兄さんかい)」　2 〜であるよう
　　　「鶴が巣くんでだけで(巣をかけていた様で), 鶴の糞だげで(鶴のふんである様で, ふんの様で)」

たげで　　たがえて 持って「それたげで 売りにいっど。(それ持って 売りに行ったとさ)/二人で鎌
　　　たげで ガリガリ刈り始めたど。/弁当たげで, /たげできた荷縄でぶで(持ってきた荷縄で背負って)」

たけのご　　筍(たけのこ 竹の子)

たけげた　　竹下駄　*太い竹を二つ割りにし縄の鼻緒を付けたスケート風遊びに履く遊具 接地刃は片足に二本

たげずんどう　　節を抜いた竹筒「つぎの小袋の口に, たげずんどうを括り付け, 採った蝗
　　　を入れる」

たげで [←たがえて] 持って 抱(たが)えて「たげでいったでが。(持って行ったとさ)/鎌たげ
　　　で刈り始めたど。/弁当たげで/しぼめだば 大根たげて来て みんな取ってくったがね。」

たげる　　　持つ　掴む　「大根たげだまんま。(大根を掴んだまま)」 [新潟:たがく、たがえる]

たご　　　　凧　「たごがしょうくむ。」

たごあげ　　　凧揚げ

‡たこぎり[田小切り]　たぶち(田打ち)の後に打ち返された稲株の根を長い柄のたこぎりが
　　ま(田小切り鎌)で二つに割る作業。二番打ち・かぶさわり(株さ割)とも言う[笹] (→てずら)

タコタコと　　　パタパタと　スタスタと　「タコタコと走ってる小僧」

~だこど。　　~だことだ。　~だよ。「そんじゃ だめだこどの。(それでは駄目だよ)」
　　　　[新潟:~だこて(さ)「そんじゃ だめだこてさぁ。」]

†たごめる　　　しゃがむ　しゃがみ込む　　　　　　/たごだまってする(しゃがんでする)」

†たごだまる　=　たごめる　「あんま難儀で地べたに たごだまってしょもだ。/

‡たごだめだ[京]　自由にならない様にする　「犬が二匹で喧嘩するので一匹たごだめだ。」

だーじ　　大事　「だーじなもん(大事な物)」[京]

†~だしか、　　~ですから　「石だらけの山だしか、ぶつかってしもう。(石だらけの山なの
　　　でぶつかってしまう)」

~だしけ　　(=だしか、だすけ)　「年始めだしけ、とっておきの着物を着てきました」

たしないにする[京]　補充して用立てる　「いざと言う時に たしないにするため倹約した。」

だしのかぜ　南東の(強)風　「ほのらあったかいだしのかぜ(生暖かい南東風)」

~だす、　　~だし、「遅いずかんだす(時間も遅いし)、そろそろ寝ろがな。」

†だず　　旅　他所の　「だずのぼう(旅の坊様)」　　[旅路(たびじ)→たびず→だず?]

だ(-)すかえ(に) [京]　だから　(=んだすかえ)「そうだすかえに(そうだから)言っただろう。」
　　　[中・下越広域:だすけ、/だーすけ「だーすけ、言っただろう。」]

だすけ　　　だから[下越広域]「鬼婆に くわれそげだすけ。/今はこの姿だすけ、」(⇔だども)

たすけで　　　助けて　「助けでくんなせ。/助けでくらっせ。/たすけでくれぇ。」

だすけやれ。　だから言った通りだろう。　*け、にアクセント　や、で下げる

だすていった　　出していった　*訛 [だす:ださナイ/だしマス/だす。/だすトキ/だせバ/だせ]

‡たすまい　→　さしまい

†たそく[京]　不足の補い金　(→しんがいぜん)「たそくにする(補って使う)」(=たしない)

だそど　　　出そうと　「嫁こど、だそどすっとも(嫁の事を出そう(離縁・追い出そう)とする
　　　けども)」

ただく　　　叩く　「ただき殺す(たたき殺す)」

ただきこむ　　叩き込む　「釜の中にただきこんでしもだで。(釜の中に叩き込んでしまった
　　　とさ)」

ただきだいく　　下手糞な大工　[中越:ぶっこわしだいく]

たたきつける　　叩きつける　ぶっ叩く　ぶん殴る 〔標?〕「たたきつけらったん。(殴られたん
　　　だ)/たたきつけるやら、なかせるやらしたと。(叩いたり泣かせたりしたとさ)」

たたぎぼっこす　　叩き壊す　「たたぎぼっこして たいでしもだ。(叩き壊して焚いてしま

— 105 —

った)」

ただく　叩く　(→ぶっただぐ)

ただごう　たたこう　戦う　喧嘩する　「これから俺とたたごっか！(これから俺と戦うか!)/たたごでみねうち わがらね。(戦ってみないは内は分からない)/たたこう場所」

だだこぐ　駄々をこねる　駄々を言う　「こうでこうでと だだこぐと みばわあり。(買って買ってと駄々こねるとみっともない)/だだこぎ(駄々こき)」

ただにしておがね　ただではすまない　「ただにしておがねど。」

ただね　経たない　「いっかもただねうぢに(幾日も経たない内に)」

†ただばすり　徒競走

~たぢ　~達　「おなごたぢ(女達、女中達)/おらだち(俺達、私たち)」

†たちはに　見送り(際)に　「たちはに万歳した。」　(←おたち)

たづ　経つ　たつ　「三日もたづと、(三日も経つと)」

~たづ・だづ・だず　~たち　「あにたず(兄達:長男達)[京]/おまえだず (お前達)[水]」

だっか　誰か〔標?〕「だっか こねがったか。(誰か来なかったか)/だっかいうだど。(誰かがいったとさ)/だっかてうどうで (畑)打ってくったら/だっかによわったら(誰かに言われたら)/だっかが うた うどでいる声(誰かが歌を歌っている声)/だっか来たど。」[県内広域]

だっかさん　誰かさん

だっかねえ[京]　駄目だねえ　「おらーだっかねえ。(私は駄目だよ)」

だっけ　1だから　「だっけ,/だっけさあ,/だっけやれ。(だから言った通りだ)」　2だったか？「これ あすたやるんだっけ。(これは明日やるのだったかい)/いづ だったけ。(いつだったかなあ[新潟:いつだったっけ])　[上中下越広域]

だっけっさあ,　だからね　だからさあ

だっけやれ。　だから(私が)言った通りだろ。だからそうなるんだよ。そういう事になるんだよ。[当然の結果・非難・諦め]　[新潟:だっけさー。/ 沖縄:だからさー]

†たっこ　木の根っこ　焚き物の大きめな物　*根の部分が多かったか？「たっこ くべでっと 一日中あったこで いいあんばいだ。(囲炉裏に‘たっこ'をくべていると一日中火が消えなくて暖かくて良い塩梅だ)/たっこおごす作業/おおたっこ(大きな根)」[魚沼、中条:かぶつ]

†たっこおこし　(開墾・戦時中の松根油採り等で行う)切り株の根子掘り　「たっこおごす作業」

~だっこさ。　~だろうさ。「かってだっこさ。(食われたろうさ)」

†たっこらたっこら[京]　ゆるゆると　のっこらのっこらと　よろよろ　「大きな荷物しょって たっこらたっこら歩いてくっぞ。/くたびれたっこらたっこらになる。」

~たった、~だった　~して(い)た　「いたったとさ。(いたのだとさ)/それみてだった狐がの, (それを見ていた狐がね)/大事に育てだったど。(大事に育てていたとさ)/二人して暮らしてだったでね。(二人で暮らしていたとさ)/困ってだったでが。(困っていたんだとさ)/かわいがってだったでんが。/降りてきてだったんだね。(降りてきていたんだね)/死んでだったでがね。(死んでしまっていたとさ)」　/れなかった)」

†だったいしか[京] 少量しか 「甘藷を作ってみたが, だったいしか ねがった。(少量しか穫

たったきのめす[京] たたきのめす 「たったきのめすてくろかと思ったども,」

～だったんな。 ～だったんだな。 「あれがあったのは, こごらだったんな。」

だっちもね・だっちもない 1(非常に)駄目だ 良くない しても意味がない 埒が明かない

　2[謙遜]詰まらない(物)「こんげなこと だっちもねえすけ やめろぜ(こんな事はしても意味

　ないからやめようぜ)/だっちもない 葱苗だども, 植いてくんねかね。」(=らっちもね)

　(=だっつもね[笹]) [佐渡:らちゃかん, だちゃかん]

‡だって 余り 少しも 「ちち だって 出ねそ わありさが, ふな こうで来てくれっわや。

　(お乳が余り出ないと悪いから, 鮒を買ってきてやるよ)*鮒は乳の出を促す?/だってよう きか

　ねうちに 飛び出して行ってしょもだ。(少しも, ちゃんと聞かないで, 飛び出して行って

　しまった)」 3すごく とても 「だってよう教えでもらわねがったども(すごく丁寧には・

　とてもよくは教えて貰わなかったけれど)」 **総べて 強調 の事か?

だっても 誰も 「だっても かさ かうもん いねでが。(誰も笠を買う者が居なかった

　とさ)」

‡だっぺ 男性性器 ちんぽこ (=だんべ)(→かいこ)

だっれも 誰も 「だっれも来なかった。」[標?]

たで たて(縦) 「たでよご(縦横)」

～だで。 1～(し)たと(さ)。「…で, かわうそ 言うだで。(…って, かわうそが言ったとさ)」

　　　2～だぞ。 「人間は万物の霊長だで。/さましてから飲むんだで。/おれ お杉だで!」

～だでが。 ～(し)たとさ。だったとさ〔上の類〕「～っていうだでが。(…って, 言ったとさ)/

　　　その下見だば 鳥の肉だでが。」

～だてがんに・だでがんに ～だというのに 「まだひるまだてがんに(まだ昼間だという

　　　のに)/番してれて, 言うだでがんに。/夜だでがんに。」 /だてこぎも外観程に中身無し

だでこぎ お洒落 洒落者 服装が派手な者 「～(は)だでこぎだ。/だでこぎ男と洒落女」

†～たてて ～していて 「育てたてて いだったてが。(育てていたんだとさ)」

～だでで, 1～だって 「おれだでで, この通りだで(俺だってこの通りだよ)」 2～したと

　　　しても, し(た)たって 「毎日働いだでで, 何でもいいごどねえ。(毎日働いたっても, 何も

　　　良いことがない)」 (→でで)

～だでば, ～したなら, 「～というだでば, (～と言ったなら)」

～だでね。 ～だよね。 「これクソだでね。(これ, 糞だよね)/言うばっかだでね。(言うば

　　　かりだとさ)」

たてる 1[標]たてる 2[京]閉める 「戸をたてて行け。(閉めて行け)」(→ける) 3[笹]発てる

　　　送り出す 帰す 「仏様を発てる。/十三日から仏様がたつ(発つ)。」

たてる たてる 「風呂をたでる(風呂を沸かす)/今日, 風呂たったげぇ。(今日は風呂をたて

‡たてわけ 物の分別・区別 「たてわけつかね。」 ＼たかい)」

～だど(。) 1～だぞ。たぞ。だよ。「そろそろど まわして さますもんだど。(ゆっくりと

— 107 —

回して冷ますもんだよ)/ぐんぐんと逃げねばだめなんだど。/一番鶏鳴いだどー。」

　　　2〜だと　「〜だどおもで, (〜だと思って)/そういうだど。(そう言ったとさ)」

〜だとさ。〔標　頻用〕〜(なん)だってさ。　＊若者も良く使う

たどっていって　　辿り着いて　「たどっていぐ」

(〜)だども,　　　〜だけれど　けども「籠に水汲めというだども(籠に水を汲めと言うんだけれど)/大事な母親だども/だども, 大変だったのう。/おめさん そう言うだども,」

〜だな　「おお, うんまそげな魚持ってだな。(おや, 美味そうな魚を持っているんだな)」

　　　《異なる接続形》

たーなか　　　田圃 [京ヶ瀬中部 曽根, 金渕, 法柳新田, 乙金渕] (→たなぼ, やま)

†たなぎ　　　薪(たきぎ)　「たなぎの一棚」

たなぼ　　　田圃　「たなぼのいけ(田圃用の池, 溜池)/たなぼのしょ(田圃にいる人達)」[魚沼:同]

　　　＊京ヶ瀬中部・南部:たなぼ/京ヶ瀬中部 曽根, 金渕, 法柳新田, 乙金渕:たーなか/京ヶ瀬それ以外:やま

たなぼしごと　　　田仕事　「こどしも また いっしょに たなぼしごと しょうでば。(今年もまた一緒に田圃仕事をしましょうよ)」　(=たなぼすごど)

たなぼぶち　　　田打ち　[県内:た(ー)ぶち, た(ー)うち]　「たなぼぶち 足の下から冬が解けく宮田〉

たなんこ [魚名]　鰍・鯑(たなご)　＊今は殆ど見かけない。絶滅? '色は鮮やかだが身はやわっこすぎてうんもね。' とのこと。50年程前には小川に多く居た。(→ふなっこ, こいっこ)

たぬぎ　　タヌキ(狸)

〜だねが。　　〜じゃないか。「見ればきったねばばだねが。(見てみれば汚い婆じゃないか)」 (→だんが)

たのうすね, たのーすね　　楽しくない　＊長音化

たのす　　　楽しい (=たの一す, たのうす) (→〜す2)　「つっとも たのすね。(ちっとも楽しくない)(=たの一すね, たのうすね)」

たのみましょ(, たのみましょ)。　　すみません(けど)。ちょっと(物を)お尋ねしますが。 「こんばんは, たのみましょ。」

〜だば,　　(〜した)なら(ば)「〜と言うだば(〜と言ったら)/おめが よこどだば(あなたが言う事なら), なんでも きぐすけ。/朝, 晩なでだば(朝晩撫でたなら)/大事な母親だども, 命令だば仕方がねぇとおもで/人間だば/犬だば/うろうろしてだば(うろうろしていたら)/ふた 取ってみだば, (蓋を取ってみたら)/朝げになって見だば/「 」いうだば, (「 」と言ったなら)/毎日泣いでだば(毎日泣いてたら)/おまえだば(お前ならば)　」

〜だば。　　〜(なん)だい。「どうせばいいんだば。(どうすればいいんだい)/あれ どごんしょだば。(あれは何処の家の人だい)」

たび　　1 旅　2 他所へ行くこと　(→たびもん)

たびもん　　　他所から来た人　村の外から来た旅の者　(→はいりもん, きたりもん)

†たふぁらたふぁらしている[京]　だらだらしている　だらけてる

たぶち　　　田打ち　(=たぶづ[笹神]) ＊春先, 田圃に水を張る前に耕す農事　(→はたけぶち)

— 108 —

†たぶやかに　　たくさん　「はげごに たぶやかに ざっこをすいてきて」

‡たぶろくに[京] 締まりがなく 不自由なく(甘やかして)「だぶろくに育てたので, 我儘で困ってばね(困っているんだ)」

〜だべ。　〜(なん)だい。「どういうがんだべ。(どうしたことなんだ)/どうしたんだべ。(どうしたんですか どうしたんだよ)/どうすんだべ。/今 何言うだべ。(今, 何を言ったんだい)」

*「だべ/べ」は中越の南魚地区では使うが, 中越他地区, 新潟市周辺, 佐渡地区等では聞かれない。 それぞれ[〜がぁ/ら(ろ)・てぇ/ちゃ・じゃ・じぇ]等, と言う **「だっぺ」は男性器なので だっぺ=だべ にはならない

だぼ〈幼児語〉お風呂　「だぼ入って きれいになれ。」　[魚沼, 佐渡:ぼちゃ]

ダボダボダボと　　ジャブジャブと ジャボジャボと　<水を掻き分けて川を歩いて渡る音>
「腰巻き巻くって. ダボダボダボとこざいだでが。」

ダボーンと　　　ドボーンと　「川の中へ, ダボーンとおったどさ。(落ちたとさ)」

〜たま　　〜の上の方　〜の脇　「あげたま/よごたま/てっこたま」[笹神]

たまぁげて, たまぁーげて, たまーげて　　驚いて たまげて (=たんまげて) [新潟:同]

だまがさった　　騙された　「ずずに だまがさったというで, (爺さんに騙されたと言って)」

だまがさって　　騙されて　「コンコン様にだまがさってねげ?(狐に騙されてないかい)」

だまがされる　　騙かされる

†だまがしどっこ　　騙し合い

だまかす・だまがす　　騙す(=だまくらがす)「だまかすこど上手な狐がいだったでがね。/だまがして人の物奪ってしょもだ。/どっち先 だまがすあんべ。(どちらが先に騙すんだい)」

たまがす　　驚かす　「そんげなこどいうで おれば たまがすな。(そんな事を言って俺を驚かすな)」　(→たらがす)(→たんまげる, たんまげて)

†たまかぶ　　キャベツ (=かんらん)　[笹]

だまくらがす　=だまかす　　　[新潟:だまくらかす, だます/京ヶ瀬も同]

たまげでしょもで　　たまげてしまって　(≒だんまげる)

たーまねぇ[京] たまに 珍しく「たーまねぇ きたんねがねー。(たまに来たんだからねぇ)」

ためぐそ[京]　ためること　「呑気にして ためぐそにしてたら, 仕事が溜まってしまった」

ためす　　1(動詞) 試す [標] 2(名詞) 試し「ためすに やってみだども うまぐいがねがった(試しにやってみたけど上手くいかなかった)/♪とーすの はーずめの ためすーとてー/きもだめす(肝試し)」

だめん　　だめだ　「だめん, このしょ。(だめだ, この人は。/あなたは駄目ねえ。(半分冗談))

だーも　　誰も　「だーもこわねがったど。(誰も買わなかったとさ)」

〜だやら(〜だやら)　　〜やら〜やら　「肝臓だやら, 腸だやらわありなって,」

†たよさま [←たゆうさま(太夫様)] 神主 神職 「たよさまから のりとを上げてもろだ。」

〜たら だら　　1〜(のもの)なら「そにげな がんたら(そんな様なものなら)〜と言うだら/1 情けのある熊だら,」　2〜ったら。「はいろとおもだら ばがあっちぇでんが。(入ろうと思ったら, 非常に熱いんだとさ)/ごっつぉ食い始めだら, /磨えだら, てかてかになった。/

どごんしょど思だら　おもさんだね。」

たら,たらね　　頭が足らない人　頭が悪い人　馬鹿

†だら　　(人糞の)こやし・肥料　「だら くんで畑に撒く。(肥やしを汲んで畑に撒く)/だら
　　くみ(トイレの堆肥汲み・汲み取り)」

たらかす・たらがす　　あやす　甘い言葉やおだてて騙す　うまく騙す　たぶらかす(誑かす)
　　「泣く子たらがして　機嫌取りするのも　容易でねえ。/この子ば たらがすて 外で遊ばせ
　　て子守してくんねが。(この子を言いくるめて外で遊ばせて子守をしてくれないか)」
　　　*新潟県人(特に役人や都市人,日本人全般?)は上っ面ではまともでも,人を「たらがす」のが上手?「たらがす」気でなく
　　　ても,たらがしてる?

だらくみ　　肥やし汲み (→だら)

たらくりさがる・だらぐりさがる[京]　垂れ下がる　絶えそうになる　「財産がだらぐりさが
だらごえ　　人糞の肥料　／　だらごえためおけ[京]　人糞を入れた大桶　　　＼りそうだ。」

‡たらずやろー[京]　馬鹿　のうたりん

だらっこい[京]　体がだるい　「体がだらっこいで,仕事が手につかない」

たらふぐ　　たらふく　「たらふぐ食った。」

たらね　　足りない　「ちいとたらねこ(ちょっと馬鹿な子)」

†たらんこたんに[京]　こてんこてんに　「たらんこたんに負けてしまった。」

~たりば, [←たらば] [京]　～したなら (=～たれば,)「そのがんくんなさい、と言ったりば,」

~たれば・~だれば　　～したなら　～したら　「いっちゃおぐのほう いったれば(一番奥の方
　　に行ったら)/蓋取って見たれば(蓋を取って見たなら)/あんまりひっぱたれば(あんまり引
　　っ張ったならば)/川へ洗濯に行ったれば/中見だれば空だったでが。」(=だば)(=~たりば[京])

†たれもげる　　(小便・大便が)垂れそう・出そうになる　「小便たれもげて(小便垂れそう
　　で) 話 ようわからねがった。(良く分からなかった)」(=[京]たれもぐる)

~だわ。[標?]　～(だ)よ。「うりこめーご乗る駕籠に、あまのしゃーぐが乗ってだわ。」

†たわぐ　[田枠]　たわく　*田植えの苗の間隔を一定にする目安を標す為の長細い木枠。六角柱と四角柱の物
　　を見たことがある。地区によっては三角柱もあるとの事。

~だわの。　～したよ(う)。～だよ。「はらすいだわの。(腹がすいたぞ、すいたんだ。)/おれの
　　ちんころの働ぎだわの。(うちの犬の働きだよ)/弘法様のお書きなさったもんだわの。」

~だわや。　　～だよ。～だわ。～のことさ。～だなあ　「ほんね はずめな かがさだわ
　　や。(本当に器用なかあさんだなあ)/ちゃわんだわや。(茶碗だぞ)」　(→ねわや、わや)

~たん。/だん。　　～だったの(か)。だったよ。[疑問文もあり]「ざっこ一匹もくっつがねがったん。
　　(雑魚一匹も掛からなかったんだ)/あげましたん。(あげましたのよ<嫁の詞>)/扇子に叩きつけだん。
　　(扇子に叩きつけたのさ)」

~だんが・たんが(。)　　1～だな。「けだものかなんか だんが(獣が何かだな)」　2(~した)だが
　　「～と聞いたんだんが(～と聞いたのだが, 聞いたところ)/やってだんが」　3(~し)たのか。
　　「はあ、おわったんが。(もう終わったのか)」

― 110 ―

だんが・だーんが　　1 誰が「だーんがね。(誰がそうするね!誰もしない)/だーんが教えろば。(誰が教えようか, いや教えない)/だんが大根堀りしたば。(誰が大根掘りしたんだろう)」

　　2(。) 誰がやるって言うんだ, 誰もしない, 俺もしない, 俺は(するのが)嫌だ (→だんがやれ)

だんがさ。　〈次に同〉 ‡「ーさ」「ーね」は(多少?)丁寧な表現。 *「だんが。」≒「だんがやれ」〈多少強め〉

だんがね。　〈下に同〉 (≒だんが, だーんがろ, だんがさ, だんがやれ)

だんがやれ。　誰がやるというのか, 誰もしない。俺は嫌だ。私はしない。(=だんがね)(→やれ)

たんこたんこ　　トントン *笹神折居で, ほとけ(死人)が出ると米一合を臼で潰して粉にし水を混ぜ捏ね, にわ(門前)で茹でて皿に盛り枕団子(野団子)を作る。臼で潰すとき一人は臼で搗き一人は臼の縁をたんこたんこと叩く。ほとけはその音を聞いて自分が死んだ事を確認すると言う。

たんこぶ　　1[標] たんこぶ　2こぶ 大きく膨れた所「木のたんこぶ」

‡たんころ[京]　ちびでぶ 小さくて太った奴

‡たんころともしび[京]　神棚の灯明

～たんさ。　　～したんだよ。「ひって はよおぎたんさ。(ひどく早く起きたんだよ)/…したんさー。(…をしたんだよ)」 *近年新潟市内でも頻用されてきた表現(→なんさ)

†だんじゃらご　　生まれたての(鳥(雀等, 野鳥)の)雛　(=だんぼらご)　(=だんじらご[京])
　　「だんじゃらごが巣から落ちて死んでしょもだ。/鳥のだんじらご」

～だんすけ　～したのだから　「たべだんすけ(食べたのだから)」

たんだ　　たった わずか「たんだ一人して(たった一人で)/たんだ一軒」(→たんだそればつ)

～だんだ　　～(して)いたんだ 「かもしてだんだでん。(かき回していたんだとさ)/だぼんと入ったでん。でん=での。(だ)とさ。/逃げてしもだんだな。(逃げてしまったんだな)」/沢に埋めだんだでがね(沢に埋めたんだとさ)/なんというだんだ。(何て言ったんだ)」

～だんだが　　～(して)いたのだが 「もっと馬鹿だとおもでだんだが(もっと馬鹿だと思っていたんだが)」　[中・下越：～だんだんが]

たんだそればか・たんだそればつ　　たったそれだけしか (=そればつ) 「たんだそればつしかくれねんだかね。(たったそれだけしかくれないのか)」

～だんだわね。　　～たんだわ。～たんだよ。「ごっつぉ並べだんだわね。」

†だんだん(と)　　1 いつも いつもいつも いつまでも 「だんだんと降り続く雨」

　　2 ワイワイうるさく「だんだんてで 泥棒しょが集まって来たでんね。(ワイワイと泥棒達が集まって来たとさ)/だんだんというでましたど。(ワイワイ騒いでいましたとさ)/だんだんというで」

†だんだんはや。[京]　こんにちは　[北魚沼:同 / 南魚沼:だんだんどうも]

だんちまくる　　一方的言動をする

～たんど。　　～だったとさ。「大変なかよがったんど。(大変仲が良かったんだとさ)」

だんなさま　　大金持ち(の旦那様)　大地主

だんにも[否定語]　誰にも(～ない) (→だーんが) 「だんにも くれねばって いいねげ。(誰にも あげなくてもいいよ)」　*だん(だーん), のみでは使わない?

†だんばらい　　ひとなのか(初七日)に僧がだんくずしの経を読み祭壇を寺に返す事[笹神]

― 111 ―

たんび　　　　(〜の)たび(度)　「水原町の市のたんびに/出るたんびに(出かけるたびに)」

†だんべ　　　男性性器　ちんちん　ちんぽこ　(=だっぺ)(→かいこ, まんじょ)

†だんぼらご [水原]　=　だんじゃらご

たんまげる・だんまげる　　　たまげる　驚く　*たまげる, の強意　「たんまげで, 猿のしっぽ つかめだ
　　　でが。(驚いて猿の尻尾を掴んだとさ)たんまげたり, 喜んだり/たんまげて/たんまげらってしょもだで。(びっ
　　　くりされてしまったとさ)たんまげた顔/あんまり たぁごで たんまげだわ。(余りに高くてたまげたよ)」
　　　*水原では「ん」の使用多い

[ち]

†ち　[乳]　藁の草鞋(わらじ)の側面に飛び出した左右 2 つの輪　*草鞋は, 前部中央から出ている長い藁縄
　　　の '緒(お)' を 'ち' と踵(かかと)部分の輪 'かえし' に通して締め, 足首に回して縛って足に固定し履く。〔昔の標〕「ち
　　　付けずに, わらじを作ってしもだ。」

ちぃーけ　　　近い　「ちぃーけばしょ(近い場所, 近く)」　(=ちけ)　*長音化

ちぃこね　　　近くない　(=つうこね, つこね, ちこね)

ちいさけ [水原]　小さい　「ちいさけこえ(小さい声)でようだ(言った)/こっつばかのちいさけ鼠穴/
　　　ちいさけもんだすけ, (小さいものだから)/おっきなんどちいさけなん(大きな物と小さい物)/
　　　ちいさけ葛籠(つづら)」

ちいさげな　　　小さな　「ちいさげな声(小さい声)」

ちいせ　　　　小さい　「そんげちいせからだして(そんなに小さい体なのに)」

ちいそなる　　　小さくなる　小さくなって隠れる　小さくかがむ

ちいっと　　　　ちょっと　(=ちっと)　「ちいっと 無理だども, 仕方ねえ。」

ちいと　=ちいっと　「ちいと たらねこ(ちょっと頭の足りない子, ちょっと馬鹿な子)」

ちいとばが　　　ちょっとだけ　「ちいとばが 開げろ!(ちょっとだけ開けろ)」

ちかちかしなる　　　身近になる「おめーさんのうづと, むがし いきしょだったでね, ばあちゃんがお
　　　しえてくれだでば, なんかちかちかしなっていいね。(あなたの家とは昔親戚だったと婆ちゃんが教え
　　　てくれたんで, 何か身近になっていいね)」

ちかま [標?]　近間　近く　「ちかまにきたば, (近くに来たなら)」

ちぎきれ[京]　端布(はぎれ)

ぢぎしょう　　　畜生　「このぢぎしょうめ。」

ぢくなし[京]　=　ずくなし

†ぢくねる　→　じくねる

ちけ, ちーけ　　　近い　(=ちぃーけ)　*ちけ, は主に文末? ち(い)ーけは連体詞接続か。
　　　**形容詞「〜い」は同類の語尾になる ex.せーめ(狭い) ひーれ(広い) たーけ(高い) にーげ(苦い)

ちこ　[←ちこう] *ウ音の脱落　近く　「ちこなる(近くなる)/ちこね。(近くない)　(=ちぃこね, つう
ちごでくる　　　違ってくる「顔形も の ちごできて, (顔形もね, 違ってきて)」＼こね, っこね)

ちーせ [標?]　小さい　「ちーせ鍋」

ちそ [植物] しそ(紫蘇)　(=すそ)

ちだらまっか　　血だらけ　「ちだらまっかになる。」　(=つだらまっか)

ぢっき(に)　＝　じっき(に)

ちっと　　ちょっと　「ちっと休ませてくらせ。/ちっと くって おぐんなせや(ちょっと下
　　さいな、ちょっと下さいませんか)/もうちっと上の方」

ちっとばか、ちっとばが　　ちょっとばかり 少しだけ (ほんの)ちょっと(だけ)　「ちっとば
　　が まってくなせ。(ちょっとだけ待って下さい)/もうちっとばかで(もうちょっとで)つかめ
　　られそげになって(捕まえられそうになって)」　(=ちっとばかし、ちとばかし)

ちっともいでから　　少し経ってから 「まだちっともいでから(また少し経ってから)」

†ちっともいだば、ちっともえだば、　　少し経ったら　　　　＼(=ちっとめえだら)

ちっせ　　小さい　「ちっせ蟹(小さい蟹)」　[県内:同]

ちっとずつ　　少しずつ　「尻尾がちっとずつ見えて来たでんが。」

ちっとばかし　　ちょっとだけ 少しばかり (=ちっとばか) 「ちっとばかし　休ませてくんなせ。」

ちっとめえだら　　少し経つと (=はあ、ちっとめえだら/ちっともいでから/ちっともだえば)

†ちっともだえば　　少し経つと　[昔話用語?日常語?]

ちと 〈標?〉 ちょっと 「もうちと(もうちょっと)/ちとばかしだども(ちょっとだけですが)」
　　*「もうちーと」とは言わない

ちーと　　ちょっと　「ちーといったば(ちょっと行ったら)、犬が出て来たど。/ちーとで いが
　　ね。(ちょっとでいいからさ・ちょっとでいいじゃないいか)/いぎが ちーとさ、ふらねー。(雪
　　がちょっとしか降らない)」　*「ちと行った/ちとでいい」とは言わない。「ちー」と伸びる音

ちびらちびら　　ちびちびと　少しずつ

‡ちべこべと[京]　少しずつ　「ちべこべとさべりはじめる孫」　　　　　/[北魚:ぢぼくりまめ]

ぢもぐりまめ[京]　落花生 ピーナッツ 「よでた (茹でた) ぢぼくりまめは美味い。」

~ちゃ　　～ちゃん 「けんちゃだの、ひろちゃだの、ひろしさだの、(健ちゃんだの広ちゃんだ
ちゃあんとしていだ　　動かずじっとしていた　　　　＼の、弘さんだとか)」　*「～さ」は(～さん)

ちゃかもか　　1 さっさと　2 落ち着き無く ちょこまかと 「ちゃかもか動き回って ち
　　っともじっとしていね。(全然じっとしていない)」　(=ちょこまこ)

ちゃかちゃかと　　さっさと 「こんげばかのすごとは ちゃかちゃかと おわらせれ。(これっ
　　ぽっちの仕事はさっさと終えよ)」　(≒ちゃっちゃど)

†ちゃーぎん　　(鉄分の)茶色の汚れの染みついたタオル・手拭い *昔の井戸水は鉄分が多く、飲料水は漉して
　　飲んでいた。風呂用にはそのまま湧かしたのでお湯に浸ける手拭い等は茶色っぽくなった由。[京ヶ瀬方言考]

チャッカチャカと　　チャカチャカと さっさと? 「チャッカチャカと畑を打ってしょもどさ。」
　　〔擬音語?〕 *「ちゃかちゃか」と同、との説あり

チャッチャカ チャッチャカ　　チャカチャカ〔機織りの擬音語〕

‡ちゃったか　着いたか *ちゃったか団子:お彼岸初日の仏様へのお供え団子[笹神村岡](→いがされだんご)

ちゃっちゃど・ちゃっちゃと　　さっさと 早く 「ちゃっちゃど たべろ。(さっさと食べろ)/
　　ちゃっちゃど来い。」 [新潟他地区:ちゃっちゃと]

— 113 —

†ちゃれー。　　　来なさい

チャワチャワと　　　さっさと　瞬く内に　あっという間に　「チャワチャワと柿の木に登って/ちゃわちゃわとのうなる(瞬く間になくなる)」[新潟・標?:チャッチャと]

ちゃんこ ちゃーや　　ちゃんかちゃんか　*流れる民謡の音の擬音語「ちゃんこ ちゃーやの歌声」

ちゅうとなか(まで)　　途中まで　途中半ばまで　道の途中　「ちゅうとなかまで ぶてきた(とちゅうまで背負ってきた。)/ちゅうとなかになったでば(道の途中に)/ちゅうとなかの, やまのてんじょういったでば, (途中にある山のてっぺんに行ったら)」

†ちゅうはんあがり　=　ちょうはんあがり

ちょう　　　今日　「ちょうはいぎれる。(今日は蒸す)」[京]

ちょうき　　中気 (軽い)脳卒中(後の手足が震える状態)「ちょうきになる。」(=ちょうぎ[京])

ちょうす　　調子　「ちょうすこぐな。(いい気になるな。お調子づくな。)」

ちょうせんぶな[朝鮮鮒] [魚名] おいかわ

†ちょうだぐ[京]　　懲らしめ　「ちょうだぐしてくろうがぁ。(懲らしめてくれるぞ)」

‡ちょうば[丁場] [笹] 仕事の普通・相場・当たり前の量「一日十束が草鞋の丁場(一日に十束分の草鞋を作れるのが相場)/たぶち(田打)は畔を塗って一日一反が丁場/玄関掃は子供の丁場」

ちょうはん　　昼飯　昼食「ちょうはんに しょうがど おもで(昼飯にしようかと思って)」

ちょうはんあがり　　　昼食のためにいったん家に戻る事 (=ちゅうはんあがり, べんとあがり)

ぢょうや[京] = じょうや

ちょかい　　境界(きょうかい)　「やすぎのちょかいあらそい(屋敷の境界争い)」[京ヶ瀬]

ちょぐいい。　　ちょうどいい。　「この茶碗 ちょぐいいな。」

ちょぐる・ちょくる・†ちょごる[笹神]　1(≒ちょす)　2 戯れに撫でる・突く　からかう・嬲(なぶ)る　もてあそぶ　馬鹿にされる「釣りに行って魚にちょくられてきた。(釣れなかった)」
*「おちょくる[標]」→「ちょくる・ちょぐる・ちょごる」か?

ちょこっと・ちょごっと　　　1[標]ちょこっと　　2 ちょいと ちょっと (≒つと, つっと, つっとばか, つとばか)「ちょこっとふろだど。(ちょいと拾ったと)/ちょこっと こっつへ来い。/ちょごっと よひで もろおがな。/ねす, ちょごっと うづへ 寄っていぎなせ。」

ちょこまこ[京] ちょこまかと・こまめに (=ちゃかもか)「ちょこまごど, よう動く人だ。」

ちょごる[笹神] =ちょぐる・ちょす　「あのやろば ちょごると すぐほんきなる。(あの奴をからかうとすぐ本気になって怒る)」

ちょす　　いじる　触る「ちょすな!(触るな, ふれるな, いじるな)/ちょした(触った)/ちょすてばかりいる。(触ってばかりいる)」 [新潟:同] (→ちょくる・ちょぐる)
*露天市場で籠に盛った桃を触ろうとすると, 露天の『あねさま』に,「ちょすな!!」と言われる!

‡ちょすこもっこ　　　弄くり回し　「ちょすこもっこして とうとうぽっこしてしょもだ。(弄くり回して遂に壊してしまった)」[水原]

†ちょたぶたして　　　ふらふらして　「足元がちょたぶたして危なっかしい。」[水原]

†ちょちょくちゃ　　　急いで雑になる「そんなに ちょちょくちゃとしので ゆっくりとやっ

— 114 —

てくれ。(そんなに焦って急いで雑にしないでゆっくりちゃんとしてくれ)」

†ちょちょず[野鳥]　よしきり　「河原にちょちょずが巣をつくった。」(=[京]ちょっちょず)

　*阿賀野川の川原で賑やかに囀っていた鳥。高い声の(囀る?)女の子の仇名にした事があった。(新潟山の下:ちょちょじ)

†ちょちょら(に)　　いい加減に　「だいずな　はなすを　ちょちょらに　きぐな。(大事な話をいい加減に聞くな)/ちょちょらの事(いい加減な事)」　(=[京]ちょっちょら)

†ちょちょらぎき　(話をよく聞かない)慌て者　うっかり者「ちょちょらぎき　先に走って　後戻りく宮田〉」

†ちょちょらに　　いいかげんに　ぼーっと「ちょちょらに聞いているから　わがらねがった。」

ちょっこら・ちょっこらさっと　　　ちょっこりちょっと　ちょっと「ちょっこらさっと終わりそうもねぇな。(ちょっとの時間では終わりそうにないな)/ちょっこら一服しよう。」

†ちょろぶらあるき[京]　ふらふら歩き　「大酒呑んで、ちょろぶら歩きした。」

†ちょろける[京]　うかれる　「酒呑んでちょろけて上機嫌になる。」

ちらさった　　　1 散らされた　　2 飛び散っていた「あぶなげに　ひばな　ちらさってださが(危なそうに火花が飛び散っていたので)」

ちりやき　　葬儀(そうらい)前に死体を焼くこと　　[佐渡：同][古い標?]

‡ちれて[京]　　連れて　「ちれてきなさいや。(連れてきなさいよ)」

†ちんこたい・ちんこたん[京]　小さい　「体はちんこたんだが、力は強い。」

ちんころ,ちんころや　　仔犬　(小さめの)犬「めごうげなちんころ　一匹こうで　暮らしていだったど。(可愛い犬を一匹飼って暮らしていたとさ)」

[つ]

〜っ〜　[促音] 1 れ《受け身》「きらった(切られた)/だがって(抱かれて)/たべらって(食べられて)/言われっとご(言われる所に)/もらわって(貰われて)」2 る《可能》「魚、いっぺ つれってんが。(魚がいっぱい釣れるんだとさ)/いっぺ つれっな。(いっぱい釣れるな)/カチカチと聞こえっが、何だ。」　3《連体形活用語尾》る「みんなしてくれっし(みんなしてくれるし)/なわひっぱっがね(縄をひっぱるんだよ)/引っ張りつけでくれっわ/つぶれってば(潰れるとは)/行ってくっわ。/田ぶち　はじめっとさ。/つかまっと大変だ。/〜とこたえっと(〜と答えると)/走っか/食べっか/見っか/代わりになってやっすか、はよ逃げれ。/お札をくれっすけな。/〜になっし,」[標?]　4[標?]〜していった　「さっさと逃げでった(さっさと逃げていった、逃げてった)」

「っ」の消失　　まよだ(迷った)/おもだ(思った)/猫拾で来た

づ　　　　ち　「なかまづ(なかまち:仲町)/ぐづ(くち:口)/やづがわ(野地川:やじがわ)」

ついで　　　連れて　「おれこどばっか　ついであるいてくった。(俺のことばかり連れて歩いてくれた)/ついでこねし。(連れて来ないよ)」

つうこね　　　近くない　(=つこね,ちこね,ちぃこね)

つうさい　[笹神]　ちいさい　「つうさいこ(小さい子)」

つうさな　[笹神]　ちいさな　「至る所に　つうさな湿地帯があった」

つうと　　　ちょっと(=つと,っっと,っとばか)「つうと俺にも貸せや。(ちょっと俺にも貸せよ・貸してくれ)」

つうとばが　　ちょっとだけ　(≒つうと, つとばか)

つうよね　　　強くない　(=つよね, つうよくね)　*つよね, が頻用

つぇんず　　　チェンジ　「ワンダン, ツーダン, スリーダンでツェンズ」

～っが,　　　～するが　～するけれども　「いってくっが, (行って来るが)/やってみっが,」

～づかえ　　　～使い　「ふろづかえ(風呂使い:風呂を使うこと)」

つがので　　　つかないで　「あぎらめつがので(諦めがつかないので)」

つかま　　　ちかま(近間)　近場　近い所　「つかまの生徒(近くから通って来る生徒)」

つかまっと　　捕まると　*つかまると, とも言う　「つかまっと大変だ。」

つかめだ　　捕まえた　掴んだ「猿のしっぽ つかめだでが。(猿の尻尾を掴んだとさ)」

つかめでれ。　　掴んでいろ。「うな, こご つかめでれ。」

つかめらった　　捕まえられた

つかめる　　捕まえる　掴む　「蛇をつかめで のんだでが。(蛇を捕まえて飲み込んだとさ)」

つかめられる　　捕まえられる。

つかめられそげに　　捕まえられそうに　「もうちっとばかでつかめられそげになって,」

つかめろ　　捕まえようと　「もうつっとで つかめろどした時」

つかよんな(や)。　　近寄るな。　「川にはつかよんなや。(川には近寄るんじゃないよ)」

～っかん　　～するのを　することを　「なっかんやめましたど。(鳴くのを止めましたとさ)」

～っかんだ。　～(する)んだ。「らっつもね電話かかってくっかんだ。(かかってくるんだ)」

†つき　　ふり　様子　「そんげなつき(そんな様子を)してだでんが。」

†つぎ　　布きれ　布　継ぎ「おんなじ色のつぎで ぬうでやる(同じ色の布で縫ってやる)/つぎ
　　の小袋に たげずんどうを括り付け, 捕った蝗を竹筒に取り込む」　*笹岡の諏訪神社祭礼の朝の
　　花火で打ち上げられた小さな落下傘, も指す

つぎもん　　和裁　針仕事　裁縫　縫い物　[←†つぎ(布)] (=ぬいもん)

つぐ　　つく　「あきらめつぐ(諦めつく)/餅つぐことになった(餅搗きをすることになった)/
　　もちつごで。(餅を搗きましょう)/おれつぐさ。(俺が搗くよ)」　(→つがので)

づくづくよーし[京][蝉名]　つくつく法師　*柿の実が熟し始める?頃, 「熟熟好し」と鳴き始める?

‡つぐら　　ちぐら　1 お櫃の保養用の藁製の器　2 藁を丸く編んで作った赤ん坊のベッド兼
　　入れ物　*母親は赤子を入れ働いた　[新潟県内:ちぐら(乳幼児を入れる物　猫用もあり)]

†つくらつくら　　(ゆっくり)追々と「つくらつくら やって いごがな。(追々やって行こうかな)」

つぐる　　作る　「ばば汁つぐったでね。」

～っけ　　1 ～れるかな　「日暮れっけ だと おもで(日暮れるかな, だと思って)」

　　　2 ～るよう(だ)　「おれ殺されっけだ(俺は殺されそうだ・殺されるようだ)」

　　　3 ～だから　(←≒すけ)　「わかったっけ, (分かったから)≒†わかったすけ」

†つけぎ[古い標]　硫黄が先に塗ってある薄いマッチ状の物。囲炉裏等の火種に触れて火を出させる

‡つげと[告げ人]　人の死亡を告げて廻る人　(→じんぎ, かおだし) *「口濡らし物」と言って酒一杯出す習慣あった

‡てらつげと(寺に死人が出たことを伝える人)　つげと, は主に親類　(→まちがいもん)

― 116 ―

つげる　　　付ける　「きいつげで, いぐあんだで。(気をつけて行くんだよ)/火つげでうぢわで
　　　あおげば(火を付けて団扇で煽げば)」(→そっぱいつげる, そっぺぇつげる)

つけれ　　　つけろ　「くらつげたり でぎろばやれ(鞍をつけたり出来るのならしろ)」(→れ)

つこ　　　　近く (=ちこ)　「つこなる。(近くなる)」　*ウ音の脱落→ちこ, やわらこ, はよ, しろ

つこう　　　使う　「おれ そればっかつこうんだ, なれてるすけ。(私はそればかり使うんだ, 慣れ
　　　ているから)/つこうた(使った)/人間様のつこうような/人間様のつこう銭/鍬 つこだりして
　　　いだ(鍬を使ったりしていた)/つこでもろだでが。(使って貰ったとさ)」　　[活用:つかわネ・つこわ
　　　ね/つかいマス・つこでマス/つこう・つこうトキ/つかえバ・つこえバ/つかえ・つこえ・つかいなセ]

†つこっこど[京]　入れ物に一杯 沢山　「苺をつこっこど貰った。」

つこで　　　使って　「こんなひがれでもよがったら, なじょうもつこでくんなせ。」

つこね。　　近くない　(=つうこね, ちこね, ちぃこね)

†つこばり　支え棒「家が傾いて つこばりした。(支え棒で支えた)[京]つこばりこうだ(支え棒をした)」

~っしぇ。　　~しなさい。「うしろむがっしぇ。(後ろを向きなさい)/ならっしぇ。(なりなさい)/かづ
　　　いで いがっしぇ。(担いで行きなさい)」

~っしぇや。〔上に類〕~しなさいよ。下さいよ。「貸してくらっしぇや。(貸して下さいよ)/かさっしぇや。

~っすか,　　~するから,　「みーんな草とっすか, 嫁にくらっせや。」　　　　　　＼(貸しなさいよ)」

~っせ　　~しなさい「俺のきもん着ていがっせ。(私の着物を着て行きなさい)/元気ださっせ(出しなさいよ)/
　　　食いなっせ=食いなせ/~しなっせ(~しなさいよ)」*「~っしぇ」より多いか?　[類:~せ ex.「ゆっくり休みなせ。」]

~っせや。〔上に類〕「嫁にくらっせや。」

(~)った　　~れた　「くわったり(食われたり)/もどさったてんが。(戻されたとさ)/魚とらったら(魚を
　　　取られたら)/そういわったさが, (そう言われたから)/よばったでが。(呼びなされたとさ/つくってくった
　　　(作ってやった, 作ってくれた)/耳もがった/頼まった」

†つだらまっか　　血だらけ　「つだらまっかになる。」[笹神]

つづ　　　乳「ややこは, つづを すわぶってのむ。(赤ん坊は乳をしゃぶって飲む)/うすのつづ(牛乳)」[笹]

ブヅ　　　槌(つち)　「さいずず(才槌:さいづち, 木槌)」

ツーツー　　(人の臭いを嗅ぐ)クンクン　「ベローペローと舐めたり, ツーツーと臭い嗅いだりして,」

つつぎ[植物・花]つつじ(躑躅)　(=つつず)

つづぎ　　　続き(つづき)　「ひんひ, つづぎは いづだばね。(先生, 続きはいつですか)」

づっきしょう!　　コンチキショウ　知気象

つっける　　つっかえる　「グツッとつっけだでんが, (グツッとつっかえたので)」

つつず　[植物・花][笹神] つつじ(躑躅)　(=つつぎ)

つつすんだ[京ヶ瀬]　つつしんだ(慎んだ)　*終止形は, つつしむ

つっせ　　　小さい　「つっと つっせわい。(少し小さいな)」

ツッツッ　　(犬の嗅ぎまわる)クンクン　「ツッツッなんていうで, 匂いかぎかぎ」

つっと　　ちょっと (=つと, つうと, つとばか)「つっとしかね。(ちょっとしかない)/つっと つっせわ
　　　い。(ちょっと小さいな)/もうつっとでつかめろどした時(もうちょっとで捕まえようとした時)」

— 117 —

つっとおす　　突き通き通す

つっとこ・つっとご　　藁苞(わらづと)　つと　つとっこ 「納豆はつっとこで作るのが一番」

　　*つと, とも言う　(=[京]つっこ/[笹]つとこ・つっこ)

つっとばか　　ちょっとばかり　ちょっとの間 「つっとばが よひでもろおうがな。(ちょっとだけ寄
　　らせて貰おうかな)」

つっとも　　　ちっとも 「つっとも たのすね。(ちっとも楽しくない)/つっとも 来ねわ。」

†つっぱらけなる　　窮屈になる　突っ張るようになる 「このふく, つっぱらけなったすけ
　　きらんね。(この服は<小さくなり>窮屈になったので着られない)/つっぱらけだ。」

つつまって　　包まれて 「つつまって 食べられてしもたかもね。(包まれて食べられたしまったかもし
　　れません)」

つつみのなか[堤の中]　沼・池・川(の中)　水中 「堤の中から声すってがね。」

～って　(⇔った)　1[標?]～して 「ぐっすりとねって, おきましたど。(ぐっすりと眠って起きましたと
　　さ)」　*喰って(くって) は標準語　　2〈受身・丁寧〉～されて　られて〔未然形接続〕(→～らって) 「おく
　　らって(送られて)/たべなって(食べられて)/きらわって(嫌われて)あきれらって(呆れられて) /目 つっ
　　つかって(目を突っつかれて)/くわってしまいました(喰われてしまいました)/猿に聞がってしょもだ
　　ど。/(鬼婆に)このままなめらって, しまいにはくわってしょもんが, どうしょばな。(このまま舐められ
　　て, しまいには食われてしまうのだが, どうしょうかな(,困ったな))」

(～)ってが。　　～でいたとさ。　いるとさ(?) 「においかいでってが。(臭いを嗅いでいたとさ)/火
　　燃えるのが見えってがね。(火が燃えるのが見えるんだとさ, 見えたとさ)」[過去兼現在?]

…ってがな　　…っていうのが 「とんぜん坊ってがな ありますってこったが。(とんぜん坊っ
　　て言う者がいるってことですが)」

…ってがね。　　…するとさ。 「飛び出してくってがね。(飛び出して来るんだとさ)」

(～)ってげ。　　～してくれるってか。 「来ててげ。(来てくれるってか)」

(～)ってしもすけ　～されてしまうから 「鬼にくわってしもすけ(鬼に喰われてしまうから)」

(～)ってで,　　～って言って, ～と言って　　「「～。」ってで,(～と言うんで)」

～ってん。　　～るとさ。 「～の声 そばに聞こえってん。(～の声がそばで聞こえるとさ)」

～ってんば。　　～っているのか。　(→すてんば) 「なにいかってんば。(何を怒って居るんだ・居
　　るのか)　[新潟:なにいかってんて(ぇ)。]」

～っと　～(している)と　～すると 「途方にくれでっと(途方に暮れていると)/～しでっと(～をして
　　いると/つかまっと(捕まると), 大変だ。」

うと　ちょっと 「おめも つと くで(お前もちょっと食って)/つと 寄っておぢゃでも 飲ん
　　でいぎなせ。(ちょっと寄ってお茶でも飲んでいきなさい)」(=つうと, つっと, つとばか)

つとばか　　ちょっと　ちょっとだけ　(≒つと, つうと, つっと)

つとめ ようで　　仕事が良くて　仕事をちゃんとしていて

(～)っとも,　　～(して)いるけど 「隣のかがさこどばっか ほめでっとも(隣の嫁の事ばかりほめてい
　　るけれど)」

~っともなあ。　　~するとも。　~するんだがなあ。　「(娘を)一人くれっともなあ。」

†つながえ・つなげ　稲を束ねる縄　[京]

つねくる　　　摘んで捻る　抓る(抓る)「つねくって泣かす。」　[新潟:同]

づはだ　　　頭の肌　「づはだが見えるようになり、がめくりになった。」

†つび[笹神]　　　つえ(杖)

‡づぶたいだめ。[京]　全然駄目　「山菜採りに勇んで出かけてみたが、づぶたいだめ。」

つぶれる　1[標]潰れる　2 腰が抜ける　腰抜かす「じじさ、たまげて つぶれてしょもだ。」

つぶれこで。　　潰れるさあ。　　[新潟：つぶれるこて(え)]

つべ　　　　つえ(杖)　「いま つべ ついでぐわや。(今、杖をついて行くよ)」　(→つび)

†つぼき[←坪木]草花　「珍しいつぼきを貰った。」　[京]

‡つぼこぜに　　　じゃら銭　財布に入れないお金　「つぼこぜには めのしやすい。」

†つまずる　1摘む(つまむ)　摘み揚げる「野の花をつまずって抜く。」　2[笹・京]抓る(つねる)
　　「ほっぺたをつまずってみたがやっぱり夢」

†つまつま　　ちまちま こぢんまり　「つまつまと すている。(こぢんまりしている)。

つまみぐえ　　つまみ食い　(→こびり、そさぐい)

つめくそ　　爪の糞　「つめくそでも やだがる(ほんの少しの事・物でも嫌がる)

つめので　　詰めないで　「重箱に つめのでくんなせ。(詰めないで下さい)」

つめろど　　詰めようと　「重箱に 餅 つめろどしたら(詰めようとしたら)」

つもい　　　つもり　「嫁にいぐつもいにして、(嫁に行くつもりにして、つもりとして)

つもり　　~のはず　「んな、しんだつもりなんだが、いきてだが。(お前は死んだ筈だが生きていたのか)」

つゆけしょうがつ[つゆけ正月]　六月のご馳走　入梅前の一休みの行事 (=つよけしょうがつ[京])

つよね　　　強くない　(=つうよね、つうよくね)　*つよね、を頻用

つらつけね　ずけずけと「つらつけねいうもんだすけ、気分わあり。(ずけずけと言うもんだから気分が悪い」

つらっぱげねー[京]　あつかましい　「あの人、つらっぱげねー人だ。」

ツリリン バリリン おやのまづ。《花咲か爺の灰を撒く掛け声》
　　*悪い爺の掛け声:チリリン バララン おやのまづ。

つるたぐり・つるったぐり　1 兄弟(時に姉妹)で一番下の子、末っ子　「つるったぐりは甘え
　　ん坊」(=ごんぼおず・ごっぼおず)　2(作物の)うらなり　　　[標?][新潟:同]

つれでく　　　連れて行く　「山つれでって、(山につれていって) 鬼にくってこねばねな。/つれでって
　　くらっせ(連れて行って下さい)」

†つろぐのとれた　釣合の取れた　「あの若夫婦はつろぐのとれた にあえの(似合いの)夫婦だ。」

ツンキ ＝ ツンク、チンキ　　　　　　　　　　　　　　　　　　　　/が しょんで いでぇ。」

ツンク[笹神]　チンキ 赤チンキ マーキュロチンキ (稀に)ヨードチンキ「ツンクつげだら きず

†つんくて(え)　　小さい　「胡瓜はつんくてぇとぎが うんめ。(胡瓜は小さい時が美味い)/つんくての

†づんぐりごま[京]　小さい独楽　　　　　　＼が(小さいのが、小さいやつが)⇔でっけなやつ

つんだったら　　釣るんだったら　「つな垂らしてつんだったら、」

— 119 —

つんつるてん　1[標]衣服が光るように擦れている状態　2[水原]体が成長して衣服が小さくなってしまう状態　「つんつるてん　ふじゃかぶ丸見え　背が伸びて〈宮田〉」

‡つんぱ[←ちんば<差別語>][京]　片足が動かない人　かたびっこ　「つんぱで=びっこたっこで(不安定で)、がたがたする」

つんぽこ　　ちんぽこ　(主に子供の)ちんちん　(→だんべ・だっぺ、かいこ・まんじょこ)

[て]

て゚ 1 (〜し)たい　「〜になりてが ろし、(〜になりたいだろうし) [成り+て(たい)+が(だ)+ろし(ろうし)]/ありがてお経(有難いお経)/くれでやりてみでな(物をくれてやりたいみたいな)」　2　〜たかい?　「こんげなとごに 重箱あって?」　3 〜た　「やっと錠あげでくれってがね。(やっと錠を開けてくれたとさ)」　4 〜って　「上手なんは、俺とお前ていわってだんが(俺とお前って言われていたのだが)/その子に お玉ていう名前 つけだでが。」　5 〜というように　「だんだんてで(ワイワイとうるさいようにして)集まって来たでんね。」　6[京] 人手　「てがある(人手がある)」　(→てこ)

で゚ 1〔接続助詞〕i)て　「化けでいだったんど。(化けていたんだとさ)/おれ、あげでくろ。(俺が上げてやろう)/あげでくったでんが。(上げてくれたとさ)/そういうで、(そう言って)/うまれできて。/おいでおがんねが(家に置いておけないもの)/いうでいだ。(言っていたとさ)/たすけで くんなせ(助けて下さい)/ででくれ(出てくれ)/でいってくれ/あわてで(慌てて)/きいでこらせ。(聞いてきなさい)/なででいっと、(撫でていると)/逃げでしまう/ねでいだ(寝ていた)/やがましで(やかましくて)/あそこに山寺がたってで(建っていて)/撫ででみれ。/置いでおいだ/自転車につけできた。(付けて(運んで)きた)」　ii)〜(して)いて　「いっぺ はいってで(いっぱい入っていて)/そっと みでで(そっと見て居て)」　2〔終助詞 同意・勧誘・押付・強制〕〜だ(よ)。「狸の命 取ってきたで。(狸の命を取ってきたよ)/ここだで。(ここだよ)/はよ、やろで。(早くしましょう)/うなも 一緒に いごで。(お前も一緒に行こうよ)/おもさんも一緒にいごでね。(貴方も一緒に行きましょうよ(丁寧))/おらいいで。(私はいいよ)/きましたでねえ。/火みんな消えででね。(火がみんな消えていたとさ)/ざっこさぎにいごで。(雑魚すくい・雑魚捕りに行こうよ)/がんばろで(頑張ろうよ)」*「〜よ。」より強意　3[促音の脱落] i)〜って 〜という　「カワウチ村でとこがあった(カワウチ村って所があった)」ii)　〜なやつを　「黒衣のぼろぼろでがん着て(黒衣のぼろぼろなやつを着て)」　iii)〜して〔過去〕「ややこをぶでいぐ(赤ん坊を負ぶって行く)/ひろできたいぬ(拾って来た犬)(→〜だ)　4〜とは、「こんげあーれひなかに、腹撫でれで、ばがじさ!(こんなに明るい昼間なのに腹を撫でろとは、馬鹿爺さん!)」

†てあぐす　　腕組み[水・京]　「てあぐすかく(腕組みする)/てあぐすかいで、(腕組みして)」

〜てえ。　　〜だ よ　(=て)　「おめさんの目 必ずなおるてえ。/ちんころ 貸せてえ。(仔犬を貸せって言うのかい?)」

でぇかんだ。　出かけるんだ 出るんだ　「ようされなっと、こそっと でぇかんだ。」

†てぇしゃば　　停車場 駅

でえすき　　だいすき(大好き)　[県内:同]

‡でえまえにも くえくえ　???　*昔話の命令文の後に付ける呪文(じゅもん)の様な特に意味無しの言葉。大丈

夫だ，という意図を表すか?水原の長谷川さんの昔話の掛声で個人的な物，との指摘あり

「えーすけ乗らっしぇ。(いいから乗りなさいよ。) でえまえにも，くぇくぇ。」

〜てが。〈下に同　ただし『でが』より少ない〉「畑へ仕事に行ったてが。/糸を紡いでいだったてが。/上手に紡ぐてが。/大蛇の目があってが，持ってこい。/ばがうまそげな匂いすってが。(とても美味そうな匂いがするとさ)/みえってが。(見えるとさ)/ガヤガヤと人の声すってが。」

〜でが。　1〜(だった)とさ。「みんなで相談したでが。(皆で相談したとさ)/お宮さまがあったでが。(お宮様があったとさ)/〜で，よだでが。〜と，言ったでが。(〜と言ったとさ)/また来て いうだでが。(また来て言ったとさ)/声が すっでが。(声がするとさ)/まだ おっつかれそげに なっでが。(また追いつかれそうになったとさ)/誰も こうでくんねでが(誰も買ってくれないんだとさ)/出かけていったでが。/探したてば あったでが。(探したならあったとさ)/いねがったでが。/鳴り始めたでが。(→でど)」 2〜だというんですが「仏壇買いなすったでが。(仏壇を買いなさったそうですが) (≒でんが。) 3〜のかい。「山へいぐでが。(山へ行くのかい)/こんだ俺こど乗せってが。」

でがげだ　　出かけた　「でがげだど。(出かけたとさ)」

でがける・でかげる・でがげる　　でかける「乗って出がげでいったでば，(乗って出かけて行ったなら)/おれ でかげってがんに，はや。(私は出かけるのに，やれやれ)/畑へでがけていった/はよでがげねば，(早く出かけなければ)/でがげでいったど。(出かけていったとさ)」

〜でがに　　〜であるのに　＊『でがに』のほうが多少強め「おれが死んだでがに，なんして来ねがった。/死にそげだでがね，なんして来ねがった/貸さんねでがに(貸せられないというのに)/年夜間近になったでがに/ちょこっとしか刈らねでが/雨降ってでがに」

〜てがね。《下に同》「とんと昔があったてがね。/狐がいだったでがね。/実がおちってがね。(実が落ちるんだとさ)」

〜でがね　　1〜であるのに　(≒でがに)「死にそげだでがね(死にそうであるのに)/はっけでがね，さあめでがね。/ちょこっとしかからねでがね。(ちょっとしか刈らないのに)」

　　2〜だとさ。「なんたんも おったでがね。(何反も織ったとさ)/パフッと水かけだでがね。(バシャッと水をかけたんだとさ)/魚の番 してだでがね。/くったでがね。(くれたとさ。)」

〜でがの。　(〜した)とさ。「泣いていだったでがの。(泣いていたとさ)/戸を叩いだでがの。」

〜てがん，　〜というやつ「オテラン様のすももてがん，ねぇがね。(オテラン様のすもも と言うものは あり

〜て がんだと　〜という風になったとさ「蛙がペタラペタラペタラと歩くてがんだと」＼ませんか)

〜でがんね。　(=でがね 2)「あんにゃ 来たでがんね。」

できぶつ　　良くできた人　優れた人　頭が良い人

でぎっさが，　出来るから　「うなとババのなかせに おっきな山 でぎっさが，」

〜できね　〔標?〕〜できない　＊できねぇ/できねえ も使うが「できね」を頻用
　　「はぐこどできねよなわらじ(履くことが出来ないような草鞋)」

でぎもの・でぎもん　　お出来　腫れ物

でぎる　　出来る　「てにまめが(手にまめが)でぎだ(出来た)」

でぎろば・できろば　1 できるなら「くらつげたり でぎろばやれ。(鞍を着けたり出来るならしろ)」

　　2 できようか，できない。「いや，そんげなこど できろばやれ。(いや，そんなこと出来ようか)」

— 121 —

～てげ。　　～(する)ってか。　～するんですか。　「ええっ、俺のとご嫁に来てってげ。(ええっ、俺の所

でけ　　　でかい　大きい　(=でっけ)(⇔ちっちぇ)　　　　　　　　＼へ嫁に来てくれるって言うんですか)」

てこ　　　人手　「てこがあると助かる」[京]　(→て6)

てごずる　　手こずる　(=てごにあます:てごにあます性格)　[京]

てこつき　　手つき　やり方「仕事のてこつきがいい」

てこてこと　　足取り良く　「一歳足らずで てこてこと上手に歩く。」[京]

てごにあます・てごにおえぬ・てにおいぬ　　手に負えぬ　「あの子はきっかので(言う事を聞かな
　　く)てごにあます性格だ。てごにおえぬ子になった。」[京]

～でしたがね。　　～でしたとさ。　「銭一文も ありませんでしたがね。」

‡てすりごっぱいで[京]　三拝九拝で 幾度も通って頭を下げて

‡てずら・てでら・てんでら[笹]　田小切りをするとき使う「たこぎりかま」(田小切鎌)の長い柄の中程

～てだ、　　～していた　「のぼってだき(登ってた木)してだ」　　　　　＼に付ける竹製の泥跳ね除け

～でだ　《上同》「街道に泣いでだが。(道端で泣いていたとさ)/みでだ(見てた)/くでだ(喰ってた)/
　　ねでだ/くわせでだでんがね(喰わせていたんだとさ)/あそんでだ(遊んでいた)」

～でだった　　～していた　「…っていうでだったで。(…って言っていたよ)」

～でだば、〔逆接〕1～でいたんだが「ばけもん寺とおもでだば、ばがありがでお経 聞こえてくっすけ、
　　偉い和尚様 きなしたてが、と言って(化け物寺と思っていたけれどとても有難いお経が聞こえて来る
　　ので、偉い和尚様が来られた、と言って)」　2ところが

‡てだまぎもん　　縫目を内側にして縫った袖のある着物　*生後22日から新生児に着せた[笹神折居]

てっかてか[標?]　てかてか　ピカピカ　「みがえだら てっかてかになった。」

でっきれ(。)　　　大嫌い(だ)　「でっきれだ。/コンコン様は煙でっきれだすけ、」

でっけ・‡でっけな[標?]　大きい「でっけがん(大きい奴・物)/でっけ魚/‡でっけな魚」　(=でけ)

でっけなる=でっこなる[水原]

‡てっこ　　　　補助者　[←手伝いの娘・子?]

でっこなる　　でっかくなる　大きくなる　「ややができて、腹でっこなった/でっこなる」

てっこもり　[標?]　(御飯等の)山盛り　てんこもり　*てんこもり、とも言う

～でった　　～(し)ていった　「にげでった(逃げていった)」

～でってがに、　　～しているのに　「いねで いうでってがに(居ないと言っているのに)」

～でっど、　　～していると　「ほんばっか みでっと(本ばかり見ていると)めぇ わぁるすっと。(目を
　　悪くするぞ)そんなこと しでっど(そんな事をしていると)」

でっとご　　　出る所　「でっとごわがらねでん。(出る所が分からないとさ)」

てっぺんごなし　　頭ごなし　「てっぺんごなしで怒る」

‡てっぽうそで[鉄砲袖]　袖口の狭い野良着　[京]

てっぽぶづ[笹神]　鉄砲打ち　猟師　銃で猟をする人

～てで、　　1～ってのは と言うやつは「しやあ、火事てで、おもっしぇもんだなあ。(うわあ、火事と
　　いうのは面白いものだなあ)」　2～っていう訳で って言って ～ということで「しょうので

— 122 —

毎日 こうやって, どうしたらいい, こうしたらいいてで, (仕方無く 毎日こうして どうしたらいいか こうしたらいいか と言って)念仏申してかんだ(念仏上げているんだ)/そうかてで(そうか, という訳で)/~てで, 飛んで行った(~と言って, 飛んで行った)」

~でで　1[順接]　~していて　「蛙がガヤガヤガヤガヤと 鳴いでで(鳴いていて)」

　　　2[願望・依頼]　~しておいて　「みででくれ(見ていてくれ)/そごへ おいででくれ(そこに置いておいてくれ, 置いておけ)」　　　3[逆接]　~であっても, ~としても　「そんげこど いうだでで むりだ。(そんな事を言ったって無理だ)/いっしょけんめ やったでで かねにならね(一生懸命やっても・やったとしても, 金にならない・儲けにならない)」　　4~というのか。「耳の1つ位なんだでで。(耳の1つ位(鬼婆にもがれるのが)何だというのか)」

でできだ　　出て来た　「かぜ でできだ。(風が出て来た)/ででくる(出て来る)」

†~でど。　　~だと(さ)。「サイレン鳴り始めでど。(サイレンが鳴り始めたとさ)」[笹神]

~でとこが　　~という所が　「カワウチ村でとこがあったでんが。」

でっけな　　でっかい　でかい　大きい　(⇔つんくてな)　「でっけなたまご(大きな卵)/でっけなやつ」

てっこ　　　てっぺん　上の方　[魚沼:てっちょ]「てっこへ吊り上げてしょもで(上の方に吊り上げて

てっこたま　[笹神]　てっぺん　頂上　一番上　[魚沼:てっちょ]　　　　　　　　＼しまうので)」

でっこなる　　でかくなる　大きくなる　「ややができて, 腹でっこなった」

でっずーん　　どすーん!　「でっずーんと, やとぬげだでんが。(どっすーんと音がしてやっと(尻尾が)抜けたとさ)」

てっちょ　　　上の方　「また一枝, てっちょ登ったてが。(一枝一枝と木の上の方に登ったとさ)」
　　　　　[魚沼：てっちょ(1 山の頂上　2 屋根の一番高い所　3 天井)]

†てっちらもり　山盛り　「てっちらもりのまんま(山盛り御飯)」[京]

~ってね。　　~していたんだ。「あのひと, こねばいいと, こそこそゆうってね。(あの人が来なかったらいいと, こそこそいっていたんだよ)」[京ヶ瀬]

てつどう　　手伝う　「この畑, だっか てつどうで うってくったら, 娘一人くれる(この畑を誰か手伝って打って(耕して)くれたら, 娘を一人あげよう)」

てっぺんごなし　　頭ごなしに　「てっぺんごなしに物を言う。」[京]

~てで,　1~ていうふうに「…てで, かがに言うで, (…っていうふうに母さんに言って)」

　　　2　~って(言って)　「~だあ。」てで 走り出したてが。(「~だあ。」って言って走り出したとさ)

　　　3~していて　「なす いっぺなってで, (梨がいっぱいなっていて)」

~でで,　1~でいて, 「すっぱ, つっこんでで, おれをば よべ。(尻尾を突っ込んでいて俺を呼べ。)/そうだがでで(そうであったので)/抜ごうでで 抜かせらんね。(抜こうとしているので抜かせられない)/毎日働いだでで(毎日働いたたって)」　　2　~だとしても「あっつばかな子, 走ったでで, どごまで行ごば。(あんな小さな子が走ったとしても, どこまで行こうか・行けようか)」

‡ててっぽうらっぽのこと[京]　訳の分からぬ事　「~ばっか言う」

†でどかだ　入り口の手前　「でどかだに置く。」[京]

~でな　　　~の様な　「おずずでながん(じいさんの様な者)」

— 123 —

〜でね。　　1〜とさ。「よくひ じじ やまへ行ったでね。(次の日、お爺さんは山へ行ったとさ)/はたおりしたでね。(機織りしたとさ)/木に登ったでね。/貧しい暮らしをしてでね。(してたんだよ)/〜と言うでね。(と言ったとさ) *現在形で過去を示すか?/二人して暮らしてだったでね。/火みんな消えででね。/これクソだでね。/〜てでね。(〜ってでね)/殺してしょもだでね。」(=でんね、でん、での) *「での」は稀　2〜してね「胴の方は埋めでね(埋めてね)」　3〜よ(=でねえ)「じじさの言う事ならなんでも聞くでね。/持って行ごでね。/はよくおでね。(早く食おうよ)/後で悔やむでね。」　4〜でね。てね。「ほら、ひーろでな。(ほら、広くてね)」

〜でねえ。　　〜(です)よ。「今、帰ってきましたでねえ。(今、帰って来ましたよ)」

〜でねえげ。　　〜でないかい。〜じゃないですか。「あれっ。じじさでねえげ。」

〜でねわや。　　〜ではない(です)よ。「ばばだがなあ。あねでねわや。」

てのげ　　　手拭い　(→すこかぶり)

では1　　〜では　「おっつかれでは 大変だ(追いつかれては大変だ)」

では2　　出るところ　出番　「親の口出しが多く、侢の ではがない。」[京]

〜てば・でば　1〜(だった・した)なら、ならば (→したでば)「でば こんげな顔でございましたか?/お宮様にいったてば「バイロン、バイロン。」と声がすってんが。(お宮様に行ったなら「バイロン、バイロン。」と声がするんだとさ)/ちゅうとなかまで ぶできたでば(途中までおんぶしてきたなら)/〜って言うだでば、/そうしたでば・そしたでば(そうしたならば)/ひとばんいだでば、(一晩居たなら)/下見たでば/臼を起こしてみだでば」

2　〜したければ　「ばれてば ばれれ!(おんぶしたければ、おんぶしろ)」　*て、は語尾か?

3　〜してよ　「はよでば、はよでば、(早くして、早くして)」

4〜のに「まだ昼だと思ったでば、は一夜になってきたのー。(まだ昼だと思ってたのに、もう夜になってきたね)」

5〜だね。〜だよ。〜よ。[頻用]「焚き火をするのが見えたてんが。まずあたらせて もらおうてば。(先ず火にあたらせて貰おうよ)/へごへっつぶれってば。(潰れちゃうよ)/〜と同時にやろうでば。/やっや このたびは ほんね命拾いしたでば。/これ はよやって すもおでば。(これを早くしてしまいましょう)/はよここまでこらしぇでば。(早くここまでいらっしゃいよ)/うづんしょ まだ帰っていねでば。(家の人はまだ帰って来ていませんよ)/もう　すねばって えでば。(もうしなくてもいいよ)*阿賀野警察・阿賀野警察友の会 高齢者の交通事故防止用立て看板標語「おとしより みんながして 守ろでば」/*交通安全宣言「飲酒運転 しないさせない 守ろでば」[阿賀野警察署:旧水原警察署 国道沿にあり]」　(類:〜こてや)　写真参照

6〜とは 〜と言うのは　「なんだ、せんつつぶれってば、どうやんだ(何だ、トイレが潰れるとは、どういうことだ)/さんぴつかがさてば、おらの隣のかがさのこったわ(さんぴつ母さんって言うのは俺の隣の家の母さんの事だな)」　*「やろでば!」という団体あり1新潟県阿賀野市・水原商工会青年部の活動ページ　2阿賀野市総合型クラブ 3胎内市ボランティアスタンプ事業(3は水原郷外)

*　「でば」は主に新潟県阿賀野川以北で使用される。ただ今は「でば。」の代わりに「〜で。」の使用が普通。「ば」の音の消失傾向あり。「ば」を付けると田舎っぽく聞こえるので分かるけど言わない、との説あり。(ex.「やろでば」→「やろで」) 新潟方面では(やりましょう)の意味は「やろて。/やろてぇ。/やりましょて。」で静音。「〜てば。」は理解可だが使用僅。総じて「てば・でば」の「ば」は、県内では消失傾向にあり。**「でば・でば」の語源は「〜と言えば」だ、との説あり。

〜でばね。　　〜なんだよ。「火もろで、つけたでばね。(火を貰って、火を点けたんだよ)」

†でぶ　1額(ひたい)「かぎばおっぽしたば あねさのでぶのどご あたったでね。(自在鉤を

押したら嫁の額の所に当たったとさ)/でぶやあだま(額や頭)」(=でんぶ)*臀部ではない

　　2[笹] ものもらい　目の縁の腫れ物「でぶに　もぐさを載せた。」=めっぱつ, めっぱ)

✝てぼんで　掌に乗せて出して　手で出して「てぼんで失礼ですが。」

てまえ　　お前　(=てめえ, うな)「てまえのかがさ(お前の/あんたの奥さん) *自分のはささず」

✝てまざい・てまぞい　お手間の時間「てまざいかけますが, 俺の稲みてくんなさいや。」[京]

✝てまとり[手間取り]　日雇の手伝い「てまとりの世話になって農作業をした。」

てまひまいわず　手間暇問わず　労力惜しまず「てまひまいわず毎日通った。」[京]

✝でまる[京] 出戻り　離婚女性「あんげなよいどこに嫁にいったども　何がわりやら　でまるになった。」

てめぇ・てめえ　1[標]自分の　2 お前「てめぇのかがさ(自分の家の嫁・かあさん)/てめえのきもん」

〜でも　　　〜しても　「そこにいでもしょうねし, (そこに居てもしょうがないし)」

〜でや。　　1〜(しな)さいよ。「帰って来いでや。(帰って来なよ)」　2〜とさ。「雀から葛籠もろ
　　で来たでや。(雀から葛籠を貰ってきたんだとさ)」

てらねんし[寺年始] 1月4日に寺の人が檀家を一軒一軒周る事　*「もの, もの(一)(天樹寺年始)。」と寺
　　が言い, 「どれ。」と檀家が応じ, 寺はお札と箸, 檀家は千円か2千円渡す[笹神今坂(上飯塚)]

〜でる　　　〜している　してる　「ねでると, (寝ていると)/吠えでる(吠えてる)/どうしょば
　　なと考えでるうちに, (どうしようかなと考えている内に)」

〜てるんだでんが,　　　〜しているのだそうだが,「生き肝, もってるんだでんが, 一つく
　　んねが。(生き肝を持っているそうだが一つくれないか)」

〜でれ。　　〜していろ。「俺の後ろにかぐれでれ。(隠れていろ)」

〜でれば。　〜(して)いるんだ。「なあに　ゆうでれば。(何を言っているんだ)」

でれすけ, でれすけやろう〈罵倒語〉1[水・京]馬鹿　馬鹿野郎　2[笹]のろま(な奴)「この　でれすけやろう!」

‡てろさ　　　禿頭の人　[笹]　(→あめてろ, あめる)

〜でん(。)　〜とさ。(≒てんが・でんが)「あっちぇ湯もろだでん。(熱いお湯を貰ったとさ)〜だったでん。(〜
　　だったとさ)/朝飯できたでん。/いねがっでん。/話しかけだでん。(話しかけたとさ)/曇ってきてでん。/ふっ
　　てきたでん。」(←での。でのぅ。でね(ぇ)。)*「〜での。」が「でん。」に変わったか。そのうち「で。/て。」に変わるかも。
　　**過去にも現在にも接続する

てんか　　　1 天下〔標〕　2 お上　殿様や藩「時の天下の命令(その時のお上の命令)」

〜てんが。でんが。　　1(〜だった・だ)とさ。〔強い意味〕「宿についだでんが(宿に着いたんだとさ)/ばげもん
　　でってんが(化け物が出たとさ)/ねていたんてんが(寝ていたんだとさ)/〜で, よだでんが。　〜って言う
　　でんが。(と, 言ったとさ)/回し始めだでんが。(回し始めたとさ)/炙ったでんが。/とりに行ったてんが。/来
　　たでんが。/踊っていだでんが。」*〜でんが, の時はその前の語が濁音になる傾向多　2(〜だった)ので「グ
　　ツッとつっけだでんが, (グツッとつっかえたので)」

✝〜でんがな。〈上同〉「むがーしあったでんがな。(昔々のことでした)」*関西弁風?

〜てんがに,　　〜だというのに,「お前の肌はつーるつるてんがに, なんだやら　ざらざらで
　　んねが。(お前の肌につるつるだというのに, 何かざらざらじゃないか)」

〜でんがね。てんがね。　〜とさ。「娘がくっついで　行ったでんがね。(娘が付いて行ったとさ)/泣

いてしょうがねでんがね。(泣いてしょうがないんだよ)/帰って行ったでんがね。/ずっと向こうの方へ行っててんがね。/大やけどになってしょもだでんがね。」　*物語で頻用「でんがねえ。」もあるが少　関西弁の「～でんがね。」の類?

でんきばすら[笹神]　　電柱　電信柱(でんしんばしら)　(=でんきんばしら[水原])

†てんぎりまわすて　　一手に引き受けて「家中から世間までてんぎりまわすている。」[京]

でんぐらがえすて　　でんぐり返して　ひっくり返して　「でんぐらがえすて　大騒ぎ」

でんぐらがえる/でんぐりがえる[標]　　でんぐり返る　ひっくり返る　転ぶ　倒れる　「ゆぎみずででんぐらがえって　こすをうった。(雪道で転んで腰を打った)」

でんぐるま　　　肩車　　[新潟:同]

てんこふき　　自慢する人　威張る人　[水・京]　(=[京]てんこふぎ・てんじょうふぎ)

～でんし。　　～だろう(し)。「獣に勝てば獣は卵をとらねでんし。(取らないだろうし)。」

てんじょ(う)　1[標]天井　2頂上「やまのてんじょう(山の頂上)」[魚沼:(山の)てっちょ]
　　　　　3上の方「(木の)てんじょの方方から降りてきて(木のてっぺんの方から降りてきて)」

てんじょうふぎ[京]　=　てんこふき

～でんすけ　　～だそうなので　「泊めてくれるんでんすけ、泊まらんばね(泊めてくれるそうなので泊まらなくてはならない)」

～でんだ。　　～(した)んだとさ。「あんにゃこど　だいじにしたでんだ。(兄を大事にしたんだとさ)」

～てんだが、　～というのだが「ふとらで退治するてんだが(一人で退治すると言うのだが)」

～てんだども　　～したいんだけど　「売りてんだどもなあ。(売りたいんだけれどなあ)」

†てんづくたま　　上座　「親の場所はてんづくたま」[京]

てんでに　　　個人個人で　「協同作業が出来ず、てんでにやることにした。」[京・標?]

†でんでらこぶ[京]　老木の大きな瘤　「でんでらこぶがある老木」

†でんでんめぐり　堂々巡り[京]

でんでんむす　　でんでん虫　蝸牛

～でんども　　～(なんだ)けれども　「一時は方丈様いねんたでんども(居なかったけれども)」

～でんな(や)。　　～てんな。「いまから　ぼけでんな。(若いうちから・今から呆けているな)」

～でんね。　　～(だ)とさ。「ほめだでんね。(褒めたんだとさ)/後家もろだでんね。/日ぃ暮れたでんね。(日が暮れたんだよ)行ったでんね。/～って言うだでんね。/詠んでいましたでんね。」(←での。でね。)

～でんねか。　　～じゃないか。「なんだやらざらざらでんねが。(何かざらざらじゃないか)」

†てんのひるま　　昼日中(ひるひなか)　真っ昼間　[京]

～てんば　→　～ってんば。

‡でんぶ　　ひたい(額)　(=でぶ)　*臀部、には非ず

‡てんぶりはちかんに　何も持たずに　空手で行って　「てんぶりはちかんに行って馳走になった。」

てんぽ　　嘘　出鱈目　「おめ、てんぽ言うでっと、おめば殺すて。(お前、嘘言ってると、お前をぶっ殺すぞ[冗談])/てんぽばっかこいでる。(嘘ばかりついてる)/てんぽばっかこいでんがね。/まあだ、てんぽこいで。(また嘘ついて)」　[古い標準語か?]　*度會説:転蓬の変化(?)

◎天保通寶は当百銭で江戸時代の天保年間(から)発行。当初, 黄金色に輝くその小判型の黄銅貨は名目100文通用(當百文)で庶民に歓迎されたが, 実際の価値は幕末になるにつれ下がった。名目百文は実際80文に, 70文に, 50文にやがて8文に零落。天保通寶は実質『一文銭8枚分』の重さしかなく, 諸藩は幕末期, 幕府のご威光が低下したのを良いことに, 内密で一文銭8枚を鋳潰して百文銭の天保銭を盗鋳して藩政に使用し他藩でも使用し明治維新に備えて物資も調達, その結果, 世に天保銭が溢れ, 益々価値は暴落したとの事。明治期以降, 旧幕時代の銅貨は流通を認められていて, 天保通寶は一銭銅貨よりもかなり大きいにも拘わらずそれ以下の価値の8文=8厘=0.8銭通用に政府により定められた。これは一文銭8枚で天保銭が1枚鋳造出来た事からの実質的な地金換算であったかもしれない。実際, 江戸期に盛んに盗鋳した藩は薩摩・長州であったし価値についての心得はあった筈だ。(尚, 銅の一文銭は第二次世界大戦後まで, 一枚一厘で, 納税等で公式通用していた。また裏に波がある寛永通宝四文銭と文久通寶四文銭, 鉄の寛永一文銭も異なる公用レート設定有。唐の開元通寶(621AD)から始まった穴銭(銅一文銭)の公用通貨の歴史は戦後の1953年7月に制定された小額通貨の廃止に関する法律, 『小額通貨の整理及び支払金の端数計算に関する法律』, 通称 小額通貨整理法で1953年12月31日(1953AD)で廃貨。1300年間(!)の法的使用が終了した) 天保通寶の公式通用停止は明治期中旬だが, 大正期も使用されていて, 「東京の(労働者向け安)めし屋では(8厘の)天保通寶1枚で, どんぶり1杯のご飯が喰えた」との事。〈明治33年生, 大正期東京で働いた男性の談〉 従って「てんぼ」の意味は, 元は大きくても価値ない「(古くさくて図体のでかい)バカ・間抜け」の事か。「てんぼ言う→馬鹿・間抜け(な事)言う→嘘を言う・つく」。駄目=『嘘』の意味の派生であろう。

〈天寶保通〉

○明治17年10月2日太政官布告第26号により、天保通寶を明治19年12月限りで通用禁止、期限内に交換を布達。

○明治19年11月15日勅令第70号により、通用禁止を明治24年12月31日までに延長。

○明治25年1月4日大蔵省告示第1号により、国庫納入および交換期限を明治29年12月31日まで更に延長。

○明治29年3月18日大蔵省訓令第2号、重ねて11月19日大蔵省訓令第35号により、明治29年12月31日限りで交換を廃止。〈『新貨幣条例』より〉 だが、大正時代も労働者・下町の民は8厘銭として町中で実際に使用していた。

†でんぼうらく　　お気楽　「でんぼうらくで一生暮らしたい。」[京]

てんぽこき, てんぽこぎ　　嘘つき　「てんぽこき 上に重ねる うそばなし〈宮田〉」[標準語?][県内:同]

～てんろがの。　　～しているんだろうか。　「毎日, きてんろがの。(毎日来ているんだろうか)/してんろがの(しているのか)」

[と]

～と(。)1[終助詞]～だよ。　～ぞ　「そんま, ぼっこれっと。(すぐに壊れるぞ)/どうでもだっかにんげんきたど, においすっと。(とにかく誰だか人間が来たぞ, 臭いがするぞ)/わがんのなっと。(分からなくなるぞ)」

　　2〔接続助詞 標〕～と　「また中へ入っていくとてが。(また中へ入っていくんだとさ)」

　　3†[格助詞]　～の所へ　「おおきもんで 旦那様のと いったてが。(気を揉んで旦那様の所へ行ったとさ)」

　　4　～たく「しにとねが(死にたくないか)/もらいとで(貰いたくて)/いぎとね(行きたくない)/俺に食わせとねで(俺に食わせたくなくて)かぐしたな。/出とで出とで我慢ならので(出たくて出たくて我慢できなくて)」

～ど　1～だと。～だそうだ。～とさ。「ザル一つあめねんど。(ザル一つ編めないそうだ)/おっかながるんだど。(怖がるそうだ)/来てもろだど。/この笠あげましょ どもで, (この笠をあげましょうと思っ

て)/ばがいいおなごだというで(とても良い女だと言うので)/その日がきましたど。(その日が来ましたとさ)/あずけでよごしたど。(預けて渡したとさ)/ゆぎがふったど。(雪が降ったとさ)」

2 と 「半分分けてやろうどおもで、(半分分けてやろうと思って)/だれも よせんなどいうだ。(誰もよせるな、家に入れるなと言った)/おっつごどしたば(追いつこうとしたら)/まっと いそがねど だめだ。(もっと急がなくては駄目だ)」

3 ぞ 「だっか、人間来たど。(誰か人間がきたぞ)/鎌にきるど。(鎌で切るぞ)/あすたの朝は、ゆぎがひんでぇ積もっているど。」

4 〜したく 「たべと なって、(食べたくなって)」

5 〜なさい 「はよ もうしこめど。(早く申し込めよ・申し込みなさいよ)」

どいどい、 どれどれ (≒どいだ)

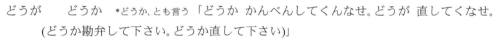

‡どう 雑魚捕り用の竹製の籠 (泥鰌籠より大きい)

どうが どうか *どうか、とも言う 「どうか かんべんしてくんなせ。どうが 直してくなせ。(どうか勘弁して下さい。どうか直して下さい)」

とうきび 玉蜀黍(とうもろこし) *標?

とうげ 遠い 「とうげどっから(遠い所から)来た者」 (=とおげ)

†とうさんぼ とうせんぼ[京]

どうして 1 どうして[標] 2 どうやって どの様にして 「火 消えてたはずなんだが、どうして火 たいだ?(火は消えていた筈なんだが、どうやって火を焚いたんだい)」

どうしてやれ、 1 どうしてだい。 2 どうやってすればいいんだい。「か つけれでが(鍬を付けろって言うのかい)、どうしてやれ。」

どうしなすった どうしなさった

どうしょ どうしよう 「まあどうしょどおもで、(まあ どうしょうかと思って)」

どうしょうば。/どうしょば。/どうしょばな。 どうしよう。どうしようか。どうしましょう。「どうしょうばど おもで、(どうしようかと思って)/あや、どうしょば。(あら、どうしよう)/どうしょばのう。(どうしましょうか)/どうしょばなと考えたでが。/ほんねどうしょばな。(ほんとにどうしましょうか、困ったな)/あれぇ、どうしょばね。/どうしょばな こんげになって。」 *「どうしょば」を頻用 [新潟:どうしょば][京:どおーしょば、どょしょ(一)ば]

どうしょばね。1[下がり口調]どうしようもなかった。「ひーづねがったども どうしょばね。(切なかったけれど、どうしようもなかった)」 2[どうしょばね。しょ、にアクセント] (同意を求めて)どうしたらいいだろうね、どうすればいいんだろうね

どうしょうもね どうしようも無い 「腹すいでどうしょうもねで(腹がすいてどうしようも無くて)」

とうず とうじ(湯治) 「とうずに行く。」

どうすかんだ。 どうするんだ。どうするのだ。 *相手の意向を伺う

どうすた どうした 「どうすたば。(どうしたんだ)」 [新潟:どうしたて。/中越:どうしたが(一)]

どうすて どうして 「どうすて、おれこどばっか させんば。(どうして俺ばかりにさせるのか。)」

どうすんば。 どうするのか。 *目下の人に使う。親しい人・丁寧語は「どうすんばね。」

どうせば　　　どうすれば　「そうせば いいろがね。(どうしたらいいでしょうか, どうしたらいいだろ
　　うか)/どうせばいいがの(どうすればいいかなあ)/どうせば。(1〈お前は〉どうするんだ, どうする気だ。
　　2〈私は〉どうしましょう」

†どうだぐやろう[どうだぐ野郎] 困った野郎 困った奴　「ほんねどうだぐ野郎。」

どうでありましょ。[標?] どうでしょうか。

どうでも　　　どうしてでも　絶対(に)　「どうでも来てくらせ。(どうしても来てください)/
　　…どうでも来た。(…が絶対来た)/どうでもいうだ。(絶対に言った)」(=どでも)

どうにもならので　　どうにもならなくて

どうも　　　1[標]どうも　2 どうにも　「どうも くじょういわってね(どうにも苦情を言われて
　　ね)」　3[挨拶語] こんにちは, 等　(=どうもどうも, どうもはや)

どうもどうも[挨拶語] こんにちは, いやいやどうも等　(=どうも, どうもはや)　「どうもどうも, お
　　じゃますました。(お邪魔しました)」

どうもはや[挨拶語] こんにちは, 等　(=どうも, どうもどうも)　[北魚沼:だんだんはや/南魚沼:だんだんどうも/
　　南魚 塩沢・六日町:いっさ/いっさだのう]

†どうもん　　　雪の穴 雪穴　「どうもんづくりして遊ぼう。」

とうやく[湯薬] 煎じ薬の草木　「とう薬でも煎じて, 飲むかい。(煎じ薬を煎じて飲むかい)」

どうやん。　1(=どうやんだ。) 2 どうするんだ。どうすれば出来るのか。やり方はどうなんだ。
　　*「～やん。」は近頃多く若者に聞かれる言い回し。新潟では殆ど聞かれなかった。

どうやんだ(。)　どうしたことか どうしたものだ どうしたんだ なんなんだ　(→どうやんばね)
　　「なんだ, せんつつぶれってってば, どうやんだとおもで(何だ, 雪隠が潰れるってのはどうしたん
　　だ, と思って)/どうやんだべ((一体)どうしたんだい)」　[新潟:どーいんだ・どういんだ・どぅ～いんだ]

どうやんで。　　どうしたんだ どういうことなんだ「おめ どうやんで。」

どうやんな　　　どういう事だろう　どうしたんだ　どうかしたのか　*どうやんだ, の転訛?

どうやんばね。[どうやんだ, の丁寧]　1 どうしたの?　「どうやんばね, 黙って休んで。/そんげに は
　　よおきて どうやんばね。(そんなに早く起きてどうしたんですか) [水原][新潟:どうやんだ, なした]　2
　　どうすればいいんだい。「どうやんばね。こんげながん。(こんなやつをどうすればいいんだい)」
　　3[笹神]どうしてなの?　(→どうすんば)

とおがった　　　遠かった

とおがろ　　　遠かろう 「どんげ とがろども, (どんなに遠かろうとも)」

とおぐ　　遠く 「とおぐへいった(遠くへ行った)」

とおげ　　遠い 「とおげどごまで(遠い所まで)/とおげば, いぎとね。(遠ければ行きたくない)/そ
　　んげに とおげんだ。(そんなに遠いんだ)/とおげで なんぎだ(遠くて行くのが大変・難儀だ)/
　　だんだん とおごなる(段々遠くなる)/そんげとおげどご いぎとね。(そんな遠い所に行きたくない)」
　　*新潟では「とうく, とーく」の発音多, 水原地区は「お」の音をしっかり発音する。

とおご(で)・(て)　　遠くて 「あんまりとおごで, 山ついだでば, 日がとっぷり暮れたどさ。(あんまり遠い
　　ので山に着いた時には日がとっぷりと暮れていたとさ)/なんばかとおご行ったでば, (だいぶ遠くに行ったなら)」

— 129 —

とーが　　唐鍬(とうぐわ)　*開墾に使った

とかさ　　鶏冠(とさか)　*音転換　県内広域?

どかす　　移動する「そこ どかしてくれ。(その場所をどけてくれ)」(=どがす[京])*関東弁?

†とかだ・とがだ　　外　「とかだに行って遊んでくれや。(屋内でなく外で遊んでくれ)」[京]

(～の)とぎ,どぎ　　(～の)時「町へ遊びにいぐとぎ/お札をなげだどぎ/あるとぎ/こんげなとぎ(こんな時)/ばかあったげどぎ」

ときび[齋日]行事などのお祭りの日　(=[京]とぎび・もんび)(=ときどき[笹岡上飯塚])

‡とぎみまい[笹岡山崎]村念仏(通夜)の中皮饅頭　*親類が菓子へぎに入れ持参し、通夜のお経後、配る

どくされ〈罵倒語〉1臆病者 2[笹]心まで堕落した者　「どくされは 夜 一人で便所へ行けない」

とげ　　1時計 2[標]棘(とげ)　3魚の小骨

(～の)とげ・どげ・とげぇ　　～の所へ「大蛇のとげ 嫁に行ってくれや。/そっつなとげ・そんげとげ(そんな所へ)/ばばさんとげ,助けに行った/まだあねさどげいって(また嫁の所へ行って)/ふいごに火おごしていたどげ(鞴で火を熾していた所へ)/柳の切り株のとげに/あしのとげ(足の所へ)/だんなさまとげ(旦那様の所へ)/お宮様とげぇ来たでば(お宮様の所へ来たなら)/ヤギの俵どげ(ヤギの俵の所へ)」　(→どご)

†とけしむ　　得する「いつかは とけしむ事も あるだろう。」

どげへ　　何処へ「どげへいげべ?(何処へ行こうか)どっこもいぐとご ねえねっけ。(何処にも行く所が無いじゃないか」

どける　　よける 除く〈標?〉(=どげる)　　　　　　　　　＼く所が無いじゃないか」

とげる　　融ける 解ける「ゆぎが、ずっかずか とげできた。(雪が見る見る融けてきた)」

どげる　　よける 除く どける「じゃまだっけ どげれ。(邪魔だからどけろ)」

どこ・とご・どーご　　所「あんじょさまのとごに ばげもん でてんが。(尼さんの所にお化けがでるんだとさ)じぶんとご(自分の所)/おめさんとご/あるとご(ある所)/そんなとごに立っていので,/角どこ/こんげなとご(こんな所)/あんげなとご(あんな所)/その家のとご たどっていって(その家の所に辿り着いて)/冥土はとてもいいとこだ。/どこも行かんね/とまっとごねえし(泊まる所も無いし)/どごだでこどのう あるいていったど。(何処だと言うことなく歩いて行ったとさ)/どーごへ行きやがったんだ。」

　　(→どげ)　*とこ,と言うことも多

どご・どーご　　1 どこ(に)「どごだや。(どこですか)/どごにする。/どごまで行ってきたんだ。/ほんねどーご逃げで行ったやら。/どごへ行く/どごんしょ(何処の人・何処の家の人)/どごいぐん。(何処へ行くの)/どごいぐんば。(何処へ行くのか)/どごいんかばね。どごいぐんね。どごいぐんばね。(何処へ行かれるんですか〈丁寧〉)」*どこ,とも言う(→どごだでのして)[新潟:どこいくん。どこいくんね。どこいきなさる(て)。どこいきなさんね。]

　　2 所　「おみやのへりのどご のぼっていだでが。(お宮の梁(はり)の所を登って行ったとさ)/石も木も一本も ねどごに やろう。(無い所でやろう)/あんにゃどご来て(兄さんの所に来て)/たあげどご(高い所)/団子団子どーごまで。地蔵堂一のこしまで。/猿どご嫁に行ってくんねが。」　*昔話:とっぺずもねどご

†とこがいり　　寝返り[京]　　　　　　　　　　　　＼(とんでもない所)

とこずめ　　床ずれ

どごだでのして・どごだてのうして　　何処と言う事もなく 何となくそこらを　[水原]

「おら, どごだてのうして あるいているんだ。(私は何処ともなく歩いているんだ)」

トコトコ トコトコ　1†ちらちらと〈遠くで火が燃える様〉 2[標?]トコトコと〈歩く様〉 3†すや
　　　すや「とことこど 寝ている(すやすやと寝ている)」

どこへでも[標?] どこでも(いいから)「どこへでも出て行け。(どこでもいいから出て行け)」

とごや　　　床屋

とごろで　　　ところで「とごろで, 婆ちゃんの塩梅は なじょだばね。」

どごんしょ　　　何処の人「あれ, どごんしょだば。(あれは何処の〈家の〉人だろうね)/どごん
　　　しょだがど おもだら おもさんだね。(何処の人かと思ったらあなただね)」

～どさ。　　　～とさ。「たまげてじぶんとごおいだどさ。(驚いて自分の所に置いたとさ)/みえ
　　　だどさ(見えたとさ)/逃げでしもだどさ。(笑ったどさ。/とんとん昔があったどさ。」

としや　　大晦日 歳夜 12月31日 *古い標, 数え年で年の増す日 旧暦では今の1月31日 [国内? 県内:同]
　　　「としや間近に なったで がに(年夜間近になったのに)」

†どじょ[魚名]　泥鰌(どじょう)　(=どんじょ)

どしょばな。　　　どうしょうかな。どうすればいいかな。

としょり　年寄り 老人 祖父母「うちのとしょり(家の祖父母)」

と(一)す　　年「とーすの はーずめの ためすとてー, おーわりなーきよのめでたさをー, かどまつで
　　　んぐらかえすて おおさわぎー …」[唱歌, 一月一日の子供の戯れ唄:笹神]

とすや[笹神]　= としや

どすやろう[京]　馬鹿野郎　[南蒲:どすばか]

どせば　　　どうすれば〔標?〕「どせば いいろがね。(どうすればいいでしょうか)」

とたらぱたら(と)　　だらだらと「とたらぱたら やってんな。(だらだらやっているな)[笹神]/
　　　とたらばたらと読む。[水原]　(=ととらぱたら[京])

ドタラバタラと　　　ドタンバタンと どたばた「どたらばたらと騒ぐな。」[水原]

とちゅうなが[途中中] 途中「とちゅうながまで来たば(途中まで来たら)/とちゅうながに, ほ
　　　りこ(小さな用水路)があったでね。」

†どづいでやる　　どついてやる 殴る「軍隊はどづいでやるのが毎日の日課」[京]

(～の)どっから　　～の所から「おんもっしぇどっから(面白い所から)」

どっか　どこか〔標?〕「どっかんしょ(どこかの人 見ず知らずの人)/どっから(何処かから)」

どっから　　所から「おめのどっから 見でもろえて でんが。(お前の所から見て貰え, と言う
　　　事でした)/松の木どっからは/とおげどっから(遠い所から)来た者」

どっかんしょ　　　何処かの人 知らない人 他人「さっきな, どっかんしょ きた。」

とっくみあい　　取っ組み合い(の遊び・喧嘩)「泥棒と取っ組み合いしましたど。」

とっくらがえしもっくらがえし　　(表裏の)ひっくりがえし
　「とっくらがえしもっくらがえし しながら 綿を詰める。」[水原]

とっくらかえる・とっくらがえる　　ひっくり返る「うしろ とっくらかえってしょもだで
　　　んが(後ろにひっくり返ってしまったとさ)/はさがとっくらかえる」

— 131 —

とっくりかえる ＝ とっくらかえる 「狐が とっくり返って人間に化げだど。/三つ食えばへ
　　そもなんもとっくりかえる。」
†どっけがない　薄味「どっけがない味は物足りない。」[京]
どっこ　どこ「どっこでもいぐ。(どこでも行く)/どっこにもいね/どっこまででも」
†とっちき　とっつき 最初「あの人はとっちきが悪い」[京]　　　　＼ *どこ，とも言う
とっつぁ　お父さん 旦那　(⇔かがさ)　(→とど)
トツッと　(軽く)トンと　「トツっとぶつかった」
どっつり　どさっと 大量に どっさり「栗をどっつり取って来た。」(=とっつりこど)
とっておぎ　とっておき 秘蔵物
†とっとごなす[取る所無し] 役立たず 駄目な奴　[京]
トツトツ　ツンツン トントン　*軽く叩く様　「じじさが足 トツトツはだいだ。/<雀が>ま
　　んま粒をトツトツとふろで(拾って)食うだんだど。」
どっとと　どんどん(と)　「どっととやってきては(どんどんやって来て)」
とっとど　とっとと すぐに 「とっとど 行って来。(とっとと行って来い)
トットトットと　素速く　速く　どんどん　「トットトットと走っだど。」
とっても　とても　*とても，とも言うが，『とっても』の使用も多い
とっぱずか(に)　1誤って うっかり失敗して「とっぱずかに おっぽしたれば(誤って押したら)」
　　2[水]偶然に 「棒がとっぱずかに当たって大怪我した。」
とっぱずれ[標?]　一番端　一番外れ「村のとっぱずれ」
‡どっぱら　腹 [笹神]
†とっぴぎ[←唐黍(とうきび)] 玉蜀黍(とうもろこし)
とっぺつもね・とっぺずもね [水・笹]　とんでもない 突然の 突拍子もない 想像だにしない
　　見当外れの 「とっぺずもね ねだん(突拍子もない値段)/とっぺずもねぇこど(事)」
　　　(=[京]とっぺもない・とっぺつもない)
…とてが。　～するんだとさ。「また中へ入っていくとてが。」
どてかぼちゃ　馬鹿野郎 [軽侮語 標?]「あのどてかぼちゃ、相手にすんな。」
どでっぱら　土手っ腹 腹部真ん中　「どでっぱらに風穴を開ける<啖呵>」
どでも　どうしても どの様にしても「どでも 籠になんか 水くまんねがね。(どうやって
　　も籠なんかに水はく汲めないんだ)」　(=どうでも)
とてもはや　とても とてもねえ とてつもなく ほんとにもう
　　「とてもはや，冥土ほどいいとこはありましね。」
どでら [衣類]　褞袍(どてら)　綿入れ
とど・とと　　父　[蒲原広域、魚沼：とと、おとと]　(→かが)
　「とど」の類:おどっつぁま((名家・有力者の)旦那様/おどど(お父さん) *敬意あり/くそとっつぁ(糞親父) *悪態をつく時
　/とうさん・とうちゃん[標]/とどさ(父さん) *軽い敬意あり /とどちゃ(父ちゃん)<幼児語>
とどぐ　　届く

ととこ〈幼児語〉鶏 とっとこ 「ととこの卵」

とどさ・ととさ　　お父さん　(→かがさ)　＊とどさ，が多少丁寧? 余り違いなし?

†ととらきんか　たまに聞こえる難聴者　(→ととら，いしきんか)

ととらぱたらしか　所々しか[京]　(→とたらぱたら)

となりんしょ　　隣の人 お隣さん 「となりんしょに おしえねばねえわ。(隣の人に教えなくて

～どね。　　～とさ。「日 暮れてしょもだどね。(日が暮れてしまったとさ)」　＼はならないぞ)」

～とねえ　　～たくない。「みとねえが。(見たくないかい)/しとねえ・やりとねえ(したくない)」

とのぐち　　戸口　玄関

～とは[towa]　～すると 「へ ふっとは 畑まで飛んでいぎ(屁をひると畑まで飛んで行き)」

～どは[dowa]　～とは，「あのおどごどは，ひたっとすね。(あの男とはそりが合わない)」

とば　苫(とま)，萱を編んだ物，萱の菰(こも)　藁束を縄に絡めて編んだ物 ＊雪囲いにも使った。賽の神のとば作
　　り:笹神上飯塚では竹を芯にし，回りに古いお札・門松，書き初め，藁，杉の葉等で円錐形に組み，外側をとばで整える

‡とばひで[京]　1 駆け足 駆け競べ 「ばんご とばひでいった(馬の鞍を掛けて駆け比べに
　　行った)」 ＊ばんご(馬の鞍〈かけて〉)　2 飛ばして 急いでいく 「馬をとばひで行った」

†どはら　　雪面に掘って作った落とし穴　[魚沼:どっすん]

†どはらどはらゆぎ　でこぼこでばさばさな雪「どはらどはらゆぎに のがりながら帰る。」

†とびあがり　　出しゃばり・軽薄(な人) 「とびあがりがつよい(軽率に出しゃばる)」

とびだすていった　　飛び出して行った。

とふ　　豆腐 ＊「とうふ」とも言う 「とふずる(豆腐汁)」

†とへんとすた[笹]　きょとんとした ぼんやりした 「とへんとすた顔/とへんとする。[現在形]」

とほうにくれでっと　　　途方に暮れてると

とぼる　炭火が燃え尽きようとする 「よろびつの火がとぼってきた(囲炉裏の火が消えそ
　　うになってきた)/炭火が早くとぼらないようにする。」

とぶ　　　1 飛ぶ【標】　2 走る【県内】 「いっさんかげで とんでいったでが。」

とむらいおさめ　三十三年忌法要　(→とりあげぼとけ)

とむらう　　弔い 葬式 「あんにゃとおじの霊を とむらう(葬式)で やったてんが。」

～ども・とも　1(～だ)けれど けれども「いたみ とれだどものう(痛みは取れたけどもね)/そこまではい
　　ども(そこまではいいけれども)/節穴一つあっとも/それは良がったども/待ってっども，死んでしょもだ
　　がん，なに帰ってこようば。/相談にいぐとも(相談にいくけども)/おれ行って来たども(私は行って来たけ
　　れど，行って来たが/そうだども。=†うんだども。(本当にそうだよ)/なんぎども(難儀・大変だったけれど)/
　　ためすに やってみだども(試しにやってみたけど)/縄ふっぱっとも(縄を引っ張っても)/かぎでもあっと
　　いいんどもね。(柿でもあるといいんだけどね)」　2～としても 「遊びにくっとも，家ん中に寄せんな
　　え。(遊びに来ても，家に上げるな)」

ともすっと　　ひょっとすると 「あやまづ(怪我)してしょもで，ともすっと入院しねばね。」

～ともで，　～と思って 「逃げこまっては大変だともで(逃げ込まれては大変だと思って)」

ともらい　　弔い(とむらい)　葬式

— 133 —

どやすつける[笹神]　どやしつける　怒鳴りつける

†とーゆし[灯油紙]　油紙　*昔、襁褓(おしめ)周りに巻いた襁褓カバー　今襁褓カバーはゴム入り

とよ　　　　とい(樋)　あまどい(雨樋)　[新潟:同]

どら、　　　　　どれどれ　「どら、おれだいでねるわい。(どれどれ俺が抱いて寝るぞ)」

とらずみ　　縞の入った蚯蚓(ミミズ)　(→ずみ)　[笹神]

とらった/とらって　　とられた/とられて「命とらってしょもだでん。(命を取られてしまったとさ)」

とられっぞ。　　　　取られるぞ。　「雷様にへそ、とられっぞ。」　[標?　県内:同]

とりあげばさ　　産婆さん　[古い標?]

とりあげぼとけ　　三十三年忌法要　杉製の卒塔婆を作り戒名を書き経をあげる　「とむらいおさめ」とも言い、
上飯塚では、三十三年忌が過ぎればほとけは生まれ変わるので何もしなくても良い、と言う。

†とりおきば　　　葬式の野辺送りの焼き場手前の置き場　*餓鬼にお供えを食わす場所の意味が昔あり

†とりつり　　　鳥釣り　*囮の鳥籠の周りに、とりもつ・もつ(とりもち:黐の木の皮から採った粘り強い鳥黐)を小
枝に塗った もつざお(黐竿) か霞網で野鳥を捕る。もつ で捕らえた鳥は あぐ(灰)を使って もつ を落とす。

‡とりぼい　　　鳥追い　*干してある穀物等を鳥に取られぬ様見張る事

とりもつ　　とりもち(鳥黐)　(=もつ)

とりもの[採り物]　山菜・茸等の採る物　[京ヶ瀬]

どれね。　　　どれどれ(見せてみろ・させてみろ、等)。　「動がしてくれっわね。どれね。」

†とろかっけ、　　いいことばかり　「飲んだり食うだりとろかっけ、(飲んだり食ったりいいこ
とだらけ)まあだ行ってかっけしよ。(また行っていい目見よう)　*「かっけ」=「とろかっけ」」

とろっぺつ　　　　しきりに のべつまくなし　度々　いつもいつも　「とろっぺつ来る。/とろっぺ
つ忘れ物して 立たせられる〈宮田〉」　[魚沼:同]　(とろっぺず [笹神])　「とろっぺず おひわになってね。(しょっ
ちゅうお世話になってね〈有難うございます〉。)」」　[魚沼:だんだん　*魚沼での昔の挨拶:「だんだんどうも、
ふさわんこって、いいだてねえ、せわになっての。」ここでの「だんだんどうも」は、いつもありがとう、の意味で、
だんだん=いつもいつも、の意味]

‡どろぼしゃぽ・どろぼうしゃっぽ　　　耳まで被る帽子　目出し帽　(=きんかぼーし)　[京]

トロントロンとした　　1どろどろした「トロントロンとした泥の舟」　2[水原]つやつやした

～どん　　　～さん　殿　「むこどん(婿殿、お婿さん)/〇〇どん(〇〇さん)/～どんのしょう(～さ
んの家の人)/大工どん/しゃがんどん/医者どん/吾作どん」　*身分上位用

どんげ　　　1どの様(な)「どんげなもんだろう。(どの様な物だろう)/どんげがんでも いわや。
(どんなやつでもいいよ)/どんげなこど(どんな事)/どんげにしてる」
　　　　　2どんなに　「どんげ はすっても 間に合わね。(どんなに走っても間に合わない)」

どんげがん=どんげながん=どんげもん=どんげなもん　　(→あんげがん)

どんげつ・どんげづ　最後の最後　どんけつ　(=げっぽ)

†どんごろ　　1下駄の歯の間に詰まる雪の塊「下駄の歯に どんごろいっぺ付いて歩けね。」
　　　2[植物]すいば(酸葉)

とんじゃぐ　　　頓着　「少々の事など とんじゃぐしない。」[京]

どんじょ・どんじょ　　　泥鰌(どじょう)　[撥音 鼻母音→〜ン]

とんでった　1[標]飛んでいった　　2(飛ぶ様に)逃げた「どっかとんでってしょもだでが。」

†とんとき　　おっちょこちょい そそっかしい事 軽はずみ 愚鈍 馬鹿者 ひょうきん(剽軽)
　　者「お前はとんときで、一度で成功したことねぇねが。(お前はそそっかしくて一度で成功
　　したことが無いじゃないか)/とんときな事ばかりすてんな。/とんとき者の勘違い、死んだ
　　と済んだの大違い。」[魚沼:同][←頓的(とんてき)?]

どんどき　　どの時　「どんどぎだった?(どの時・いつだった?)」

どんどん　　〔火の燃え上がる様〕「たなぎの一棚も焚いて、どんどん あたっていたったど。(一棚ほ
　　どの大量な薪を焚いて、焚き火にあたっていたとさ)」

とんと昔があったてがね。/とんと昔があったでんがね。　《下に同》
とんとん昔があったてが。/〜てんが。/とんとん昔があったどさ。/とんとん昔があっどさ。
　　　〔昔話の始まりの句〕　(=むかしがあったてんがの。)

†どんばす　　おにばす(鬼蓮)の茎　*昔食用だったそうだが、今は聞かない 福島潟にある

[な]

な・なー　お前 あんた「みやげ みんな とってしもすけ、今度 なが命 とってくれかんだ。(みやげをみ
　　んな取ってしまうから、今度はお前の命を取ってやるんだ)/和尚様に食わせっと、なーが食うがん ね
　　えなっと。」(=なぁ)

〜な(。)　　1〜しな。〜しなさい。「とまりな(泊まりなさい)/とまりなせ(泊まりなさいよ)」　2〜の
　　か。〜んだい。「どうしたな。(どうしたんだい)」　3〜するな「いんな(居るな)/くんな(来るな)/のん
　　な(乗るな)/すんな(するな)/けんな(蹴るな)/はすんな(走るな)/とんな(取るな) 等」

〜な,　　〜ね,「きょうな, 草取りしてまんま食うで, (今日ね, 草取りして飯食べて)/これな, もろできた。
　　(これねえ, 貰って来たよ)」　(=の)

なぁ・なあ・なー　　お前(さん) あんた　*卑語・侮蔑語に非ず 常用 「な」より頻用

なぁが・なあが・なーが　　あなたの「なあが荷物/なーがな なんだ。(あなたのお名前は何ですか)」

なあげ　　長い　「なあげなあげ話」

なあご　　長く (=なーご)　「ばがになあごする野郎だなあ(やけに長くする奴だなあ)/なあ
　　ご寝ていだったてが。(長く病気でふせっていたとさ)」

なあごもいでから　　　長くたってから「なあごもいでから やっと便りが来た。」

なあして　何で 何故牧に「なあして こっこ いるんだろと おもうで(何で沢庵漬けが要るんだ

なあした・なあすた　　どうした「なあしたばね。/なあすたばね。(どうしたんだい)」　＼ろうと思って」

なあにさ。　　なにさあ　「なあにさ。お前にかづけ いわねもの いいろげ。(なにさあ, お前に
　　担げと言わないからいいだろう)」

なぁにね。　　何さあ。いやまあ。何を言うんですか。「なぁにね。まだ はぁやすか(何さあ, まだ
　　早いじゃないか)もっとゆっくりしていぎなせや。」(≒うんだばって)(→いいね, いやね, はいね)

なあんか・なぁんか　　何だか　「なあんか さぁめ日だなあ。(何か寒い日だなあ)」　[県内:同]

— 135 —

なぁんすても　　　どうしても　「なぁんすても　駄目だ。」

なあんでも　＝なんでも　「いいや，なあんでもいらね。(いいや，何も要らない)」

〜なえ　　〔否定〕〜な。　「だれ来ても　戸　あげんなえ。(誰が来ても戸を開けるなよ)」

なえもの[苗物]　苗を買ってきて植える(植えた)作物(茄子・胡瓜・トマト等) [標?]

†なおか　　尚更　一層　一段と　益々　「なおかうるさくなった。/中学生になったら，なおか
　　勉強すのなった。(尚更勉強しなくなった)/なおかえー。(尚更良い)」 [←猶か]

なおすて　　なおして　「なおすてもろだ。(なおして貰った)」

なおった　　1[標]治・直った　2住み着いた　「ほいど坊主，あそごになおったでがね。(みす
　　ぼらしい坊さんがあそこに住み着いたとさ。)」

なおる　　1†兄の未亡人と結婚し家を継ぐ　2[標]なおる

なが　　1中　「あるやまながに(ある山の中に)，小さな村があったどさ。」　2仲　「意地のわあり
　　猿と，働き者のふくがえるが　いっつもながようして，たなぼつくってだどさ。(意地の悪い猿と働き者の
　　蟇蛙が，いつも仲良くして田圃を作っていたとさ/あの二人，よっぽどなが　わぁりんな。(あの二人は余程仲
　　が悪いんだな)」

ながし　　1[標]流し　洗い場 (=ながす[京])　2台所仕事　「おれなあ，ながし　いそがし　さが，(私
　　はさあ，台所仕事がいそがしいので)」

†ながせ　間　隙間　「うなとババの　ながせに(お前と鬼婆の間に)/このながせにボールが入って
　　取れなくなった。」(≒あいさ)　＊「あいさ」はＡとＢの間，「ながせ」はすきまの空間を指すか？

ながった　　無かった「こんげなとごに　川なんかながった。(こんな所に川なんかなかった)」

ながなが　　なかなか　「ながながでがしたもんだ。(中々，大したもんだ)/ながながほどげね。」

ながま　　仲間　「おれをばも　ながまに　かでれや。」　　　　　　　　　　/(→はぎっこ)

ながまはぎ　仲間外れ　仲間外し　「友達に　なかまはぎにされた。/仲間はぎれになる。[京]」

ながまる　　寝そべる　横になる「枝の所に　ながまったでが。/ちっと　ながまるよ。」＊ねまる，と異

なかよう[標?]　仲良く　「二人してなかよう暮らしたでんが。/仲ようしていだったでんが。」

なから　　殆ど　「日照りで　なから枯れでしょもだ。」

なぎ　　天候　天気　「なぎわありなった すけ，(天気が悪くなったから)」

なぎだわる[笹神]　＝なぎわたる　＊音転換?「指でこすってけすた帳面は　黒くなぎだわった。」

なきべそかぎ　　泣き虫　「なきべそかぎで，そんまなく。」

なぎわたる　　広がって染みが出来る　染みが広がる　「はよふかねど(早く拭かないと)ゆか
　　になぎわたってしまう。(床に染みになってしまう)」

なぐ　　　泣く　「クスクスクスクと泣ぐてがね。」

†なぐれる　　思う様にいかない　駄目になる　「いちび(市日)が雨でなぐれでしょもだ。」

なーげ　　　長い　「なーげべろ(長い舌)」

なーご　　　長く　「すねげなんかばっかなーごで(臑毛ばかり長くて)」

〜なさった〔丁寧〕「出かけて行きなさったてが。(出かけて行かれたとさ)」

なさって・なさる〔丁寧・上流階級の言葉〕されて・される　「旦那様，帰ってきなさって，(旦那様は

— 136 —

帰ってこられて)/おやすみなされた。(お休みになられました)」　＊水原町は地主階級が多く良く聞かれた,とのこと(齋藤氏による)

†††なし　　(植物の)茄子

〜なした　　〔丁寧〕　＊なさった,の方がより丁寧

なじだ。　(＝なじら)　＊どちらも頻用　「あんばいなじだえ。(具合はどうですか)」

なじだばね。　　どうですね。どうですか。どうしたね。「じじさ,なじだばね。/「なじだばね」
　　　　年寄り気遣う　いい嫁御〈宮田〉」(＝[京]なじだね。)　[県内広域:なじだね]

なしたようなった　　案外良くなった

なじでも　　　なんでも　「なじでもねあんで。(なんでもないんだよ,構わないんだよ)」

なじに　　　どのように　どうして　(＝なずに)

なじょうも　　どうぞどうぞ。何の差し支えもない。取り立てて問題にすることもない。ご随
　　　意に。どの様にでも。いくらでも(＝なじょも)　「なじょうも上がって休んで行ってくんなせ。/な
　　　じょうも,泊まれば泊まれ。(どうぞ,泊まりたければ泊まりなさい)/なじょうもはや。(どうぞ,お気
　　　に召すまましして下さい)/こんなひがれでもよがったら,なじょうもつこでくんなせ。(こんな息子で
　　　良かったら幾らでも使って下さい)」

なじょだ。なじょだい。なじょだえ。　　どうですか　どうだい　「どうだい,この枝 なじょ
　　　だい。/おじいさん,なじょだえ。具合でもわありんげ。」

なじょだばね。[丁寧語]　どうですね。どうですか。「婆ちゃんの塩梅はなじょだばね。」(≒なじょだ)

なじょでも　　何でも　「なじょでもあろば(なんということもない　どうってことはない)/そんげなこと
　　　なじょでもあろば,心配するな。/なーにこんげな山,なじょでもあろば。//なじょでもないが,よっぱ
　　　らでよっぱらでしょうがない。(具合は悪くないが退屈で困る)」

なじょに　　　どうして　どのようにして　「なじょにしていっか(どうしているか)」

なじょも　　　どうぞ　どうぞどうぞ　(＝なじょうも,なんじょも)　「なじょも迎えに来てくれ。(どうぞ
　　　迎えにきてね)/なじょもなじょも[←どうして悪い,駄目と言いましょうか]」

なじら。なじらね。　　　どうですか。「あんばいの方はなじらね。」(≒なじだ　なじだね　なじだばね)
　　　　　　＊「なじらね」は優しい印象　[新潟:なじら,なじらね,なじらて]

なす(名)　　梨　「なすもぎ(梨もぎ,梨の収穫/茄子もぎ)」　＊「なす(名)」は,野菜の茄子

なす(動)　　返す　「うなにかすた千円,はよ なせや。(お前に貸した千円を早く返せよ)」
　　　　　[←済す(なす)]　[神奈川県三浦:同]

なずだ・なずだね[特に笹・京]　どうですか　如何ですか(＝なじだ・なじだね・なじょだ・†なずらね)

なすった　〔丁寧〕　なさった　「よっぽど出しなすったろうねぇ。(余程沢山お金を出されなさったんでし
　　　ょうねえ)/しになすったでね。(死になさったんだよ)/ありがてお経 よみなすったげで(有難いお経
　　　を読みなさった様で)/きなすった(来なさった)」

なずに　　　いかに　どの様に　(＝なじに)　「おばぁちゃん,なずにしてんね。(お婆さんはいかがですか←
　　　どの様にしてますか)/おずんずの塩梅 なずだばね。」　[笹神]

〜なせ。　　　〜しなさいね。しなさいよ。〔「なせ」は穏やかな意味　「〜な。」は多少きつ目な表現〕(→な)

— 137 —

「なじょも, 泊まりなせ。/そんなとごに立っていので, 入りなせ。」

‡なたがま　　　山の下草刈り(柴刈り)用の鉈鎌

なづ　　　　夏　「なづやすみ(夏休み)」

なづえだ　　　なついた　馴れた　「貰ったいぬこ(仔犬)がなずえだ。」

~なっさが。　　　〜になるから。　〜になりますから。「見えのなっさが。」

〜なっし,　　　~になるから　「鍋いっぺの栗なっし, (鍋一杯の栗になるから)」

(〜に)なっすけ,　　~になるので　「時間になっすけ, 帰ろうど思で(時間になるので帰ろうと思って)」

なった　　　1~になった　*「に」の省略　「いっぺんに 昼間なったてが。(一変に昼間になったとさ)/
　　　　ほんきなって/大騒ぎなったわね」　　2~した　なさった　「髪をきれいに結いなった。」

なったば,　　　〜になったなら(ば)「朝げなったば(朝になったら)/夜中時分になったば,」

(〜に)なっでが。　　〜になったとさ。　「まだ追っつかれそげになっでが。」

(〜に)なってしもで　　　~になってしまって　「きびもちみでな顔になってしもで,」

なってしょもだんだ　　　なってしまったんだ　「坊主頭なってしょもだんだわや。」

なってしょもで　=　なってしもで　「どうやんだべ, こんげな めぐら なってしょもで。」

なっても　　少しも　何でも　「なっても面白くない。」

((する)ことに)なってんが。　　　〜することになっていたんだ・いるんだ

(〜に)なっと　　1〜になると「あったげ春になっと(暖かい春になると)/あかるうなっと」
　　　　2[京]〜になるぞ　「背中を丸まっこしてると ぼんこになっと。」

なっぱめす　　菜っ葉飯　*大根の葉等を混ぜ込んだり, 一緒に炊いた粮飯(かてめし)　(→かでめす)

†なづむ[京]　病気で苦しむ　「闘病生活でなづんだが, 帰らぬ身となった。」

〜なて,　　　〜なんて,　「ぞうりなて はがんばっていいがね。/へなて『出もんはれもん, 所嫌わず』
　　　　とようが, /おら そんげな嫁なていらね。」

‡なで　　なだれ　雪崩　「屋根から なでがついで, 下に置いた物が壊れでしょもだ。」

なーに　　なに　なにも　「なーに切ってもいねがね(何も切ってもいないのに)/なーに いぐら掘っても(な
　　　　に, 幾ら掘っても)」

なにいうでかんだい。　　　何を言っているんだい。　[何+言うでか(言ってるか)+ん(の)+だい, か?]

なにいろばさ, なーにいろばさ　　　何居ようか, 居ないよ　「なーに家にいろばさ, 祭りだてが
　　　　に。(なに家に居ようか, 祭りなのに)」

なにこく・なにこく[水原]　何を言うか　「なにこいでいるんだ, 黙ってやれ。」

なにすっか　　何をするか　「なにすっか わからねすけに(何をするか分からないので)」

なーにね。　　なんだって。何をいうのか。　「なーにね。猿どご嫁にね。」

なにしたば。　　1 何をしたか　2 どうしたか「出るたんびに泣いて来やがる。なにしたば。」

なにしていだば。　　1[現在]何をしているんだい。*新潟県内には過去形で現在形を表すことがある ex.魚沼
　　　　2[過去] 何をしていたんだ。

なにしてだが　　何をしていたか　「なにしてだがど おもで,」

なにしてだば　　何をしていたんだ　　　　*「〜だが」を頻用か?

— 138 —

なにしてっかんだろ　　何をしているんだろう [*何をして+けつかる(いやがる『いる』の卑語)+のだろう]

なにせべ。　　　　何をするんだ。「なにせべ? そっつあなあぐ, おらいらね。」

なーにはあ,　　　なにねえ, なにさあ,　　*余り意味無い間投詞

なーにはや,〔上に類〕なーに「なーにはや, しんきやけでガーンと臼割って(なーに, 頭に来て臼を割って)」

なにほど[何程] どれほど(か) どんなに すごく「なにほど歩くの しょうずなんだが(どんなに
　　歩くのが上手なんだか)/なにほどありがてお経(すごく有難いお経)/なにほど忙しいやら」

なにゆうでんば。　何を言っているのか。「ろぐすっぽ すごどもすので なにゆうでんば。(ろ
　　くに仕事もしないで何を言っているのか)」

なに(〜して〜)ようば。　なに〜しようか, いやしない「なに帰ってこようば。(何帰って来よ
　　うか, 来る訳(筈)ない)」　*「〜ようば。」は, 特に新潟県的表現

なにをするばっても,　　　何をしようかとしても 何をするにも

なまくっせ　　　生臭い　(←くっせ)

†なまづらのっけどしている[京] ぬけぬけとしている (=かえるのつらに小便)

なまらでない　　容易でない 大変だ「この仕事, なまらでない」

†なまらはんじゃく・なまらはんじゃぐ[笹・京] 生半可(なまはんか) いい加減 中途半端 生ら

なめくじら　　　ナメクジ「雨の日に なめくじらが出る。」　　＼半尺「なまらはんじゃぐの事」

なめずる[標?]　舐める「なめずっていた(舐めていた)」

ならした　　　　なりなさった「立派な和尚様にならしたど。」

ならっしぇえ。　なりなさい。「明日から, おめ こごの和尚さんにならっしぇ。」

ならね　[標?]　ならない「だすことならねでんね。(出す(離縁する)事にならないとさ)/くうこ
　　どならねでがね。(食うことが出来ないとさ)」

ならので　　ならなくて 出来なくて「あどのぜん取りならので(その後の銭稼ぎ出来なくて)帰って

ならんがった。　ならなかった。「もどの通りの顔には ならんがったども,」　＼きたど。」

ならんね　　　　なれない「じょうずにならんねもんだがね。(上手になれないものだよね)/勉
　　強すねど, ろぐなもんにならんねど。(勉強しないと碌な者になれないぞ)」

〜ならんねんし。　〜ならないからね「年だけはわこうならんねんし。(年だけは若くならないからね)」

†なりこがえー　　格好が良い「なりこがえーども, 中身は大した事がない。」

なりて[標?] なりたい「やっかいなりてと おもでますが(厄介になりたいと思ってますが)」

なるったけ[標?] 出来るだけ「なるったけ ずかんどおりにこいよ。(出来るだけ時間通りに来なさいよ)」

なろう　　習う 練習する「節つけでなろでいだっど。(節を付けて習っていたとさ)」

(〜に)なろがと　　　〜になろうかと　*う, の脱落と濁音化「おれも いい女になろがどおもで な
　　でだば, (私も美人になろうかと思って撫でたならば)/厄介なろが思で,」

〜なや。　　　〜(する)なよ。「おろす(ん)なや。(下ろすなよ)/ほどくなや/いづまでもおきてん
　　なや。(いつまでもおきているなよ・起きているんじゃないよ)　*「おきてんな」は(起きているな)で禁止
　　の意味強。「なや」は若干弱い禁止」

(〜で)ならねでが。　　〜でならなかったとさ。「ほしょでならねでが。(どうしても欲しくて

ならなかったとさ. 欲しくてたまらなかったとさ)」

なわのい　　縄綯い(なわない)　藁で縄をなう事

なん　　1 なんか　(=なんか)「かじなん, おれ見たことね。(火事なんか俺は見たことない。/神様参りなん, ちっともしたこどねん。/おなごめっつ　腹あぶりなんすんな。(女は腹あぶりなんかするな, してはならない)/あぐなん, なんせべか?(灰なんかどうするんですか)/なんしたば。=なにしたば。」　2 ～の様な者「おめみでな　めごげなん(お前みたいな可愛い者)/うななん, べろ切って,」　3 ～の物, ～な物「おっきなん どちいさけなん(大きい物と小さい物)」　4 なんだ *「だ」の略「そうなん。(そうなんだ)」　(≒なんさ)

なんか　　1[標] 何か　2 何かの物「なにかが　ひんで音出して　おってきて, (何かがひどい音を出して落ちてきて)」　3 なんて「鬼退治なんか　おっかね。(鬼退治なんて恐ろしい)」

～なんか, 　～なんて　　「…なんか　いうだれば, (…なんて言ったなら)」

なんぎ〔標?〕　大変　辛い事　疲れる事「畑打ち　なんぎで(畑打ちが大変で)/なんぎがも　しれねども(大変かもしれないけど)/あんまなんぎでなんぎで/なんぎで困った」

なんぎづら[難儀面]　難儀そうな様子・面「なんぎづら一つ見せない。」

†なんぎづらすのこと[京]　大変な事　難儀な事　得しない事

～なんげ　　～のよう　「こんげなババ, これが鬼ババなんげだわ。」

†～なんご・なんこ　　ごっこ　遊び　すること「ぼぼっこなんご(人形を子供に見立てたままごと遊び)=ぼぼこなんこ[水原]/ままなんご(ままごと遊び)/よびなんこ(ご馳走のし合いっこ, 招き合い)/おになんこ(鬼ごっこ)/兵隊なんこ」

なんこなんこいくつ　　[主に女子(おなごめら)の遊び。お互いに銀杏やドングリ等を手に握り, 節をつけ「なんこなんこいくつ。」と相手に言って, 数を当てさせる遊び。ピタリと当てると自分の物になる。江戸時代には一文銭を手に握り, 相手に当てさせる博打だった, との事。(度會)

なんおこど・なんのこどもねえが　　言う事も無いが「勇んで山菜取りに行ったので なんのこどもねえが, いっぱいこど採って来た。/なんのこど踊子が揃うでお花畑を見ているようだ。」

なんのこった　　何の事だ〔標?〕「なんのこったがなあ。(何の事だろうかな)」

～なんさ。　　～なんだ。～なのよ。　*老若男女とも使う　新潟地区も近年多用「あの人　しゃべっちょこぎなんさ。(あの人はお喋りなんだよ)」　(→たんさ, さ)

なんしたば。　　どうしたんだ。　(=なにしたば)

なんして・なーんして〔標?〕何で　何故に「なんしてここらまで来たべ。(何でここらまで来たんだい)/なーんして泣いでんばね。(なんでないてんだね)」

なんしてげ。　　どうしてだい?「おら, だまさがってなんかいねわの。なんしてげ。」

なんじょも　　どうぞ　(=なじょも)「なんじょも　行ってこいや。(どうぞ, 行ってきなさいよ)」

なんすきた。　何をしに来た?　(=なんすにきた。)

～なんすけ, 　　～なんだから,

なーんすたば　　どうしたんだ　(=なんしたば)「なーんすたば, 泣いで。」

なんせべか?　　どうするんですか。何をするんですか。何をするのかい。

～なんぞ[標?]　～なんか　など「あれなんぞ　いるわけ　あるめ。(あの者など, 居るわけあるまい, いる

― 140 ―

なんだか　　　何かが　「丑三つ時になったら, なんだか来たてが。(何かが来たとさ)」　　　＼訳ないさ)」

なんだべ。　　どうしたんだ 何なんだ　「ばばさ, お前の頭なんだべ。(婆さん, 頭をどうしたんだ)」

なんだやら　　1 何だかんだで「なんだやら, はよ婆どご帰って聞かせよと思で」　2 何かが 「山の方からなんだやら浮ぎながら流れてくってが。」　3 なんか変で　「なんだやら肌ざーらざらするでが。(なんか変で肌がざらざらするとさ)」　4 なんなんだか 何だか 「なんだやら おもっしぇ鳥 なぐてが。(何だか面白い鳥が鳴くとさ)」

なんでも・なーんでも　　1 何でも [標]　2 何にも 何も 「なんでもいらね。(何もいらない)/なんでもかぶらので来る(何にも被らないで来る)/なんでもしねあんだ。(なんにもしないんだよ)/なんでもしねあんに, (何もしないのに)/なんでもわがらので(何も分からないので)/なーんでもででこね。(何も出て来ない)/おら なんでもしらね。(私は何も知らない)/なんでもいいこどねえ。(何もいいことない)/ごっつぉなーんでもかので(ご馳走をなーんにも食わずに)/なーんでも くわんねがったどさ(何も食えなかったとさ)/なんでもねえわや。(何も無いよ)　3 どうしろ どうかしろ「なんでもせーども いわねうぢに, (どうしろとも言わない内に)/なんでもいいすけ もろできたわや。(どうでもいいから貰って来たよ)」

なんとしても　　　どうしても どうやっても　「いっぺ荷物積んだげで, なんとしても船 動がねでんが。(いっぱい荷物を積んだ様で, どうやっても船が動かないとさ)」

なんともいい　　　とても良い　とても美人の　「なんともいいおなご」

なんにも　　　何も　「なんにものうなる(何も無くなる, 全部無くなる)」

なんばん　　　唐辛子　*近頃, 細長い小型の旧来の鷹の爪以外に, 魚沼の『かぐらなんばん』も栽培する人も出て来て, それも「なんばん(又は, かぐらなんばん)」として売られている。(平成 26 年, 村杉農産物直売所にて)

なんべ　　　鍋　*鼻母音→〜ン*

なんぼか　　　いくら(か)　「なんぼか登ってもいねし(いないので), おりようとしたてが。/なんぼかとおご 行ったでば, (いくらか遠くに行ったなら)/なんぼか走ったでば, (どのくらいか走ったなら, 松の木がありましたど。」　*関西弁的

†なんまいぱり　　　何枚貼り「うなのたごは, なんまいぱりだば。(お前の凧は何枚貼りだい?)」

[に]

〈に〉の省略　　　「いっぺんに 昼間なったてが。(昼間になったとさ)/畑 行った/さがし来ましたでんね。(探しに来ましたとさ)」

に〔格助詞〕1 で「坊主がくった石になでれば, (坊主がくれた石で撫でれば)/こんげながんかまにきるど。(こんなやつは鎌で切るぞ)/やりにつき殺せ。/ここに一服飲みたいが。(ここで一服してお茶でも飲みたいんだ)/当たれば おめさんにくれるつもりに 賭けしねがね。(当たればあなたに上げるつもりで賭けをしないかい)/鉄砲に 叩こうとしたれば, (鉄砲で叩こうとしたら)」　2 〜なので 〜(だ) から「水あげ行がねばだめだに水あげに行かなくてはならないので」　3 〜(だ) よ。「何だかんだもろで来たに。(何だかんだ貰って来たよ)」

にあえの　　　似合いの　「にあえのふうふ(似合いの夫婦)」

にぃげ　　　苦い　(=にーげ, にげ [標])　(=にぇげ [笹神])

— 141 —

‡にお　　　藁保存用に円錐形に積み上げた物（=わらにお）「におが多いとすんしょがいい（におが多いと家柄・財産が多い）」　＊しばにお（薪用の柴の山）

†にかいねこ［二階猫］臆病で警戒して他人がいると二階にいて降りて来ない猫

にがや　　　二階

にぎりまんま　　握り飯　おむすび　「にぎりまんま　たげで　山へ行った」

にぎやが　　　にぎやか　「あのふとくっと　わらわらで　にぎやがになるかんさ。」［京］

にぐ　　　肉　「ぶだにぐ（豚肉）」

にーげ　　　苦い ＊「にいげ」は無い。「にげ」は標準語？＊長音化類：あーめ、ちーけ、わーけ、ひーれ、たーけ、せーめ等

†にごし　　　米のとぎ汁「庭石に　にごしを撒くと苔がおえで（生えて）みばがようなる。」（=みごし［京］）

にごじゅうにしておく　　適当・いい加減にしておく「そんな話、にごじゅうにしておげや。」

‡にしょうじんぎ［二升仁義］葬式の時、米を二升届ける関係（→ひとひつじんぎ）［笹神村岡］

にす　　　にし（西）　＊にすがみ（西紙）：小国紙や加茂紙や中国地方から来たくらしい〉綺麗な和紙の事

†にぞらにぞら　　にやにや　「にぞらにぞらわろで　きみわり（にやにや笑って気味悪い）」

にっき［笹神］くぎうち遊び　地面に円を描き（新潟では人数分の多角形）五寸釘を地面にくったてながら相手の
　　　　釘を倒すか、円外へはじき飛ばす遊び。新潟では同心円状にくったてて行き、相手を取り囲んだら中心の多角形に
　　　　釘を立てられたら、相手を全て取り囲んだので勝ち、になる。（=ねっき）［新潟：くぎうち］　　　　／いたとさ」

にっくがっていだ　　嫌っていた　「お杉こど怒ってにっくがっていだでが。（お杉のことを怒って嫌って

にっくげ　　　1 醜い　不細工な　見苦しい　みっともない　劣る　顔が不細工な　美人じゃない
　　（=にくげ）　「心はほんとにいいども，顔がにっくげで，人並みながんでねんだ。（心は本当にいいけれど顔は醜く
　　て人並みでないんだ）/ばがにっくげになって（とっても醜くなって）/にっくげなふくがえる（器量が悪いく不細工
　　な）墓蛙）/にっくげながん（器量の悪い奴）/にっくげなおなご（醜い女，憎たらしい女）/にっくげな顔」　2 怖そ
　　うな　恐ろしげな　「にっくげな坊主」　　　　＊「にっくげな顔でも　心は　仏の娘（こ）〈宮田〉」

にで　　　1 似て　「母親に　にで，めっぽうかわいげで」　2 煮て　「汁でも　にで　たべっか。（汁で

にどいも　　　馬鈴薯（じゃがいも）　（=にんどいも）　　　　　　　　　＼も煮て食べようかな）」

にどまめ　　　えんどう豆　（=にんどまめ）

ニヤカー　　　リヤカー　＊言い間違いか？

にわ　　　農家の作業場　＊戸口（とのぐす）の土間

にわがに　　　にわかに　突然　「にわがに雨降って来たすけ，」

にわばき　　　1［標］庭掃き　2［笹神折居］一つの家の秋の田圃の仕事が終わった事。＊手伝った人
　　　　と一杯飲む。その後、新米を炊き鮭を買い「かりあげ（刈り上げ）」と称すお祝いを家族でする。

にわぼうき　　庭掃除　庭掃き　「にわぼうきによばれていったど。（庭掃除に呼ばれて行ったとさ）」

にんがにんがすい　　苦々しい

にんげ　　　苦い　＊「にげ」とも言う

にんど　　　二度　（→さんど）　＊い（っ）ちど、に（ん）ど、さ（ん）ど、よ（ん）ど　五度からは標準語と同

にんどいも［笹神］　=　にどいも

にんどまめ［笹神］　=　にどまめ

にんどめ　　二度目　*鼻母音→～ン　「いちどめ、にンどめ、さンどめ、よンどめ、ごどめ、ろくどめ、しち
　　どめ・ななどめ、はちどめ、くどめ、じゅうどめ…　*鼻音は2、3、4のみ」

にんにする[幼児語]　煮る　「ぶあ(魚)をにんにすて孫に食わせる。」

[ぬ]

ぬい　　ぬえ(鵺)　〈真夜中にギャアギャア鳴く妖怪? 本当は椋鳥・百舌?〉

ぬうれ　　ぬるい　「風呂がぬうれ。」

ぬえご[京]　　稲の実の付いた穂(=のえご, のりご)　「ぬえごが長いと作柄が良い。」

ぬがす　　抜かす　「こしぬがしてしょもだ(腰を抜かしてしまった)」

†ぬがる　　ぬかる　「雪道ぬがって難儀した。」　(=のがる)

ぬげる　　抜ける　「スッポラポンとぬげでこい。(スポンと抜けてこい)/すっぽぬげ/ぬげでしょもだ
　　(抜けてしまった)」

ぬすっとこぎ　　泥棒 盗人　「ぬすっとこぎに用心」　(→こぎ)

ぬったぐる　　ぬりたくる 塗ったくる 塗り付ける やたらに塗る　「からご くで、みんな
　　つゆぬったぐって(弁当を食べ、そのつゆを塗り付けて)/おすろいぬったぐってもきれい
　　なんねわ。(おしろいを塗りまくっても綺麗にならないよ)」　(=のったくる[京])

ぬらくら　　のろのろ　「ぬらくらと仕事してるっけ(のろのろ仕事をしているので)」

ぬるまっけ　　ぬるい　「ぬるまっけ風呂に入って 風邪を引き〈宮田〉」

ぬるまっこい[標?]　ぬるい ぬるめの　「ぬるまっこいうどん(温い饂飩)」

[ね]

ね　　[格助詞]　に で　「しょんべん でかんだら そこねせ。(小便が出そうなら、そこにしなさい)/山の
　　中ね、おっきな池あったでんが。(山の中に大きな池があったとさ)/こごらねいので(ここらに、こん
　　な所に居ないで)早よ家行ごで。/かまね てきった(鎌で手を切った)/かわねおどしてしょもだんだ
　　がね。(川に落としてしまったんだよ)/大急ぎね家帰って、(大急ぎで家に帰って)/
　　[京]よごたまねある石(横にある石)」

～ね　　1[標?][否定]～ない　[県内広域:同]「おろさね。(下ろさない)/はながねのが やってきたて(鼻
　　が無いのがやって来たとさ)/できね(出来ない)/こね(来ない)/帰ってこねまに/おれ, 行がね。/き
　　かねが。(承知しないとさ きかなかったとさ)/町では売れねし(売れないし)/貸さね(貸さない)/貸
　　さんね(貸されない)/めったにね(滅多にない)/帰るに帰らんねし。/一つしか ねすけ(一つしかな
　　いから)/腹やめてしょうがねが, /…ねども(…は無いけど、…しないけど)/なんにもくわねどもの
　　う。(何も食べないけれどの(邪魔にならないもの)→の 2)/三つさね(三つしかない)/めっけね(見つ
　　けない)/いわんねし, (言われないし、言われないので)/当たらね/おっかね/気持ちわありども し
　　かたね。(気持ち悪いけれども仕方がない)/鶴もいねば、落って死んだんでもね。(鶴もいなければ落
　　ちて死んだのでもない)/容易でねです。(容易ではないです)/出ねなあ/助ける方法が ねもんだろ
　　か。(無いものだろうか)/いねわ。(〈私は〉いないわ。いられない。帰るよ。〈他人が〉いない。帰った。)/

橋ねがんに, ございでも行がんねしどうじょ。/まんま, かせねど。/†かひねど」(=〜ねの。〈水原・笹神〉)
　　(→ねで, ので)

　2 [終助詞:強意] 〜(だ)よ。「きいたほうが いいわね。(聞いた方がいいさ) ＊前の「い」にアクセント」
　　/先ず, 人たのみにいかんばね。(先ず助けてくれる人を頼みに行かなくてはならない) /あっちぇ
　　ね! (暑いね!)」　　　(→〜がね, でね)

ねあんか。　　　ないのか。「すごどをやるのが ちょっとおうせんで ねあんか。(仕事をするのがちょ
　　っと遅いんじゃないのか) /そうだねあんか。(そうじゃないのか)」

ねあんがね。　無いんだよ。「たいしたこど ねあんがね。(大したことじゃ無いんだよ)」

ねあんだ。　　無いんだ。「これしか ねあんだ。(これしか無いんだ・これで最後なんだ) /か
　　くすとごねあんだな。(隠す所が無いんだなあ)」

ねいや　　　ああ　「耳, いどなったでが ねいや困ったなどおもで (耳が痛くなったとさ, あ〜困っ
　　たな, と思って)」

ねぇ, ねえ　　　無い [標?] (=ね)「いっくら行っても花ねぇでがね。(いくら遠くに採りに行っても花が無
　　いんだとさ) /嫁になどいく気がねえどさ。/オテラン様のすももてがん, ねぇがね。/なんにもねえど
　　も (何もないけど) /動かせる筈ねえわや。/いがんばねえあんだが (行かなくてはならないんだが)」

ねえずい [京] 酷い倹約家 酷いケチ　(→ねづべこぎ)

†ねえず　　けち　けちな人　「あの人 ねえずすけ, 人と付き合えない。(あの人はどけちで他
　　の人と仲良く付き合って行けない)」[水原]　[魚沼:ねつい]

†ねぇずぇ [笹神] =ねえずだ　　ケチである

(〜で) ねえぞ。　〜するなよ　「動くあんでねえぞ。(動くんじゃないぞ, 動くなよ)」

ねえなる [標?] 無くなる　「はよくわねど, ねえなるぞ。(早く食わないと無くなるぞ) /ねえな
　　ってしょもが, (無くなってしまうね)」
　　[新潟:ねえなる・ねえなる　魚沼:なくなる・たえる　佐渡:なくなる・のうなる (のうなる)]

ねぇねが。　　　無いじゃないか。無いよ。[新潟:ねえねっけ]「うな, うりこめごでねえねが。」

ねえはずだ。　無いはずだ。あり得ない。「こんげな雨は ねえはずだ」

ねえろ　　　無いだろう　「おめさんは, 行って来たこどねえろども (お前様は行って来たこ
　　とは無いだろうけど)」

ねえわや。　　ないよ。ないだろう。「なーが うごがせるはず ねえわや。(お前が動かせる
ねえんだ　　　ないんだ　＊標?　　　　　　　　　　　　　　　　　　＼筈はないよ)」

(〜で) ねえんだが。　〜じゃないのか?「なんだ, ここに乗ってだがん, うりこめごでねえんだが。」

(〜せねば) ねえんだでね。　　〜しなくてはならないんだよ。「いがんばねえんだでね。
　　(行かなくてはならないんだよ) /しねばねえんだでね。(しなくてはならないんだよ)」

ねえんだわや。　ないんだよ。「そんげながんでねえんだわや。(その様な事じゃないだよ)」

〜ねが。　　〜(じゃ)ないか「俺に聞かせたことねぇねが。(私に聞かせた事がないじゃないか) /つっ
　　とも勉強すねねが。(ちっとも勉強しないじゃないか) /猫 来て くでだねが (猫が来て喰ってたじゃ
　　ないか) /喰わってしもねが。/あすた, せぇばらへ いがねが。(明日, 水原へ行かないか) /ひんで はぁ

— 144 —

やねが。(ひどく早くないか・早いじゃないか) /ずったねが。(ずれたじゃないか)」 ［新潟:ねっけ　て・てぇ/中越:が　がぁ　の・のぅ/佐渡:のぅ・ちゃ・じゃ・じぇ］

～ねがな。　　　　　　～しないかな。「はよ帰ってこねがな。(早く帰って来ないかな)」

ねがった　　（～して）なかった　「おろさねがったでが。(下ろさなかったとさ) /いねがった (いなかった) /ちっとも髪を結わねがったんども (全然髪を結わなかったんだけれども) /どうしようもねがった /金ねがったてが。(金が無かったとさ) /まんざらでもねがった (まんざらでも無かった) /小僧逃げてこねがったがね。(逃げて来なかったかい) /みえねがった (見えなかった) /まだ帰って来てねがった /しょうがねがった /わげとねがった /いわねがった (言わなかった) /いっそしらねがった (全く知らなかった) /よーいでねがったてば。(大変だったよ)」

†ねぎもん [寝着物] 寝間着　「ねぎもんきたまんま　人様の前に出ないように。」

ねぐさい, ねぐせぇ・ねぐせなる　＝　ねぐそなる

ねぐそなる　　　　食べ物が腐る一歩手前になる　腐りかけて臭いがする　[←根腐る]「このまんま, ねぐそなってすもだわ。/古い刺身はねぐさいようだから捨てた。」

～ねけ。　　～ねえ。～なあ。「ばがにっくげになってしもだねけ。(とっても醜くなってしまったなあ)」

～ねげ。　　～でないかい。「コンコン様に　だまさがってねげ?/くれねばっていいねげ。」

～ねげや。　　　～しないかね。「…しらねげや。(…知らないかい)」

ねご　　　　猫　「ねごのくそ(猫の糞)」

ねごう　　　願う「神様にねごうほかねぇわ　と　おもで, (神様に願うしかない, と思って)」

ねごで, ねごて　　　　願って　お願いして　ねごうて　「たずねで, ねごで　もっとようしてもろえばいい。(探してお願いしてもっと良くして貰えばいい)」

(†)ねこやまのアイス　　　猫山のアイス　捻挫の湿布用塗り薬の名称　＊昔話で, 水原の人が悪戯河童の腕を切落したが, 夜半河童が訪ね来て手を返してやる。患部に薬を塗り腕は繋がる。その薬を河童から教わった。その者と子孫が接骨至(後の猫山医院)を開き代々湿布薬を受け継ぎ, 新潟周辺で有名になった。その薬はつい最近まで作られていたが今は製造・販売されていない。だが, 下越の 60 歳代以上は知る人が多い。猫山医院は新潟に今も存在する。薬は, 粉末を酢で混ぜ和紙等の丈夫な紙に塗って患部に貼る, とのこと。

～ねしか、　～ないから「天の方に巻き上げらって　おりねしか (降りないから)」　［→ ～すか］

ねしな　　　寝る前　「ねしなに　囲炉裏の中の火に　あぐ(灰)かけて」 (≒ねすな)

ねす,　　　あのねえ, もしもし, ねえ　　(=あのねす)　「ねす, ちょごっと　うづへ寄っていぎなせ。(ねえ, ちょっと家へ寄って行きなさいよ)」　＊新発田近くで多用　水原は少

～ねす。　　　～ですね。　「今日はいい天気だねす。(今日はいい天気ですね) /そうだねす。(そうですね) ばが　いやんばいだねす。(とてもいい塩梅・具合ですね) /ほんね　暑っちゃい日だねす。」

ねすな　　　寝る直前　寝る間際　「ねすなに物を食べると具合悪くなる。」 [県内広域:ねしな]

ねずまわす　　　ねじ巨し　ドライバー　[笹神]

ねそける[標?]・ねそげる　　　寝そびれる　「ねすなに　おぢゃをがぶ飲みすたら　ねそげですもだ。(寝る直前にお茶をがぶ飲みしたら寝そびれてしまった)」　[県内:ねそける]

— 145 —

〜ねぜ。　　〜しないよ。しないぜ。「この寺に小僧なんか　おがねぜ。(置いてないぜ)」

ねそける [標?]　眠れなくなる「やがましで　とどさ　ねそげて　寝らんねがったでん。(やかましくて親父さんはねそけて、寝られなかったとき)」　　　　　　　　　/(=ねんだりこぎ)

ねだりこぎ　ねだる (強請る) 奴　強請って「親にねだりこぎ　バイクを買ってもろうだ。」

ねっき [水原]　(=にっき)　＊先の尖った木の棒(30cm位)を地面に振り下ろし杭たて、相手の棒を倒す男子の遊び

ねっそり[京]　どっさり　もっそり (=✝ねそねそ[京])「根元にねっそり糞がこえであった。」

ねった/ねって　寝た　寝てた/寝て「ねっていだ(寝ていた)/ねってしょもだど。(寝てしまったとき)」

ねっちょ (す)　意地悪「またねっちょしてるよ。(＜あいつは他人に＞また意地悪してるよ)/ねっちょす仕事をす、憂さ晴らすしている (意地悪な仕事をし、憂さ晴らししている)[京]」

ねって → ねった「ねってしょもだんだ(寝てしまったんだ)」　　　　/−死ぬ時、持って行がんね。」

ねっぺこぎ・ねづべこぎ[京]　酷くケチな人　超倹約家「ねっぺこぎ、舌を出すのが嫌と言う

〜ねで　　〜しないで (=✝ので)「あそばねで勉強する。(遊ばないで勉強する)/俺にくわせとねで(俺に食わせたくなくて)」

〜ねでがね、　　〜しないのに「貸すとも言わねでがね (貸すとも言わないのに)」

〜ねでな。　　〜しないでね　しないでくれよ。「行かねでな。(行かないでね)」

ねでる　　寝ている「布団被って　ねでると/ねでだでがね。(寝てたとき)」

✝ねど1　寝床「ゆきがねどして (雪が寝床になって) そだつまつかな (育つ松かな)」

〜ねど 2　〜しないと「まっといそがねどだめだ。(もっと急がなくては駄目だ)」

〜ねど。3　〜しないぞ。「まんま　かせねど。まんま　かひねど。(御飯喰わせないぞ)」

ねども、　ないけれど「死にとね　てこどは　ねども (死にたくないという事はないけれど)

〜ねな。　〜ならないな。「くってこねばねな。(くれてこなくてはならないな)」

〜ねね。　〜ないね。「よう　もえねね。(良く燃えないね)/こねね。(来ないね)」

〜ねの。　〜ない。　〜ないな。　(= 〜ね)

〜ねば、　〜もなければ「そうでねば、(そうでなければ、そうしなければ)」

〜ねばうそだ　　〜しなくては嘘だ　絶対しなくてはならない「これ、かがにもろわねば　うそだてで、(これを・この人を嫁に貰わないのは嘘だということで)」

〜ねばだめだに　〜しなくてはならないので「水あげに行がねばだめだに、餅搗いでくんなせや。」

〜ねばって　　〜しなくても「きもんなんか着ねばっていいすけ、(着物なんか着なくてもいいから/どごも寄らねばっても、(どこにも寄らなくても)」

ねばならね　　〜ねばならない「宿せん払えば、誰でも泊めねばならねすけ、泊めだでが。(誰でも泊めなくてはならないから泊めたとき)」

〜ねばね。　〜しなくてはならない。「大根まがねばね。(大根の種を撒かなくてはならない)/しねばね。(しなくてはならない)/やらんばね。(しなくてはならない・やらなくてはならない)/いわんばね。(言わなくてはならない)/じんぎは返しておかねばね。/いかねばね。(行かなくてはならない)」　[新潟県内:同 (除 佐渡「〜しなくてはならん」)]

ねぶって (え)。ねぶて (え)　眠たい　眠い　(=ねむて)「朝　早かったから　ねぶとなってきた (眠

たくなってきた)/ねぶくね(眠くない)/ねぶたければねれ。(眠ければ寝ろ)/ねぶとなってねでしょもだでん(眠くなって寝てしまったとさ)/ねぶとなった。」[県内広域:ねむてえ、ねむとなる、ねむてなる、ねむたくなる]

ねぶっとで　　眠くて　「よなべすたら ねぶっとで どうすようもね。(夜なべをしたら眠たくてどうしょうもない)」

ねぼこく・ねぼこぐ　　寝坊する　「ねぼこいだ。/ねぼこいて たまげて家を飛び出した〈宮田〉」

ねぼこぎ　　朝寝坊　(朝寝坊の)怠け者　[新潟:ねぼこき]

†ねま[寝間]　寝るための小部屋　寝室　[標?]

†ねまる　　1 座る　「よろーっと ねまっておぐんなさい。(ゆるりと楽にお座り下さい)」
　[佐渡・小千谷:同]　2[笹神]くつろいで・横になって休む「縁側でねまっていだら、いづのまにかねですもだ。(縁側で横になって休んでいたらいつの間にか寝てしまった)」　*県内での「ねまる」と「ながまる(横になる)」の混同傾向増加。「寝る」との混同か。本来「座る」の意味。

ねむとで　　眠たくて　「夜なべすごどで よっぴで起ぎでだんで、ねむとでしょうがね。(夜なべ仕事で一晩中起きていたので眠くて仕方がない)」

ねむて(ぇ)　　眠たい　眠い　(=ねぶって)　「あさっぱらから ねむて。(朝から眠たい)」

ねゆぎ　　ねゆき(根雪)

ねら[ね(お前)+ら(複数)]　お前ら　お前たち　あなたら　*二回繰り返すことあり「ねらねら」
　(→んな、がぎめら、ばずめら)　**目下の者、特に子供らに使う。目上の人には絶対言わない

ねらごでた　　ねらっていた　「蛇のやつが、ふくげっつを飲み込もうと ねらごでた」

†ねりこ　乳の出ぬ人が作る赤ん坊用の代用乳　*米をひやかし擂り鉢で擂った物を煮て砂糖を加える

ねろで　ねらって「今度は、と ねろで撃ったども (今度は〈当たれ!〉と、狙って撃ったけれども)」

ねわや。　　〜でないよ。　「おらなんでもねわや。/笑話[犬と茶碗:とんとん昔あったてんがね。茶碗が、飴こいに行きましたそうだ。道端に、犬が寝ていましたど。したら、その犬の尻尾こど、茶碗が踏みましたでんが。「ワン。」て、犬がいうだでが。したら、「ワンでねわや。茶碗だわや。」と、そういうだど。]

〜ねん　　〜ない　「ザルひとつ あめねんど。(ザル一つ 編めないそうだ)/けっして わありねんすけに (決して悪くないんだから)/しょうがねんだが (しょうがないのだが)/なんでもいらねんだ。(何も要らないんだ)/行がねばねんが (行かなくてはならないんだが)/泥棒の家には違いねんが/黒衣一枚すかねんで/食わねんがね。(食わないんだよ)」

〜ねんた　　〜なかった　「一時は方丈様 いねんたでんども (一時はお坊様が居なかったけれども)」

†ねんだらこぎ・ねんだりこぎ[京]　しつこく聞く事・人「ねんだらこぎする人」(=ねんだりこぎ)

〜ねんと。　〜でない・しないんだとさ。「なんにも口に入らねんと。」

[の]

の　1〔終助詞〕〜だ。ね。よ。「はら へったわの。(腹へったんだ)/食わねわの。(食べないよ)/かお かたちも の ちごできて」　2、「ある日のちょうど、太郎つれで、山に出かけたでん。(ある日、ちょうど太郎を連れて出かけたとさ)」　3〔助動詞, 否定〕〜ない なく ないの(で)　(=の一)　「しかたの

で (仕方ないので 仕方なくて) /化け物 でのなった (お化けは出なくなった) /いわのなった (言わなく
なった) /逃げので いだだったど。(逃げないでいたとさ) /しらので (知らないで) /ふえのなって (増え
なくなって) /いらので (要らないので) /きらんので (着られなくて) /見ので/おこらので/ちっとも泣が
ので育ったど。(全く泣かないで育ったとさ) /まがりきれので (曲がりきれないで) /仕事もしので/のな
った (無くなった) /わがらのなって (分からなくなって) /つれので (連れないで) /立っていので、入りなせ。/つかのなった/遊びもしので/機織りもさせので」 4[親身・軽い敬意] 〜をさぁ (=な) 「これの も
ろできた。(これねえ、貰って来たよ)」

『の』の省略 「その熊こどまつって (その熊の事を祭って)」

のー なく 「ほんね神も仏ものーで (ほんとに神も仏もなくて)」

(〜) のう。 (だ) ねえ 「化けもんが出るそうだがのう。/いやのう、(いやぁ ねえ) /どう
したらいいだろうかのう。/いたみ とれだどものう (痛みはとれたんだけどねぇ) /
昔々のう。/しらねのう。/俺だがのう (俺だけどさあ) /行ってくんねがのう。/大変なこ
としたのう。/おれ、餅 つくさのう。/いまのう、(今ねえ) /俺のう よんべな お宮様に
とめでもろでいだったば、」

†のうじょうけつ [病名] 脳溢血 (のういっけつ) [笹神]

のうする・のーする なくす 無くする 「火だね のうしておぐと (火種をなくすと、消し
てしまうと) /しっかり片付けておかねど のーするぞ。(しっかり片付けておかないと
無くしてしまうぞ)」

　[活用:のうさネ・のうすネ/のうしマス/のうする/のうするトキ/のうすれバ・のうせバ・のうすタラ (バ) /(のうせ]

のうたりん [標?] (脳が足りない) 馬鹿 頭が悪い人

のうで なくて 「花がいいのがのうで、(いい花がなくて) /クラゲは骨がのうで、」

†のぅてんき [京] 気が強い 「のぅてんき強い議員」

のうなる 無くなる 「なんにも のうなる (何も無くなる) /のうなった。/まだ のうなっ
てる。(また無くなっている)」 [佐渡:のうなる、のうなる]

のえだ 脱いだ 「上着をのえだ。/靴をのえだら ちゃんと揃える。」

のおくり 野辺送り 家から墓地まで送り出す葬列 [笹神]

のがす 逃がす 逃 (のが) す 〈標?〉 「のがさんね。(逃せない、逃がしてはならない)」

のがる ぬかる 足を取られる 足を辷らす 「泥道でのがって せーつねがった。(泥道で
ぬかって大変だった) /ゆぎに のがりながら帰る。」 (=ぬがる) [水原]

†のぐ 脱ぐ (→のえだ)

†のげる 埋まる「足のげでしょもだんだわや。(足がぬかって埋まってしまったんだよ)」

のすとこぎ [京] 泥棒 (=ぬすっとこぎ)

のたぐる 塗ったくる 「厚化粧にのたぐると、汗をかくと大変」

‡のだんご 死人が出たとき枕元に供える団子 (=まくらだんご) [笹神] *今は買った饅頭を供える
「野団子を食うと どくされにならない。/野団子を食べると風邪をひかない。」

のった 1[標]のった 2塗った「あぎをのったばっかりに、(畔塗りしたばかりに)」

のっちり [京] ゆっくり 「そんげにのっちりしていると遅れる。」

のっつり [笹] のっそり 「のっつりすてで, 動きが悪い。(のっそりしていて動きが悪い)」

のっぺい 　(新潟料理の) のっぺ ＊里芋 (いごいも), 蒟蒻, 椎茸 (または他の茸), 百合根 (旧新潟), にんじん, 大根, 油揚げ (あぶらげ), 蒲鉾, 銀杏, イクラ (ととまめ), 砕いた貝柱等の煮物。ごてごてした煮物状の物とサラサラした澄まし汁情の物の2種あり。ごてごてした物は田舎風で庶民的だが元祖かも。サラサラした物は「のっぺ汁 (じる)」とも言われ, 会津料理の「こづゆ」とほぼ同じ。

(〜し) ので 　1〜 (し) ないで なくて 「まんまも ろくにくわので ねだでがの (食事も録に取らないで寝たとさ)/そういわので (そう言わないで)/もったいので (勿体無くて)/きっかので (聞かないで)/なんでもわがらので (何も分からないので)/しかたので/わからので (分からなくて)/とれので (取れなくて)/遊ばので勉強する/わらってので まずめにかんがえれや。(笑ってないで真面目に考えろよ)/すごども すので (仕事もしないで)/臼おろさのでくんなせ。/そんげこどいわので教えてくんなせや。(そんな事言わないで教えて下さいよ)」 (=〜ねで)

　2 (〜してる・た) ので 「あまりしゃくにさわってので (余りにも癪にさわったので)」

‡のでわら 　槌で軽く打って柔らかくした藁 田植用苗を縛るのに使う

ののめ [茸名] しばたけ (芝茸) 　[新潟:ぬのめ] 　(→ずんぼこ, みみぎのこ)

のべる 　(布団を) 敷く 「布団をのべて早く寝れ。」

のむ 　1 [標] 呑む・飲む 　2 [標?] 煙草を吸う 「煙草をのむ。」

のめぐる [京] 　力尽き倒れる 「マラソンで力尽きのめぐり, 運ばれた。」

のめし [笹] 死人が出るとすぐ飯を炊き, その人の常用した茶碗にてんこもり (山盛り) にし, 真ん中に箸を立て枕元に供える飯 (=まくらめし) ＊笹岡村岡・沢口では めっこめしで柳箸一本を立てる

のめしこぎ・のめしこき 　怠け者 　「のめしこぎ 四角い部屋を丸く掃き〈宮田〉」[上・中・下越も同]

のめしこぐ [笹] 　怠ける

のめすこぎ = のめしこき・のめしこぎ 　(≒ひやみこぎ)

のめる 　前のめりになる 前に倒れる つんのめる (=のめくる) 「前にのめってしょもだ。」

〜のようね… 　〜の良くない… 「あんま色気のようねふんどし (余り綺麗で無い褌)」

のりこして [乗り越して] 乗り越えて 「その山 のりこして, んなこど ぼったぐるまでに」

[は]

〜ば [頻用] 　1 [強調]「こんだ, 親をば かぐしたでが。(今度は親(その人)を隠したとさ)/新しいお母さんば, むがえでやったてんが。(新しいお母さんを後妻に迎えてあげたとさ)」(→ばな) 　2 〜を をば のことを 「自分のことば鼻にかけて(自分の事を自慢して)/てんぼ言うでっと, おめば殺すて。/おとっつぁ まば, やっとおろして(旦那をやっとの事で下ろして)/その中にヤギ入れて/二三日経ったでば, 使いが 方丈様ば頼みに来たでがね。(二三日経ったなら, 使いの者が方丈様(お坊様)にお経を頼みに来たとさ)」 　3〜に 「〜と, ヤギば そう言うだでが。(〜とヤギに言ったとさ)」 　4 (否定的)〜しようか 「こんげな所 すもばやの。(こんな所に住もうか, いや住まない)/だあが嫁にいごばのやれ。(誰が嫁にいこうか)」 　5 〜やら は 「鶴もいねば, 落って死んだんでもね。(鶴もいなければ, 落ちて死んだので

もない)」　　6 は 「こっつぁなヤギばな(こんなヤギはな), べぢゃってきてくれや。」　7[終助詞 強調] ～(だ)よ。「どうすんだば!/どうすればいいんだば。/どうすて, おれこどばっか させんば。/どうすたば。(どうしたんだ)/なじょだばね。」

～ば[順接の接続詞] ～ならば ～から ～と　　1～(ね)ば 「まづへ いがねば(町へ行かなければ)/ちゃんとたべねば(ちゃんと食べなければ)/いわねば(言わなければ)良かった/林をとおったば,(林を通ったなら)」　2～(した)ば、～したなら(ば) 「家帰ってきたば(家に帰って来たならば)/朝飯のころばっか いってたば,(朝食時間の頃ばかりに, 行っていたなら)/そうしたば/夜中時分なったば(夜中になったら)/山の方 見だば,(山の方を見たなら)/支度してたば/ふた はぐったば/降りてみましたば/夜中になったば,」　3～(せ・すれ)ば、～すれば 「はよせばいい。(早くすればいい。=早くしなさい。)/ひば(せば), はよいごで。(それなら, 早く行こうよ)/流しに行ったば,」

はー　　もう, こんなに, こんなに早く(=はぁ?)「はー帰って来たんげ。(こんなに早く帰って来たのか)」

はあ・はぁ　[水・笹] 1 もう こんなに早く(→もう)「はあおきていなすど。(もう起きていらっしゃったとさ)/はあ来たがね。/うな, はあ寝るんが。(お前はもう寝るのか)/はあ 終わったんが。」　2 すぐ「昼間の疲れで, はあ, 寝ってしょもだんでね。」　3 *意味無い音「はあ, ちっとめえだら(ちょっとしたら, 少し経つとすぐに)」

はあいぇ　　早い 「はあいぇで あんに(早いというのに)」

はあえ・はぁえ　　はやい (=はえ 2) 「ひんで はぁえ。(すごくはやい)」　→はよ

ばあが・ばぁが[接頭語] とても 「ばあが顔の色もわありし, 腹でもやめんげぇ。(とても顔色が悪いし, 腹でも痛いんですか)/ばあがきれいに/ばあがうんめね。/ばぁがあっちゃいね。(とても暑いね)」　(=ばか)

ばあがげに　　本当に 「ばあがげに めごげなった。(本当に綺麗になった)」[水原]　　＼[新潟県内:ばか]

ばぁさ　　(お)婆さん　(＝ばさ・ばばさ)　(⇔ずずさ・ずんさ)

はあてさあて　　はてさて さてと

はあよ・はぁよ　　早く　(≒はよ, はよう)「はあよこい。(早く来い)/朝 はあよ(朝早く)」

†はい・ぱい　(舟の)一艘 「一軒に いっぱいは舟を持ってた。」

†はいならす　　灰平し(はいならし)　*火鉢や囲炉裏の灰を掻き平す(ならす)金属製(多くは真鍮製)で, 調理器具のフライ返しを小さくした様な道具

はいね。　　いいえ。　(=いいね。いやね)「はいね, そんだねわね。(いいえ, そうではありません)」
　　　　(→うんだばって, なぁにね)

はいらせ。　　入りなさい。

はいりもん　　引っ越してきた者　(→たびもん, きたりもん)

はえ　　1 はい《応答》　2 早い 速い (=はあえ, はぁえ)「ひんどはえがったでんが。」

はえがった　　早かった 速かった

はえりに　　入りに 「ふろ はえりにきてくなせや。(風呂を入りに来て下さい)」

‡はおはぐろ　　お歯黒　*江戸時代の既婚女性の歯を黒く染める風習　　「で, はおはぐろ つけろがど おもで つけはじめだど。(それで, お歯黒を付けようかと思って付け始めたとさ)」

ばか・ばが　1[名]体や衣服につく種。稲科の植物を指すが, アメリカセンダングサやオナモミの種子を指すこともある。*上・中・下越も同　2[副](程度が)とても 大層 非常に(=ばあが)「ばか

— 150 —

いい・ばがいい(とてもいい)/ばかわるい, ばがわるい(とても悪い)/ばが気の毒そうにしていたでがの。(とてもがっかりしていたとさ)/ばがあったげどぎで(とても暖かい時で)/ばが早い/ばがおうせ(大変遅い)/ばがいい茶釜」　3[副]〜だけ　ばかり　「ちっとばか(少しばかり)/あればが あっても足りない。(あれくらいでは足りない)」　4[名][標]馬鹿　あほ　愚か者　(=ばがたれ)「ばがだなあ(馬鹿だなあ)/ばがむご(馬鹿な婿)[昔話]/ばがじっさ!(バカ爺!) [罵倒語]」　5 馬鹿な事　「ばがこいで いんな。(馬鹿な事をいっているんじゃない)」

ばーが＝ばが・ばか2　　とても　*良し悪し両方の強調　「ばーが めごげな嫁(とても可愛い嫁)/ばーがあっちゃぇね。(とても暑いね)」

はがいぐ・はがいぐ　　早く済む　果(はか)が行く　能率良く進む　「こんげに 仕事が はがいって嬉しい。/ひっと(とても) はがいったな。(仕事が順調に進んだな)」

ばかくさえ[京]　馬鹿臭い　「後つけかんも馬鹿くさえしのー。」

はーかげに　　歯が欠けて　(=はっかげ)「はーかげにしていると」

ばかない・ばがない[京]　穂が出ない稲　男苗(おとこなえ)とも言う

†はがみでる　　やりきれない　「何でもわがらねど はがみでんがね。」[水原]　　　　/いでしょう)」

はがんばって　履かなくて「草履なんか, はがんばっていいねがね。(履かなくても, 履かなくたってい

〜はぎ　　〜掃き(掃除)　「にわはぎ(庭の掃き掃除)/ちゃのまはぎ(茶の間の掃き掃除)」

はぎすり　　歯ぎしり　「もぞこいだり, はぎすりすて うるせ。」　(=はぎり[京])

はぎっこ　　仲間外れ　(→ながまはぎ)　(=はぎれ, なかまはぎれ)

はぎる　　仲間外れにする

はぐ　　1 履く　「はぐこどできねよなわらじ(履くことが出来ないような草鞋)」
　　2[水]　仲間外れ(にする)「あの子かわいそう, はぐにされた。」　3 掃く

はくそ　　歯屎　食べ滓(かす)　[標?]「はくそ, みみくそ, めくそ」

ばぐち・ばぐぢ　博打(ばくち)　賭け事「晩げなっと ばぐちはじめっから(晩になると博打を始めるから)」

ばぐぢこぎ　1 賭博師　博打好き　2 博打(行為)「ばぐぢこぎだったげで(博打したみたいで)」

†はぐず　　(屋根の)端?　「積もった雪をしゃぼろかこすきで, 屋根のはぐつから下ろす」

はぐまい　　白米

‡ばくろうする[伯楽する]　交換する　取り替える　*‡ばくろうー(牛馬商)から

はげ　　1 刷毛(はけ)「兎 はげに味噌つけで, ひながに べったり塗ったど。〔カチカチ山〕」
　　2†[笹]山肌が崩れ落ちた斜めの崖　「はげわたり(崩れ落ちた斜めの裸の崖を横に走る遊び)」

†はげご　　釣りの魚籠(びく)「はげごに たぶやかに ざっこを すいてきて(魚籠に沢山小魚を掬ってきて)/こすにはげごをぶらさげ(腰に魚籠をぶら下げ)/がづぼの葉っぱで はげごの くづを ふさぐ。」(=はけご[京])

ばげであった　　化けていた　「あぶらげに ばげであった」

ばげもん　　化け物　*ばけもん, ばけもの, とも言う

ばげる　　化ける　「あぶらげに ばげであったんだね(油揚げに化けていたんだね)」

はさ・はざ[稲架]　刈り取った稲を乾かす為の田圃や家の脇, 道端にある)はざ　*はざの種類:作りはさ(作りばさ)

— 151 —

(長木と呼ばれる棒を立て横に横竹・太縄を渡したはざ)/立ち木はさ(はさぎに横竹(横棒)を縛った元来の物)/くいはさ

[杭はさ] 杭を打って横棒を縛り付けた物//はさぎ(刈った稲を乾す)はざき, はざ 稲掛け並木 *榛(はん)や楢

(たも)の立木を等間隔に植え幹を縦長に伸ばして横竹(横竹)・太縄を縛り付ける。榛の木や柳の木は, やぶがわ(野地川)

沿いに多くあった, とのこと。今は余り使われないし, ほぼ切り倒されてしまった。昔日の越後の風景だった。//

　　はさば(稲架場, はざの場所)//はさづくり(はさを作る事)*盂蘭盆(8月27・28日)頃の作業

◎はざより「はさ」の方が多い。新潟は逆。

†はざこ　　畑の畝と畝の間　畑のうねなかせ, とも言う [京]

ばさま　　　婆様　　*県内他地区では余り聞かない 「ばさ」が多い?

はさみかぶと　[昆虫名]　鍬形虫(くわがた)　(→かぶと, おなごかぶと)

‡バシ　　(乗り物の)バス

はじく　　1 はじく[標]　2 かける 「消防のしょ出て, 水 はじいたりしていたど。」　　/って歩こう)」

はしたぐり　着物の裾を端折る 「裾がよごれっすけ はしたぐりして歩こう。(裾が汚れるから裾を端折

はしらぐ[京]　1 空気が乾燥する 「雨が降らず はしらいだ。」2(気持ちが)騒ぐ 「心がはしらいで

はす　　　はし(箸・橋・端)　　　　　　　　　　　　　　＼落ち着かない。/子供がはしらいだ。」

‡ばず　　女 おなご 女性(=ばずっこ) 「ばずめら・ばずっこめら(女性達)」 *勿論目上には使わず

　　*京ヶ瀬では, おしゃまな女(の子) を指す(=ばず, ばぢこ)

はずく　=　はじく1

はずぎとばす　　はじき飛ばす

はずけこぎ　　御節介屋　でしゃばり(な人)

はずける　　1 お節介をやく 出しゃばって余計な事をする はじける　2 急に中身が飛び出る

　急に割れて音を出す 弾ける(はじける) 「生栗を火にくべるとはずけて飛ぶ。」

†ばずっこ　　女の子 (=ばず)

†ばずっこめら　　女の子達 (=ばずめら)

はすっても　　走っても〔笹神〕 「どんげ はすっても間に合わね。」

はすね[標]　　蓮根 はすね・れんこん 「はすねわら (蓮根原:水面に茂る蓮)」(→がつぼわら)

(~する)はずねぇんだが, 〔標?〕　　(~の・する)はずはないんだ 「~する筈ねぇんだがなあ。」

はずまる　　はじまる 「夏休みがはずまる。」

<u>は</u>ずめ　(頭が良くて優れていて)器用 「～は はずめで,」 [佐渡:はつめ]

はずめ　　始め・初め 「とすのはずめ(年の初め)」

†ばずめら　　1 女性達　2 女の子達 [笹神] (→がぎめら, ~めら) (⇔やろめら)

はすら　　はしら(柱) 「でんきばすら(電柱)」

はだ　　はた(端) 「囲炉裏のはだに 話していだれば(囲炉裏端で話していたら)/川のはだに出た

はだいだ　　叩いた [新潟:はたいた]　　　　　　　　　　　　＼どさ。/くづのはだ(口の端, 口の脇)」

はだがる[京]　股を広げて突っ立っている 「玄関先にはだがっている。」

～ばだげ　　～はたけ 「うるすばだげ(漆畑:漆を採るための林)」

はだげすごど　　　畑仕事 (→たなぼすごど)

はだげる　　はだける　「服の前を はだけで(=はだけて)だらしない。」(≒あっぱっぱ)

はだぎつける　　叩きつける　叩く　「ダンダンと はだぎつけってがね。(ダンダンと叩きつけるとさ)」
　　　　[新潟：はたきつける]

はたく・はだく　　叩く(たたく)　平手ではたく　拳骨で殴る　「戸をはたく(戸をたたく)/鉦(かね)
　　　はだいで(鉦叩いて)/はだがろば(叩けようか)」(=はったく)　　*はたく、の方が頻用か?

はたけうち, はたけぶち　　　畑打ち　鍬で畑を耕す事　(→たぶち)

はだす　　裸足(はだし)　「雨降りには, はだすで通った。」

はたらぐ　　働く　「はたらがねすけ(働かないから)/はたらぐすけ。(働くから)/はたらがんのなったというで
ばぢこ[京]　=　ばづ・ばず　　　　　　　　　　　　　　　＼(働けなくなった, と言って)」

はづ　　はち(八)　「にすがはづ(にしがはち〔2・4が8〕)」

ばづ　1 元気な女の子　「あのばづは きっかので 女の子みてでねえな。(あの娘は元気すぎてまるで女の
　　　子の様じゃないな)」　[←あばづ(ず)れ?[水]　(→ばず)　(=ばぢこ[京])　2 (太鼓の)ばち　「太鼓のばづ」

(〜)ばっか[頻用]　〜ばかり(の)　だけ/しか(いない)[標]「白髪ばっかの, お婆さん/あねさばっかだったで
　　　が。(嫁さんしかいなかったとさ)/すね毛なんかばっか なーごで(すね毛ばかり長くて)/走ってばっかいる(走っ
　　　てばかりいる)/文句ばっか並び立てるてが。(文句ばかり言っているとさ)/かくれるばっかですむ(隠れるだけで
　　　済む)/困らせてばっか いだったど/立ってござった, ばっか では こまんが(立って御座った, ばかりでは困
　　　るので)/おればっか やらせんで。(俺ばかりにやらせないで・やらせるな)/おがずばっか(おかずばかり)くでね
　　　で(喰ってないで)まんまもけ。(御飯も食べろ)/寝でばっかいだったど。/ばばさばっかだすけ(お婆さんしか家
はっかけに　　歯が欠けて　(=はーかげに)　　　　　　　　　　　　　　　　　＼にいないから)」

†はづかむ　　かじかむ　寒くて手足の感覚が無くなる　(=はじかむ)「手足がはづかんだ。」[京]

ばっかり[標?]　〜ばかり　「「へただ。」とばっかり言う」

(〜した)ばっかりに　　〜したばかりに　「いうだばっかりに(言ったばかりに)」　　　　　　　/なった。」

ばっきゃばきゃに　　バキバキに　凍ってガチガチに　「しみわたりすると 足は ばっきゃばきゃに

†はづくりかえる　　はじけて割れて反り返る　弾けかえる　「ほぅーろくで炒るとはづくりかえっ
　　　て中身が飛び出す。(焙烙で炒ると割れはじけて中身が飛び出す)」[京]

はっけ　　冷たい　「はっけみず(冷たい水)」[水原・笹神]

はっこい　　冷たい(=はっけ)「はっこい冷やし蕎麦」

ばっさ, ばっさん　　ばあさん　婆さん(=ばばさ)「ばっさんとこ(婆さんの所・家)/鬼ばっさ(鬼婆)」

ぱっつ　　メンコ　「ぱっつ遊び」　[新潟:ぱっち, 直径1cm強の丸い物は「ぱす」]

ぱっつんぱっつん[標?]　　ぱつぱつな　*窮屈な様　「服がぱっつんぱっつんになった。」

ばった。　　おんぶした。[過去形]　　「ばけもんが, 背中にばったでが。(お化けが背中におんぶ
　　　したとさ, 背中に乗ってきたとさ)。」　*ぶう(現在)⇔ばった(過去)

バッター　　1[誤?]†(野球の)バット　「バッターは杭を削って作った。」　2 打者　[笹神]

はったく　=　はたく

バッタラバッタラ　　ビコタンビコタン　ビタンビタン　*蟇の跳ねる擬態(擬音?)語　「バッタラバ
　　　ッタラ ようでのぼったでが。(ビタンビタンと歩いて登ったとさ)/バッタラバッタラやまおりてきた

— 153 —

(ビタンビタンと山を下りてきた)」

ばったり　　　ばたっと　ドサリと　「縄まで切ってしもだので, ばったり落ってしまった。」

ばって　　おぶって　背負って　「まだ小さいのでばってばっかいるんだ。(まだ小さい子供なのでおぶってばかりなんだ)」　*終止形は「ぶう」（→ばれる）

~(た)ばって　　　~しても　~って(も)さ　「いったばって, あんまやぐにだだね。(いったとしても, 余り役に立たない)/うんだばって　うんだばってさ　うんだっばてやれ。(そう言った所で　そうは言ってもさ　そう言ったってさ　そう言ったとしても)」

~(ん・ね)ばって　　　~(しなく)たって　「まんまなんか, くわんばっていいんだが。(御飯なんか食べなくてもいいんだから)/そうさんばって　いいろ(そうしなくとも良いだろう)/こんばって(来なくても)いい。/いねばっていい(居なくてもいい)/あるげねばって(歩けなくても)/くれねばっていいねげ。(上げなくてもいいよ)」　*福岡弁の『ばってん』の類か?

†~ばっても　　　~しなくても　「おびなんか　しめねばっても　いいがね。(帯なんか締めなくてもいいよ)/あるげねばって　もちさずけでもろだ(歩けなくても餅を与えて貰った)」

はづめ(え)　　器用　器用で賢い(人)　賢くて器量好し　頭が良い　[新潟他地区:はつめ]

はづめこき[京]　器用な人(=はづめ)　//はづめこぎ[京]　人の物を盗る人　こそどろ

ぱつんぱつんに[標?]　ぱつぱつに　「ふぐが, ぱつんぱつんになってすもだ。(服が窮屈になってしまった)/足がむくみ　ばつんばつんになる」　(=ばつんばつんに[京])

はてはて　はてさて　はて　「はてはて, おれ来たがん　わがっかんだろうか。」

~ばな　　お前をな　「んなばな　海の中　べぢゃってくれっわ。(お前をな, 海の中へ捨ててやるぞ)」

†はなぎんか　　　風邪などで臭いが分からなく, 鼻が利かなくなること　(=はなきんか[京])

はなしにはなしをうんで,　話が広がって　噂が噂を呼んで

はなす　　話　「だいづな　はなす(大事な話)/おはなすの時間」

はなたらす　　鼻垂らし(の子供)　*昔は多かった, とのこと

はなづ　　鼻血

はなにかける[鼻にかける]　自慢する〔標?〕「自分のことば　はなにかけて(自分の事を自慢して)」

はなふげ　　　鼻ひげ

‡はなふりじじい　　花咲か爺　[花(の)+(灰を)振り+爺]

‡はなぼこ　　鼻水　「はなぼこも　よだれもたらさね。」[京ヶ瀬]

†~ばね。　1~しているのでしょう。[疑問現在]「どうしてそんげに, 青い顔してなさってるばね。」

　　2~(でしょう)かね。[疑問未来]「なんでありますばね。(何でありましょうかね)」　3~(だ)かい。[疑問過去]
　　「なーに, そんげうんめがん　こしょでもろだばね。(何そんなに美味いやつを作って貰ったんだい)/婆ち

ばば[標]　(お)婆(さん)(⇔ずず)(ばぁちゃ・ばばちゃ(婆ちゃん)〈幼児語〉)　　　＼ゃんの塩梅は　なじょだばね。」

　「ばば」の類：おばば・ばぁさ・ばさ(婆さん)/ばば/ばばさ(お婆さん)　*以上, ほぼ同じ意味

はばける・はばげる　　1(服の)裾がだらしなく外に出る　(≒あっぱっぱ)　(=はンばげる)

　　2†[笹神][はばげる]口からはみ出る　3[京]喉に食物が詰まる・詰まって吐き出す[南蒲:同]

ばばさ　　婆さん　(=ばっさ)

ばふばふ・ばふんばふん・ばふらばふら　　(埃が)もうもうと　「埃が, ばふんばふん立ってる。」

はまんしょ　　　(海の魚を売りに来る)海近くの漁師の家の人々　*松浜辺りの人か?

〜ばも　　〜のこと(を)も　「おればも=おれをばも(俺のことも)」

ハモニカ　　　ハーモニカ　[標?]

はや　　はい　やあ　ああ　[余り意味を持たぬ間投詞]「こんにちは, はや。/あやあや, おれ でかげってがんに,

はやす　　1[標?]　はやす「櫓の上の三人の はやすかた(囃し方:お囃子や唄う人)」　　　　　　　　＼はや。」

　　2(野菜を)切る　切り刻む　*「切る」の忌み詞「あねさ, おづゆのだいごん はやすて くんねがね。(かあさん,
　　味噌汁用の大根を切ってくれないかい)」　3 はやし :こまばやす(こまばやし(駒林)[地名])

はよ・はーよ[←はよう]*ウ音の脱落　はやく[標?]「犬もはよで, 追いつかれそげになったてが。/はよこ
　　い。(早く来い)/はよなる。/はーよなる。/はよはよと 急(せ)かされても すぐ立てぬ〈宮田〉」(≒はあよ, はよう)

はよー・はよう　はやく[標?]「はよう死んでしょもで(早く死んでしまって)/はよー仕度しろ」

†はらくっちゃい　　　満腹だ　[魚沼:同]

†はらくっちょ(で)　　腹一杯　「ごっつぉ いっぺたべだば, はらくっちょなった。(ご馳走をいっぱ
　　い食べたら, 腹一杯になった)/はらくっちょで, もういごがんね。(腹一杯でもう動けない)」　[魚沼:はら
　　くっちぇえ, はらくっちゃい]　*くっっちゃい, のみでは余り使わず

ばらこくたい　　　散らかった　(=おおばら, おおばらこくたい)「あんま いそがしょで 家の中ばらこ
　　くたいだ。(あんまり忙しいので家の中が散らかしっぱなしだ)」

はらせ　　塩引き鮭の腹身　*脂が乗っていて美味　(→あじ)

はら ぼっこす　　　腹を下す　腹痛を起こす　[水原]*余り新潟では言わない

はりすごど　　　針仕事 縫い物 裁縫　(→つぎもん, ぬいもん, すごど)

はりもん[古い標]　張り洗い　「天気はいいし, はりもんしょうがどおもで(張り洗いしようかと思って)」

ばる　　おんぶする　背負う　*「ばる」では余り使わなく「ばれる」で使う

‡はるみこ[春巫女]　正月過ぎ(又は春先)に, みこどん(巫女)を訪れる事。一年を占って貰ったり新仏(あらぼ

はれ,　　おやまあ, あれまあ, まあ　「はれ, 大変だ。」　　　　　　　＼とけ)のお告げを言って貰う。

ばれる　　おんぶされる　背中に乗る　(→ばって ぶう ばで)「ばれるの大好き/いっつもばれてんだ。/ば
　　れろば, ばれれ。(〔相手や自分に〕おんぶしたかったら, おんぶしなさい。)/ばれてば, ばれれ。(前に同)/
　　ドスッとばれてきた(ドサッとおんぶしてきた)」

はろう　　　払う　「金はろうどしたんだども(金を払おうとしたんだけれど)」

〜ばも,　　〜も　「だれをばも よせんなえ。(誰も家に入れるなよ)」

はよ[標?]　早く 速く すぐに　「はよ帰ってきた/はよでば, はよでば, (早くして早くして)/飛び込むと
　　はよ嫁どん 針投げつけだでば(飛び込むとすぐに嫁さんは針を投げつけたので)/はよしてくらしぇ。/

はん,　　はい うん　[(はい+うん)÷2?]　「はん, ありがとございます。」＼はよ立たんね(速く立てない)」

ばんがた・ばんがだ・ばんかた[晩方]　夕方 夕暮れ　(=ばんげ)(⇔あさげ)(=ばんかだ[京])

ばんがただす[晩方だす]　夕方近く　「ほうって, 晩方だすなって(そうして夕方近くなり)」

†はんぎ[←半切]　たらい 底の浅い桶　(=はんぎりぶろ[京])　[笹神・京ヶ瀬・佐渡 : はんぎり]

ばんげ[←晩気?]　1夕方 晩方 晩　[古い標?]「あしたのばんげ(明日の夕方)すっぽつっこんで, /ばんげな

— 155 —

っと(晩になると)ばんげになったすか うづへ かえろでば。(夕方になったから家へ帰ろうよ。)」(=ばんがた)　2夕食　「ばんげになったでば、(夕方・夕食になったので)ばんげよばれできやれや。(夕食をご馳走されに(食べに)来なさいよ。)」　　3今晩 夜　「晩げ一晩泊めておぐなせ。(今晩一晩泊めてお

‡ばんご　　馬の鞍　乗鞍 [京ヶ瀬]　(→とばひで)　　　　　　　＼くんなさい, 下さい)」

はんごろす　おはぎ ぼた餅 [新潟・魚沼・南蒲:はんごろし]

‡ばんぞ[京] 仲介 「馬喰商が馬を連れてきて交換するとき〇〇さんがばんぞしてくれた。」

†はんだい　　ちゃぶ台　[古い標?]

はんだか　　裸 「狸は ばばこど はんだかにして(狸はお婆さんを裸にして)」

‡ばんちょう　　拍子木 [笹岡]

はんづかす　　恥ずかしい [撥音]

†ばんどり [動物名] むささび

†はんばきのぎ[←はっぱぎ(脛当て脚絆)+脱ぎ] 旅行帰りの宴 「はんばきのぎの酒」 [北・南魚沼:はっぱ
　　ぎのぎ, はっぱぎぬぎ/中魚:はっぱぎのぎ, はっぱぎぬぎ/南蒲:はんばぎぬぎ]

はんばげる　　裾がだらしなく外に出る　(=はばける)(≒あっぱっぱ)　*鼻母音→〜ン

ばんばする〈幼児語〉 おんぶする (=†ばんぱする[京])

‡ばんもち　(俵や重い石を差して(持ち上げて)する)力自慢

/‡ばんもちいし[盤持石] 盤持の石 *大きな丸石を肩に担いだりして力自慢をする。神社等にある。

[ひ]

†〜ひ　　〜して(しまい)「とうとう犬やつ、狐こどめっけでひ、(とうとう犬の奴は狐のことを見つけ
　　て)飛びかかったてが。/†はよひ。(早くしろ)= はよせ。」

ひいた[水原] 乾いた 「せんたくもん ひいたろっか。(洗濯物, 乾いただろうか)」 *ひく, はない

ひいれ, ひぃれ　　広い 幅のある 「おっきなひぃれ川(大きく広い川)」(⇔せぇめ)(=ひ一れ)

ひえぐさ　　稗　(=†へいぐさ)

†ひか一ず[笹] 正月三が日に昼飯を食べない事　「今日はひか一ずだから昼飯は食べない。」

ヒカヒカと　　ピカピカと　「ヒカヒカと光る」

†ひがら　　斜視　[笹神]

ひがれ　　せがれ(倅) 息子 「こんなひがれでもよがったら、なじょうもつこでくんなせ。」

ひぎうげる　　引き受ける　「なんでも ひぎうげで くれっわや。」

びくしゃく　　ぎくしゃく 落ち着かない 「挨拶を頼まれびくしゃくしている。」[京]

‡びくになます[料理名] 昭和17年迄, 笹神, 上一分熊野神社の春のおのと(祭礼)で2月28日に行っていた くまの
　　ごさま(熊野権現様)・ごんげんさまの 裸祭り 前に食す精進料理。人参, 大根おろし, 打ち豆の甘酢なま
　　す。　同時に, いごいも(里芋), 人参, 大根, 銀杏, 牛蒡, 蒟蒻, 油揚げで作る精進料理の『のっぺ』も食した。

ビクビクて いうでました　　ビクビクしてました

†ひこうじょう[飛行場]　1飛行場　　2†後頭部が平らな人の仇名 絶壁(ぜっぺき)頭

†ピコチャ, ピコチャ　　羽をばたつかせてもがく様　*『鶴の恩返し』の罠にかかった鶴の状態

ひざかぶ[標?]　　膝小僧　(=ひじゃかぶ, ひんじゃかぶ)

ひさすぶりに　　ひさしぶりに

ひじゃかぶ　　膝　膝小僧　膝っかぶ　(=ひざかぶ, ひんじゃかぶ)

ひたき　　(囲炉裏の)火の番

ひたっと[←ぴたっと?]　「あのおどごどは, ひたっとすね。(あの男とはソリが合わない・馬が合わない。)」

ひだりぎっちょ・ひだりこぎ　　左利き　＊「ぎっちょ」とも言う。(=‡ひだりぎょっき[京])

†ひだりまぎ[京]　頭の回転が悪い人

ひっかげる　　ひっかける　「小便ひっかげだ」

‡びっこかいかいだ。　　簡単だ　造作ない　(=かえかいだ)

びっこたっこで[京]　　不安定で(=つんぱで[京])　[←†びっこ[差別語]片方の足が動かない人]

ひったくって　　1 ひったくって〔標〕　　2 無理矢理取り上げて

ひって(ぇ)　　　ひどい(酷い)　＊て, は濁らない　(=ひで, ひんで)

ひっと・†ひっど　　とても　ひどく　大変「ふろでこねがったすけ, ひっとおごったど。(拾って来な
　　かったので, とても怒ったとさ)/ひっと怒ったど。/草があんまひっどで, (雑草が余りにもひどくて)/ひ
　　っとうんめがん　よばれできた。(とても美味い物をご馳走になってきた)/今日は　いいなぎで　田植え
　　がひっと　はがいった。」

〜ひっと [笹神]　〜せると　「おだずる のまひっと(飲ませると)」

ひーづね　　切ない　「勉強できのでひーづね。/ひーづね ね。(切ないね, 困ったね)」[水原]

ひーづねがる　　　切ながる　「ひーづねがったども, どうしょばね。(切ながったけれども,
　　どうしようもなかった)」　　　　　　/(昔, あなたの所と親戚付き合いをしていた)」

ひっぱり[京] 親戚関係　「昔, お前さんのとこど ひっぱりで つきあえをしていた。

ぴっぴ　　　笛　ホイッスル「ひんひが合図にぴっぴを吹く。(先生が合図で笛を吹く)」

ぴっぴぐさ[植物名]　すずめのてっぽう　「ぴっぴぐさの穂を抜いて吹けばピッピとなる。」

ひっぺがす [標?]　剥がす　引っ剥がす(ひっぱがす)

ひで [←ひどい]　とても　ひどく　(=ひんで, ひって)

ひとかたげ・ひとかだげ　　一食(分)　(=ひとがだげ・†ふとかたけ[京])　(→かたげ)　[県内:ひとかたけ]

ひときのとごろ　　　人のいる・いそうな所　「いってが, ひときのとごろに つがねでんが。
　　(一向に人のいそうな所に着かないとさ)道に迷ってしょもだ。」(=ひとけのとごろ)

ひと たのみにいく　　手伝いの人・手伝ってくれる人を頼みに行く・頼んで来て貰う
　　「まず, ひとたのみに いかんばね。(先ず手伝ってくれる人を集めなくてはならない)」

ひとづ　　　　一つ

ひとっこ　　　一人(だけ)　「ひとっこに なった(ひとりぼっちになった)」

ひとっころ　　一頃(ひところ)　ある時期　ある期間　＊ひところ, とも言う

ひとなのか　　初七日(しょなのか) ＊葬式後七日目の供養　僧侶が壇崩しの経を上げ借りた祭壇を寺に返す

‡ひとひつじんぎ[一櫃仁義] 葬式時に一櫃のおこわを持っていく事・関係 (=ごしょうじんぎ[五
　　升仁義])　(→にしょうじんぎ)

— 157 —

ひともずり　　人見知り [水原] (=ひともづげ[京]:この子ひともづげして他人様を見ると泣くかんでね。)

†ひとら　一人 独り (=ふとら)「ひとらおえ(独り生え 自生 勝手に生える事)/ひとらっこ」

ひとらっこ　　一人っ子　一人で居ること「ひとらっこすて 遊んでた。(一人で遊んでた)」

ひとりしゃべり　　　独り言　「一人しゃべりしていたでんが。」

ひなか　　半日「ひなか かがっても(半日かかっても)笊一つ 編めねんど。」

†ひなが　　背中「たぬぎのひなが 大やけどになってしょもだでんがね。」

ひなくさい[京]　　焦げ臭い 焦臭い(きなくさい)「ひなくさい。炬燵の中だろう。」

ひなくせなる　　陽の臭いがする 日向臭くなる「彼岸過ぎのほしかぶは、ひなくせなって美味くな
　　　　　　　　　　　　　　　　　　　　　　　　　　　　　　　　　　　　　　　＼い。」[水]

ひなず　　下水 (=へなず)「しめ(おしめ)の汚れは ひなずに捨てた。[笹神湯沢]」

ひなずり[京] 下水溜　(=せなずり, へなずり)

ひなだみず[京]　陽だまりの水溜まり「雀がひなだみずに みずあぶりをしていた。」

†ひのとり　1[水原]昼間 日中　「ひのとりに他のことをおやしておくといい。」
　　　　　2[笹神]一日中 終日

†ひのまい・ひのまえ　　午前中 (⇔ひまから(午後))「ひのまいは忙しい。」

†ひば,　　そんなら, それなら, そうなら, そうしたら「ひば, はよいごで。(そんなら早く行
　　　こうよ)/ひば, そろそろいんか。(そうしたらそろそろ出かけるか・行くか)」(=せば)

†ひば2　　すれば「はよひば いねが。(早くすればいいじゃないか)」(→せば, せ, ひ)

ひばす　　火箸(ひばし)「おぎが出ると, 長いひばすでつまみ上げて けすつぼに入れる。」

‡ひひぐる　　からかう (=せせくる・せせぐる)

†ひまから[←昼間から] 午後 (→ひのまえ・ひのまい)「ひまから暇だ。」

†ひまくさい[京]　焦臭い(きなくさい)

†ひまざい[京]　時間の無駄 するのに煩わしい事 てま (=†てまざい[京])

†ひや,　　それでは, それならば「ひや, 俺 かたき(仇)取ってくれっわの。」

ひやがす・ひやかす　1水や氷で冷たくする, 冷やす「すいがを ひやがすておげ。(西瓜を冷
　　　やしておけ)」2 水に浸けておく「茶碗をひやがす。」[県内:ひやかす](→うるかす)

ひゃく　　1百〔標〕2††百文　天保銭一枚?　(人によって)一銭?「馬百(馬に百文), 俺百,
　　　馬百。」　*三銭を三百, とする人あり。一銭=百文と言う事か?　<昔話:ばがあんにゃ>

ひゃぐにんしゅ　　百人一首 [笹神]

†ひやながひ・ひやなかひ[京] 家と家の境(の間)「ひやながひを通ると近い」

ひゃくにちこう[百日紅] さるすべり　*寺は良いが屋敷に植えるべきでない, との俚言あり

ひやすみ　　昼寝「ひやすみして おこで。」[水・笹]

†ひやみこぎ[水・京]　冷や飯喰らいの怠け者 (=しやみこぎ, ひやめこぎ[笹神], ひらめこぎ)

†ひやめこぐ[笹神]　　怠ける (=ひらめこぐ)(=ひやみこぐ[水原])(→のめすこぐ)

†ひょうので　　仕方なくて「お湯があっちょで ひょうので(お湯が熱くて仕方が無くて)」

ひらき　　縁側 (=ひらぎ[京])「ひらぎに婆ちゃんが針仕事している。」

†ひらめこぐ[笹神]　怠ける (=ひやめこぐ, ひやみこぐ)

— 158 —

ひーれ　　　広い(=ひぃれ, ひいれ)「ひーれ家」(⇔せーめ) *長音化類:ちーけ, わーけ, たーけ, せーめ 等

ひろできた　　　　拾ってきた　「箱 ひろできたでんが。(箱を拾ってきたとさ)/それをひろできて(それを拾ってきて)」　*促音の脱落(→おもだ, ぶでいく)

†ひわとり　　鶸捕り　*鶸(ひわ)を捕る　とりつり(鳥釣り)　もつざお(鵜竿)が黒くなるほど掛かった

†びんこ　　　もみあげ [笹神]

†ひんだいぎく [京]　＝　せんだいぎく

ひんだく　　　洗濯　「ひんだくしてもろだ。(洗濯して貰った)」[京ヶ瀬]

†ひんちん　　＝　せんちん, せんち

ひんつぶす　　(ひどく)つぶす　[←ひん(勢いのある状態, または語調を整える)+潰す]　(=ひんづぶす[笹神])

ひんで　　　　ひどい　恐ろしい　ひどく　とても　[撥音 鼻母音→～ン]　(=ひで, ひって)「ひんでかぜ(ひどい風・強風・風邪)/ひんでね。=ひんどね。(ひどくない)/ひんで大きながん/ゆぎが ひんでいっぺぇ積もった。(雪がひどくいっぱい積もった)/ひんで 世の中 世紀末〈宮田〉」

ひんでひんで　　すごいすごい　「いや, ひんでひんで。(いやあ, すごいすごい。)」

ひんで めぇ　　　ひどい目　「ひんでめぇに おうだわの。(ひどい目に遭ったわい)」

†ひんど・ヒンド　　　非常に　すごく　とても　*悪い意味は少ない　「ひんど おごらった(ひどく怒られた)/ひんど走る/ひんど喜んで/ひんど丈夫になった/ひんどいっぺ(とても沢山)/ひんどいっぺこど/ひんどはえがったでんが。(すごく早かったとさ。すごく早く出来たとさ)/ひんどめごげな/ひんどきれいな/ひんど心配して/ひんどね。(ひどくない)/ひんどはよ おおきなった(すごく速く大きくなった)」　*ん鼻音化あり

ひんどい　　　ひどい　悪い　駄目な　「ひんどい草畑(ひどい草ぼうぼうの畑)」

‡びんの(一)ず・びんのづ　　　かわにな(川蜷) *野地川(やずがわ)の川底が砂地の所に多くいた, と言うが, 笹神の田圃傍にいる。ほだる(蛍)の餌になる。昔は蛍が多かった。[←古語:びんろうじ][北魚:べんのう/南魚:びぃーのじ]

‡ひんひ　　　先生　(=しぇんしぇ)「ひんひが集合合図に ぴっぴを吹く。」(→あひ)

†びんびら　　　熊手　*わらにお の根元を びんびらでこそいで, にかめいちゅう(二化螟蛾)の蛹を採った。[笹神]

‡ひんまから　　　昼食後, 午後　[笹神]

ひんまげる [標?]　(勢いよく)曲げる　ひん曲げる

[ふ]

ぶあ [幼児語]　魚　お魚　[新潟:ぶわ, ぶわちゃん]

ふいで　　　引いて　「おら風邪ふいで(風邪ひいて), 風邪ふぎでたんだわね(風邪が吹き出したんだよ)」

ぶう　　　おんぶする。背負う。*終止形現在では余り使わず「荷縄でぶで(荷縄でしょって)/ぶて帰ってきた/ぶて山へ行ぎました/ばってばかりいる(おんぶしてばかりいる)」

ふうれ　　　古い　「ふうれたてもの(古い建物)」

†ふかぐつ　　　わらぐつ　藁で編んだ長靴　[魚沼:わらぐつ]

‡ふかすもん　　屑米・砕け米　[京]

ふぐ1　　　吹く　「風邪ふぎでたんだわね。(風邪が吹き出たんだよ)」

†ふぐ2　　＝　ふぐがえる・ふくがえる

— 159 —

ふぐ3　　服　「ふぐが, ぱつんぱつんになってすもだ。」

†ふくがえる　　ヒキガエル　(=ふぐ2)

†ふくげっつ　　ヒキガエル　(=ふくげぇっつ[水原])

ふくずる・ふぐずる　　ひきずる　「なわこどズラズラとふぐずって(縄をズルズルと引きずって)/ち
　　んころばふくずって(仔犬を引きずって)」　　　　　　　　　　　　　　　/(蝋燭)を持参する

†ふくで・ふぐで・ふぐでもち　　鏡餅 お供えの丸餅(=ふぐれ) *初詣には小型の ふくで と お明かし

†ふぐどん　　蟇蛙どん　「ふぐどんとさるどん」*昔話

ふくながおろし[福永おろし] 春から夏にかけて阿賀野川に沿って吹き抜ける強風[安田]　(=やすだだし)

ふぐれ[笹神] ＝ ふぐで

ふぐろ [鳥名] 梟(ふくろう)

‡ふげ　　ひげ　「はなふげ(鼻ひげ)」　*何故か顎髭を「あごふげ」とは言わない!

†ふけさめ　　夜ひく風邪・悪寒　「ふけさめがくる。[水原]/ふけさめがする。[京ヶ瀬]」

ふげだ　　ふ(老)けた　「ふでげしょもだ。(老けてしまった)/ふげでしょもで,」

‡ふげる　　向ける　「たいまつ てんじょ ふげてみたどね。(松明を上の方に向けて見たとさ)」

†ぶさまぎ[京]　不細工　(=ぶっさいぐ[京])「顔も体もごついぶさまぎだ。」

ふじゃかぶ　　膝小僧　「ふじゃかぶ きたえて 旅行の 夢広げ〈宮田〉」

ふしん [標]　　作業 普請　(=~ぶすん)

ぶすずら・ぶすづら　　ふくれっ面 機嫌の悪い顔 [水原] (≒ぶっすずら〈強意〉) (=ぶすがお[京])

～ぶすん　　～普請 土木工事　「屋根ぶすん/道ぶすん/素人ぶすん/大工ぶすん」 *本来, 禅宗の
　　寺での多くの信者への, 寺からの依頼による労役従事[度會 説]

　　「農道などの みづぶすんは, ぶらぐの共同作業(農道等の道普請は部落の共同作業)」

ぶた。　おんぶした。背負った。　「ぶて きたでが。(おぶって来たとさ)/ぶて来たでば, (負
　　ぶってきたならば)/しばふっとつつけで, (柴をいっぱい縛り付けて)」

ぶだ　　豚　「ぶだにぐ(豚肉)」

ぶち　　うち 打ち 撃ち 「鉄砲ぶちにいぎましたでん。(鉄砲撃ちに行きましたとさ)/畑ぶち(畑
　　打ち, 畑を耕す作業)/ぶちまめ(打ち豆, 大豆を打って潰した煮物用の食材)」

†ふちょう　　不況　[京ヶ瀬]　*きょう→ちょう　きゅう→ちょう:せいちゅうしょ(請求書)

ぶつ・ぶづ　　打つ (田畑を)耕す「たぶち(田打ち)/はたけぶち・はだげぶづ(畑打ち)/ぶってくれっ
　　わ。(耕してやるよ)/ぶってくった(耕してくれた)/はだげぶづをすたら/ぶづまめ(打ち豆)」

ふっかいだ　　かぶりついた　「アフッとふっかいだでがね。」　　　　　＼*濁音化傾向あり

ふっかかる・ふっかがる　　1 ひっかかる　「わなにふっかかってだが, (罠にひっかかっていたか)/
　　あし ふっかがってだがん はずして, (足が引っ掛かっていたのをはずして)」

　　2 つまずく　「ヤギの俵どげ, めくら坊主がやって来て, ふっかがったげだ。(つまずいたようだ)」

†ふっかぐ・ふっかく　　1 噛みつく「ふっかぐ犬」　2 かぶりつく

ふっかふかの　[標?]　ふかふかの　「ふっかふかの布団」

†ふっかだね。　　担ぎます 担ぐ　「一本折ってはふっかだね。二本折ってはふっかだね。三本目-に

— 160 —

日が暮れた。雀のお宿に泊まろがな。烏のお宿に泊まろがな。」

†ふっかだねる[←かたねる]　かつぐ　(=かづぐ)　「～をふっかだねで歩いた。」

†ぶっくらして[京]　それだけで　「昔, 遠い親戚に行くには ぶっくらして一日がかりで行った。」

ふっからまる　　ひっからまる　絡まる　「やがら(竹の棒)に髪の毛ふっからまって」

ふっくりかえる　　ひっくり返る　「あおのげに, ふっくりかえる(仰向けにひっくり返る)」

ふっけ・†ふっけな　　　深い　「ふっけ川/ふっけな川」

ふっこ　　　　深く　「増水して川がふっこなった。/ふっこなる。/ふっこね。(深くない)/手
　　　拭ふっこかぶって(手拭いを深く被るようにして)」　[新潟:ふ(っ)かくなった]　*促音・拗音化

ふった　　　(糞・屁・小便を)ひった・した　「よんべな ふった ねごのくそ(昨夜した猫の糞)」

ぶっただぐ　　ぶっ叩く　勢いよく叩く　「ぶっただぎ殺してくれっわ。(叩き殺してやるぞ)」

ふったでる　　上に上げる　「しっぽふったでて」　　＼(→ しゃんつける, ごんぐりつける, しゃっつける)

ふっちゃらがす　　乱雑にする

ふっつぁばぐ　　破り捨てる

†ふっつなこぐ　　引っ張り抜く　「ひっかがって, ふっつなごいで, やっと取れた。/牛蒡掘り
　　　にふっつなごいだれば, 先がみんなもげだ。」[水・京]

ふっとつ/づ　　いっぱい　多く　「籠にふっとつ 水くんだで。(籠にいっぱい水を汲んだよ)/ふっと
　　　つ かんで(沢山担いで)/ふっとづ採れた/お盆にふっとづのぜん(銭)/ふっとづ つめれ。(いっ
　　　ぱい詰めろ)」(=‡つっとづぐ個人的訛?)(⇔つっとばが)　[魚沼:ふっとつ/新潟:同]

ぶっとめ　　一番奥　行き詰まり　「五頭登山道のぶっとめに魚止めの滝がある。」

ふっぱらせる　　引っ張らせる　「子供にふっぱらせなせ。(子供に引っ張らせ(て上げ)なさい)」

ふっぱる　　引っ張る　「ふっぱって みれ。(引っ張ってみろ)/ふっぱってみた/おもさもがっと
　　　に ふっぱったど。(思いっきり強く引っ張ったとさ)」

ふっぱりあげる　　引っ張り上げる　「ふっぱりあげてみだら, (引っ張り上げてみたら)」

ふっぱりもぐ　　引っ張りもぐ, もぎ取る　「～をふっぱりもいで取った。」[水原]

ぶづまめ　　打ち豆　*大豆を杵等で叩き潰し, 乾かし, 煮物に入れるその豆

ぶで　　負ぶって　おんぶして　「ややこを ぶでいぐ(負ぶって行く)/ばば いっつも ぼぼこど ぶで
　　　子守だ(婆さんはいつも子供(孫)をおんぶして子守だ)」*促音の脱落　(→おもだ, ひろできた)

ふと　人　「あのふとくっと(あの人が来ると)」[京]　　　　　　　　　　　　＼[新潟:ぶて/佐渡:ぶうて]

ぶど　　1[昆虫名]蚋(ぶゆ)　(=ぶよ)　[←ぶと]　2[植物・果物名]葡萄(ぶどう)

‡ふとかたけ[京]　一食　(=ひとがだげ[京])　*「ひ」の「ふ」の訛　[県内:ひとかたけ]

ふどごろ　　　ふところ(懐)

ふとつ・ふとづ　　　一つ　「へ, ふとつふってくれろ。(屁を一つひってやろ)/もうふとづ(もう一つ)/
　　　だいかぐら(だいかぐら)ふとつこうできて, (一つ買ってきて)」

ふとら　　一人(ひとり)　(=†ひとら)　「娘は, ふとらして (一人で)家に帰って来たど。」

†ふなば[舟場]　船着き場　*笹神には山倉村, 中ノ通, 上飯塚の3カ所。潟端(かたばた:福島潟周辺)の集落にあった

ふなっこ　　鮒　(特に)小鮒　(→たなんこ)

— 161 —

†ふぬぎつけて　　急いで脱いで　脱ぎ捨てて

†ふま(ぁ)げだ　　暇になって・終え(て自由になっ)た

ふまって　1 踏まれて　2 踏みつぶされて下敷きになって「臼にふまって死んでしょもだでん。」

ふみまちごう　　入り(踏み)間違える　「山にふみまちごうてしょもだでん。」

ふやがす　　ふやかす　水に浸して柔らかくする　＊ひやがす、とは異

ぶよ　　蚋(ぶゆ)　＊血を吸う小蝿状の虫　水の綺麗な場所に発生するとのこと　(＝ぶど)

ぶらぐ　　部落　集落　村「農道などの みずぶすんは, ぶらぐの共同作業」　＊差別的意味無し

ぶらくそうかい[部落総会]　町・村の総会　(＝寄り合い, †村相談, 常会)

ぶらぐんしょ　　地元の村の人　「ぶらぐんしょが交替でみづつけをした。」

ふらっしぇ　→　ふる2

ふらりぶらり　　ぶらぶらと　「町をふらりぶらり遊んで歩きました。」

〜ぷり　　　　〜分の　「ひゃぐえんぷり くんなせ。(百円分下さい)」[笹・京]　(＝†〜ぶる)

ふりつける　　屁を放つ　屁をひりつける　「ブーとふりつけだでんがね。/ブーとふりつけでも(ブーッと屁っても)」

ふる　　　1[標]ふる　2(便を)する　ひる　放つ　出す　「ここではふらんねすけ(ここでは糞を出せないから)へんつやらせでくだせ。/へばっかふってる(屁ばかり放ってる)へふりあんにゃ/へ, ふとつふってくれろ。/へふろが(屁を出そうが)ふらせ。(屁をしなさい)へ ぐらい ふらっしぇ。(屁ぐらいしなさい)/ひばふらひでもろがな。(屁を出させて貰おうかな)」　3(灰を)撒く　振る　「はなふりじじい[花咲か爺]」

ふーるい　　篩(ふるい)　「ふーるいが ねがったでが。」

ふるさがり　　おふる(の服や物)　「兄・姉のふるさがり(兄・姉のおふる)」

ふるしい・ふるせぇ　　古い　「ふるせぇもの(古い物)」

ふれだいこ[触れ太鼓]　[笹神山崎]　念仏(お通夜)があるのを触れて廻る太鼓(→むらねんぶつ)

ふれる　　1 ふれる〔標〕　2 †おふれを出す　「…と, ふれたてが。(…と, お触れを出したとさ)」

ふろい　　　拾い　「おれ あれ ふろい行ってこねばねわ。(私はあれを拾いに行かなくてはならないんだよ)/川へ石ふろいいってこいえ。(川へ石を拾いに行ってきなさいね)/ふろいあつめで(拾い集めて)」

ふろう　　　拾う　「くりふろで(栗を拾って)栗御飯作った。/石ふろわんねがったど。」

†ふろぐわ[風呂鍬←平鍬]　平鍬(ひらぐわ)　＊木の柄のその先のＴ字部分が大きく木製で, 鍬の金属部分がその木の3面に被さる様な鍬。昔は多く見られた。今は先の部分が総て金属の金鍬(かなぐわ)ばかりである。

ふろげる　　広げる　「うち帰って来て, ふろげたとげ, (広げた所に)/風呂敷ふろげて」

ふろすぎ　　風呂敷　「ふろすきに包み肩に掛ける。」(＝‡ふりすき)　＊言い間違い？　訛？

ふろすきづつみ　　　風呂敷包み

ふろだ　　拾った「銭 ふろだでん。(銭を拾ったとさ)/〜ふろだでんが。」　(←ふろう)

ふろで　　拾って「ふろでいたっど。(拾って居た(んだ)とさ。)/こんげいっぺふろできたんねが。(こんないっぱい拾って来たんじゃないか)/まんまつぶ ふろで食うでいだったど。/ふろできた(拾って来た)」

ぶわ　[幼児語]　お魚　「ぶわちゃん」　[新潟：同]

プンカラプンカラ　　プカプカと　「プンカラプンカラ流さって行ってしょもだでね。」

― 162 ―

†ふんじゃかぶ　　　膝小僧　膝頭　(=†ふじゃかぶ)　[水原]
ふんづぶす　　　踏み潰す　「ふんつぶすてくれた(踏み潰してくれた)」
ふんどす　　　　ふんどし(褌)
†ふんのげやろう[京]　阿呆な馬鹿野郎　「このふんのげやろう!」
†ぶんまわし　　　(製図用具・文房具の)コンパス

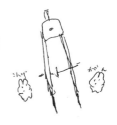

[へ]
†へ　　　せ/ひ　*「せ/ひ」を「へ」と発音　「へきや(関屋)/へえねんかい(青年会)/たばこのへをくれ
　　(煙草の火をくれ)　**必ず換わる訳ではない　***個人的訛では、との意見あり
〜べ。　　　　〜の。　「おめ どうしたべ。/どうして そんげに なったべ。/どっから来たべ。」
「へ(格助詞)」の脱落　「やま いぐ。(山へ行く)/いしゃいぐ(医者へ行く)」(→「を・が」の脱落)
へご[古い標?]　歪(いびつ)　形が悪い農産物　「これ へごだっけ べちゃろう。(これは形が悪いので捨てよう)」
†べご　　　牛
へごへっつぶれる　　つぶれる　へっつぶれる　「そんげな小せ体して、鞍つけだら、へごへっ
　　つぶれっこてや。(そんな小さい体なのに鞍を付けたら つぶれてしまうぞ)」
べじゃる　　捨てる　「へ いだわしがって、おれのからだ べじゃってはいらんね。(屁を出すのを惜しん
　　で、自分の身を捨てる訳にはいられない)/べじゃってきてくれや。(捨てて来てくれよ)/べじゃってしょ
　　もだ」　[新潟古町：ぶちゃる　新潟沼垂：べちゃる　新潟山の下：びちゃる]
べそかぎ　　べそかき,泣き虫　　/　べそがぐ　　べそをかく
べそっとする、ぺそっとする[京]　元気が無くなる　「外だとべそっとしている」
†へそなわ　臍の緒　「へそなわは さんばさが糸で縛って鋏で切る。一週間で取れる。」[笹神]
†べた　　　泥　(=べと)　「べたが服に付いてしまった。[水原]
†へだるい　　だるい　力が入らない　「今日は何かへだるく、仕事が手につかない。」
†へちゃくちゃもね　大した事はない「そんげなことへちゃくちゃもねぇことだ。(そんな事
　　は大したことではない)[水原]]　[魚沼:あちこたね(ぇ)、あじこたねぇ]　/べちゃってこい(捨ててこい)」
べぢゃる・べちゃる　=　べじゃる　「べぢゃってきてくらせや。/べぢゃりに行ったでがね。/
†へちゃもちゃね(ぇ)[水]　つまらない　どうでもいい　「へちゃもちゃね話長くて あきれられ〈宮田〉」
†へっこなす[京]　言い返す　「気に障ることばかり言うので へっこなすてやった。」
†へったぐれね[水]　重要でない　どうでもいい　「へったぐれねこと」
‡べったらこに[京]　深々と　「べったらこに謝る(深々と頭を下げて謝る)」
†ペッタンチャンコロカン　　臼で餅を搗く音
ぺっちゃらっけ[笹]　=ぺっちゃらけ
べっちゃらけ[水]・ぺっちゃらけ・ぺっちゃらこ(に)[笹]・べっちゃらこい[京]　ぺちゃんこ　平ら
　　(な・に)　平たい　膨らみがない　「〜がべっちゃらけ なってしもだ。(〜がぺちゃんこになって
　　しまった)/べっちゃらこい石(平らな石)/ぺっちゃらこになった。」
†へっつい　　　竈(かまど)　[古い標?]

へっつぶれる　　潰れる　ぶっ潰れる　「鼻はへっつぶれでしもでいってが。(鼻は潰れてしまってい

‡へっとり[笹神]　莫蓙(ござ)　(→やろうべっとり)　　　　　　　　　　　　　　　　　＼た)」[新潟:ひっつぶれる]

べづになる　　　別の様になる　「おめぇ, ばがべづになったが(お前はとても別人の様になった
　　　　が, 別人の様に美人になったが)」

†べっとう　　1蝶や蛾　　2　1のような形の髪飾り

へと　　　(植物の実等の)蒂(へた)・萼(がく)

べと　　　泥　[新潟県内広域:同]　(=べど[京]　‡べどや(壁土屋, 壁土を塗る仕事が生業の職人　今は皆無))

†へなじ[水原]　　下水　どぶ　＊「へ」は「江」か?　[新潟:えんぞ]

†へなず[笹神]　(=へなじ, ひなず)

†へなずり[京ヶ瀬 前山地区]　＝　へなじ　＊京ヶ瀬他地区：せなずり, ひなずり

†へのなか　　　下水　どぶ　「裏のへの中に(裏のどぶの中に)

へまがる, へんまがる[京]　曲がる「心がへんまがってしまいば, 人もお終いだ」[県内:ひんまがる]

べらぼうめ!　〔罵倒語 標?〕この馬鹿野郎!

べらぼうな〔標?〕大変　とても　「べらぼうな長い長いわらじ(大変長い草鞋)」

†へり　　　1[標]へり　2はり(梁)「いえのへりのどこ(家の梁の所を), 登っていだでが。」

へる　　　(吸血環形動物)蛭(ひる)　　[笹神]

†べろたがえ[京]　　とても(背の)高い　「背のべろたがえ野球選手」　　　　　／いるな)」

べろっと　　　のんびりボケッと「いづまでも　べろっとつったっているな。(いつまでもボケッと立って

べろべろと[水]　　全部丸出しで「べろべろと出して(服の前をはだけて臍出して)雷様に臍とられっぞ。/
　　　　昔の職業ストリップはべろべろと脱いだ。」(→あっぱっぱ)

†べろんとして [水・京]　　ぼーっとしていて　「べろんとしてので(ぼーっとしていないで)ちゃ
　　　っちゃと仕事してしまえ。/何べろんとばっかりしているんだ。」

へんずんこぎ　[笹神]　変わり者

へんち・へんつ　　　　便所　トイレ　「へんつ やらせでくらせ。(便所に行かせて下さい)/おら　へ
　　　んち いぎてわね。(俺は便所に行きたいよ)/へんちの神様」　[←せっちん(雪隠)?]

へんてこ　　　変〔標?〕　「うんだのー(そうだねー)へんてこだのー。(変だねー)」

べんとあがり[笹神]　　お昼になって昼飯の為に家に帰る事　(=ちゅうはんあがり)

[ほ]

‡ぼいかぎ [病名] 皮膚病　[笹神]

†ぼいだす　　追い出す　「ぼいだす算段/ぼいだしてしょもだ(追い出してしまった)」[水原]

ほいで　　　それで

†ほいど・ほいと　　　乞食　物貰い　「ほいどぼうず(物貰いの(様な)乞食坊主)」(=ほいどこぎ[京])
　　　　【侮蔑語, 卑語】＊水原郷では非差別語か?　[佐渡:ほいと(被差別の人の蔑称<差別語>)]

‡ほいどこ　＝　ほいど

‡ほいどこぎ　　1食い意地を張る人(=ほいどたがり)「ほいどこぎする(物欲しそうにする)/ほい

— 164 —

どこぎだ。」　2[水原]粗食な事(→～こぎ)

‡ほいどたがり　物欲しそうにする(人)　(=ほいどこぎ ≒ほいど)　「ほいどたがりする。」

ぼいだす　　追い出す「ぼいだしたでん。(追い出してしまった。追い出したとさ。)」*でん=での

†ぼう　　　追いかける　追う「猫に魚とらったら, 猫こどぼえ。(猫に魚を取られたら猫を追いかけろ)/
はよぼえ(早く追え)/網押さえでから, さがなをぼうでくれ。(網を押さえているから魚を追い立ててく
れ)」(→ぼっかげる)　[同：魚沼]

ほうげる　　ほうける　夢中になる・のぼせる　「あそびほうげで, うづのすごど つっとも す
ねねが。(遊び呆けて家の仕事をちっともしないじゃないか)」

ほうしたば　　そうしたら　「ほうしたば, ちいとたらね子が寄ってきて,」

ほうして　　そして　そうして

ほうじょ[笹神]　包丁

†ほうそ　(縦穴・穴掘り用の)鋤　鍬(くわ)状に曲がってない　(=ほそ)　[笹]

†ぼうだく・ぼうだぐ・ぼうたぐ・ぼうたく　　ぼろ(切れ)　ぼろ服「ぼうだくさしこ(ぼろ切れで作
った刺子)[衣服]/ぼうだぐかぶってきたで。(ぼろきれ被って来たぞ)/ぼうたぐのまんま/布団の上にと
ーゆ紙を敷き, ぼうたくを敷いた上で出産した[笹]」(=ぼうたく[笹])

†ぼうたぐぎもん　　ぼろの着物「ぼうたぐぎもん きでだしね。(ぼろ服を着ていたので)」

†ぼうだぐや　　ぼろ屋　「山の中に, ぼうだぐ屋があってが。」

ほうって = ほうして　「ほうってこんだ, せんつ入ったども(そうして今度はトイレに入ったが)

ほうら,　　　そうしたら,

ほおせ・ほぉせ・ほーせ　　細い　「ほーせつな(細い綱)」

ほぉそなる・ほーそなる　　　細くなる。　Xほおそなる, とは余り言わない

ほかす[京]　柔らかくする　ふわふわにする　「布団をほかすてもろた。」

†ほがらほがら[水原]　ほかほか　*湯気が立つ様　「ほがらほがらと湯気が立つ。」

ポカリポカリ　　ポッと　[炎の灯る擬態語]「山の上に, ポカリポカリていうあかりがみえだすけ
に, あそこに やっかいなろが おもで, /ポカリポカリと灯が見えってね。」

ほぎだす[笹神]　吐き出す　[県内:ほきだす]

ほぐす　1[標]ほぐす(解す)　食べ物を食べ易く分ける「魚の身をほぐすてかひる。(魚の骨を取
って身だけにして分けて食わせる)」　　2†結んだ物・縫った物を分ける・解く　「着物を
ほぐすて子供のふぐにつぐり直す。(着物を解いて子供服に作り直す)」

ほげ～　[接頭語]*強調語で余り意味がない。「投げ～」に近い意味?　「ほげおどす(落とす)/ほげかもう/ほげか
もんな(構うな)/ ほげころぶ(転ぶ)」

ほげかもうな, ほげかもんな, ほげかまうな　　　構うな　放っておけ　うっちゃっておけ「い
うこど聞がねがら. ほげかもうな。/ほげかもんな 自分で始末 出来るまで(構わないで一人でさせろ・放っ
ておけ, 自分の物を始末出来ないでどうするんだ)〈宮田〉/ほげかまわんでくれ。(構わないでくれ)」
　　*「ほげかもう(肯定文)」は無い。否定文のみ。

ほげころぶ[笹・京]　もんどりうって転ぶ

— 165 —

ほげずりおどす　　引きずり降ろす　「はあ ほげずりおどさってしょもだ(すぐ引きずり降ろ
ほげずりおちる　(ひどく)落ちる [強調語]「斜面から ほげずりおった。」　＼されてしまった)」
ほげちらかす　散らかす　(=[京]ほげつらかす)
ほげなげる　　投げる ほんなげる 「ほげなげだ(放り投げた, 投げた)」
ほげまげだ　1[まいた→まけた・まげだ]放り撒いた 空にした 撒いた 「汲んだ水を全部ほげまげだ。」
　　　2[京][まけた→まけた]負けた 「相撲に ほげまげだ。」
ほげやめだ[京] やめた　「なかなか終わらず, ほげやめだ。」
ほげる　　掘って開ける 掘る 中を開ける 穴を開ける様に掘る 「あぐをほげると中から芋
　　が出て来た(灰を除けると中に(焼き)芋があった)」
†ほごす　　ほどく ほぐす? 「セーターをほごして, 編み直す。」
ほごら　　　祠(ほこら) (〆縄が張ってある)木のうろ 「お宮様に大きな木あって, ほごらになってだど。」
†ほこる　　1 傷が悪化する 「痔がまたほこってきた。」　2[水原]気が狂う
†ほごる　　茂る 「こやすをやって薩摩芋がほごってしょもで, 芋がならねがった。」
†ほざれかえる[京] 色あせる(=‡ほんざれかえる[京]「茄子がほざれかえったので, 漬けなかった」
‡ほしぁー、ほしぁー。　　＊犬を嗾(けしか)けるときの嗾け声　個人的?
ほしょで　　欲しくて 「ほしょでならねでが。(欲しくてしょうがなかったとさ)」
ほすかぶ　　干しかぶ(蕪?) 半月切りした大根を茹でて干した物
ほずくりだす　　ほじくり出す 掘り 出す 「土をほずくりだして芋を掘った。」
ほすた　　　干した 「ほさね/ほします/ほす/ほすた・ほした/ほせば/ほせ」
†ほそ　→　ほうそ
ほそっけ　　細い 「ほそっけぼう(細い棒)」
†ほそっこくなる　細くなる
ぼだ　　　牡丹餅(ぼたもち)　おはぎ
ぼたもちこしょい　　　牡丹餅(おはぎ)作り 「ぼたもちこしょいしたでが。」
ぼだもず　　牡丹餅　おはぎ　(=ぼだ)
ほだる　　　ほたる(蛍) 「ほだるさぎ(蛍狩り, 蛍すくい)/♪ほ, ほ, ほだる来い。あっつのみいーずは
　　にいがいぞ。こっつのみーずは あぁまいぞ。」　(→びんのず/あっつ/こっつ)
ぼっかげる・ぼっかける　追いかける 「おにがぼっかけてきた。/小僧ば ぼっかげでくってが。
ぼっきれ　[標?]　(小さめな)棒　　　　　　　　　　　＼(小僧を追い掛けて来るとさ)」(→ぼう)
ぼっくい　木の棒 「はさ木に使うぼっくい(はざぎの横棒に使う木の棒)」
ぼっこす　　壊す　　「ぼっこした(壊した)/ぼっこしてしもだ」　　[新潟:同]
ぼっこれる　　壊れる　　「ぼっこれた(壊れた)/ぼっこれてしょもだ」　　[新潟:同]
ぼったぐ　　追いかける 「ぼったぐがん やめだでんがね。(追いかけるのを止めたとさ)/本気
　　出して ぼったぐってがね。(本気出して追っかけたとさ)/ぼったぐったでがね。」
ぼったぐらせだ　追いかけさせた 「犬をば ぼったぐらせだでば(犬に追いかけさせたら)」
†ぼったぐりおになんこ　　追いかけ鬼 「ぼったぐりおになんこで遊ぶ。」[水原]

— 166 —

ぼったぐらって　　追い掛けられて「鬼婆に ぼったぐらっているんすけ。(追い掛けられているんだから)」

ぼったぐる ＝ ぼったぐ

ほったらがす　　ほったらかす　放置する　「ほったらがすておげ。」

†ぼっつぁら[京] 身のないゴミ「まめのぼっつぁら(身の入ってない枝豆の鞘付きの枝, まめがら:豆殻)」

ほっつけなげる　　放り投げる　「そこへほっつけなげで(そこへ放り投げて)」

†ほっとふり　　　先達者「ほっとふりして(先頭になって), みんなを引っ張ってくれ。」

ほっぺだ　　　ほっぺた　頬(ほほ)　「だっかがほっぺだのあだり, なめってが。」

ほっぽる[笹神]　放り投げる　ほんなげる

ぽっぽやき　ポッポ焼き　(=†じょうきやき) *新潟県内の祭り等で見られる露古の菓子。黒砂糖入りのホットケ
　　ーキ状の生地を長細くへこんだ型に, 大判焼きの様にして焼いた物。神奈川県の ちんちんやき・ベビーカステラの長
　　いやつ。沖縄の砲砲焼(ぼうぼうやき)からかもしれない。沖縄の物は白砂糖で, 平たく焼き丸める, との説あり。

ぽつらぽつら　　　ポツポツと　「雨がぽつらぽつら降ってきだ。」

ほて　　　そして　「ほて じじもまねして(そして爺さんも真似して)」

†ほで　　這って　「ほでいった(這って行った)」　　　　　　　　　　　　　　　/物もあった。

ぼで・ぼてこ・ぼでこ・ぼでご[笹]　小さい(竹)籠　[←†ぼて(籠・紙貼りした籠)+こ(示小辞)] *紙が貼ってない

ほどがんね。　ほどけない「ほどくなや, というだすけ, ほどがんね。(解くなと言ったので, 解け

ほどぐ　　ほどく　「ながながほどげね。(なかなかほどけない)」　　　　　　　　＼ない)」

ほとけさん　　1[標]仏様　2 仏壇「ばばさ桃 仏様から下げて来て(婆様が仏壇のお供えにしていた桃を下
　　げてきて)」 3 死人(=ほとけ)「猫はほとけの部屋に入れないようにする。」

ほどげる　　　ほどける　「ふろすきの結び目がほどげで教科書が地面に散乱すた。」

ほね、　　ああ, ほんに, ほんとに　(←ほんに?)　「ほね、困ったわぇ。」

ほのらあったかい　　生暖かい　「ほのらあったかい だしのかぜ」

ほばる　　ほおばる(頬張る)

†ぼぼ・ぼぼっこ・ぼぼこ　　赤ん坊　「かわいげなぼぼこ/ぼぼこは おなごだったがね, おど
　　ごだったがね。(赤ん坊は女だった?男だった?)」

‡ぼぼこつつみ　赤ん坊をちぐらに入れること　*産湯の後, 麻の葉模様の ややこぎもんに包んで ぼぼこつ

†ぼぼっこなんご　　　(赤ちゃんの)人形を使った遊び 人形遊び　　　　＼つみ にする。[笹神, 山倉村]

†ほりこ　堀 小さな川 小川　「ほりこを ぽんと 飛び越えた。/途中ながに, ほりこがあったでね。」

†ほりこがわ　　掘の様な小川 小掘 *排水用?「小さなほりこがわでも, びんのずがいた。」[掘+こ(小)?+川]

†ほろぎだす　　投げ出す「邪魔だすけ, ほろぎだしてくったわ。(投げ出してやった)」[水原]

†ほろく(?)・ほろぐ　　払って落とす　払い落とす　「ゴミをほろいでから 家に入れ。」

ほーろぐ　　焙烙(ほうろく)　*豆等を乾煎りする時使う和式フライパン

†ほろけてしょもで　　前後を失って 訳が分からなくなって「酒を飲み過ぎて おろけてし
　　ょもで すったりばったりになって(酒を飲み過ぎて前後を失い金が何も無くなって)」

†ほろげる[笹神]　ほうける(惚ける)

†ほろっこにいげ[笹神]　ほろ苦い

— 167 —

ほんがらほんがら(ほんがらや!)　　*湯気の上がる様

ほんきに　　　1[標]本気に　　2 本当に (=ほんに)「ほんきにきれいでやさしそげ/うな, ほんきにいい
　　　　子だな。(お前は本当によい子だな)/本気にいねあんだね。(本当に居ないね)」

†ぼんこ　背の丸い人　[新潟:せぼんこ]

ぼんさま　　　お坊様　〔標?〕

ほんじょうさま　　　お寺のお坊さん　「ほんじょうさま 何人もこらして,」

ほんだ　　　本当だ　本当にねえ「ほんだ, お前, 心入れかえれば, なに 自然にようなるすけに,
　　　　(ほんとにねえ, お前が心を入れかえれば自然に良くなるから)」

ほんだでばなぁ　　　それじゃあそうだねえ。

ほんだの。　　1 そうだね。　　2 本当だね。　*二つの意味の混用有り?

ぼんだもづ　　　ぼたもち　おはぎ　牡丹餅　*鼻母音→～ン

ぽんつく　　　馬鹿者　馬鹿　アホ　「そんげなことして! ぽんつくだな。」*悪意少[標? 新潟:同]

†ぽんと　　　ぴょんと　「ほりこを ぽんと 飛び越えた(堀・小川をぴょんと飛び越えた)」

ほんなげる[標?]　　　放り投げる「そんまダボーンと大川へほんなげたてんが。」(≒ほっぽる)

ほんに　　　本当に　(=ほんね)〔標?〕「ほんに おっかねがった/ほんに いい法事して/ほんによが
　　　　った(本当に良かった)」(→ほんきに)

ほんね　　　本当に　「あかりなっても ほんね とれねので, (朝になって明るくなっても本当に取れない
　　　　ので)/そうすっと, ほんねおめぇ, 色は白なって いい女になっすけ, (そうすると本当にお前は色は白
　　　　くなり美人になるから)/ほんね命拾いしたでば。(本当に命拾いしたよ)/ほんね 申しわげねぇども(本当
　　　　に申し訳ないけれども)/ほんねどうしょばな。/ほんね大変だ。/ほんね 今日はあっちゃい日だねす。/…
　　　　なんて言うで来やがる。ほんね!(…なんて言いやがる。本当にまあ呆れた!)/ほんね いやんばいだ。(本
　　　　当に良い塩梅だ)」　[中越：ほんま]

ほんね?/ほんねさ?/ほんねがね?　　　本当? 本当かね?　「ほんね, そんげこど あったん?(本当にそ
　　　　んな事があったのかい)」　(→うんだ/うんだねす/そうやんだ)

ぼんばな[盆花]　みそはぎ　[佐渡:同]

†ほんぼう[本房]　本寺　地区の中心の大きな寺

ぼんぼらごえ　　　だみ声, しわがれ声, 喉のかれた声「風邪ひいて, ぼんぼらごえになってしもだ。」

ボンボン(ボンボン)と　　　(火・炎が)ぼうぼうと　「ボンボンボンボンと山が大火事なった」　＼[新潟:同]

　[ま]

まあいいすけ,　　　まあ いいから,

まあだ　　　1 まだ〔標?〕　2 また「まあだ 泣いてきやがった。(また, 泣いて来やがった)/まああだ, てん
　　　　ぽこいで。(また嘘言って)/まあだがね。(またですか, またかい)」

†まいこすき　世辞を言う奴　おべっか使い「まいこすきで いっつも ぺこぺこしている。」*本当

まいすこぎ　　　おべっか使い　(≒ずんぎり)(=まいそこぎ, まいすこぎ[京])　＼は, まいすこき・まいすこぎ, か。

まいそこぐ　　　おべっかを使う「あの人, 上の人にはまいそこぐが, おらにはしない。」

— 168 —

まいにづ　　　　まいにち(毎日)　「ラズオ体操がまいにづ行われだ。」
まえ　1[標]前　2 前に住む お向かいの 「まえのあんにゃ(向かいに住む兄さん)」(→むがいに)
まえごや[前小屋] (炭焼き窯前等の)作業所の前の作業小屋　(→いごや)
†まーかい　　まいかい(毎回)「まーかい べーつな すだくしてくる(毎回別の格好で来る)」
まがす　　撒いてしまう　溢す(こぼす) ひっくり返す 「丁寧にしねど、水 まがしてしまうぞ。(丁寧にしないと水を溢してしまうぞ)」
†まかせ。　　撒きなさい。「お殿様が来たら、このあぐまかせ。(この灰を撒きなさい)」
まき　　(遠い)親戚　同族集団 「あそこのしょはまきがひろい。/村中、まきだ。」(→いっけしょ)
まぎ　　　まき(薪) 「まぎが燃え切って おぎが出る」[笹]　　　＼(＝まぎ[京])　[県内:同]
†まぎー。　　待てー。 「小僧待ぎー。小僧まぎー。[山姥の追い掛け声]
†まぎめ　　頭のつむじ　[笹神]
まぐ　　撒く　「あぐまごどおもで、(灰を撒こうと思って)」
まくしたでる・まぐすたでる　　まくし立てる [訛語]
まぐらいこぎ　　大食漢
まくらだんご[枕団子] 死人が出たときに枕元に供える団子 (＝まくらだんごのだんご) [笹神]
まぐられた[京]　まくられた　(＝めぐらった、めぐられた)
†まぐり　　大きな川の渦巻くところ　[京]
†まぐりおとす　　転がり落とす 転げ落とす 「まぐり落としたど。」 [**まくり(捲り:回して)]
~まぐる　　　~まくる やたらにし続ける 「いいまぐる(言いまくる)」 [訛語]
まぐれる　　捲れる 「風が強くてテントがまぐれてしょもだ。」
まぐろう[笹・京] 大量に食べる 大食らいする 「おらいの犬、ほーんにまぐろう奴だ。」
まげてくった　　負けてくれた 「まげてくったすけこうだ。(負けてくれたので買った)」
まける　　撒く 「水をまける。(水を撒く)」 [新潟≒おんまける]
まげる　1 曲げる〔標〕 2[勝負/値段]負ける 「まげでしもだでんが。(負けてしまったとさ)/三銭にまげれや。(三銭に負けてよ)/したらまげるわの。(そしたら負けますよ)/まげっとおもで、(負けると思って)/そうせば まげますわね。(そうすれば負けますよ)」　*清音の濁音化傾向多
まごっく/まごつえだ　まごつく/まごついた　慌てふためく　うろたえる 「まごつえでしょもだ。」
まじぇこじぇ　=まぜこぜ
~ましたんと。　　~(し)ましたのだと。 「納めましたんと。(納めましたのだと)」
†ましゃぐにあわね　間尺に合わない　割に合わない　[古い標の訛]
まずはや　　さようなら (別れの挨拶)　(=まんずまんず)(=[京]まづなあ*中学生以上使用)
まずまず　1 先ず(まず) 「まずまず どこ行けばいいろ(先ずどこへ行けばいいかなあ)」
　　　　　2[笹・京] それでは さようなら (=まんずまんず) *京ヶ瀬では中学生用、「まづはや」は大人用
まずめ　　まじめ(真面目)「わろでので まずめにかんがえれや。(笑ってないで真面目に考えろよ)」
　　　　(→くそまずめ)
~ませ[古い標?] ~ます 「とめでもらえませば、上等なんだが。(泊めて貰え(ます)れば結構なんですが)」

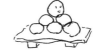

— 169 —

†ませ[京]　早生　早生まれ　「ませのこ(早生まれの子・娘)」

まぜこぜ　　混ざってる事　(=まじぇこじぇ[笹神])　「まぜこぜにすっと わがんのなっと。(混ぜ

†ませながって　　(落ち着きが無くて)せっかちで　　　　　＼合わせると分からなくなるぞ」　[新潟:同]

†ませながり　　　せっかちな人　(=†まひながり[京])

‡ませぼー・まひ・まひぼー　　　馬小屋の出入り口の横棒　[京]

まだ　　　　1まだ〔標〕　2また 再び 未だに「まだ…と、言ってだど。(また…と言ってたとさ)/ま

　　だあそびにでだ(また遊びに出た)/まだちっともいでから(またちょっとしてから)/してまだ(そしてま

　　た)/まだきなせや。(また来て下さい・来いよ)　　3とても〔強調〕「いっぺまだ とれだでが。(<魚が>

　　本当に沢山、捕れたとさ)/おめまだ、どうしてそんげになったべ。(お前はまた、どうしてそんなになっ

　　たんだい)/まーだ氷と布団かづいて家帰ってきたど。」　　　　　　　　　　　　　　　　/ね)」

まーだ　　　また(=ま2)「くろうなってきたすけ まーだあしたこようで。(暗くなってきたのでまた明日来よう

‡またかき　　おしめの外側にするカバー用のおしめの布　*一幅のおしめを半分に折って使用[笹神滝沢]。

　　その周りにとーゆし(油紙)を巻いた[笹神湯沢]。

†まだがみ[病名]　水虫　足の指の間が痒くなる病気[京]　(=またがめ[笹神]) *茶殻を挟んで治した、との事

まだ　　　　跨ぐ(またぐ)　「「どっこいしょ。」とようで、まだごしたでね。(どっこいしょ、と言って、跨ごうとし

　　たとさ)」

†またずならね　　1[水]大忙し「することいっぺで、またずならねな。(することが沢山あって大忙しだ)」

　　2[京:づ]手に負えない「酒癖がわぁーりで、暴れで まだづらねがった。」

まだらっけ・まだらっこい(え)　　1 まだらっこしい　2[水・京]ゆっくりな・だ もどかしい「お

　　らいのかがが やるこど まだらっこえで、我慢したども 見でいられねがった。」[下に類]

まだらっこすで　　(見ていて)まだらっこしくて、だらだらしていて、遅くて不完全で 動作がの

　　ろくて苛立つ「あのおどごのすごどは まだらっこすで、みでる方が やきこきする。」

まーぢ　　　　町　[水原]「まーぢについだば、(町に着いたなら)」

まちごだ。　　まちがった　/　まちごで・まぢごで　　間違って

†まちがい(もん)[町買い(物・者)]　葬式に必要な道具・材料を買い出しに行く事・人　[笹神]

　　　　(→つげと、じんぎ)　(=しどうがいもん、しどがい[笹神沢口])

まづ　　　まち　町　「仲町のさんぼん口(なかまづのさんぼぐづ)/まづへいぐ。(町へ行く)」

まづごだ[主に京ヶ瀬]　=　まちごだ　「また まづごだ。」

†まっかてっかの　　真っ赤っかな　「まっかてっかの夕日」

まっくれ　　　真暗い 真っ黒　「ゴボウは まっくれんだと。(牛蒡は真っ黒なんだとさ)/

　　まっくれ おっきな犬(真っ黒で大きな犬)/まっくれがん(真っ黒い奴)」

‡まっくろむでんと　　真面目に「まっくろむでんと はたらいで(真面目に働いて)」

まづごわって　　間違われて「地蔵様にまづごわって、」

まっと　　もっと　もう少し「まっときれいになろが(もっと綺麗になろうか)/まっと上の花」

まづばる[京]　　纏める　「まづばることが出来た。」

まつまつ[京]　　まちまち　「意見がまつまつで、なかなか決まらない。」

— 170 —

まで。　　　待て。

†まてのひと[京]　(心身供に)のろい人　(→あずこどぼんさま)

†まどべる[京]　纏める　「まどべるに容易でなかった。」

まななぎ　　　どもり(の人)　[県内:まなあき]

まねこぎ　　　まねっこ　主体性の無い人　(=まねご[京]:まねごばっかしている)[県内:まねこき]

まねこぐ　　　人真似をする

まねっちょ　　まね　まねこき　「火吹き竹で尺八のまねっちょなどして遊ぶ」

まま　　　1　ご飯　食事　(=まんま)　「こんだ　ままくでから(今度は,ご飯を食べてから)」

　　　　2†[京]　崖「ままからおづる夢見た。(崖から落ちる夢を見た)」

ままなぎ　　　どもり(吃音)　　[県内:ままなき]

†ままなんご　　　ままごと遊び

‡まみの[京]　甲羅(防寒用の編んだ背当て)のない蓑

まよだ　　迷った　「道にまよだんだが(道に迷ったんだけれど)」　(⇔おもだ)

まるける　　丸める　丸くする　(丸く)束ねる　「縄でまるけてくんねが。」　[県内広域:同]

まるまこなる　　丸くなる　「そんま　まるまこなって(すぐに丸くなって)」

まるまっけ・まるまっこい(え)　　丸い　「まるまっけかお(丸い顔)」　[新潟:同]

‡まんが[馬鍬]　(←うまぐわ)　/‡まんがえぶり[馬鍬えんぶり]　代掻き(田の泥土を平らに均
　　す作業)で馬に引かせる(先に鉄爪が着く)えんぶり

‡まんがぁおろす　田圃のしろかき前の田打ち始めの日　*ご馳走有り?

まんじょこ　　女性性器　女陰　(=かいこ)　[新潟:同]

†まんずはや。　　それではどうも。では,ごめん下さい,さようなら。(=まんずまんず)

†まんずまず[笹神]　=　まんずまんず

まんずまんず　　こんにちは,こんばんは,それでは,では,ごめんください,さようなら
　　　　(=まずまず,まんずまず,まずはや,まんずはや)　[別れの挨拶語　鼻母音→〜ン]　*新潟も昔は言った
　　　　[北魚沼:だんだんはや/主に南魚沼:だんだんどうも]

‡まんずわり・まんぞうわり[万雑割]　村の経費の負担割り当て　[笹神]

まんぱち　周到でない　だらしない　いい加減　(=まんぱづ[笹・京][←万八(まんぱち):当てにならぬ事]

まんま　ご飯　食事「まんまばっか　いっぺ食べて,/まんま八部目　丈夫百(食事は腹八部目の方が健康に
　　もいい,百まで生きるかも)[本来幼児語?]　2〜のまま　ままで「大蛇のまんまに,外へ出て行ったで
　　ね。(大蛇の姿のまま,外へ出て行ったんだよ)/おいだまんま(置いたまんまで)ねでしょもだ(寝てしまった)

〜まんまん　　〜のままで「このまんまん　あの世ねな,行かねでな。(このままであの世に行かないでく
　　れよ)/あのまんまん/そのまんまん」*接続の形か

[み]

みえ　　　見た感じ　見栄え　「みえもようありますね。(見た目もいいですね)」

みがん　　　(果物の)みかん

†みご　似鯉(にごい)

†みごし[京] 米のとぎ汁 (=にごし)

みこどん[笹][←巫女殿] 巫女様　*安田・水原・新発田・中条に今もいる，との事。アラボトケ(新仏)が出て四十九日後や，春先の「はるみこ(春巫女)」の占い時，死者の言いたかった事を聞きにみこどんの所へ行く (→はるみこ)

みざら　　　目皿(めざら)　「流し台のみざら」[京]

みず　　　道 (=みづ)　「みずがわからんねーだろうから(道が分からないだろうから)」

みずあげ[水上げ]　(仏壇に)水を上げて拝んでお参りする事「水あげに行かねばだめだに」

みずあぶり　　水遊び 水泳 水浴び　*県内他所多くでは『水風呂，水でのシャワー』を指す

みずくさのき　　　正月の繭玉団子の木　「正月前にみずくさのきを取ってごぜや。」

みせや　　　1[標]お店 (=みせもんや[京])　2 お祭りなどの露店・屋台 (=みひもん[京])

みせれ。　　　　見せろ。見せなさい。[標?]〔命令〕

†みそおけづら[味噌桶面] 年中洗わないような(汚れた)顔・面[京]

†みそっぱいかげね。　全く相手にしない。軽んじて論外にする。問題にしない。[京]

みちろう・みちりき　青竹を切り蝋燭を立てた物。のおくり(葬式の野辺送り)の道の曲がり角に立てる。[笹]

†みづ　　　道　「ゆぎみず(雪道:ゆきみち)」

†みっかなげづら　三日続けて(しょっちゅう)　「みっかなげづら酒呑んでいる。」[京]

†みづつけ　　　(降雪時の)道付け 雪踏み　「ぶらぐんしょが交替でみづつけをした。」

みっともね [標?] 1 みっともない　2 いやだ　(→こみともねぇ，こみっともない)

(〜して)みだ　　1〜してみた「いってみだ(行ってみた)」　2〜してみろ「いいことおせるすか，はよきてみだ。(いいこと教えるから早く来てみろ)」　3 見た「それみで(それを見て)」

〜みたえだ　　〜みたいだ　「二階猫みたえだなあ，なんていわっているんだでね。」

(〜して)みだでば，　〜してみたら(ば)「〜へ行ってみだでば，(〜へ行ってみたら)/臼起こしてみだでば」

(〜して)みだ でんが。〜してみたそうだ。　「通ってみだでんが。(通ってみたとさ)」

(〜して)みだば，〔下に同〕「たあげどご 上がってみだば，(高い所に登ってみたら)/ふたあげでみだば(蓋を開けてみたら)/はぐってみだば，」

(〜して)みだら　〔下に同〕「あさげおきてみだら，(朝起きてみたら)」

(〜して)みだれば，みたれば，　〜してみたら　「行ってみだれば，いねでんが。(行ってみたら居なかったとさ)/行ってみたれば/出てみだれば」

みっちげてくる　見つけてくる　*かねたたきの巣をみっちげてくると，あづきまんまのご馳走をした[京ヶ瀬]

みっともね[標?]　みっともない　(=†みっとでもね[京])

みづぶすん　　道普請　[訛語]

〜みで　　1〜(して)みて「回りをまわってみで，/来てみでくらっしぇ。(来てみて下さい)」
　　　　2〜みたい　「陸の孤島みでで，(陸の孤島みたいで)/住んでみでな。(住んでみたいな)」

みでも　　見ても　(→で，だ)　「ようみでも わがらねがった(よく見ても分からなかった)」

〜みてぇな　　〜みたいな〔標?〕「うなみてぇなもんではねぇ。(お前みたいな者ではない)」

— 172 —

みでくれ　　みてくれ　見た目 (=みば)　「みでくれ(が)わーり＝みばがわーり(い)」

〜みでだ　　　〜みたいだ　[県内：みてだ]

〜みてな、みでな　　　〜みたいな　「こんげな鬼みでな　生まれできて。(こんな鬼みたいなのが生まれてきて困る)阿賀野川みでながん。/白狐の化け物みてなものがいたてが。/な みでながん/おめみでながん(お前みたいな奴)あげらんね。(家に上げることは出来ない)/お前みでな/黍餅(きび餅)みでな顔になってしもで/おれみでな貧乏もん(俺みたいな貧乏な者)/にんぎょうみでながん(人形みたいな物)/くれでやりてみでな(物を施してやりたいみたいな)/きっつなおずずみでながんこど頼んで/だんごみでなこぶ」

みでもろでけば　　見て貰えれば，見て貰ってくれば　「みでもろでけば いいわね。」

〜みてんのが　　《上同》　「鬼婆みてんのが いたてが。(鬼婆みたいのがいたとさ)」

‡みなえども　　見えないけれど　見えない様ですが　[京ヶ瀬]

〜みなせぇ。　　〜してみなさい。　「いってみなせぇ。(行ってみなさい)」

(〜して)みなせや。　〜してみなさいよ。「あいでみなせや。(歩いてついてきなさいよ)/行ってみなせや。」

みにぐくなる　　醜くなる

みね　　(〜して)みない「たたごでみねうち わがらね。(戦ってみないうちは分からない)」

〜(して)みよが　〜してみようか「そごに 寄ってみよがど おもで(そこに寄ってみようかと思って)」

みのご[京]　　魚の内臓

みのせない[笹神]　　身の置き所がない　([京]みのせいがない)

みのひがなえ[京ヶ瀬]　　落ち着かない　「みのひがなえほど忙しかった。」

みば　　見た感じ　見た目　外見　「みば わありぃ。(みばがわるい。見られて恥ずかしい。見かけ・外見が悪い)/みばいい格好」　(→みでくれ)　[県内:同]

みひ　　みせ(店)「さんぼぐづ(三本口)の江戸屋さんの みひ」*「せ」→「ひ」ex.ひんひ(せんせ:先生)

みみぎのご [茸名]　　すぎひらたけ(杉平茸) *現在は毒茸?不食　(→ずんぼご、ののめ)

みもちになる[笹神]　妊娠して腹が大きくなる

†みやのぼり　神主と氏子の宮入　[京]

†みやみ　　むやみに　大変　とっても　「みやみおっきな音出して吹いたでんが。」

みよげる　　　卵が孵る　雛がかえる　*みよける，とも言う　[新潟広域:みよける]　「みよけだでが(卵が孵って生まれたとさ)/みよげでる(卵が孵っている)」

みらしぇ。　＝ みらせ　「行ってみらしぇ。(行ってみなさいよ)」

みらせ。　1〜してみなさい。「行ってみてみらせ。(行って見てみなさい)/ちいと聞いてみらせ。」
　　　　2 見てみろ。見てごらん。「ほれみらせ。(ほら、見てごらん)」

みらせや。　《上同》「おっきなくち あげてみらせや。(大きな口を開けてみなさいな)はよきてみらせや」

みらっしぇ。(=みらせ)「言ってみらっしぇ。(言ってみてごらん)/まず 登ってみらっしぇ。」

みらってる　　　見られている「だれかにみらってるようだ(誰かに見られている様だ)」

〜(して)みれ。　　〜してみなさい　〜しろ　「水 持って行ってみれ。/俺が腹 撫ででみれ。」

〜(して)みろ(う)　〜してみよう「(私たちで)行ってみろでば。(行ってみようぜ)そしたら まあ、すわってみろ。(そうしたらまあ座ってみよう/座っていよう[自分に向けて])/行ってみろうよー。(行ってみようよ)」

— 173 —

〜(して)みろで。　　〜してみようよ。　「みんなして　聞いてみろで。(聞いてみようよ)」

みんばね　　　見なくてはならない。　　*「〜んばね。」は新潟県内で多用　「しんばね(しなくてはならない)/やらんばね(1 やらなくてはならない　2 上げなくてはならない、くれなくてはならない)/あげんばね/くれんばね/くわんばね(食わなくてはならない)/あるかんばね(歩かなくてはならない)/いかんばね(行かなくてはならない)　等々」

[む]

†むい　　　無理

むいでから　　　時間が経ってから　(=もいでから)　「よっぱらむいでから　やっと来た。」

むがい　　　向かい　お向かい　「むがいに旦那様がいだったでん。(お向かいに旦那様がいたんだとさ)」

むがえ　　　迎え　「新しいお母さんば、むがえでやったてんが。(新しい母さんを後妻に迎えてあげたとさ)」

むが(ー)し　　＝　　むかし　「むがーしあったでんが。〈水原〉」

むかしあったてんかの。[昔あったてんかの]　《昔嘖の始まりの語》昔々(のことでした)。　*濁音が全くないタイプ》　[魚沼:むかしが あったてんのぅ]　*同類の物を以下、列挙する。　むかしがあったでがの。/むかしがあったて(ん)がな。/むかしがあったでがなあ。/むかしがあったてがなあ。/むがーしあったでんが。/むがーしあったでんがな。*関西風?/ むかしあったど。*簡素なタイプ/ むかしがむかしがあったでんがね。[昔が昔があったでんがね]　*昔、繰り返しタイプ/ むかし、とんとんむかしがあったてんがのんのん。[昔、とんとん昔があったてんがのんのん]　/むかし、むかし、そのまたの　おおむかしね。[昔、昔、そのまた昔の大昔ね]/ むかしむかしのおおむかし、そのまたむかしのおおむかしのう、

むがす　　　昔　「むがす こごらに あった。(昔ここら・この辺りにあった)　[笹神]

†むぎがわあり(ぃ/ぇ)　　(人に対し)きまりが悪い　「あの人に対してむぎがわぁりぇがった。」[京]

むぐす　　　1 もぐす　　2†突き刺す「錐(きり)を戸にむぐす(錐を戸に突き刺して穴を開ける)」

むぐる　　　もぐる(潜る)

むげる　　　向ける　「背中むげだば、(背中を向けたら)」

むこうぺだ・むごっぺた　　　向こう側 対岸「川のむごっぺだ着いだ。」

†むさずる　　　むしり取る　「庭の草 むさずっただけで ちっともきれいになってない。/あっちこっちむざずらので(むしり取らないで)」　(=†もさずる[京])

‡むさぶる・むさぼる　　　サボる　[京]

†むさんこうに　　　むやみやたらに　「むさんこうに言いまぐった。」[佐渡:むさんこに、むっさんこに]

むしたがる　　　虫がたかる　腹に虫(蛔虫)がいる　「それは多分 虫たがってんすけ、蛙 飲んだ方 いいわの。(それは多分、腹に虫がいるんで蛙を飲み込むといいだろう：昔話)

むじゃかる　　　むだかる　からまる「糸がむじゃけて しんきやけでしょもだ(糸が、むだかって(絡まって)いらいらしてしまった)/糸がむじゃけで解けねがった/むじゃかる糸は しんきやけ道具〈宮田〉」

むす　　　虫(むし)「でんでんむす(蝸牛)/かぶとむす(雄の兜虫)」　　＼(=もじゃける[京])[新潟:むだかる]

†むすおさえ[←腹の虫+押さえ]　空腹押さえの食べ物　[京]

†むずける　1[笹]幼児が泣く・すねる　(=もじける)[魚沼:もじる]　2[京]人見知りする　(=もづける)

むすろ　　　むしろ(筵、蓆、莚)
　　　　　　　　　　　　　　　　　　　　　　　　　　　＼[新潟・佐渡・南蒲:もじける]

— 174 —

†むたむたする[京]　むしゃくしゃする　(=‡むったむったする[京])

†むつごい(え)[京]　油っこい　「むつごえ物ばっかで、うんも(んが)ねがった。」

†むっつい・むっついい　　熱心に　真剣に　「むっつい本気出して走ったでね。/むっついい　あっちこっち臭い嗅いでってが。」

むっつら・むっつり　　　非常に、長く、しょっちゅう　十分[京]、沢山[京]　「むっつりたべでばっかりいるすけ　はらぼっこしてしょもだ(度を過ぎて食べてばかりいるから　腹を下して(腹痛をおこして)しまった)/むっつら釣りにいってがんだ。(しょっちゅう釣りに出かけてるんだ)/むっつら茸がおえでいた(沢山茸が生えていた)」

†むらぎめ　　　村で決めた決め事・掟

‡むらじんぎ[笹]　　一般の村人が告げ(死亡報告)を貰うと、朝に柴一束か枯れ草を持ち出向き、夜の村念仏の時に灯明(蝋燭)と香典、米を持ってお悔やみに行くこと　(→じんぎ)

むらねんぶつ[笹]　　村中の各家一名参加の通夜　南無阿弥陀仏(7回)三十三カ所御詠歌、光明真言、無常念仏等を唱えその後焼香、送り念仏、十三仏大念仏、優婆様(うばさま)・優婆尊念仏、笠念仏、南無阿弥陀仏を唱えお茶(菓子/赤飯)を頂き解散。中休みを取って赤飯・お茶・冷酒を出す地区もあり。(→ふれ太鼓)

†むらはぎれ　　　村八分　「うそこぎで　とうとうむらはぎれになってしょもだ(嘘つきなのでとうとう村八分にされて━まった)」[水・京]

[め]

～めえっと，　　　　～過ぎると　「2・3日めえっと，」

めえね。めえね。　　　見えない　「ようめえねすけ，もっとそばいごて。(よく見えないから　もっと傍に行こうよ)/顔めえね様にして」　＊みられない、は「みれね/みらんね」　(→～んばね)

めえる　　　見える　「とぉごで　ようめえね。(遠くて良く見えない)/めえた(見えた)」

めぐさい　　見苦しい　(=めぐせ)「ブーブーど吹くと　めぐさいしか(口でブーブー吹くと見苦しいから)」　(≒みば わぁりい)(≒こめぐさい[京ヶ瀬])

めくされ　1目の周りの傷み・眼病　そんな状態の人[差別語][新潟広域:同]　2[笹]目やに　(=めぐされ[京])

めぐせ[笹神]　＝　めぐさい　「あんま　めぐせかっこうすて　でがげなさんな。(あんまり見苦しい

めくそ・めぐそ　　　目脂(めやに)　[新潟県内:めくそ]　(→はくそ)　　　　　　＼格好で外出しなさんな)」

†めぐっせ　　　みばが悪い　見て・見られて恥ずかしい　「めぐっせすけ　そんなこと　やめれ。(お前のしている事・お前の状態は見苦しいからやめろ)」

めぐら[差別語]　目暗　盲目　「毎日泣いでだば、めぐらなってしょもだど。」

めぐらった・めぐうれた　　　めくられた　捲られた　(=まぐられた)「風で着物がめぐられた。」

めぐる　　1[標]めぐる　2めくる(捲る)　「けづ　べろっとめぐって(べろっと尻捲りして)」

めごい　　　可愛い　＊「めごげ」より「めごい」の方が断定的？　東北弁の「めんこい」の類語

めごうげな　〔下に同〕　「めごうげなちんころ(可愛らしい仔犬)」

めごげな・めごーげな　　　可愛らしい　可愛い　「そんげなめごげな顔(そんなに可愛らしい顔)/ひんどめごげな女の赤ん坊(とても可愛い女の赤ちゃん)/めごけなおなごのこ(可愛い女の子)/めごーげな

— 175 —

めごめごしてる　　可愛い　　　　　　　　　　　　　　　＼うりこめご(可愛らしい瓜こ女子)」

†(〜)めす　　飯　「かでめす(かてめし:混ぜ御飯の一種)/なっぱめす(菜っ葉飯)」 *めし,と言う事が多い

†めすこぎ[笹神]　ごますり　おべっかをいう人

めすつぶ　　飯粒 飯

めすまえ[笹神]　　飯前,特に朝食前

めすまえすごど[笹神]　　朝仕事 朝食前の(野良)仕事

めっかる　　見つかる 見つけられる　「めっかっどおもで,(見つかると思って)」

めっける　　見つける　「めっけで(見つけて)ほんによがった。/めっけらってしょもだげだ。(見つけら
　　れてしまった様だ)/めっけらったら大変だが。/めっけねばいいがなあ。/ようめっけだな。(良く見つけ
　　たな)/めっけらんね。(見つけられない)/めっけらんので(見つけられないので)」 *「めっける」は標準語?
　　(めっけもん:珍品 掘り出し物)

めっこ・めっこめす　　めっこめし 炊きむらのある御飯 芯のある御飯 (=めっこまんま)

†めっそう[京]　目分量　「めっそうにしようでば。」(≒めのごかんじょう)

†めっちゃども[京]　きかん坊な女の子 (=‡めっつども[京])

めっと　　夫婦 めおと　*佐渡も同　古い標準語か? /めっとづれ(夫婦連れ)「いっつも めっとづれで
　　あるいてる。」/めっとけんか(夫婦喧嘩)

めっぱづ　　(目病の)物貰い　(=めっぱ[笹](→でぶ)　[県内広域:同][新潟:めふんぐり]

†めっぽ　　非常に　「めっぽがっとにしたすけ ぼっこれた。(とても強く使った・いじっ
　　たので壊れた)/めっぽでっかいがん(とても大きな物)/めっぽ臆病なあんにゃ」[水原]

†めのごかんじょう[京]　目勘定　「細かい事を気にせず めのごかんじょうにしようでば。」

めのす・め−の−す　　無くす「つぼこぜには めのしやすい。(じゃら銭は無くしやすい)」

め はなさんね　　目を離せない　「なんでもわがらので,目はなさんねわ。(何も<お前は>分からない

〜めら　　　〜たち　「こどもめら・こめら(子供達)」　　　　　　　　　＼ので,目が離せないよ)」

めんど くっせ　　面倒くさい 厄介だ　「めんどくっせすけ,おら いかので いえにいる。(面
　　倒くさいので俺は行かないで家にいる)」 [新潟広域:同]　(=めんどぅくっひゃえ[京])

[も]

もう [標]　　もう これ以上は (←はぁ)　「はあ,おわったんが。(もう・こんなに早く終わったのか)/
　　もう,しね。(もう・これ以上はしない)」

もうげる・もうける　　儲ける　「すこたま もうげる。」

〜もうして　　〜差し上げて「あげもうしてきたわや。(あげて来ましたよ)/おとっつぁまば,
　　連れもうしてきたでが。(旦那様をお連れしたとさ)」

…もうしていだ　　…をしていた　「念仏もうしていだでが。(お経を読んでいたとさ)」

†もうじゃび[亡者火]　ひとだま(人魂)の火の玉 [京]

もうしわげねえ　　申し訳ない　「ほんね もうしわげねぇども,」

もうぞ　　寝言 たわごと(戯言)馬鹿な事「そんげな もうぞみでなこと ばっか いわの

で まじめにやれ。(そんな馬鹿げた事ばかり言ってないで真面目にやれ)/もうぞばっかり言

うなと笑われる (出来ぁせぬ馬鹿な事ばかり言うなと笑われる)〈宮田〉」

もうちと　　もうちょっと　もう少し　(≒ちと)

もう一っと 〈上同〉「もう一っと ゆっくりすていげや。(もうちょっとゆっくりしていけよ)」

　　[笹神]　(=[京]もうつっとばがす)

もうふとづ　　もう一つ 「もうふとづ ふってくれれ (もう一つ放ってやれ, 屁ってくれてやれ)」

もえできた [萌/燃えてきた] 出て来た　「勇気がもえできた。」

もおちと・もおちとばか (し)　もうちょっと　もうちょっとだけ 「もおちと くんなせや。」

もぐす [標?] 1 潜らせる 水に沈める　　2 (隠し) 入れる 「穴に荷物を そろっともぐす (そろ

　　そろと入れる)/もぐすて みえねする。(見えなくする)/もぐすておいだ。」

†もぐずりでる　はみ出る　(=もずぐりでる) [京]

もごたらすぃ　　むごたらしい 可哀想 (な・だ)　「もごたらすぃ 交通事故」

†もさずる　　毟 (むし) る　(=むさずる)　[水原]

もしかあんにゃ　　次男　(=[京]もんすかあんにゃ)　[新潟県内:同]

もじける [笹神]　(幼児が) むずかる・泣く・すねる　(=むずける)　　　　/やってしょもだ。」

†もしゃぎりつけねで [京] 何が何でも 何だかんだと (無理にでも) 「もしゃぎりつけねで

もじゃくる　　(紙を) クシャクシャにする クシャクシャに丸める・丸めて捨てる [県内広域]

　　「しんきやけで みんな かみ もじゃくって べちゃった。(いらいらして紙はみんなクシャ

　　クシャに丸めて捨てた)/もじゃくり捨てた。」　(=もじゃぐる [笹・京]) [新潟:同]

もしろ　　筵 (むしろ)

もずける　　人見知りする 気後れする 「じっき もずけるんだから。(すぐ人見知りするの

　　だから, だめだ)」 (=もづける [京])　「もずけ・もづけ (恥ずかしがり屋)」

もぞ　1 妄想 邪念　2 馬鹿な事 「もぞこいで いんな。(馬鹿 (な夢みたいな事) を言うな)/目あげ

　　で もおぞみだいなこどいうでなや。(目をあけて, 馬鹿な事を言ってるな)」　3 寝言 「もぞこ

　　いだり, はぎすりすて うるせ。(寝言言ったり歯ぎしりしてうるさい)」 (=もおぞ, もうぞ, もんぞ)

　　　[県内:同]　*県内は「もぞ」の方を頻用か?

もぞこき　　馬鹿な事ばかり言う人　馬鹿 (野郎)　(=[京]もうぞやろう)

†もぞもぞ　　蝉の抜け殻 [水]　蝉の幼虫 [笹・京] 「もぞもぞの殻」

もだんね。　　持たれない 持てない 「あんま おもでで もだんね。(余りに重くて持てない)」

　　[県内他地区:ぅたんね。]

もつ　1 餅　2 とりもち (→とりつり) 「もつざお (鳥黐を塗った竿)」 *あぐ (灰) で鳥黐を落とす

もづ　1 餅 「あんころもづ (あんころもち, 牡丹餅, おはぎ)/もづづぎ (餅つき)/ストーブで もづを焼

　　く。しぇんしぇは, あきらめ顔で大目に みでくれだ。」 2 持ち 持つ人 「おめぇーさん, いしょもづ

　　なんね。」

もづ　　字 文字 習字 「賽の神で, もづを焼いだり, するめをあぶったりすて 夜遅くまで過ごし

　　た。」　*餅?習字?

もっかさ[京] (物の)大きさ 〈時に〉量 嵩(かさ) 「けっこう もっさか 有ったもんだ。」

もっくらおき・もっくらおぎ　寝起き直後 起きかけ 「もっくらおきだと まんま くわんね。(寝起きだと御飯が食べられない)」　[魚沼・南蒲:むっくらおき]

†もっくらがえす　むき出しにする 表裏を返す

†もづぐり[京] 手間取り 「もづぐりばかりで、はがいがねかった。(手間取るばかりですすまなかった)」　／もづくる・もづぐる[京](動)手間取る

†もっこもづ[←畚(もっこ)+持ち][京]相手をしてくれる (気の合う) 人 「彼奴と此奴はもっこもづだ」

もっさもさど　モサモサと 「もっさもさど おえできた (モサモサ生えてきた)」

　　　　(=[京]もっしゃもしゃど)　　　　　　　　　　　　　　／(ダラダラしてないで、サッサと歩け)」

もったらもったら　ぐずぐず だらだら 「もったらもったらしので、ちゃっちゃと歩け。

†もっちゃぐさま[京]　あてにならないお客様 「もっちゃぐさまの磁石ばっか残った。(居なくてもいいあてにならぬ客ばかり残った)」

もってえねえ (え)　[標?関東弁?] もったいない

もつのき[鵜の木] もちのき　＊木の皮から鳥もち(鳥黐)を作り「とりつり」をする

もづもづ　　もじもじ 「もずもずしてないで さっさどやれや。」

もでなす　　もてなす 「もでなしてくっだ。(もてなしてくれたとさ)」

†もでね・もでない　不器用だ のろまだ、気転が聞かない馬鹿な 「ほんねお前は何をさせても もでねわな。/あいつは もでので 何やらせでも駄目なんがね。」[水・笹] (=[京]もでがね・もうでがね)

　　[南蒲:†もうて(能力) もうてなし(能無し のろまで遅い奴)]／[魚:もうてがねえ]

もど　　　　もと 「もどのとおり (元の通り)」

‡もどのへいろく[京] 元の木阿弥 やり直し 「ぼっこれでしょもで、もどのへいろくになった。」

†もとまった　　まとまった 「15 軒 もとまったので,」

ものがたり　1[標]物語　2†ものだね (物種) 「命あってのものがたり (命あっての物種)」

†もぼれる[笹神]　惚ける、正気で無い、熱中する・熱中しすぎる

†もみえど[揉み井戸] [京] 手揉みポンプ

†もみぞ[籾蔵]　籾倉　[笹]　(→すず)

†ももえだ　大腿部 腿(もも) 「あんまあるがねので、歩いたら ももえだはった。」

‡ももがた[笹神]　昔, 笹神まで売りに来た, 削り氷に赤い色のシロップをかけ, 桃形(ハート形)に圧し固めたアイスキャンディー

ももひぎ　　　　股引(ももひき) ズボン下

もやす　　燃す 「そんなにもやすな、けぶてねっか。(そう燃すな、煙いじゃないか)/もやしてしょもだでね。(燃してしまったとさ)」 ＊新潟県人は「燃す(もす)」より「燃やす(もやす)」を頻用 ＊＊「もやす」を

もらいなかった　貰えなかった 「まけてもらいなかった。」　　　　　　　　　　＼標準語と思っている。

もらえでなあ　貰いたいなあ 「こんげな人を嫁にもらえでなあと おもだでんが。」

(～して)もらいてんだが,　　～をして貰いたいのだが

もらわって　貰われて 「殿様に (嫁に) もらわっていがれんぞ。(殿様に嫁に貰われて行かれるんだぞ)」

もりこ　　　子守　「もりこする。/あだけでばっかりで もりこも おおなんぎだでばねえ。」
　　　　［←守（おもり）＋こ〔示小辞?〕こもり，の逆転?〕
もれえてえ　　貰いたい　「嫁にもれえてえと言うで来らしたでんがね。」
‡もろ　　　小屋　　てっぽうもろ（鴨撃ち用の小屋）
もろいて　　　貰いたい　「とめでもろいて と いうだ，（泊めて貰いたいと言ったなら）」
もろいでんが　　貰いたい「おめに みでもろいでんが，（お前に見て貰いたいんだが）」
（～して）もろいとで　　～して貰いたくて　「何とかしてもろいとで，来たわや。」
もろいに　　貰いに「嫁にもろいにくるとさ。（嫁に貰いにくるとさ。求婚しにくるとさ）/もろいに来た
　　　　でが（貰いに来たとさ）」
もろう　　貰う　貰おう「嫁もろいにきたすけ，どうかくってくれ。（嫁を貰いに来たから，どうか下さい
　　　　よ。）/もっと ようしてもろえばいい。/そだててもろで（育てて貰って）/交渉してもろわねばね。（交渉
　　　　して貰わなくてはならない）/食べさせでもろう。/まずおれみせでもろうがなあ。（先ず俺が見せて貰
　　　　おうかなあ）/見せにもろいに行っただ。/見せでもろいもそが ど おもで（見せて貰いましょう，かと
　　　　思って）/見せてもろうとおもで/見でもろえや。/命もろうし/もろわんば（貰わなければ）/とめでもろ
　　　　うこどにしたど。（泊めて貰う事にしたとさ）/やとってもろうが ど おもで（雇って貰おうかと思って）」
もろうが　　　貰おうか「はよこしょでもろうがど思で（早く作って貰おうかと思って）」
もろうわえ。　　貰いましょう。貰うわ。「あそご行って泊めでもろうわえ。」
もろえば　　　もらえれば「泊めてもろえば（泊めて貰えれば）/もっと ようしてもろえばいい。（も
　　　　っと良くして貰えばいい）」
もろおがな。　　～して貰おうかな。「ちょごっと よひで もろおがな。（ちょっと寄せて貰おうかな）」
（して）もろがど　　～して貰おうと「とめてもろがど おもで（泊めて貰おうかと思って）」
もろだ　　貰った「きてもろだど。（来てもらったとさ）/おろしてもろだどさ（おろして貰っ
　　　　たとさ）/なに もろうだんげ。（何を貰ったんだい）/なにもろだ。（何を貰った）/石もろだ。/
　　　　あっちぇ湯もろだでん。/嫁もろだば利口なこど言うようになった/畑は ぶってもろだはい
　　　　いども，（畑は打って貰ったのはいいけれど）」（＝もろうだ〈多少強意か〉）
もろだんな。　　貰ったのだな。貰ったのだったな。「箱ももろだんな。」
もろで　～（して）貰って「なまえつけてもろで（名前をつけて貰って）/それもろで（それを貰って）/何
　　　　もろで きやがったな。（何を貰って来やがったんだ）/分かってもろでいますんですが（分かって貰っ
　　　　ているんですが）/もろでくれ（貰ってくれ）/もろでいぐ（貰って行く）/にぎりまんま こしょでもろで
　　　　（こしらえて貰って，作って貰って）/退治してもろでよがった。/いっぺこどもろで ありがとね。（いっぱい
　　　　貰って有難うね）/もろでいご。/もろでいぐわね。（貰って行くよ）/してもろで（して貰って）」
†もろもろと　　　沢山　「もろもろと煙が出た。」［水原］
（～して）もろよりほかはねぇ（ろ）　　～してもらうしかない　「泊めてもろよりほかはねぇろ
　　　　とおもで，（泊めて貰うしかないと思って）」
もろわんば（ね）。　　貰わなくてはね。「もっといい嫁 もろわんばね。」
（～して）もろわんねろが。　　～して貰えないだろうか。「泊めてもろわんねろが。」

— 179 —

もん　　もの　物　者　　「だっても かさ かうもん いねでが。(誰も笠を買う者がいなかっ
　　たとさ)／きょうがせもん (京ヶ瀬の者)」

もんごろ・もぐらもつ [動物] もぐら (土竜) [京]

～もんだて。　～のもんだ・ものだ。「おや、かわいい魚屋さんがいたもんだて。」

(～なんて) もんだねあんさ [京] ～なんて物があるのさ 「ろぅうずなんてもんだねあんさ。
　　(『ろぅうず』なんて呼ぶ庭園があるのさ)」

もんちゃぐ　もんちゃく (悶着) 難問 困った事

‡もんつのひと　並でない人 [京]

もんび [紋日?] 祝祭日 お祭りの日　(=[京]ときび・とぎび)

もんぼれ　気が変になる 正気で無い(人) 呆けた人 「もんぼれて何が何だかわからのなってし
　　ょもだ。(頭がおかしくなって何が何だか分からなくなってしまった)」 [新潟:ぼんぼれて／ぼんぼれる]

[や]

～や。　～やぁ。　1[疑問] ～だと。～だって(?)(!) 「大蛇の目やぁ?(大蛇の目だって?)／なにや、神楽こ
　　うで来たや?(何だって、獅子頭買って来ただって!?)」　　2[念押・依頼・語調調整] ～よ。～や。～だね。
　　「おれこども かでれや。(俺も入れてくれよ)／わぁりこど すんなや。(悪い事をするなよ)」

やあす・やあそ　　安く「やあそ しとぐすけ こうでくんなせや。(安くしておくから買って下さ
　　いよ)／やあすしておぎますすけ こうでくんなせ。」

やいむか　　〔下に同〕「ヤギば やいむか たたきこんだでが。(山羊を無理矢理押し込んだとさ)」

やいむり　　無理矢理 (=やでもか)

やいもか(で)　　無理矢理 「やいもかでで 借りて行った。(無理矢理に借りて行った)／やいも
　　か引っ張って行ったでが(無理矢理引っ張って行ったとさ)」(=やでもか)

ヤイヤイと　　ワアワア(言って) 「ヤイヤイと走り出したとさ。(ワアワア言って走り出したとさ)」

やがまし　やかましい 「蛙が鳴いでで,やがましで ねそけて ねらんねがった。(蛙が鳴いてて
　　やかましく 寝っぱぐれて寝られなかった)／とてもやがましょで,寝らんね。」

‡やがむ [水・京] 嫉妬する 妬む 「人のことやがんで (他人を嫉妬して)」

‡やがもが　　1 ふらふら(と)「やがもが 歩いて来た。」　2[京] よちよち(と)「孫が やがもがと歩く様に

‡やがら　　　竹の棒「やがらにふっかがって(竹の棒に引っ掛かって)」　　　　　　　　＼なった。」

やきこきする　やきもきする 気を揉む (=やっきこきする[笹神]) 「あのおどごの すごどは まだ
　　らっこすで、みでるほうが やきこきする。(あの男の仕事は遅くて頼りなく、見ていてやきもきする)」

やげっぱだ・やげっぱた　　火傷(の痕) (=やばだ[笹]やげばだ[京]) 「やげっぱだをする」

やげる　焼ける「たぬぎのひなが まるやげにしてやったで。(狸の背中を丸焼けにしてやったぞ)」

やさぁす・やさす　　優しい 「やさぁすひと(優しい人)／やさすね。(優しくない)」

‡～やさん　～遊び [←遊山(ゆさん)] [新潟:～うさん]

‡やじ　　巣 「くぼのやじ(蜘蛛の巣)」 (=やず[京])

やしなう　1[標] 養う 2(自分で食事が出来ぬ病人や幼児に)食べさせてあげる・食べさせる 「あ

— 180 —

の子にちゃんと やすので, まんま かひれ。(あの子のちゃんと面倒を見て、ご飯を食べさせなさい)」

†～やしめし, ～ようかい, 「十三仏(ジュウサンブツ)様なん かげられやしめし, (十三仏様なんか掛

†やず[京] 蜘蛛の巣 「やずが架かる」 　　　　　　　　　　　　　　　　＼けられようか)」

やすぎ 　　　屋敷(やしき) 「やすぎのちょかいあらそい(屋敷の境界争い)」 [京ヶ瀬]

やすこー 　　　安田高校 *今は廃校 阿賀野高校に統合 残る校舎は老人ホームになる, との噂あり

やすだだし[安田だし] 春から夏にかけて阿賀野川に沿って吹き抜ける強風 (=ふくながおろし)

やすちゅー 　　　安田中学校 (→すいちゅー) *やすだ, とも言う **その他の中学校は省略して言わない: 京ヶ瀬
　　　中学校→きょうがせ;ちゅー) ×きょうちゅー

やすなう・やすのう [笹神] = やしなう

†やずめら 　　やろめら(野郎女等) あいつら 奴ら

やだがる 　　　嫌がる 「人に施すのが つめくそでも やだがるばさま(他人に施すのがほんの少しでも嫌
　　　がる婆様)/ひとのやだがること すんまいぞ。(人の嫌がる事はしちゃ駄目だ)」

やだら 　　　　やたら めったに 「やだらみらんねえ品物」

やち[野地] 湿地(の田圃) 谷地 「福島潟跡の野地(やち)」 *笹神では「やち(谷地)」を「野地」と多く表記。

～やづ 　　　～のやつ(奴) 　　「犬やず(犬のやつ)」

やっかいなろが 　　　厄介になろうか 「やっかいなろがおもで(厄介になろうかとと思って)」

やっけらがす[京] 　やりやがる 何かをやらかす (=[京]やっからがす) 「あの娘とやっけらがすた

†やづがわ 　　　低い所を流れている川 *余り澄んではいない 　　　　　＼んだとさ。」 *悪?性?的?

やっさが 　やるから 「なわつけでやっさが(縄を付けてやるから)」*[←やる+さが=さかい(関西弁:理由]

†やっさもっさと 　　　1沢山 2[京]何だかんだと (=[京]やっさもさ) 「やっさもっさと かづいて
　　　ござった(沢山担いでいたとさ)/やっさもっさ言う」

(～して)やっすか, やっすけ 　～してやるから 「代わりになってやっすか, はよ逃げれ。/おろして
　　　やっすけの。(下ろしてやるからね)」

(～しで)やってぇ。 　　～してやるよ。 「俺も餅ついでやってぇ。(俺も餅を搗いてやるよ)」

やっとが 　　やっとの事で 「やっとが すくだい終わった。(やっと宿題が終わった)」

やっとごすっとご 　やっとこすっとこ 「やっとごすっとご着いだ。」 [訛語]

やっとやっと 　　　やっとこさ すこしずつ 「やっとやっと卵を産む」

†やづめら 　　　あいつら やつら 「やづめら, まだ悪い事したな。」 [水原]

やっぱ・やっぱし 　　やっぱり[標?] 「やっぱ, いがねわ。(やっぱり行かないよ)」 [新潟県内:同]

やっぱす 　　やっぱ やっぱり 「やっぱす, おれやめる。(やっぱり俺はやめる・しない)」 *阿賀北的

やっや, 　　　あぁあ, あ～あ 「やっや, これは大変だ。」[新潟:やいや, やぃ～や] 　／(折って来てやるよ)

やっわの。やっわや。 　(～して)やるよ。 「教えてやっわの。(教えてやるよ)/折って来てやっわや。

やでもか 　　　無理矢理 何が何でも 「やでもかでで 自分の言う事を通す人がいる。/やでもか
　　　ついで行った」 (=やいむり, やいもか, やりむり, やりもか, やんでもか) [新潟:やれもか]

やどせん [宿銭] 宿賃 泊まり代 宿泊代 *古い標?

やのあさって 　1[標]やのあさって 明明明後日 四日後 　2しあさって(明明後日) 三日後

— 181 —

*水原郷では「しあさって」は稀。きょう(今日)/あす・あした(明日)/あさって(明後日・二日後)/やのあさって(三日後) の順。

†やのはら　　天井

†やばぁすで[京]　汚くて　「道がどろどろで やばぁすで 歩ぎにぐかった。」

やばげる[京]　破ける　「服がやばげる」

‡やひうま[京]　やせうま　*藁製の背負い道具　[県内:やせうま]

やぶこき・やぶこぎ　　狡(ずる)な人 狡い事をする人 (=やぼこき・やぼこぎ)　「あの人 ひんどやぶこぎのもんだっけ きらわれる(あの人は狡くて嫌われる)」　*県内他地区で「やぶこぎ」と言うと、藪の(雑)草取り、を指す。「やぼこき」は標準語と同じく「野暮な事を言う人」を指す。

やぼ　　自分の我儘・我欲 我(が) 無理(な我欲)「やぼばっか こいでんな。(我が儘ばかり言っているんじゃない)/やぼこき・やぼこぎ・やぼすけ」

やぼこき・やぼこぎ・やぼすけ　　我が儘勝手な奴 我を通す人 我が儘・無理を言う人

やぼこぐ　　我を通す 我が儘を言う

やま　　1[標]山　2[京ヶ瀬北部、水、笹]田圃　*古い標?「やまいった(田圃に行った)/今日はいそがすでやすんでなんかいらんねど、やまえぐかんど。」 (=†やんま[京])(→たなぼ)

†やまぎもん　野良着 作業着　*山でも着るが、山用の作業服ではなく、本来田畑用。

‡やまごろいもち[山雀(やまがら)+家持]　(作男で奉公先に人間性を認められ田を分けて所帯を持たせて貰った)分家　*奉公先の苗字使用も許された　(=[笹]やまがらいもち [京]やまごろえもず)　*家や田畑を貰って喜ぶ奉公人が、終始巣を出入りしている山雀(やまがら)の様子に似るから、との事?

†やまど[やま(田圃)+ど(人)]　(雇われ)野良仕事人 (→やま2)

†やまのした　霽れ(はれ)の日の敷物 [笹神]

やまめ　　やもめ 寡婦・寡夫 女やもめ　[京]

やまやさん　山遊び 山へ遊びに行くこと 「やまやさんに 行ったど。」

やみずる　　闇汁 闇夜汁　*それぞれが持ち寄った具を入れて煮た闇汁 ゲテ物入り?

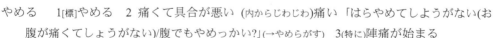

‡やみのげる[京]　病気から立ち直る 「やみのげで 今、ばぁーが元気になったと。」

やめらがす[笹神]　痛くさせる 痛ませる

やめる　　1[標]やめる　2 痛くて具合が悪い (内からじわじわ)痛い 「はらやめてしようがない(お腹が痛くてしょうがない)/腹でもやめっかい?」(→やめらがす)　3(特に)陣痛が始まる

やもめとどさ　　男やもめ 独り身の父さん

やや [標]　赤ちゃん 赤ん坊

ややこ [標]　赤ちゃん (=やや)　「ややこをぶで、かでけやれ。(赤ん坊をおんぶして、子守をしてくれ)/ややこぎもん[ややこ着物](うぶぎ:産衣)(=うまれっこぎもん) [笹]」

〜やら、〜やら[標?]　1〜とか 「たたきつけるやら、なかせるやらしたと。(叩いたり泣かせたりしたとさ)」(→だやら)　2〜だろう。「どうやって手に入れられるんだやら。」

‡やらいぎょ　結婚で娘が実家を出る時の祝宴[水]　(やらえじょ[京](嫁に出す事))　[←矢来重]

やらんばね。　しなくてはならない。「いっしょけんめい やらんばね。(一生懸命やらなくてはならない・しなくてはならない)」

(～して)やりてわ。　　　～してやりたいわ。「持っていってやりてわ。」

やりむかでで・やりむかで　　　無理矢理で「やりむかでで, ちいとばがあげられせだど。(無理
　　　矢理に, ちょっとだけ開けさせたとさ)/やりむかで無理を通す」

やりむり　　　無理矢理　＊音転換　県内他地区でも見られる　魚沼でもあり (＝やでもか)

やりもか(てで)　　　無理矢理に (＝やでもか)「やりもかてで頼むもんだすけ, (無理矢理に頼む物だ
　　　から)/すとねがんを やりもかやらせんな。(したくない物を無理矢理やらせるな)」

やる　　　　　する　＊県内で頻用「一生懸命仕事をやっていた。」

～やれ。　1～だよ　～かい　～だい「鞍 かげられろばやれ。(鞍を掛けられようか, いや, 掛けられないよ)/
　　　下がった方から, かしゃやれ。(食いなさいよ)/だあが嫁にいごばのやれ。(誰が嫁に行こうか, 誰も行く訳
　　　無い)/そんげなこどあろばやれ。(そんな事があろうか(いや無い)。)/か, つけれでが, どうしてやれ。(鍬を
　　　付けろてのか, どうしてだい)/そのだんごのこどやれ。(その団子の事だよ)」　2　～しなさい。「じーじ,
　　　こごほりやれ。(お爺さん, ここを掘りなさい)/乗りやれ。」　＊丁寧形は「～らっしぇ(え) ex.乗らっしぇ。」　3～
　　　がやるか, やらないよ。「だんがやれ。(誰がやる・するか, 誰もしないよ。私は嫌だ。私はしないよ。)
　　　だっけやれ。(だから〈当然〉そうなるんだよ。だから言った通りだろう。)」

やれ～　[標?]　ああ　やあ　やれ「やれおっかねどおもで, (ああおっかないと思って)」

やろ[標?]　あいつ　あのやろう「やろ死んだんだがなどおもで(あいつ, 死んでしまったのかな, と思って)」

†やろうべっとり　　　縁のない莫蓙

やろこ　　　男の子 (←野郎の子?)

やろっこ　　　野郎　男の子　男のガキ「薄ら馬鹿みでな やろっこ来て」

†やろっこども　　　子供達「お宮様で, やろっこどもが こったも あそんでだ。(お宮で子供達が大勢遊んで

やろめら　[標?]　奴ら　野郎めら　がきども「泥棒のやろめら/やろっこ[単数]⇔やろめら[複数]　＼いた)」

(～して)やろわ。　　　～してやろう。「おや, かわいそうに。たすけでやろわ。/猿のやろめら」

‡やわしい　煩わしい　[笹神村福井]

やわっけ　柔らかい「やわっけ豆腐/これ やわっけね。(これは柔らかいね)」[魚沼:やわっこい/佐渡:やわらけ]

やわっこ　　　柔らか

やわらこ・やわらっこ[←やわらこう]＊ウ音の脱落　　　柔らかく「やわらこなる(柔らかくなる)」

やん　　　　物　事　状態　「消すてやんに, 火起こして けつがる。(消そうというのに火を起こしてや
　　　がる)/どうやんだ(どういうことだ)」

～やんだ。　　　～するんだ。「こうやんだ。(1 こうするんだ　2 こうなのか)/そうやんだ。」

やんでもか・やんでもっか　　　無理矢理　無理矢理強く　無理に　強引に「やんでもかてで, 上
　　　がらせたてが。(強く無理矢理に 上がらせたとさ)」　[中越:やれもか]

やんばい　いい塩梅　良い具合「やんばいに, ちゃーんとしていだったでがね。(良い具合にじっとしてい
　　　たとさ)/天気がよーで, やんばいだねし。[笹神 朝の挨拶] (＝やんべえ[水原]:やんべえに暮らしていだったでが。)」

[ゆ]

ゆ・ゆう　　　言う「そうゆで(そう言って)/～ってゆっと, (～と言うと)/～ってゆってが。(～と言ったと

— 183 —

さ)/〜とゆっとも、(〜と言うけれども)/ゆわんば よがった(言わなければ良かった、言わぬ方が良かった)/〜とゆうてってね。(〜と言ってたんだ)*いうてってね、とも言う」

ゆうされ　　　夕焼け　「ゆうされの　空にあかねの　色映えて(夕焼けの空に茜の色映えて)〈宮田〉」

‡ゆうたりこえたり[京]　自問自答

ゆぎ　　雪　「ゆぎが がばっとへる。(雪が目に見えて急激に減る)/ゆぎにあすを取られる/ねゆぎ(根雪)」

ゆぎおろす　　　屋根の雪下ろし　[魚沼:やねのゆぎほり]

ゆぎおろすかみなり　雪下ろしの雷　*11月後半頃から氷雨や霰の降る前に鳴り響く雷。上空一面に鳴り響くが余り下界の人・物には落ちない。群馬県人は悲鳴を上げていた。[県内:ゆきおろしのかみなり]

ゆぎのげ　　　雪除け(ゆきのけ)　除雪　雪かき　*当地区はたまに大雪になる　[魚沼:ゆきほり]

†ゆぎのたんころ　　　雪の塊　[笹神]

ゆぎみづ　雪道　「ゆぎみづで でんぐらがえって こすをうった。(雪道で転んで腰を打った)」

ゆぎやげ・ゆきやけ　　　凍傷　しもやけ　[魚沼:ゆきやけ、いきやけ]

ゆすぐ[標?]　濯ぐ(ゆすぐ)　水やお湯でさっと洗う　(=いすぐ)

ゆづけ　　　お湯かけ御飯

ゆでぇ　　(入浴用)手拭い　(=よでぇ)　[京]　[南蒲・魚沼:よて]

ゆめざらし　　　夢の中での知らせ・お告げ　*予知夢ではない　[←夢の知らせ、ゆめし(ざ)らし]

ゆわんば　　　言わなければ　「ゆわんばよかった/ゆわんばわがらね(言わねば分からない)」

ゆんべ・ゆんべな　　　夕方　昨夜　ゆうべ　「ゆんべのまんま(昨日の夕飯)」　(=よんべ・よんべな)

[よ]

よ　　良く　「よ きた。ようきた。(良く来た)」

よう　　1†言う「そうよっとも(そう言っても)/〜とようだ。/〜とようだでば(〜と言ったなら)/ようだば(言ったら)/ようだら(言ったら)/〜とようで(〜と言って)/〜とようども(〜と言っても)/(〜とようだでが。(〜と言ったとさ)/〜とようだでんが。/ようこど・よこど(言う事)/屁ふりて ようもんだすけ(屁を放りたいと言う物だから)」　(→よわれる)[ようだ⇔よわった]　　2良く「よう聞いてみっと、(良く聞いてみると)/よう そんげな約束したこと!/よう世話をした。(良く世話をした)/林の中ようみだば/ちっともようならので(ちょっとも良くならなくて)/ようございます。(いいですよ)」

よう3　　　魚　(=いお)　「ようつり(魚釣り)/ようのこ・ようのご(イクラ)」

〜ようきん　　　〜料金　「ふゆようきん(冬料金)」[京ヶ瀬]

ようされ　　　夕方　夜　「ようされなったすけ(夕方になったから)」　[県内他地区:ゆうさり]

†ようじ[水原]　　　よだれ　「ようじ 垂らしてる」　(=よじく)

ようする　　1良くする[標?]「ようしてもろえばいい。(良くして貰えばいい)」

　　2弱くする　「石ぶっつけで ようしてしもが、(石をぶつけて弱らせてしまうが)」

〜ようだば、　〜(して)いるようだが、「かがさ 怒ってようだば(母さん、怒って居る様だが)」

ようだ　　　言った[水原]　「「…」ようだでが。(〜と言ったとさ)/「…」(と)ようだど。」　(→よだ)

ようで[水原]　　1〜の様で、様子で　「ふぐどん、バッタラバッタラようでのぼったでが。(蟇蛙どんはバタ

バタと音を出して登ったとさ)」　2 言って「よう ようで聞かせで, (よく言って聞かせて)出がげで行ったでね。/大げさの事ようで(大げさの事を言って)」

ようなる　1[標?] 良くなる〔県内広域〕「三日もなでれば, ばが ようなんがなあ というで, (三日も撫でていればとても良くなる, と言うので)/自然にようなる/だんだんようなっわの。(だんだん良くなるさ、なるだろうね)/病気ようなって,」　2 弱くなる

ようのご[←魚の卵・魚卵]　イクラ 鮭の卵゛筋子をばらした物 (=いおのこ, よーのご)「のっぺにようのごをいれっと ひんでうんめ。(のっぺにイクラを入れるととても美味しい)」

ようはん[笹神]　夕飯(夕飯)　*ゆうはん, とも言う

†ようほう　両方　「ようほうのうづ(両方の家)」[京ヶ瀬]

ようやぐ　ようやく、やっとのことで 何とか「ようやぐその灯をたよって行ったでば, (何とかその灯火を頼りにして行ったなら)」

ようり[京]　料理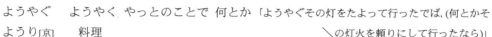

よぉこど　言う事　「よぉこど きがね(ぇ)なった。(言う事を聞かなくなった)」

よぉなべしごと[京] 夜なべ仕事

~よぉになる　~(する)様になる「年で, 仕事つかれよぉになった。」[京]

~よか　~よりも〔標?〕「いっつもよか はよ 帰ってきた(いつもよりも早く帰ってきた)/おれよか(俺よりも)おっかねもんがあってんが,」

よがった　良かった　「その時, あねさいればよがっただも, いねがっでん。(その時, 嫁さんが居れば良かったけど, 居なかったんだ)/そってよがったら(それで良かったら)/ああ, よがった, よがった。」

よがったら　　良かったら　「夜具も布団もねども, よがったら とまらっしゃい。」

†よがてよがった　　とてもよかった

よがろう　よいだろう(か)　「どうしたらよがろう。(どうしたらよいだろうか)」

よがろな　よいねえ。いいねえ。[←よかろうな]

よぎ[夜着] 寝間着・寝巻(ねまき)　*シーツ(あかとり)なしで「よぎ」を着て布団で寝たようだ

よぐ　よく　「よぐわがんね。(よく分からない)」

よくかき　欲張り　[標?]

よぐたがり　(必要以上に)物欲の強い欲張り

よげい[←余計] 1[標]余計　2 殆ど(の人)「ろげだ なんて しらねぇしょが よげいだろ。(ろげた(炉桁)なんて知らない人が殆どだろう)」

よご　横

よごす　1 よこす「わがいしょこど, よごしたでんが。(下男をよこしたとさ)/よごせや!(よこしなさい, よこせ)/投げでよごした(投げてよこした)」 2 汚す「よごすてきた(汚してきた)」　*活用異

†よごたま　横(の方) 横脇　「よごたまから口出すな。」

よこづち　横槌　*藁を打つ槌 (=[京]よごづづ)

よごど　言う事　「おれが よこど きいでくれ。(俺の言う事を聞いてくれ, 叶えてくれ)」

よごたま　横の方「よごたまにおいた(横の方に置いた)/よごたまねある石(横にある石)」

†よごのめ[京]　魚の目　(=よのめ)

‡よしごと[余・夜?仕事] 田圃以外の仕事　「よしごとなしの休み(本当に何も仕事がない休み)/

よしごとのある休日(田圃仕事はないがその他の仕事がある休み)」[笹神]

†よじく[水原]　　よだれ　(=ようじ)

よすか,・よしか　　それよりむしろ,だけども「よすか,やっぱ いがねわ。(だけども,やっぱり

よずく　　　　よだれ　(=よんずく,よじく)　　　　　　　　　　　＼行かないよ)」

†よすらふいている　　　横を向いている まともに取りあっていない　[水原]

よせだいこ[寄せ太鼓] [笹神湯沢] 村念仏(お通夜)の触れ太鼓 (=ふれだいこ) *3回早くその後2回叩くの
　　を繰り返す。[湯沢]/3回ずつ叩く[笹神山崎]

よせる[標?]　寄せる 入れてあげる「よせだど。(入れてあげたとさ)」

‡よそぉがす[京]　忙しい「ほんねぇよそぉがすでがね。(本当に忙しいなぁ)」

よだ　　　言った「～と よだでね。(～と言ったとさ)」(→ようだ)

(～で)よだでば,　　(～と)言ったなら,　「ばれろば,ばれれ。」でよだでば。

(～て)よだでんが。　(～で) よだでが。　　　　(～と)言ったとさ。

　「～」で、よだでんが。(「～」と、言っていたとさ)

よっかがる　　寄っかかる 寄りかかる

よっくり[京]　ゆっくり「よっくりしてらせや。(ゆっくりしていらっしゃい)」(=よろっと)

†よったがり[京]　寄り合い 集まり　「よったがりあっと そんま呑むがんだー。(集まりがあるとすぐ
　　飲むんだな)」

よっぱら[標]1大層 とても　「よっぱらむいでから やっと来た。(だいぶ時間が経ってからやっ
　　と来た)」　2飽きるほど多く 退屈「よっぱらなったれぇ(退屈した)」[県内広域：同]

よっぱらでよっぱらで　　退屈で「なじょでもないが,よっぱらでよっぱらでしょうがない。
　　(具合は悪くないが(元気だが)退屈で困る)」

よっぴで　　　一晩中 夜通し「よなべすごとで よっぴでおぎでだ。(夜なべ仕事で一晩中起きていた)」
　　(=[京]よっぴり)　[佐渡:よながよっぴて]

†よで　　風呂用手拭い　[水原]

よで　　　良くて「てんきよで いやんばいだねす。(天気が良くて良い塩梅ですね)」

(～で)よで,　　(～と)言って「お湯お湯,さめれ。」で,よで,まわし始めだでんが。

よでる[京] 茹でる「よでた ぢもぐりまめ(茹でた落花生)」

よでわぁり　不得手だ「左(手)のほう,よでわーりんさ。(左手の方が不得意だ)」

～よっか　　～よりも「きんなのじじさよっか,つっと つっせわい。(昨日の爺さんよりちょっと小さいなあ)」

よっこどなし(の)　　よっぽどの 余程の「よっこどなしの馬鹿野郎」(=よっぱらの)

†よったがる　　　寄り合いをする「よったがって、またしゃべらねかね。(また集まってお

よったり　　　四人 *3人は「さんにん」 ５人は「ごにん」　　　＼話しませんか、しましょうよ)」[水]

よっとごなし　　言う所無し とても良い「よっとごなしのいい仏壇」(=いっとごなし)

よっぱら　1退屈なほどに「はなし なあごて よっぱらなった。(話が長くて退屈になった)
　　2十分に 十分すぎる「よっぱら くた。(もういっぱい食べて食べ飽きた、もういらない、食えない)/
　　よっぱらおこらった(散々怒られて)」 3散々 沢山 ひどく「よっぱらないで,お墓たでで(散々泣い

— 186 —

て,お墓を立てて)/おら よっぱら探したわや。」　(類:さっつあ,しかも)(≒しかもか)[新潟:同]

†よっぱらむいでから　　かなり時間が経ってから

よっぴで[←夜長夜っぴて?] 一晩中 夜通し「よっぴで わらすごどをした。(一晩中藁仕事をした)」
　　　[笹]　(=よっぴり・よびかり[京ヶ瀬])

よっぴど[←夜長夜っぴて?] 終日 一日中　[水]　[魚沼:よっぴて(夜遅く,一晩中)]

よっぽど[標?] 余程「あの二人,よっぽどなが わぁりんな。(あの二人は余程仲が悪いんだな)」

よで　　　言って「そうよで(そう言って)」　(=ようで)　　　　　　　　/南蒲・魚沼:よてひき]

よでぇひぇぎ　　依怙贔屓(えこひいき) 不公平「よでぇひぇぎするもんだねぇ。」

‡よなげる　　米をとぐ「そごにおいだこめを よなげでくれや。(そこに置いた米をといでくれ)」

†よのげ[京]　夜の天気　「よのげの良い晩」

†よのめ[京]　魚の目　(=よごのめ)

†よばえ・よばぇこぎ　　夜這い(をする事)

よばりに　　呼びに,招きに「おれこどよばりにくっがんに,(俺を呼びに来るのに)」

よばる　　呼ぶ「あいつもよばってこい。(あいつも呼んでこい)」

よばれ　　招(よ)ばれて行くこと　来てくれと言われて接待・儀式・ご馳走・宴会を受けること
　　およばれ「おれこど,呼ばれに いがせでくんなせや。(私をお招きに行かせて下さいよ)/よばれにや
　　りましたど。(招待に行かせましたとさ)」

よばれてきてくれや。　　　ご馳走するから来て下さい。

よばれる 1[標]呼ばれる 2(呼ばれて)招待される 招待されご馳走を食べさせて貰う [新潟:同]
　　「そうしたば,よばれできたでが。(そうしたらご馳走になりに来たとさ)/よばれだ。」

よばった　　　1 呼ばれた〔受身〕　2 呼んだ〔丁寧 過去〕「～と よばったてが。(～とよんだとさ,
　　呼び掛けたとさ)/何回も呼ばったば, 泳いで来たてがね。/かがさこど呼ばった。」

よびかり[京] よいっぱり (≒よっぴり[京], よっぴで)「よびかりして, まだ起ぎやがらねぇ。」

よひで　　寄せて 寄らせて「つっとばが よひでもろおがな。(ちょっとだけ寄らせて貰おうか

よびなんこ,よびくらべ　　招待し合いっこ ご馳走し合いっこ お呼ばれっこ　　＼な)」
　　「よびなんこ しょうでば。(招待し合いっこしましょう)」　(→なんご)

よむ　　　(果実が) 熟す 実る「柿,よんだすけ 食べられる。/いちづくがよむ頃」 [県内:同]

†よめかかさ　　姑から家事を引き継いだ嫁

†よもず[京] 腰巻き

‡よもずごや[京] 川原に作った魚捕り小屋　「川原によもずごやをかげる。」

†よろう[笹]　触る 触れる

よろっと (して)　ゆっくりのんびりして ゆるりと ゆっくり長く 長時間「よろっとして
　　お茶飲んでましたど。(ゆっくりしてお茶を飲んでましたとさ)/よろっと一服飲んでから (ゆっくりと
　　一服した後に)/よろっとする (ゆるりとする, ゆっくりする)/よろっとして くんなせ。(ゆっくりくつ
　　ろいで下さい)/よろっとすてらんね。(ゆっくりしていられない)/よろっとすていってくんなせ。/よ
　　ろっとしてね。」　(=よろーっと) (=[京]よっくり)

*新潟の「よろっと」は（そろそろ）の意味「よろっと帰りましょう。」 **佐渡・魚沼の「しずかに（ゆっくりと）」と類?

よろっと　おじゃますました。　〈下に類〉　長時間おじゃましました（帰ります）。[笹神]

よろっと　おひわになったでば。　　そろそろ、お世話になりましたし、帰ります。[笹神]

✝よろびづ・よろびつ　　囲炉裏　「よろびづで腹あぶりしてだったど。/よろびつに火燃やしてお湯
　　　　わがした」　（=よろびぢ[水原]）

✝よろびづばた　　　　囲炉裏端　「こごのよろびつばたに寝れや。」

よわったら　　　言われたら　「『それくれ』なんて　だっかに　よわったら　どうすんだ（『それくれ』
　　　　なんて誰かに言われたらどうするんだよ」

よわって　　　言われて　「そうよわって（そう言われて）」

よわね　　　言わない　「貸すともよわねでがに、（貸すとも言わないのに）」

よわれる　　　言われる　（→よう）　「どうよわれっるか　わがらねども（どう言われるか分からないけど）」

（〜と）よわんだ　　　1〜と言ったんだ「お前『いだ、いだ』とよわんだがの。（お前が『いた、いた』と
　　　　言ったんだろ）　2〜と言う物なんだ「どっこいしょ」とよわんだ。（「どっこいしょ。」と
　　　　言う〈料理の名前な〉んだ）」

よんずく　　　よだれ　（=よずく）

よんだ　　　実（稔）った　熟した　「いねよんだが、いねかっけ。（稲が稔ったが，刈りますか）」

よんべ・よんべな　　　　夜　昨晩　（=ゆんべ・ゆんべな）　[魚沼:同]

[ら]

〜らした　　　〜された　（い）なさった　「たってらした（立っていなさった）」

らして　　　　いらして　いらっしゃって　「何人もらして」　*い、の脱落?

ラズオ　　　ラジオ　「なづやすみの朝は、ラヅオ体操がまいにづ行われだ。」

〜らせ。　〔下に同〕「ちゃんとしてらせ。（ちゃんとじっとしていなよ）」

〜らせぇ（や）。　　〜（してい）なさいよ。〔多少丁寧〕「せば、おめ　見でらせぇや。（それならお前さ
　　　　ん，見ていなさいよ）　[新潟:〜らっしぇ（え）（や）]

らづ　あがね　[←埒が開かない]　どうしようもない　（=らづあがねぇ[京]）（=らっちもね）

らっくり　　楽に　安心　ほっとして　のんびり　「らっくりして眠られる。/らっくりする。[終止
　　　　形]らっくりしてござえ-。（のんびりして下さいね）」

〜らっしぇ（や）。　　〜していらっしゃいな。なさりなさい。〔丁寧〕　「待ってらっしぇや。/薬
　　　　付けて休んでらっしぇ。」　（→らせぇ）

〜らった　　〜られた　1[受身]「ぼったぐらった（追いかけられた）/しからった（叱られた）/おごらった（怒
　　　　られた）/つかめらった（捕まえられた）/べろきらった雀（舌を切られた雀）」　　2[可能]「こんげないっぺこ
　　　　ど　ぜん　とらったねっけー。（こんなに沢山お金を取る事が出来たじゃないか）」

らっちもね　　　埒が明かない　どうしようもない　つまらない　埒もない　大したことない
　　　　下らない　馬鹿な　（=だっちもね，だっつもね，こらっつもね）　[←らちもねえ（江戸弁）]　「らっちもね　道具ば
　　　　かり　買い集め（詰まらない骨董品ばかり買い集め）」〈宮田〉

— 188 —

らっつもね[上同]「らっつもねはなし(馬鹿な話)/らっつもねこどで 喧嘩すてんなや。(つまらぬ事で喧嘩し
ているな)/らっつもね もんだども くで くんなせ。(詰まらない物ですが食べて下さい[謙遜])/らっつ
もね野郎」

~らって　　　~られて「何か縛らってある/よっぱら おこらって,(散々怒られて)/教えらって(教えら
れて)/みやぶらって(見破られて)/命とらってしょもだでが。/かわいがらっていだどさ。(可愛がられて
いたとさ)/よばらって(呼ばれて)来た/なめらって(舐められて)」(→って)　〔同：越後広域〕

~らってる　　~されている ~られている「うらってる(売られている)/みらってる(見られている)」

~らば [古い標] ~すれば するなら「とまらばとまれぇ。(泊まるなら(泊まりたいなら)泊まれ)」

~られっさがの。　　~られるからね「お寺に帰られっさがの。」

~られっし、　~られるし,~されるし (→~れっし)「鎌にこげられっし(鎌でこそげられるし)」

~らん　　　~している　「なに はいってらん だろうね。(何が入っているんだろうね)」

~らんばね　~しなくてはいけない「ちゅうはん たべらんばね。(昼飯を食べなくてはならな
い)/上手にかくれらんばね。(上手に隠れなくてはならないね)」

~らんね(ぇ)　~られない,できない　「はいらんね。(入られない)/寝らんね/帰らんねし。/だま
ってらんねぇ。」　(→んね)

~らんので　~られないので,出来ないので　「こらんので/いらんので」　(→んので)

~らんだ　　1~するんだ。「いくらにうらんだ。(いくらで売るんだい)」
　　　　　　2~いるんだ　　「なに はいってらんだろう(何が入っているんだろう)」

†らんとうば　　(火葬にする)焼き場「嬰(えな)はつれあい(夫)が夜にらんとうばで焼いた。」
　　　　　　　　　　　　　　　　　　　＼(=[京] らんとば(ぁ))(=おぼや)

[り]
†りんきこぎ　やきもち(やき)(をする者)　(=りんきたがり[水・京])「りんきこぎのかが」
りんきたかり・りんきたがり〈上同〉「りんきたかりは かわいげね(やきもち焼きは可愛くない)」

[る]
†るぅせいばん・るせぃばん・るせいばん　　「るせいばん 鬼の居ぬ間に お茶を飲み〈宮田〉」

[れ]
~れ。　1(~し)ろ。「水かけれ。(水をかけろ)/たれれ(たれろ)/かつけれでが,どうしてやれ。(鍬を付けろって
言うのかい,どうしてだい?)」 *しろ・しなさい,は「せえ。」　2~できる「したら,折れだもの,木に登っ
て折ってくれっこさ。(そうしたら,(花咲く枝を)折ることができるのだから,木に登って折ってやるさ)」

れえまいり　　お寺参り　(お寺の)参拝「礼参 三世の仏に 手を合わせ　*お寺参りをした時に,過去・現
在・未来に手を合わせる。「ご先祖様どうか私達をお守り下さい」と,〈宮田〉

~れっし、　　1~出来るし、「うまいもんも くわれっし,まんまも くわれの。(美味い物も食われる
し,日々のご飯も食べられる)」　2~されるし「火たがれっし,(火を焚かれるし)」　(→られっし)

~れば、　　~(した)なら「ぶらさがっていたれば,(ぶら下がっていたなら)そうして いろりどご いっ

— 189 —

たれば(そして囲炉裏の所に行ったなら)/うぢから出たれば 出たで ろくなことしやがらね。(家から出たら出たで碌な事をしない)」

~れろば　　～出来ようか　「こんげな良い嫁出されろば(こんな良い嫁を追い出すことが出来ようか)」

れろれろに[京] (酔って)べろべろに　「れろれろになるまで酒を呑み」

[ろ]

ろ　[古い標?]　炉　囲炉裏　「ろのはた(炉の端、囲炉裏端)/ろげぇだ(囲炉裏の縁に廻した桁)」

~ろ　1 ～(だ)ろう「なにはいってろなぁ。(何が入っているんだろうなあ)/どこへ行くろとおもで見でだば、(どこへ行くのだろうと見ていたら)/どうして～になんかなったろ。/どこ行けばいろ。/どうしたんろ。(どうしたんだろう)/もうきらんねろ。(もう着られないだろう)/うなもいぐろ。(お前も行くだろ)」　2 ～(し)よう「火事なん、おれ見たことねが、行ってみろ。(火事なんか俺は見たことがないが行ってみよう)/さあ、出かけろで。(さあ、出かけましょう)/火たきつけろわ。(火を焚きつけようね)/ばばに食わせろがどおもで、(婆さんに食わせようかと思って)/すわってみろ。((自分で)座ってみよう)/なんでもあげろで。(何でも上げましょう)/朝げになったらばけもんをみろどおもで(朝になったら化物を見ようと思って)」(類: ～って)　3[標]～よな。「それ、おれのだろ。」　*下越で頻用**中越は「～(る)が」 佐渡は「(~るっ)ちゃ。じゃ。」等　下越・中越では「～(っ)てぇ、～(っ)て」もあり

~ろう　1†～よう「してみろう(してみよう)」　2 ～だろう「貯めてあっろう。」

†ろうすいばん　留守居番[水] (=[京]ろぉせぇばん)　「ろうすいばん たのまった。」

†ろうせ　留守番　「うぢで、ろうせしていだでが。(家で留守番をしていたとさ)」

~ろが(,)(。)　1 ～だろうから (→ろ1)　「とととかがが待っているろが、家行って来いや。」　2 [強意] ～だろう。~だ。

~ろがな。(≒ろがの)　1 ～だろうか「どうしたらいいろがな。(どうしたらいいだろうか)」　2 ～しようかな。「ちんころ かりろがな。(仔犬を借りようかな)/遅いずかんだす、そろそろねろがな。(時間も遅いし、そろそろ寝ようかな)」

~ろがね。　[強意]　～だろ。~だろが。「だからそう言ったろがね。」　(→ろ・ろが・ろね)

~ろがの。　　～だろうか　「顔、ようなったろがの、わありなったろがの。/毎日来てんろがの。(毎日来ているんだろうかね)」

ろぐ　ろく　「にさんがろぐ(にさんがろく[2・3が6])」　　　　　　　　　　　　　　　　　/もな事]

†ろぐがわるい。　1 座りが悪い 安定性に欠ける　2 居心地が悪い　[←†ろぐ[陸](正しい形・姿、まと

ろくさの[京]　ろくでもない 役立たない　「ろくさの仕事しっかんさ、しかも年いってかんどものぅ。(ろくな仕事をしない、年配の人なんだがな)ずくねぇあんろがのぅ。(無能だろな)」

ろくしゃく　土葬の穴掘り・葬儀の道具借り・祭壇作りを頼まれた近所の人[笹神今坂・村杉]

ろぐすっぽ　　ろくすっぽ ろくに　「ろぐすっぽ すごどもすので なにゆうでんば。(ろくに仕事もしないで何を言っているのか)/ろぐすっぽ 仕事もしので 遊び出る〈宮田〉」

ろぐだにねぇ[京]　ろくでもない 駄目だ　「今年のあづぎ、中ご むしにやられて ろぐだにねぇあんさ。

(今年の小豆は中身を虫に喰われて駄目だ)こわねばねえ(買わなくては)」

ろぐでなす　　　　　碌でなし　まともでない人・事　役立たず　「この,ろぐでなす!〔罵倒〕」

ろぐな　　ろくな　「勉強すねど ろぐなもんに ならんねど。(勉強しないと,まともな者になれな
　　いぞ)/ろぐなもの/ろぐなもんでねども 食べでくんなせ。(詰まらぬ物ですが,食べて下さい)」

ろぐに　　ろくに　「まんまも ろぐにくわので ねだがに。(食事もろくに喰わずに寝たのに)」

‡ろげ(ぇ)だ　囲炉裏の縁に廻した桁　「天井がいげだ(井桁)に ろげだ(炉桁)は落ち着く」

～ろで　　　～らって　「よっぱろですもだ。(酔っ払ってしまった)」

～ろね。　〔丁寧〕～でしょ。　「だからそう言ったろね。(だからそう言ったでしょ)」

～ろば　　　～ようか,ようば　「鞍かげられろばやれ。(鞍を掛けられようか(いや,掛けられないぞ))/
　　どうやって分けろば(どうやって分けようか)/こんげながん,かがにしておがろば(こんな奴を嫁にして
　　おかれようか)」　〔新潟：～よば〕

～ろわ。　　～しよう(ね)。　「あの火もろで,火 たきつけろわ。」

～ろんだら　　～(さ)れたら ～されようなら　「目なんか抜がろんだら大変だ。/犬に噛みつか
　　れろんだら,死んでしょもあんばね。」

[わ]

～わ(。)　　～(だ)よ。　*標? 頻用　「来ましたわ(ね)。/しましたわ/まんまくでくっわ(御飯を食べて
　　くるよ)/お願いすますわ。/すごとが終わったわ。/噛まんねわ。(噛めないよ)　〔新潟:噛まんね。噛ま
　　んねわ。噛まんねて(ぇ) 噛まんね(ぇ)てば。〕　(≒～わや。)　(→わね・わや)
　　　*詠嘆・強意・婉曲表現 「わい」「わえ」の転訛〔度會〕

わあげ・わぁけ・わぁげ　　若い (=わーけ)　「「わあげね」と 言われ 思わず 腰伸ばし〈宮田〉」

わあり・わぁり　　悪い いけない 駄目な (=わり)「きもちわあり(1 気持ちが悪い 2 体調等の具合が
　　悪い)/さかなとっと わありひ(魚を捕ると悪い日, 捕ってはいけない日, 禁漁日)/おれが心わありで, (私
　　の心が悪いので)/おれ, 頭わありげ?(私は頭わるいかい?)/意地のわあり ばばさ/おまえ わありあんど。
　　(お前が悪いのだ)/気持ちわありども(気持ち悪いけれど)/きんもづ わぁり(気持ち悪い)/行儀わありし
　　て(お行儀悪くして)/あんべわありあんだげ。(具合が悪いのかい)/顔色もわありし, おがしげになってき
　　たで。/ながわありりな。(仲が悪いんだな)」　〔同:県内〕

わありなる　　悪くなる「あんばい わありなったすけ・具合わありなったすけ, (具合がわるくなったので)/
　　具合でもわありんげ。(具合が悪いんですか/具合わありはねんども, (具合が悪いんじゃないけども)」【県内】

～わい。　　～(わ)ね。 (わ)よ。 やい。「まっているわい。(待っているよ)/重箱わい。(重箱や一い。
　　重箱はどこだ。)/はて, ぼた餅くおうわい。(さて, ぼた餅食おうかな)」

～わいなる　　～が悪くなる　「あんばい わいなって(具合が悪くなって)

～わえ。　～わぇ。　1～わ。(=～わい。)　「ほね, こまったわぇ。(ほんとに困ったわい。)」　2～はど
　　うした?　「となりんしょ, ちんころわえ。(お隣さん, 仔犬はどうしたんだい)」

わがい　　　若い　「わがいしょ(若者)」　*「か」⇔「が」あり。法則性難解

†わがいいしょ　　1 若者　2 下男　使用人 (=わがいしょ,わがぇしょ)

わかげ[標?] 若そうな 若い 若者向きの 「こんげな わかげなシャツ、着らんね。」
† わがされ[京] 分家
わがす　　　沸かす 「お湯わがした」
わがっかんだろうか。　　分かったのだろうか。
わがった　→　わがる
わがね　　　　分からない　*下に同
わがらね　　　分からない　*わからね、わがね、とも言う
わからねがった　　分からなかった 「今までわからねがっただども(今迄分からなかったけれども)」
わがらのなった　　分からなくなった　「家帰る道もわがらのなって、」
わがる　分かる 「(~したがん)わがってで(分かっていて)/いわったことわがったんこさね。[言わった事分がったんこさね](言われた事が分かったんだろう、分かったのだろうね)/もう わがったわや。(もう分かったよ)」
わがんない　分からない　(=わがね)
わがんのなる　　分からなくなる 「まぜこぜにすっと わがんのなっと。(混ぜると分からなくなるぞ)」
わきしみず　湧き清水　清水の水
わぎたま　　脇・横の方 「わぎたまにおいてくれ(脇に置いてくれ)/わぎたまから よげえな口だして。(横から余計な口を出して(駄目だ))」　[水・京]
わげ　訳(わけ) 「もうしわげねぇ(申し訳ない、ごめんね)/どういうわげだがだ(どういう訳か)/わげね。」
わーけ　　若い 「わーけしょ(若い人、若者)」 *長音化類:しーれ、ちーけ、ひーれ、たーけ、にーげ、せーめ (=[京]わぎい 「わげいねえ。(わかいねえ)」)
わげぇしょ・わげしょ　若い人 若い雇い人 若い衆 (=わげぇもん)(→おどごしょ、おなごしょ)
　「だんなさまで わげしょ大勢 奉公人に おがしゃっかんだ。(旦那様で若い使用人を大勢雇ってなさったんだ)/わげしょたち」
わげぇもん　＝　わげ(ぇ)しょ
わげね(ぇ)。　訳無い。たやすい。造作もない　(=じょうさもない)　[新潟:わけね]
わげる　　分ける 「わげでくったんども(分けてくれたのだけど)/わげとねがった(分けたく無かった)」
† わごんと　　輪の様に曲がって 「この竹、わごんと曲がってで 面白い。」
わざっと　　わざと　[標? 促音の挿入]
ワサワサと　1必死に 全力で 「命あっての物種だ とおもで、ワサワサと 逃げだでが。」　2*細かく動く様 「このぼぼ もうわさわさと うごけるようになった(この赤ん坊は もうワサワサ動ける(あちらこちらと動く)様になったな)」
~わした〔丁寧〕~われた 「〈旦那様が〉馬買わしたてんが。(馬を買われたとさ)」
わだ　　綿
わだいれ　褞袍(どてら)　(=どでら)
わだる　　渡る 「すみわだり(しみわたり)」
~わった　　~われた 「さそわったども(誘われたけれど)、俺 いがね。」

わちゃくちゃ(と)　　ワイワイと　うるさく　騒々しく　「わちゃくちゃしてので しずかにせ。(騒いでないで静かにせよ)」　[新潟:わちゃわちゃ]

～わね。　　～(だ)よ。　だね。　「来ましたわね。((私は)来ましたよ　*他人の事もあり)/～としゃべったわね。(～と言ったんだよ)/お願いすますわね。(=お願いすますわ。)/そんげこど いわねわね。(そんな事 言わないよ)/ねわね。(無いよ)」　[わ、わね、の軽い敬意。女性語的]

～わの。　　～(する)よね。わよ。　「おれこんだ、おめにお礼すっわの。(今度は私があなたにお礼をしましょう)/今年から年貢いらねわの。/おれ さきだまがすわの。(俺が先にだますね)[化け競べ]/心配したわの。/～になったわの。/行って来るわの。/こごずっと行ったわの。」　*「わの」に目上の人から目下の者に言う

†わひ　　(米の)早稲(わせ)　(→あせ)　「わひの品種」

～わや。　　～だ。(だ)よ。[多少強意]　「おれ 子供 殺したわや。(俺は子供を殺したんだ)/あげもうしてきたわや。(あげて来たよ)/水かければいいんだわや。/つべついでぐわや。(杖をついて行くよ)/ワンでねわや。ちゃわんだわや。/はっきりめぇねわや。(はっきり見えないよ)/ねえわや。/にげっわや。(逃げるさ)/そんげなこどしたら だめだわや。(そんな事をしたら駄目だよ)/おら よっぱら探したわや。/俺、いがねわや。/そんげこど 言わねわや。/ぜんなんかねわや。(金なんか無いよ)/引き受けでくれっわや。」　(≒～わ。　わね。)

わやわや(と)　　どかどかと　「布団の上 わやわやと上がらねようこ。」[水原]

わらすごど　　藁仕事　*藁草履・藁縄・藁の俵・藁の蓑(みの)・藁靴等を作る仕事、主に夜間行った

わらわらで　　にぎやかに話す様子　「あのふとくっと わらわらで にぎやがになるかんさ。(あの人が来ると賑やかになるからさ)　*良い意味」　[京]

わらわらと　　無遠慮にべらべらと　「あの人 遠慮しので わらわらとしゃべるひとだ。」[水]

わり[特に京ヶ瀬]　　悪い　「なにがわりやら(何が悪いのやら)」　(=わあり)

わりかだ　　比較的　割と　「わりかだ静かに話す。」　[新潟:わりかた]

わりがった　　悪かった　「団子喰でしょもだわや。わりがったわりがった。」

わりにもこうにもあわねぇ[京]　どうもこうにも採算が合わない　間尺に合わない

わーりみでの　　悪いみたいに　「あんべ わーりみでになってしょもだでん。(具合が悪くなったみたいになってしまったとさ)」

ワリワリ　　バリバリ　「せんつワリワリというで、つぶれだでんがね。(トイレがバリバリといって潰れたとさ)/ワリワリワリと枝裂げて、」

わーるなる　　悪くなる　「だんだん顔色わーるなって、」

わろう　　笑う　「ほんね 赤子 わろで、ちっともながので育っだど。(ほんとに、赤子は笑って、ちっとも泣かないで育ったとさ。)」　[県内広域]

[を]

「を」の脱落　　「き もむ。/きぃもむ。(気を揉む)/はなかむ。(鼻をかむ)/にもつもって(荷物を持って)/てぇあらう(手を洗う)/めぇあげる(目を開ける、目を開く)」　(→「が」の脱落)　*一音節の語が長音化現象を起こし助詞が脱落する

をじごんぼう　＝ おじごんぼう　*「o」を「wo」と発音する事ある。「をじごんぼう あんにゃよりも 出世する」〈宮田〉

— 193 —

<u>をば</u>　　を,の強調　「親<u>をば</u> かぐした<u>で</u>が。(親を隠したとさ)/おれ<u>をば</u>よべ。(俺を呼べ)/おれ<u>をば</u>もながまにか<u>で</u>れや。(俺のことも仲間に入れてくれよ)」　(≒をばも, ばも)

をびやあけ　→　おびやあけ

[ん]

ん　1〔可能を示す〕「かさんね(貸すことが出来ない 貸せられない)/かさね(貸さない)/しばうらんだが。(柴を売らないのかい。柴は売るのかい)」　2 の のだ「なにするんろかなぁ。(何をするのだろうかなぁ)/引っ張り付けだんがね。(引っ張り付けたのだよ)/どごいぐん。(何処へ行くの)=どごいぐんば。[新潟:どこいくん。]/だれん車?(誰の車)/俺ん車/あいつん車」　3[音便][標?]る 「〜ばっかでは こまんが(〜ばかりでは困るが, 困るので)/くんな(来るな)/しんな・すんな(するな)」「いわんばね(え)。(言わねばね;言わなくてはならない)」　4[否定] ない (≒ね) 「せん(しない)」

〜ん+濁音　ざ・だ・ば行の濁音が続く語で鼻濁音化する物がある。新潟県新発田以北か阿賀野川右岸以北の地区で多く聞かれる。　「かンじ(漢字)/くンず(籤)/くンずびぎ(くじ引き)/どンじょ(泥鰌)/さンずき(桟敷)/あンずき(小豆)/まンずまンず(ⅰまずまず ⅱ†こんにちは[挨拶語])/かンず(火事)*新潟他地域では火事は元は「くゎじ」/かンぜ(風邪, 風)/ずンぞさま(お地蔵様)/あめンだま(飴玉)/ぼンだもづ(ぼた餅)/にンどめ(二度目), さンどめ, よンどめ/はンばげる(はばける, 裾が出てだらしなくなる)/なンべ(鍋)/ひンど でっけ。(すごくでかい)」

+ん(鼻母音)　　「うンめもん(美味い物)/ひンどでっけ(酷く・凄くでかい)」

んが　(=な) お前　「んががをば おろさンねで, ずず, よういういでいったすけ,(お前を下ろさない様に(下ろしては駄目だと)お爺さんが強く言っていたので)」　*卑語?

〜んが,　〜なのだが「あそこから たいまつの火 来るんが, あの火もろで火たきつけろわ。(あそこから松明の火が来るんだが, あの火を貰って火を焚きつけようねえ。)」

〜んがね。　〜なのだよ なのです「ひンどおごらったんがね。(ひどく怒られたんですよ)」

〜んし　　　〜のだし, のだから　「今まで可愛がって来たんし, とおもで,」

んだ。　　そうだ「んだ。まぢがいね。(そうだ, 間違いない。間違いなくそうだ。)/んだでば。(そうですね)」

<u>ん</u>だ。　　そうじゃない〔否定〕　([京]ん<u>だ</u>ぁ。)

ん<u>だ</u>ぁ。　そうだ　〔肯定〕

んだすけ　　そうだから「んだすけ, 言っただろう。=だ(―)すけ言っただろう。」(=んだすかえ[京])

んだでば。　　そうですね。「あっちゃいひだねす。/んだでば。(暑い日ですね/そうですね)」

んだども,　　でも　でもねえ

んだら,　　そうなら　じゃあ　「んだら, そんげうんまそだら, おめえも呑んでみれや。(じゃあ, そんなに美味そうだったらお前も呑んでみなさいよ)」

んだらがる[←むだかる] からまる　むだかる　「この縄, んだらがって だめだげだ。」

〜んで　　1〜なんで 「俺, 魚の番してだんで。猫の番してたんでねぇ。」　2そして 「んで, 猿どもが大勢して来て(そして猿たちが大勢で来て)」

〜んでがね。　〜のだよ。「猫 ひろできたんでがね。(猫を拾って来たのだよ)/虎猫だったんでがね。」

んな(一)　お前　あなた　あんた　てめえ　(=な)(→ねら)「んなみでな大馬鹿野郎、うぢにいれ。(お前みたいな大馬鹿は家にいろ)/んな　それでいいども(お前はそれでいいけど)/んなこどひとのみにするわ。(お前を一呑みにするぞ)/んなは　正直だ。/んなでば　何度おせぇでもわがらねぇ。(お前はな, 何度教えても分からない (馬鹿か!)/んなとおれ　二人三脚　いつまでも〈宮田〉」

[県内広域:同　*でも、新潟では聞いたことがない。「んな」より「な」の方はあり。]

(~す)んな。 [標?]　～するな　「はなれんな(離れるな)/にげんな。(逃げるな)」

んならぁ　　お前達

～んに、　　～なのに、「おめのあねさまは、あんげに　いい女に　なったんに、(お前の家の嫁さんはあんなに美人になったのに)」

～んね。　[否定]　ほどがんね(解けない)/はなさんね(話せない・放せない)/やらんね(やれない)/いらんね(居られない)/いわんね(言えない)/こらんね(来られない)/食わんね(食えない)

～んねがね。　　～されてくれませんか。　～出来ませんかね。　～してくれませんか。　「ばげもん　退治してもらいてんだが, 頼まんねがね。(頼まれてくれませんか)」

～んねんてがね。　　～出来ないんだとさ。「一人で行がんねんてがね。」

～んので、　　～ないので　「いらんので(いられないので)/いわんねので(言われないので)/こらんので(来れなくて)/くわんので(食えなくて)」(→～らんので)

～んば。　1～しなくては。「これ、やらんば。(これをしなくては(ならないな)。)〔未然形接続〕*「～ならない。」の省略とも考えられる。　2～の のだ「どごいぐんば(どこへ行くんだ) ＝どごいぐん。

[新潟:どこいくん。どこいくんか。どこいくてぇ。]」

～んばね(え)。　　～しなくてはならない。「いわんばねえ。(言わなくてはならない)/かわ　わたらんばねえでが。(川を渡らなくてはならないんだとさ)」

*新潟県内で多用「しんばね(しなくてはならない)/やらんばね(1 やらなくてはならない　2 上げなくてはならない, くれなくてはならない)/あげんばね/くれんばね/くわんばね(食わなくてはならない)/あるかんばね(歩かなくてはならない)/いかんばね(行かなくてはならない)等々」

んま　　すぐに　すぐ　サッと　[中越:ほんま]　「んま, たいまつ　てんじょ　ふげてみたどね。(すぐに松明を上の方に向けて見たとさ)」

んま(ぁ) [幼児語]　美味い物　「いい子いい子、ほーれ、んま　くれっぞ。」

んーまえ・んーまい　美味い　美味しい　「んーまえでえ。(美味いぞ)いぐづでもかれえわのー。(いくつでも喰われるよ)」

— 195 —

◎俚諺(言い慣わし・慣用句等)　　　[　]は使用地区等　迷信も多い

あおうめをたべると　おこりになる[青梅を食べると瘧になる] *真偽不明　但し青梅は青酸成分あり[笹神今坂]

あおやまに　いぎがふると, そのとしは　いぎが　ちーとさ　ふらねー。[青山に雪が降ると, その年は
　　　雪がちょっとしか降らない]　(天候予測)[京ヶ瀬]

あさげのにじはあめ, ゆうがたのにじはてんき[朝げの虹は雨, 夕方の虹は天気][笹神出湯]

あさてかり, ゆだんするな[朝照かり, 油断するな]　朝晴れていても油断するな, 雨具を持参せよ。
　　　(天気予測)[笹神]

あさのきりがさがると　ぜったいてんきがわるくなる[朝の霧が下がると絶対天気が悪くなる]
　　　*朝霧が地面近くで対流する　か?　[笹神下一分]

あせものはー
- 海に行って塩水に入ると良い
- 栗の葉を袋に入れて湯に入れる[笹神 蒔田]
- 桃の葉の汁を塗ると良い[笹神 大室, 勝屋]
- 桃の葉をつぎのふくろ(布袋)に入れた風呂に入る[笹神 蒔田, 上飯塚]

あまがえるがなくとあめがふる[雨蛙が鳴くと雨が降る]　[標?]　(≒きじがなくと〜)

あまがさがかかるとあめ, かざがさだとかぜがふく[あまがさ が掛かると雨, かざがさ だと風が吹く]　あ
　　　まがさ(月に掛かる暈)が掛かると雨, かざがさ(月に掛かる一部が切れている暈)が掛かると
　　　風が出る　[笹神今板]

‡あまちゃづるはまんびょうにきく[あまちゃづる は万病に効く] *今のアロエ的用法　[笹神上飯塚]

あめがふるときにはやすだのほうからふりだす[雨が降る時には安田の方から降り出す][笹神出湯]

いいでさんになにかゆきのかたちがでると　たうえがはじまる[飯豊山に何か雪の形が出ると田植え
　　　が始まる][笹神熊堂]

いえからでるとき, はきだしはわるい, といっていえのなかをはかない[家から出るとき, 掃き出し
　　　は悪い, と言って家の中を掃かない][笹神飯山新]

いえのなかからかさやぼうしをかぶってでるのはわるい[家の中から笠や帽子を被って出るのは悪い]
　　　〈行儀〉[笹神山寺・山倉村][標?]

いえのなかからぞうりやはきものをはいてでるとわるい[家の中から草履や履き物を履いて出ると悪
　　　い]　〈行儀〉[笹神山寺・村杉]

いどをうめるときには　うめぼしとよしをいれてからうめた[井戸を埋めるときには梅干しと葦を入れ
　　　てから埋めた][笹神出湯]　*笹神本明では, その後, たゆさま(太夫様)にお祓いして貰う

いぼはいちじくのしろいつゆをぬるとよい[疣は無花果の白い液を塗ると良い]?!　[笹神蒔田]

いぼむしがたかいところにたまごをうむとゆきがおおい[疣虫(蟷螂:かまきり)が高い所に卵を産むと雪
　　　が多い]　*迷信　[笹神出湯・大室]

— 196 —

うすをひっくりかえしておくとわるい[臼をひっくり返しておくと悪い] 〈縁起?〉[笹神山寺]

うどんげのはながさくと わるいことがある[うどんげの花が咲くと悪い事がある] うどんげの花(ウ
　　スバカゲロウの卵)が付くと悪い事がある　　[笹神出湯]

うぶゆのゆは、おてんとさまにあたるともったいない・かわやへな(へなず)にすてるともっ
　　たいない[産湯の湯はお天道様にあたるともったいない・川やへな(へなず)に捨てると勿
　　体無い]産湯の湯は日の光にあてると恐れ多い・川や水路に捨てると恐れ多い[笹神湯沢]

えんがわからでるとわるい[縁側から出ると悪い] 縁側から外へ出て外出すると縁起がわるい
　　[笹神山寺][標?]

おおさわのくわがたのゆきがきえるとぜんまいとりのじき[大沢の鍬形の雪が消えると薇採りの時期]
　　　[笹神今板]　＊大沢は今坂では雪消えが遅い, との事

おおさわのくわがたのゆきがでるとさつきがはじまる[大沢の鍬形の雪が出ると さつきが始まる] 五
　　頭山と菱が岳の中間の大沢(安野川上流の沢)の鍬形の雪形(平鍬・風呂鍬)が出るとさつ
　　き(田植え)が始まる　　[笹神今板] (→五頭山の雪解け～)

おおやまとさんごろうやまのきりが[大山と三五郎山の霧が]
　　－同じ方向に流れる時は弱い風ですぐに止む
　　－別の方向に分かれて流れる時は大風になる
　　－千切れて飛ぶ時は 馬鹿風が吹く　　　　　　＊ばかかぜ(最大級の風) [安田]

†おくりいたち(又は, すなかけいたち)はやかんみちをあるいているとうしろからついてくる[送
　　り鼬鼠は夜間道を歩いていると後ろから付いてくる] [笹神上一分]

おしゃかさんのひにてらでまくだんごをみにつけるとへびにかまれない[お釈迦さんの日(3月15
　　日:花祭りの日)に寺で撒く団子を(小さな袋に入れて)身につけると蛇に噛まれない] (→しょうぶゆに～) (≒お釈
　　迦様の団子を腰に下げて行くと蛇が来ない)

おちゃのきのはながうえをむいてさくとこゆき, したをむいてさくとおおゆき[お茶の木の花が
　　上を向いて咲くと小雪, 下を向いて咲くと大雪] [笹神出湯・次郎丸・上坂町]　＊次郎丸の高徳寺入り口の大門両脇に
　　お茶の木が植わっている

おてらさまではけはいを感じる[お寺様では(人の死亡の)気配を感じる] [笹神金屋]

おてんとさまにかさがかぶるとあめがふる[お天道様に暈が被ると雨が降る] [笹神上一分]

おなごがおとこをまたぐとわるい[おなご(女)が男を跨ぐと悪い] [笹神飯山新]

おなごしょには「だしのかぜがふくとあたまがやめてしょうがない」というひとがおおい[お
　　なごしょ(女性衆)には, だしの風が吹くと頭が病めてしょうがない, と言う人が多い] [笹神出湯] (→だしのかぜ)

おなじとしのひとがしぬと[同じ年の人が死ぬと],
　　－その人の屋根の見える人を迎えに来るので, パンで耳を塞ぐ。パンは皮に投げる
　　－死んだ人の家の屋根が見える家の人を死ぬように迎えに来るので呪われぬようにパ
　　ンで耳を塞ぐ。パンは川に捨てる。 〈迷信〉[笹神山倉村]

―パンで耳を塞いだ。耳を塞ぐと迎えに来ない　　〈迷信〉[笹神今板]

　　―ぼた餅を炊いて食べる(ぼた餅を作って食べる)　〈迷信?〉[笹神大室]

おびやっこは～ [笹神村内] 1[全般]産婦は 21 日間(帯屋開け)迄, 部屋の中に隔離した。外へ出るときはお天道様にあたると悪いので笠を被る。神様の前は通れない。鰹雑炊(鰹節を削って味噌味のおぢや)を作って貰う。乳が良く出る食べ物は餅・鮒・鯉, 悪くなるのは柿・烏賊・油っこい物。　　2[山倉村]何もするな。外に出るな。日にあたるな。出なければならぬ時は笠を被る。本を読むな。重い物を持つな。一週間鰹雑炊を食べる。乳の出を良くする物は鮒・鯉・餅。悪いのは烏賊・柿。味噌漬けは食べて良い。味噌は良いが醤油は悪い。　　3[上高田]柿の木の下と神棚の下は笠を被る。日にあたると悪く, 笠を被って外に出る。鰹雑炊を食べる。油物は駄目, 梅干は乳が上がる。柿は渋があるので乳が出なくなる。鱒は油が強いから駄目。あじ(塩引き鮭)は煮出して食べる。大根の味噌漬けは煮出して二切れ位食べた。4[次郎丸・上坂村]鳥居をくぐれない。外に出るときは笠を被る。裕福な家は鰹雑炊, 普通は干しこ雑炊。一食に一杯。夜は薩摩芋。ぜんまいは古い血を出すので良い。餅を食べると乳が良く出る。鯉汁は良い。柿は腹が冷えるので良くない。油っこい物は悪い。　　5[出湯]風呂に入れない。日にあたると悪い。　5[熊堂]寝たり起きたりするだけ。食事は専用の釜で煮炊きする。神棚の前は勿体無いから行くな, お天道様に, もったいないからあたるな, と言った。　　6[福井]実際に寝ていたのは ひとおびや(7 日間)まで, 布団は敷いたまま, 洗濯はした。台所仕事はせず食べ物をいじらない。頭を下げるな, 髪を洗うな, 本を読むと目に悪い, 針を持って縫い物をしない。　7[上飯塚]七日過ぎると布団から起きるが部屋の外に出ない。外便所へ行くのも笠を被る。体を洗うと風邪を引く。脚を伸ばすと乳が出なくなる。重い物を持つな。針仕事をすると目が悪くなる。髪の毛を洗うと乳が出なくなる。朝昼晩夜食の 4 回味噌味の鰹雑炊だけを食べる。醤油は体に毒だ。暖め雑炊は悪い, 毎回作る。　　8[山崎]姑の世話になる。産室から出られずおまる(便器を)置いた。頭を低くしたり脚を伸ばすと乳が出ない。帯屋開け迄, 本を読んだり縫い物をすると目が悪くなる, 頭もやめる(痛くなる)　7[折居]鰹雑炊は三食何杯でも食べた。食べて良いのは, ぜんまい(血が綺麗になる), 鮒汁, 餅(乳が良く出る)。食べて悪いのは柿(冷える)・するめ・烏賊・油っこい物。一週間経つと御飯を食べる。　　8[笹岡]鰹雑炊か, 梅干しと粥を食べる。粥は一食一杯のみ, 朝・こびり・昼・こびり・晩・夜食の 6 回食べた。産後は石臼で挽いた物は悪い。辛い物油っぽい物は良くない。鮒は良いが鯉は良くない。ぜんまいは乳の出を良くする。じゃみいわしを味噌汁で飲む。　　9[羽黒]戦前は鰹雑炊を三食食べ, 姑がおびやっこの鍋で作る。鮒汁, 鯉汁を食べると乳が良く出る。戦後は干しこ雑炊, 今はご飯を食べる。　　10[湯沢]粥に塩をかけて食べる。鯉はあぶらが強いので鮒の方が良いので鮒汁を食べる。産後は酸っぱい物, 油物, 辛い物, 梅干を食べてはいけない。卵は食べる。　[多種多様の言い伝えあり]

かかとうじょう [夏下冬上]　囲炉裏・七輪で炭火の火の付きを良くする方法　火種を夏は下に冬は上に置いて煽ぐと早く火が燃え出す　[標?]

かきが いろづくと おいしゃさまが あおくなる[柿が色づくとお医者様が青くなる]　＊柿は体によい?!
　　[笹神大室]

かじのとき, うすをめさきにころがすと, うまはうすについて, うまやからでる[火事の時, 臼を目先に転がすと, 馬は臼について厩から出る]　迷信?　〈小林存〉[安田]

かじのまえにはねずみ, つばめがいなくなる[火事の前には鼠・燕がいなくなる]　?[笹神飯山新]

かじばなは えんぎがわるい。いえにもってくるとかじになる[火事花(女郎花)は縁起が悪い。家に持って来ると火事になる]　[笹神下一分]　[県内:火事花を持ってくると火事になる]

かぜぎりが あたまのうえでちぎれてとんでいたら, かえしかぜがくるまでとまらない。[風霧

― 198 ―

が頭の上で千切れて飛んでいたら, 返し風が来るまで止まらない [安田]

かぶはしもにあうとうまくない [蕪は霜に遭うと美味く無い] ＊大根の逆? [笹神沖ノ館]

†かねたきがよくすをくむといながみのる。できのわるいたにはかねたきはいない。[(昆虫の)鉦叩が良く巣を組むと稲が稔る。出来の悪い田には鉦叩はいない] ? [笹神蒔田]

かみさまはおんながきらいだ。やどにおんながいると おこわがちゃんとふけない [神様は女が嫌いだ。宿に女が居るとおこわがちゃんと蒸けない]

からすのこえはしぬひとのみみにははいらない [烏の声は死ぬ人の耳には入らない] [笹神 下一分・上一分・村岡・金屋・大室]

からすなきがわるいとひとがしぬ(かもしれない) [烏鳴きが悪いと人が死ぬ] － 標準?
　　　寂しく悲しそうな鳴き方をする [笹神 折居・村岡・上一分・今板・湯沢・山崎・飯山新]
　　　ガーガーと低い声で鳴く [笹神 福井・下一分・上飯塚・湯沢]
　　　カーア, カーアと伸ばすような鳴き方をする [笹神 金屋・大室]
　　　いきんだ様な声(力を込めただみ声)で鳴く [笹神 今坂]
　　　あんじゅさま(お寺の庵)の近辺で汚い声で鳴く [笹神 山倉村]

かんは, がえっつをやいてたべるとなおる。[疳は, がえっつ(蛙)を焼いて食べると治る] 子供の疳の虫は蛙を焼いて食べると治る。 迷信? （民間療法） [笹神]

きのことなすを いっしょににてたべれば あたらない [茸と茄子を一緒に煮て食べればあたらない] <全くの迷信・誤認>[笹神出湯]

きのこはしおにつけてからたべればだいじょうぶ [茸は塩に漬けてから食べれば大丈夫]
　　　＊必ずしもそうではない 無毒にならぬ時もある 危険 [笹神出湯]

きじがなくとあめがふる [雉が鳴くと雨が降る] [笹神 今板・沖ノ館]

きつねのコンコンなきはきち, クワィクワィなきはきょう [狐のコンコン鳴きは吉, クワィクワィ鳴きは凶] <迷信>

きりが じょうげにわかれておりてくるときは なのかだしで, いっしゅうかんかとおかぐらいふく。これを「ひかた」ともいう。[霧が上下に分かれて降りて来る時は七日だしで, 一週間か十日ぐらい吹く。これを「ひかた」ともいう] [安田]

きんかになると ながいきする。 耳が聞こえなくなる(耳が遠くなる)と長生きする。[悪い雑音がきこえないから] <妄信?>

きんもくせいのはながさくと まつたけがでる [金木犀の花が咲くと松茸が出る] [笹神出湯]
　　　＊九月末~十月。本当?

くしはふんでからひろえ [櫛は踏んでから拾え] 落とした櫛は踏んでから拾え [笹神沖ノ館]
くしゃみ－
　　・くしゃみのかずによって, いちほめ, にくさす, さんぼし, よかぜ, という [嚔の数によって, 一誉め(一で誉められる), にくさす(二くさす:二で悪口を言われる), さんぼし(三で惚れ

られる)、よかぜ(四で風邪ひく)、と言う]　[笹神出湯]

・くしゃみをすると　ざんぞうしている[嚔をするとざんぞう(讒訴)している]嚔をすると誰
　　かが自分の悪口(讒訴[ざんそ:悪口])をしている　[笹神出湯・飯山新]

†けやきのこと　とのさまのこ[けやきの子と殿様の子]自然に一人手に立派になる[京ヶ瀬]

げんかんさきに　きのこをほしたものをさげると　まよけになる[玄関先に茸を干した物を下
　　げると魔除けになる]迷信?　[笹神湯沢]

こうとくじのうらのもみじがあかくなると　こうようのじきがおわる[高徳寺の裏の紅葉が
　　赤くなると紅葉の時期が終わる]　[笹神次郎丸・上坂町]

ごさんざんさまでございます。　死亡者が出た家へのお悔やみの挨拶[笹神 隣近所・親しい人の顔
　　出し用挨拶]

ごずさんとひしがたけにさんかいゆきがふると、よんかいめからはきえない[五頭山と菱ヶ
　　岳に三回雪が降ると四回目からは消えない]　[笹神 次郎丸・上坂町]

ごずさんにゆぎがさんかいふっと、さとにもほんかくてきなふゆがとうらいする[五頭山に
　　雪が三回降っと、里にも本格的な冬が到来する。]　〈天候〉

†ごずさんのゆきどけのころ　ふろぐわのがらの　ゆきがたが　あらわれ、がらがなくなると
　　さんかっけいのかたちになる。くわをつかわないで　たいひのもちこみをつかうようなき
　　せつになった[五頭山の雪解けの頃　風呂鍬の柄の雪型が現れ、柄が無くなると三角形の形
　　になる。鍬を使わないで堆肥の持ち込みを使う様な季節になった][笹神蒔田]*風呂鍬=平鍬(ひら
　　　ぐわ:柄の部分が大きく空いた木の柄の先の回りに金属を嵌め込む形の鍬) 堆肥の持ち込み=田打ち後、肥籠に堆肥を
　　　入れて田圃に担いで持ち込んで撒く

このたびはございなんさまでございました。[笹神福井 隣組毎の顔出しのお悔やみの言葉]

ごはんがちゃわんにくっつくとひでり[御飯が茶碗にくっつくと日照]　　[笹神沖ノ館]

ごはんにはしをたてるな[御飯に箸を立てるな]〈行儀/葬儀への類推〉　[標?]

ごはんをたべてよこになると　うしになる[御飯を食べて横になると牛になる]〈行儀〉

こぶしのはながさくとぜんまいがでる[辛夷の花が咲くと薇が出る][笹神出湯]*四月中旬との事

ごぼうをつくったけいけんのないいえがごぼうをつくると　しんどごぼうになる[牛蒡を作
　　った経験の無い家が牛蒡を作ると　しんどごぼう(葬式料理用の牛蒡)になる][笹神折居]

ごみ、ちりを　さんとすわないと　いっちょうまえのわかいしゅになれない[ごみ・塵を三斗吸
　　わないと一丁前の若い衆になれない] 稲拵え(稲の脱穀・俵詰め)で言われた　脱穀作業は塵が舞う[笹神]

さいのかみは　みちのかみ[賽の神は道の神]　*賽の神は村境に作る。魔除けに幣束を立てる。

†さくらのはなのさくころにすずまきをした[桜の花の咲く頃にすずまきをした]　[笹神蒔田]
　　*桜の花の咲く頃(4月17日頃)　すずまき(種籾撒き)

ささのはながさくとそのささがかれる[笹の花が咲くとその笹が枯れる]　　[標?]

†しじゅうくのもちをぬすんでたべるとひらかぜをひかない[四十九の餅を盗んで食べると
　　平風邪をひかない]四十九日法要に供えた餅を盗んで食べると風邪をひかない[笹神今坂]

じしんのまえはからすがさわぐ[地震の前は烏が騒ぐ]　迷信?　[標? 笹神飯山新]

じゅうごやさまのもちつき[十五夜様の餅搗き]秋の十五夜の餅等お供え物を子供達が貰っ
　　て行く，または取って行く事を許すこと　[笹神〈次郎丸・上一分・滝沢・村岡・本明・沖ノ館〉]

しょうぶゆにはいるとへびにかまれない[菖蒲湯に入ると蛇に噛まれない]　*蛇は菖蒲が嫌い?(→
　　おしゃかさんの～)　**虫に刺されない[笹神沖の館]　総じて菖蒲湯は虫除け・蛇除け

†しわとりはわるい[四羽鳥は悪い]　四羽の鳥は縁起悪い　*しわ(皺)を取る，は悪い[笹神福井]

しんしょうをわたす[身上を渡す]　長男に代を譲る　家長のの座を渡す(=財布を渡す)

‡すなかけいたちにすなをかけられる[砂掛け鼬鼠に砂を掛けられる]笹神下一分の村の上に竹藪
　　があり，暗くなりそこを通ると砂を掛けられるので，早く帰ってくる様に言われた　(→おくりいたち)

すりこぎのきをたずねてみつからないとそのひとはしぬ[摺古木の木を尋ねて見つからな
　　いとその人は死ぬ]　摺古木の材料は桑の木で採りに行くときは見当をつけて採りに行
　　ったとのこと。〈迷信?〉〈存〉

せいはちのはかに　おまいりにいくと　そのばんから　よなきがとまる[(山寺の上にある)セイハ
　　チの墓にお参りに行くと　その晩から夜泣きが止まる]　[笹神 大室の山寺周辺]

せんごはくらしがみんなびょうどうになった[戦後は暮らしがみんな平等になった]

せんごはみんなたいらになった[戦後はみんな平らになった]戦後は平等になった

たいないかぜふくとながあれする[胎内風吹くと長荒れする]新発田方面二王子岳麓から吹
　　く風(胎内風)に警戒した　[笹]

たいようのはんたいがわにごらいこうさまがでるとてんきがわるくなる[太陽の反対側に御
　　来光様が出ると天気が悪くなる][笹神下一分]　*御来光様(円形の虹)

だしがふくまえにはごずさんとあがのがわたいがんのさんごろうやまのいただきにかぜぎ
　　りがたつ[だしが吹く前には五頭山と(阿賀野川対岸の)三五郎山の頂きに風霧が立つ]
　　だしの風が吹く前には五頭山と阿賀野川対岸の五泉の三五郎山の頂に風霧が出る。[安]

だしのかぜは　おおやまのふもとあたりに　そこなしのふうけつがあって，そこからふいて
　　くる[だしの風は大山の麓辺りに底なしの風穴があって，そこから吹いてくる]
　　　*大山(五頭山)　こおそらく誤信。五頭山方面から吹いてきたのだろう。[安田]

だしのかぜにあたるとあたまやみのするじょせいがおり[だしの風にあたると頭病みのする女性が居り
　　・そのときにははちまきをする[その時には鉢巻をする][笹神出湯](→おなごしょ)
　　・そのときには　あげはちまきをする。*あげはちまき(結び目を前にする鉢巻)　[笹神今板]

たびからかえるときのなのかがえりはわるい[旅から帰るときの七日帰りは悪い][笹神出湯

― 201 ―

*七日帰りの時は隣家に泊めて貰ったりした]　*たび＝遠くの旅行や仕事等に出かけること

たびもんやはいりもん，きたりもんはなにものかわからないのでようじんしなければなら
　　ない　村の外から来た旅の者，嫁や婿になって村にはいった者，引っ越してきた者は注
　　意せよ。

ちゃのはながうえをむいてさくとゆきがおおい[茶の花が上を向いて咲くと雪が多い][出湯]

つきでも　たいようでも　かさがかかると　あめがちかい[月でも太陽でも暈が掛かると雨が
　　近い][笹神沖ノ館]

つくつくぼうしがなくと　かきをたべてもよい[蜩(つくつくぼうし)が鳴くと柿を食べても
　　良い]　*ちょっと早いかも？　[笹神飯山新]

つげとは　ふたりでいく[告げ人は二人で行く]　[笹神広域]

つげとにひとりでいくとほとけにひっぱられる[告げ人に一人で行くと仏に引っ張られる]
　　死亡者が出たことを，一人でつげと(連絡する人)で行くと死者に引っ張られる。つげと
　　には二人で行く。[笹神　次郎丸・上坂町・羽黒・出湯]

でさきにはりをつかうとわるい[出先に針を使うと悪い]　他の家で針を使うのは良くない
　　　[笹神飯山新]

てんおうさまのまつりまでは　きゅうり，なすなどのはつものをたべることができない[天王
　　様の祭りまでは　胡瓜，茄子等の初物を食べる事が出来ない]　　[笹神下一分]

どうきゅうせいがしぬと，おはぎをつくりみみのところにあてる。おはぎはとなりきんじょ
　　にくばる[同級生が死ぬとおはぎを作り耳の所に当てる。おはぎは隣近所に配る]〈戦前の
　　迷信？〉[笹神山寺]　(→おなじとしの〜)

とがゆさぶられたりあしおとがした，とかいう[戸がゆさぶられたり足音がした，とか言う]
　　(人が死ぬ前には戸が揺らされたり足音がしたりする，と言われる)(死の予兆)[笹神　飯山新]

とんびが　ひくくとぶと　てんきがわるくなる[鳶が低く飛ぶと天気が悪くなる][笹神今板]

なつがあつくなるとしには　はちはちにちかいところにすをつくる[夏が暑くなる年には，蜂
　　は地に近い所に巣を作る]　[笹神　大室]

なんてんはいえのきたぐちにうえるとまよけになる[南天は家の北口に植えると魔除けにな
　　る]　迷信？　[笹神下一分]

におうじだけのゆきがたがたいのあたまのかたちになるとすずまきだ[二王子岳の雪型が鯛
　　の頭の形になるとすずまきだ]　*すずまき＝苗代の種まき　[笹神村　村岡]

にしかぜがつよいとてんきがかわりやすい[西風が強いと天気が変わり易い]　[笹神沖ノ館]

― 202 ―

ねこが かおをあらうとき, みみのうしろまで てをやると よくじつはてんきがよい[猫が顔を洗うとき, 耳の後ろまで手をやると翌日は天気がよい] [笹神下一分] *手=前足

†ねこがさかるとほとけがおどる[(葬儀に)猫が盛ると仏が踊る] *猫は葬儀に出さない [笹神山倉村]

ねこはそうしきがおわるまでくらのなかにいれてださない[猫は葬式が終わるまで蔵の中に入れて出さない] [笹神福井]

ねているときしばたのほうのきしゃのおとがきこえるとてんきがよくなり, すいばらのほうできこえるとわるくなる[寝ているとき 新発田の方の汽車の音が聞こえると天気が良くなり, 水原の方で聞こえると悪くなる]　[笹神下一分]

のだんごをくうと どくされにならない, どきょうのないひとはどくされになる[野団子を食うと どくされ にならない, 度胸の無い人は どくされ になる]死んだ人に供える団子を食うと心が堕落した者にならない, 度胸の無い人が喰うと堕落者になる
　　　　[笹神 山寺・下一分・沢口]

ののくちがあく[野の口が開く] 村決めで草刈り・竹の伐採等の開始日になる *ののくちが開ければ後は自由に取ってよい。[笹神]

はるいちばんのおおかぜはくだりかぜがおおくふく[春一番の大風はくだりかぜが多く吹く] 春一番には下り風(強い西風)が多く吹く　[京ヶ瀬] *下り風, は しもかぜ とも言う

はるよめ, せっきよめ[春嫁, 節季嫁] 年の暮れに嫁入りした節季嫁は冬の間少し楽が出来るが, 春嫁は嫁に来てすぐ田へ出なければならないので損だ　[笹神]

ひがしのそらがやけると だしがふくまえぶれ[東の空が焼けると だしが吹く前触れ] [笹神飯山新]

ひざかぶもちをなたでにんずうぶんきってたべる。たべるとけんこうになる。[ひざかぶもちを鉈で人数分, 切って食べる。食べると健康になる。] [笹神湯沢]　(→しじゅうくの〜)

ひもをたてむすびにするな[紐を立て結びにするな] [笹神村岡・山寺・大室]

ひゃくにちこうはてらにうえるが, やしきにうえるものではない[百日紅(さるすべり)は寺に植えるが, 屋敷に植えるものではない]　[笹神下一分]

ふくろうが「ほーほー, のりつけほーせー」となくとよくじつてんきがよい[梟が「ほーほー, のりつけ(糊付)ほーせー(乾せ)」と鳴くと翌日天気がよい]　[笹神 蒔田・下一分・沖ノ館]

ふつかよいは かきをたべるとよい[二日酔いは柿を食べると良い]　[笹神蒔田]

へそなわは…[臍縄(臍の緒)は…]
　・臍縄(臍の緒)は子供の元気が良いと早く取れる　取れた臍縄は乾かして筆筒の中にしまっておく。

子供の腹が病めた時、舐めさせると良い(民間療法) [笹神笹岡]

・臍縄は箱の中に入れて取って置いた。夜泣きした時、枕元に置くと良い　[笹神福井]

・臍縄は乾して縁側にぶら下げておくと薬になる　*箪笥の引き出しに片付けておいた [笹神熊堂]

へびはやしきのまもりがみさまで、ねずみをとってくれるのでだいじにする　[笹神下一分]

ほだるをすででふれ、そのてでめをこすると　めえつぶれんがくれているので。[蛍を素手で
　　触れ、その手で目をこすると目が潰れる(目が見えなくなる)]　(衛生指導) [笹神]

ほとけにねこをちかづけるとまがさしてわるい[仏に猫を近づけると魔が差して悪い] [笹神]

まえやまがはっきりみえるとだしのかぜがふく[前山がはっきり見えるとだしの風が吹く]
　　[笹神飯山新]

ますをひっくりかえしておくとわるい[升をひっくり返しておくと悪い]〈縁起〉[笹神山寺]

まむしざけはなんでもきく。たくさんのみすぎるとけがぬける[蝮酒は何でも効く。沢山飲み
　　過ぎると毛が抜ける]　*万能薬的? [笹神大室]

まんまはちぶめ　じょうぶひゃく[まんま八部目　丈夫百]長生きには腹八部目がいい。暴飲
　　暴食が体に悪い。[水原〈宮田〉]

みずのなかにゆをいれるな[水の中に湯を入れるな]〈縁起?〉[笹神福井・村岡・大室・村杉]

みそもくそもいずろぐ[味噌も糞もいづろぐ]　味噌糞一緒くた　何でも一緒くたにする

みもちはかそうばにいくな[身持ちは火葬場に行くな]既婚者は火葬場に行くな〈縁起?迷信〉
　　[笹神山倉村]

むかしは　おおかぜがふくと　やまなりがしたが、いまは　てっとうが　もがりぶえのように
　　なりはじめる[昔は大風が吹くと山鳴りがしたが、今は鉄塔がもがりぶえの様に鳴り始
　　める]　　[笹神下一分]　*もがりぶえ(藻刈り笛:合図の為に(福島)潟で吹いた笛か?)

むかしは　むらすぎのうおいわまで　うみであった[昔は村杉の魚岩まで海であった] [笹神大室]

むらおかの　てらのかねのおとが　よくきこえると　てんきがよくなる[村岡の寺の鐘の音が
　　良く聞こえると天気が良くなる] [笹神下一分]

むらののみくいはごんごだし[村の飲み食いはごんご出し]むらの寄り合い等の飲み会(特
　　に酒代)は割勘にする

むねあげのだいへいはだいくのつまをまつるものだ[棟上げの大幣は大工の妻を祭る物だ]
　　昔話:ある城主が御殿造営の為、大工らに鼠の彫刻をさせ猫に選ばせることで、棟梁を選
　　ぶ試験をした。一人の怠け大工が妻の気転で鰹節で鼠を彫り棟梁になるが、柱の寸法を切
　　り縮めてしまい、また妻の気転で枡形を組むことでごまかした。露見するのを恐れ夫は妻
　　の首をはねたが、その首は北を指し飛び去り御殿を崩しに来るぞと叫んだ。その霊を慰め
　　る為に、女性用のかもじ・櫛・簪・笄等を大幣にし、飾る。また弓矢を北方向に供えた。〈伝説〉

― 204 ―

むねあげのよる、ちゃのまのろをきろうとおもうあたりで、しゅじゅんはたきびをたく[棟上げの夜、茶の間の炉を切ろうと思う辺りで、主人は篝火を焚く]焚いた人が家長に決まる。さもないと建物に初めて入ってきた動物(ex.蛇等)が家長になり替わり家に取り憑き財産を使い減らす。〈迷信?〉

めごげなよめごはとくをする[めごげな嫁御は得をする]可愛らしいお嫁さんは何処へ行ってもちやほやされ、家の中も明るくしてくれる 〈宮田〉

もずのさしえがたかいところにあるとおおゆき[百舌の刺贄(早贄)が高い所にあると大雪] [笹神沖ノ館]

もずのはやにえをもてばえんぎがよい[百舌の早贄を持てば縁起が良い] 百舌の早贄は、鳳凰への捧げ物で縁起がいい。 雪解け頃、桑畑の中を探して歩いたとのこと。また懐に入れておくと無尽講や(宝)籤に良く当たったとのこと。〈迷信?〉 〈存〉

もちつきのとき、うすはたにおちたもちは、むねがいらついていきぎれのするとき、やいてくうとよい[餅搗きの時、臼端に落ちた餅は、胸がいらついて息切れのする時、焼いて食うと良い]藁の付いたまま取って、吊し乾して保存して置いたとのこと〈迷信〉(金淵)〈存〉

やひこやまがよくみえるとてんきになる[弥彦山がよく見えると天気になる] [笹神出湯]

やまがきれいにみえると だしのかぜがふく[山が綺麗に見えるとだしの風が吹く]五頭山がはっきり見えると、だしの風(五頭山から吹く風)が吹く [笹神出湯]

ゆきおろしのかみなりがさんかいでゆき[雪下ろしの雷が三回で雪] 12月(早い年は11月)中、降雪の前の曇りの日に急にさらに暗くなり、稲妻は見えないものの雷音が轟き渡り、その後ちらほらと雪が降ってくる。これを三度繰り返すと積雪(または常に降雪)になる。(その轟き渡る雷を『ゆきおろしのかみなり』と称す。)

よ、つめをきるとおやのしにめにあえない[夜、爪を切ると親の死に目に会えない] 江戸時代からの全国的言い伝え [よ=夜・世(人生)を/つめ=爪・詰める→人生を短くする早死にする]

よ、つめをきるとわるい[夜、爪を切ると悪い] 〈上同〉

よめといどみず、かえるほどいい[嫁と井戸水、換える程良い] 嫁いびりの俚諺

よる、くちぶえ(を)ふくな。[笹神出湯] /夜口笛吹くな。口笛、ぬすと(盗人)の合図だから。[笹神飯山新]/ぬすと(盗人)が入るから夜に口笛を吹くもんでない。[笹神宮下]

‡よんじゅうごにちで こめさんびょう[四十五日で米三俵]9月1日から10月稲刈りの半ばまで、おおやけ(土地持ち農家)の稲刈りで働いた若い衆への謝礼の相場 [笹]

らんとうばふきんでからすがなくとかならずふこうがある[らんとうば(火葬場)付近で烏が鳴くと必ず不幸(人の死亡)がある] [笹神湯沢]

水原郷言葉の全般的特徴

　渡會先生の『笹岡(阿賀野市)地域の言葉』(渡會好古 平成16年8月30日発行)も参考にし、その特徴とその語例を示す。

1　概念的には、新潟弁と新発田弁を合わせて二で割った様な言葉である。但し新潟の西蒲原とも旧新潟市中心部、通称‘新潟島’(古町・本町を中心とし川下までの地区)の新潟地区や沼垂地区とも全く違うし、新発田地区とも異なる。あえて言えば以下の2～6の特徴が混ざり込んでいたりいなかったりしていて、似ていて非なれども類した言葉である。しかし平成のこの時代には、ここらの言葉は、新潟・新発田・長岡・三条等の言葉に近くなって来ているように感じる。ほんの時折、子供達の発する語に僅かにその名残が見られることもある。

2　濁音化現象(特にカ行とタ行に顕著)がある。これは県内他地区でも散見される。ただ齋藤清成氏によれば「京ヶ瀬村の…中部地区、北部の集落、曽郷、金渕、法柳新田、乙金渕、等の集落では言葉方言が一味も二味も違っています。言葉の音韻、語法もそれぞれ違い、言葉にニゴリがないのが特徴で、祖先のルーツが同じといえるようです。」〔五頭郷土文化39号 p.4〕とあり、京ヶ瀬地区の南部は濁音化が見られるが、その他の地区では見られないとも述べられている。また地区においても、また地区内でも細かな地区、加えて家柄等によって濁音の有無がある。例えば京ヶ瀬地区で戦前までは「言葉にニゴリがないのできれいに受けとられる例を上げれば、親を呼ぶ言葉で一般では「トトサ」「カカサ」と言うのがあります。」と齋藤氏は述べられている。

　また、濁音に鼻母音が入ることもある。新潟市内の多くは会話に鼻濁音が入らないが、この地域では顕著である。また阿賀野地区新発田市以東では鼻母音の挿入が通常であるので、そちらの語の影響があるのかと私は思う。ただ、以上の濁音化と鼻音化、訛音化は消えていく傾向(例：むかしあったてんかの。＝むかしあったでんがの。)があり、特に若者は全く濁音無しで使用することも多い。　若者達は、この地区の方言を『じいちゃんことば/ばあちゃんことば』と言い、年寄り(自分の祖父母達)が何を言っているか分からない、と私に言う若者も多い。度會好古先生によると、「当地域では、語頭以外のカ行、タ行の各音は、一般的に濁音化して発音されるものが多い。」〈地域の言葉 笹岡(阿賀野市)〉とのこと。つまり必ずしも濁音化するわけでは無いが、濁音化することもあるわけで、その変化は絶対的ではなく微妙でもある。また、「音便に連なる語句「げんき(元気)」「たんき(短気)」や、連母音のu音に連なる語句「ほっかいどう(北海道)」「こうかいどう(公会堂)」等は濁音化せず、濁音化しない語句も多い。」との指摘もある。ただ、必ず濁音化や訛音になる語の検討も必要である、との指摘もある。また、隣接地区の新潟市新津地区では、い・うの短母音に挟まれると濁音化するとのことで関連がある、との指摘もある。また、東福島会津地区では語中の子音が濁音化するとのことでその類似性も指摘される。

◎主な濁音化

1　カ行　ⅰ「か」－ばが(ばか、馬鹿、とても)　みがん(みかん[果物])　わがんね(分からない)　うごがね(動かない
　　　　　＊多くの県内で「うごかね」)
　　　ⅱ「き」－えぎ(駅)　かぎね(垣根)　かぎ(柿)　ふろすぎ(風呂敷)　ゆぎ(雪)
　　　ⅲ「く」－あぐび(あくび)　いぐ(行く)　おぐ(置く)　だぐ(抱く)　とどぐ(届く)　ぶだにぐ(豚肉)　ぎゅうに
　　　　　ぐ(牛肉)　よぐわがんね(よく分からない)
　　　ⅳ「け」－おげ(桶、置け)　こげ(苔、茸)　さげ(酒)　たげ(竹)
　　　ⅴ「こ」－かごむ(囲む)　どご(どこ)　とごや(床屋)　よご(横)

2　タ行　ⅰ「た」－かだ(肩)　げだ(下駄)　ただみ(畳)　ぶだにぐ(豚肉)
　　　ⅱ「ち」　1)づ、に訛音－いづび(市日)　くづ(口)　とづ(土地)　はなづ(鼻血)　　2)ちゃ→ぢゃ・じゃ　おぢゃ(お茶)

— 206 —

　　　　iii「つ」－くづ(靴)　おぢる(落ちる)　くづばす(嘴)　さづまいも(薩摩芋)　ぶづ(ぶつ, 殴る, 叩く)

　　　　iv「て」－あでる(充・宛・当てる)　かでめす(かてめし(野菜や干菜等を入れて量を増やして炊いた)混ぜ御飯・炊き込

　　　　　み御飯)　たで(縦)　まで(待て)

　　　　v「と」－いど(糸)　かどなる(固くなる)　さどいも(里芋)　そど(外)

3　この地区には多くの訛音化現象がある。(シとス, セとシェ等々) 東北方言の影響とも考えられ, 村上地区・東蒲原

地区(旧会津藩領)と同じとは言えないが似た訛音がある。また, 県内他地区でも見られる訛音化現象(イとエ, タとト, ヌ

とノ等)も見られる。ただ, 濁音化同様, 若者には無くなってきている。

◎主な訛音(なまり)<ア行, カ行, サ行, タ行, ナ行, ハ行, マ行, ヤ行, ラ行, その他>＊度會先生の分析を元に補った。

1 ア行　i「い」と「え」の混同　ピーテーエー(PTA:ピー・ティ・エィ)　ええが(映画)　え(胃)　びょうえん(病院)　いんぴ

　　　つ(鉛筆) [水原郷独自ではなく中越, 下越も同　新潟県人の多くがそう発音する]　＊＊「にがや, にかいや(二階屋)」

　　　「しばや, しばいや(芝居屋)」は「え」にならない：にかえやx　しばえやx

　　　　ii「う」→「む」　むきゅうじん・むちゅうじん(宇宙人)

2 カ行　「き」→「ち」　とうちょう(東京)

3 サ行　i「し」→「す」　あす(足・脚)

　　　　ii「じ」→「ず」　ずず(爺)

　　　　iii†「す」→「し」　なし(茄子)

　　　　iv「せ」→「ひ・しぇ」　わひ(早稲)　ひんひ・しぇんしぇ(先生)

　　　　vその他　ひじゃかぶ(膝かぶ, 膝小僧)　じょうさもね(ぞうさもない)　そうじゅう(焼酎)　しょんべんすにい

　　　　　ぐ・しょんべんひにいぐ(小便をしに行く)

4 タ行　i「た」→「と」　へと・へど(果実のへた・蔕)

　　　　ii「ど」→「だ」　こんだ(今度)

5 ナ行　i「ぬ」→「の」　のぐ(脱ぐ)　のがない, のいで, のげ. このが(小糠)　てのげ(手拭い)　~もので(~も無くて)

　　　　ii「の」→「ん」　＊標準語だが多用　つけもん(漬物)　おらどごんしょ(俺の所の衆, 自分の近所の人たち)

　　　　となりんしょ(お隣の人)　あんな(あのなあ(呼掛))

6 ハ行　i「ひ」→「ふ」　はなふげ(鼻ひげ)

　　　　ii「ひ」→「へ」　へる(ひる:蛭)

　　　　iii「ぶ」→「び」　かさびた(かさぶた:瘡蓋)

7 マ行　i「もっ」→「まっ」　まっと(もっと)

　　　　ii「も」→「む」　むぐる(潜る)

8 ヤ行?　「や・ゆ」→「よ(ど)」　はよ・はあよ(早く, 速く)　ぶよ・ぶど(ブユ 蚋)

9 ラ行　i「ら」→「な」　あなれ(霰, あられ)

　　　　ii「り」→「ら」　ひとらっこ(ひとりっこ)

　　　　iii「り」→「い」　くさむすい(草むしり) ＊rの消失　むい(無理)

　　　　iv「る」→「っ」　たべっか(食べるか)　みっか(見るか) ＊促音化　標準語?

　　　　v「る」→「ん」　くんな(来るな) ＊撥音化　標準語?

　　　　viその他　うらおぼえ(うろ覚え)　わあり(悪い)　ぬうれ(ぬるい)　†すうれ(白い)

10 その他　ⅰ よう・いお(うお　魚)

　　　　　ⅱ しらげ(しらが　白髪)　*白(しろ)+髪(が、かみ)からか?

　　　　　ⅲ つつぎ(ツツジ〔花〕)　*言い間違い?

　　　　　ⅳ [標?]しょんべん(小便)

　　　　　ⅴ やわっけ(柔らかい)

5　音便で撥音の脱落・挿入現象、長音の脱落・挿入現象、促音の脱落・挿入・長音化現象、その他の音便がある。これらは一拍にならず一音に聞こえない特殊拍ではないかとの指摘もある。

1 撥音の脱落　−「ん」　かんべな(←かんべんな(勘弁な、勘弁してね))　わがね(←わがんね←わかんね←わかんない(分からない))

2 撥音の挿入　+「ん」　うんめ(←うめ←うまい)　おんなず(←おなず←同じ)　きんもづわぁりぃ(←気持ち悪い)　どんじょ(←どじょう:泥鰌)　はんづかす(←はづかす←恥ずかしい)　ひんで(←ひで←ひでえ←ひどい)　まんずまんず(←まずまず:やあ、こんちは　*昔の挨拶)

3 長音「う」の脱落　がっこ(学校)[標?]　じょろすぎ(女郎杉)[標?]　ふぐろ(梟(ふくろう)[鳥])　ぶど(葡萄)

4 長音の挿入　「蚊/気/火/目」等の、一音節の語に格助詞の「が」や「を」を接続する時、助詞が省略され前の語の母音が長音化する。県内に多く見受けられる。関東でも使うか。

　　　かぁつぶす(蚊を潰す)　きぃつける(気をつける)　ひぃつける(火をつける)　めぇいてえ(目が痛い)

5 促音の脱落　−「っ」　そうおもだ(そう思った)　そういで(そう言って)　ひろできた(拾って来た)　ややこをぶでいぐ(赤ん坊を負ぶって行く)

6 促音の挿入　+「っ」　県内広範囲で使う　あっちゃい(熱い・暑い)　あっつい(厚い)　くっせ(臭い　*標?)　けむってぇ(煙たい)　ざっこ(ざこ:雑魚)　おればっかに(俺ばかりに　*標?)　ふっけ(深い)　ひって(ひで←ひどい)　わざっと(わざと　*関東でも使うか?)　*標準語の赤っ恥・黒っぽい・盗人(ぬすっと)の類、とも言える

7 促音の長音化　関西方言に多く見られる促音「っ」が「う」になる現象　これは新潟地方の方言が江戸前期以前に関西弁の範疇にあった事を示す。近場では促音の長音化が佐渡方言に多くみられる。もっとも佐渡方言は関西方言の北限ではあるが。　　こうでくる(買って来る)　こうで(かって)みる・ある・いる　あろうでくる・あろでくる(洗って来る)　あろうで(あろで)みる・ある・いる　すもうでおく(しまっておく)

8 その他の音便　いんか(行くか)　かじぇ・かぎ(かぜ:風邪)　よろっとする(ゆるりとする:のんびりする)　*おっきな、しょっからい、は標準語か?

6　新発田弁の様な鼻濁音があり、東北方言の影響が見られる。阿賀野川以北は東北弁の影響が大きくその範疇に入れることがある。この地区も阿賀野川の右岸にあるのでその影響が多少ある。と言いつつも新潟の県北の村上・岩船方言や山形弁や福島会津地方方言の影響下にある東蒲原方言とは相当に異なり、やはり新潟中部方言の一部と考えられる。ザ行、ダ行、バ行の音に接続するとき、前の母音が鼻濁音現象が起きることが、必ずではないが、あることがある。ンで示すあんずき(あずき:小豆)　あめんだま(飴玉)　かんず(火事)　かんぜ(かぜ:風邪・風)　くんずびぎ(籤引き)　さんずぎ(さじき:桟敷)　ずんぞさま(地蔵様)　どんじょ(どじょう:泥鰌)　なんべ(鍋)　にンどめ(二度目)　はンばげる((着物の裾が)はばける、だらしなく脚が出る)ぼンだもづ(ぼたもち、おはぎ) *ひんで(酷い)、まんずまんず、とんび、も鼻母音化することあり

7　県内他地区でも多く見られる音転換がある。全国的か? 言い間違いか。

　　おなんどう(おんなどう:女堂[地名])　とかさ((鶏の)とさか)　なぎだわる(なぎわたる:凪渉る)　やりむり(無理矢理)

8 連母音の音の脱落と転化現象が多種多様に見られる。格助詞を省く事も散見される。

　　ああ→あ　しらい(←しらあい:しろあえ, 白和え[豆腐料理名])　ハモニカ[標?](ハーモニカ)　あぶらげ(油揚げ)

　　あい→え　ね(ない)　あそばね(遊ばない)　たべね(食べない)　いがね(行かない)　かれ・かあれ(辛い)　いで(痛い)

　　　　　　でけ・でっけ(でかい)　こまけ・こまっけ(細かい)　みでだ(みたいだ)　いさげ(いさかい:喧嘩)　でえすき(大好き)

　　あう→おう・お　こう(買う, 飼う)　あろう(洗う)　あろできた(洗ってきた)　すもう(仁舞う)　かもう(構う)　おう(会う)

　　あえ→え・い　しらあい(しろあえ, 白和え)　おめさん(お前さん)　やまいぐ(山へ行く)

　　いい→う　さびす(寂しい)　たのす(楽しい)

　　いい→い　それで いわ(それで良いよ)　おっき(大きい)　い(いい:良い)

　　いう→ゆー　ゆー・ゆう(言う)　ゆってきた(言ってきた)　ゆわんば(言わなければ)良かった

　　いえ→え　い(一・え)　めえる(見える)　おせぇる(教える)　おせぇでやる(教えてやる)　雪がけえる(消える)

　　いお→よ・よお・よう　ようつり(魚釣り)　ようのご(=いおのこ:魚の子, 魚の卵)　しょ(塩)

　　いを, いが, いは→い　きもむ(気を揉む)　きいついた(きがついた, 気づいた)

　　うい→え, ぇ　せぇばら(すいばら:水原[地名])　ふうれ(古い)　かぁえ(痒い)[*ye, の音にもなる]

　　うい→う　*い, 脱落　†あがる(明るい)

　　うえ→え　*〜ば, に接続　柿けば(柿食えば)

　　うを→う　*を, 脱落　荷物持って(荷物を持って)　[標? 頻用]

　　えい→え　え(ぇ)が(映画)　しんけ(神経)　†てぇしゃば(停車場)　とげ(時計)

　　えを→え(一)　てーあらう(手を洗う)　めーつぶる(目をつぶる)　めあげる(目を開ける)

　　おい→え　おどで(おととい:一昨日)　おうせ・おーせ(遅い)　ひいれ(広い)　ひんで(ひどい)

　　おい→いぇ・ゑ(ye)　おもっしぇ(おもしろい)

　　おう→え　　さえなら(さようなら・さよなら)　そせば(そうすれば, そうすると)

　　おう→っお　　ごっつお(ごちそう)　がっこ(学校)

　　おう・おお→お　†かなこり(=かなこおり:つらら)　††おぎに(おおきに, ありがとうね[挨拶語])

その他　いやんばい(良い塩梅)　いさぶる(揺さぶる)　はぁよせ(はやくしろ)　よう(よく)　としょり(年寄り)　おがい

(お粥)　しむ(死ぬ)

　以上の地区の特性を交えて発音される言葉は北蒲原郡の水原を中心とした通称"水原郷"その物の言葉、と感じ取る
ことが出来る。　この地区の近郊の者には、この地区の人と全く同じ様に喋るのが難しく感じられる言葉である、と感じ
られる。推定 70 歳代の地元の方と話をしているとたまに解らないこともあり, 阿賀野お話の会の集まりで聞いた言葉も
分かりづらい語句があった。

あとがき

平成 26 年 4 月から新潟近郊, 水原の阿賀野高校 (旧水原高校) へ転勤となった. 新潟市中心より南東に約 20km 強, 学校は水原駅から 1km 程, 新潟県旧北蒲原郡水原町の中心にある. 近くに冬鳥の飛来地で有名な瓢湖や, 史跡に水原代官所跡の博物館がある. 水原町は明治時代当初に越後府, 後に水原県が置かれその名残の小山, 天朝山もある. 水原の長谷部先生によると, そこは旧幕中, 越後の豪農市島家の別宅跡で飢饉の際, 市島家が農民救済の為, 百姓を人夫として雇い, 真偽不明の言い伝えだが水原小学校の場所にあった岡山から運んで土盛りし建物・庭・池を作ったとのことで, そこに御維新後, 役所が置かれた. また, 近くの五頭山山麓には, 江戸・明治時代に新潟人には『湯治に出湯』と言われていた出湯温泉が車で 10 分ほどの距離にある. 並ぶ村杉温泉・今板温泉を加えた五頭温泉郷の泉質はラジウム成分を含みアトピー性皮膚炎治療にも効があるとのことだ. 観光的に繁盛している月岡温泉も福島潟も近くにあり, 新潟の奥座敷と称する人もいる. 自然豊かな地区でもある.

阿賀野高校に通う生徒は近隣の者が 7 割ほどで, 今の阿賀野市つまり旧水原町・笹神村・京ヶ瀬村・安田町の者, および新潟市となった旧横越村の者が多く, その他は新潟市・新発田市・新津市 (今は新潟市秋葉区) から通っているが, 新潟市内の言葉と変わらない.

当地での言葉の始めの印象は, 余り新潟市内の言葉と大差なく, 他地区の様にすぐ分かる差異, 特に北蒲原っぽいとか水原っぽい言葉廻しがあると, 感じなかった. 老若男女とも新潟とほとんど同じ言葉をしゃべっている様に感じた. ただ暫く聞いていると濁音が新潟よりも多く発音されること, また新潟の語末表現の「ら.」,「らろ.」が余り使われないこと, 新潟弁の「て./てえ.」が水原では「でが.」になり得る等を感じ始めた. それなりの方言体系があり同じように話すのは容易ではないと感じている. 特に濁音の有無が難しい.

現在の阿賀野市は水原・笹神・京ヶ瀬・安田地区からなるが, その 4 地区は阿賀野川により新津・横越地区から隔てられており, 北にある新発田市・旧豊栄市との関係は社会文化面のみならず言語面でも関係深く, 以前の言葉はそちらとの関係が深かったようだ. 今はそれほど強くなくも感じるが, おそらく新発田弁の混じった新潟弁のような言葉を使っている様にも感じた.

このようなこの地区の言葉を纏めた最も古い物に, 小林存著の『水原郷土史』(昭和 51 年 5 月 31 日発行) がある. 小林はその中に, 大村校が明治 10 年頃に県庁の諮問に応じ収録した『「水原郷の方言訛音」の一例』を元にして方言語句を著した. その語句については現在の言葉の状態を考え検討した. 次に現実の言葉の用例を考察するために, 水原代官所・水原ふるさと農業歴史資料館で配布されている資料『水原郷の方言』, 加えて水原高校社会科部により収録・編集された昭和 46 年の『民話』と 49 年の『むかしばなし』が編集され出版された私家版『いちごぶらゃんと さがった』(平成 10 年再版) を検討した. そこに収録されたこの地区の会話調の物語文の表現から方言語句や訛語を選び出し, 現在の表現と検討した. 加えて, 最もこの地区の言葉について, 殆ど完全に纏められた渡會好古先生 (昭和 10 年生 故人) 著の『笹岡 (阿賀野市) 地域の言葉』(平成 16 年 8 月発行) と, 京ヶ瀬弁方言考 野路の会編集の『京ヶ瀬弁方言考』(平成 16 年 2 月 27 日発行) を参考にし, 当地で見聞きした語句も加えて現在の水原郷の言葉を纏めてみた. [* なお『笹岡』は旧笹神村の中心地地名] また平成 27 年 4 月に「あがのお話の会」(代表 宮田レイさん 会員 10 名) が, 付録に『水原周辺の方言』をつけ『ばあの語りとんとんむかしあったてんが』を発行され方言語句の使用例が格段に参考に出来, またこの会に陪席させて頂き, 語句を纏める上で大変参考にさせて貰い, ご指導ご鞭撻を頂いた. また阿賀野高校の生徒も交え, 水原弁の方言カルタを宮田レイさんの監修の元, 現在制作中であることをここに記す. さらに末筆乍ら, この集成を阿賀野市の方々及び旧水原高校社会部 OB の方々に捧げる.　　　　　(H28. 11 月)

○参考文献

阿賀野　阿賀野市むかし話 Museum　　阿賀野市観光協会　新潟県阿賀野市観光協会観光スポットガイド あがの
　SPOT 内(internet)

いちごぶらぁんとさがった　　水原高校社会部編　宮田レイ発行　平成 10 年 1 月

越後魚沼方言集　拙書　考古堂　2010 年 12 月 1 日

京ヶ瀬弁　方言考　　野路の会編・監修　京ヶ瀬村教育委員会発行　平成 16 年 2 月 27 日

五頭郷土文化 39 号『方言にふる里の手形 その一』齋藤清也　五頭郷土文化研究会編集　1997(平成 9)年 12 月 20 日発行
　pp.1-15

佐渡国中方言集　拙書　考古堂　1996 年 11 月

笹岡(阿賀野市)地域の言葉　　渡會好古発行　平成 16 年 8 月 30 日

笹神村史　第 4 巻　民俗資料篇　笹神村発行　2002 年

水原郷土史　小林存著　歴史図書社発行　　昭和 51 年 5 月 31 日

水原郷の方言/方言を使った会話例　　水原ふるさと農業歴史資料館で配布

なかじょうのことば　板倉功著　胎内印刷所　昭和 59 年 11 月 23 日

新潟南蒲原方言集　拙書　考古堂　2006 年 8 月 15 日

ばあの語り とんとんむかしあったでんが　あがのお話の会編集　平成 27 年 3 月

ばあの語り とんとんむかしあったでんが付録 水原周辺の方言　あがのお話の会編集　平成 27 年 4 月吉日

京ヶ瀬と横越に架かる槿雲橋(おううんばし)脇・旧茶屋(酒屋)近くにある小林存記念石碑(右)。存氏は新潟日報の記者であって、水原町内に住み『水原町史』をも纏めた。小林家は横越の旧家であったが子孫は転居したと伝えられる。左は住居跡地の石碑。二つとも横越町内に在。

阿賀野警察署（旧、水原警察署）前にある方言看板。以前は大きな看板にも書かれていた。

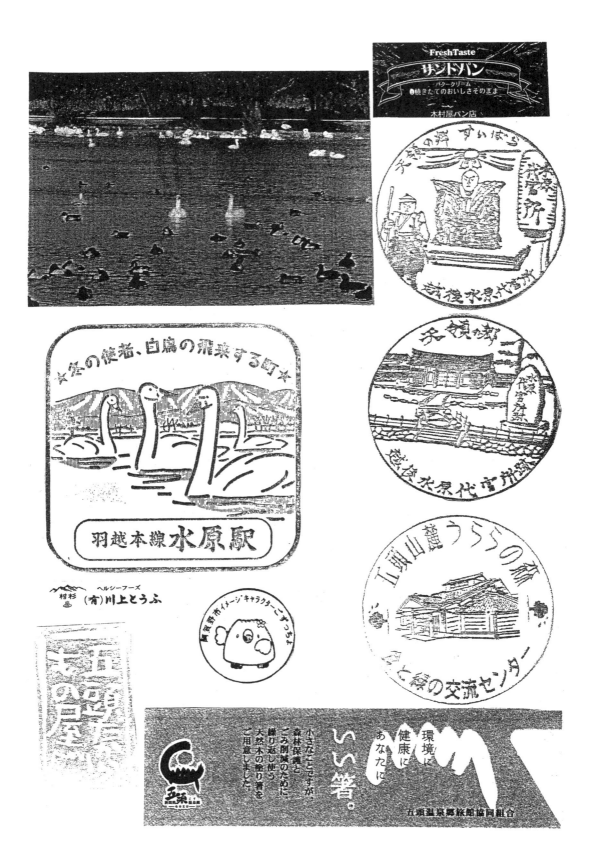

著者略歴

昭和35年生　新潟市山の下町出身　明治学院大学卒・大学院文学研究科(英文学修士)修了
東京都公立学校講師、区立太子堂中学、県立佐渡農業高校、小出高校、三条工業高校、八海高校教諭　現在阿賀野高校教諭
新潟方言研究会・新潟県民俗学会会員　新潟県『ことばの会』理事、『佐渡国中方言集』『新潟南蒲原方言集』『越後魚沼方言集』著

越後 水原郷方言集

2017年5月1日発行

著　者　　大久保　　誠

発売元　　(株)考古堂書店
　　　　　新潟市中央区古町通4番町563
　　　　　TEL 025-229-4058　FAX 025-224-8654

印　刷　　(株)ジョーメイ

ISBN978-4-87499-859-5 C0081

郷土再発見！
ふるさとの誇り100話

新潟近郊に語り継がれている
歴史・自然・文化・人物など、
子どもから大人まで楽しく読める
自慢のお話〈写真多数挿入〉
Ｂ５判 215頁 1,200円＋税

新津地域振興調整会議・高橋郁丸編集協力

絵本になったふるさとの心〔ふるさと絵本シリーズ〕各1,200円＋税

サムライの娘 杉本エツ子『武士の娘』の生涯
●文/佐々木佳子　画・曽田文子

角兵衛獅子 伝統芸能、復活のドラマ
●文/江部保治　画・横山信子

直江兼続 上杉家を支えた戦国の名宰相
●文/上田史談会　画・横山信子

米百俵の心 小林虎三郎の決断
●文/稲川明雄　画/番場三雄

越後三根山藩 米百俵の送り主
●文/小島一則　画・樋口峰夫

河井継之助 幕末の風雲児
●文/稲川明雄　画/辺見輝夫

羽黒山政司 新潟県出身、ただ一人の横綱
●文/江川蒼竹　画/小野塚喜一

絵童話 良寛さま 楽しい逸話でつづる生涯
●文/谷川俊朗　画/番場三雄

新潟市中央区古町通4　考古堂書店　(025)229-4058　http://www.kokodo.co.jp